A Filosofia das
Formas Simbólicas

Ernst Cassirer

A Filosofia das Formas Simbólicas

PRIMEIRA PARTE

A Linguagem

Tradução
MARION FLEISCHER

Esta obra foi publicada originalmente em alemão com o título
PHILOSOPHIE DER SYMBOLISCHEN FORMEN – DIE SPRACHE.
Copyright © Yale University Press.
Copyright © 2001, Livraria Martins Fontes Editora Ltda.,
São Paulo, para a presente edição.

1ª edição 2001
2ª tiragem 2009

Tradução
Marion Fleischer

Revisão técnica
Pedro Pimenta
Preparação do original
Célia Regina Camargo
Revisão gráfica
Solange Martins
Ivete Batista dos Santos
Márcia da Cruz Nóboa Leme
Produção gráfica
Geraldo Alves
Paginação/Fotolitos
Studio 3 Desenvolvimento Editorial

Dados Internacionais de Catalogação na Publicação (CIP)
(Câmara Brasileira do Livro, SP, Brasil)

Cassirer, Ernst, 1874-1945.
  A filosofia das formas simbólicas / Ernst Cassirer ; tradução Marion Fleischer. – São Paulo : Martins Fontes, 2001. – (Coleção tópicos)

  Título original: Philosophie Der Symbolischen Formen : Die Sprache.
  ISBN 85-336-1375-X

  1. Linguagem – Filosofia 2. Linguagem e línguas 3. Simbolismo I. Título. II. Série.

01-0727   CDD-121.68

Índices para catálogo sistemático:
1. Formas simbólicas : Filosofia   121.68

Todos os direitos desta edição reservados à
Livraria Martins Fontes Editora Ltda.
Rua Conselheiro Ramalho, 330 01325-000 São Paulo SP Brasil
Tel. (11) 3241.3677 Fax (11) 3105.6993
e-mail: info@martinsfonteseditora.com.br http://www.martinsfonteseditora.com.br

A
A. Warburg,
pelo seu 60º aniversário

Aos 13 de junho de 1926

Índice

Prefácio.. 1
Introdução e exposição do problema.................... 9

  I. O conceito da forma simbólica e o sistema das formas simbólicas 11
  II. A função universal do sinal. O problema da significação 29
  III. O problema da "representação" e a estrutura da consciência 43
  IV. A significação ideal do sinal. A subjugação da teoria da reprodução 61

Primeira Parte
SOBRE A FENOMENOLOGIA DA
FORMA LINGÜÍSTICA

CAPÍTULO I. *O problema da linguagem na história da filosofia* 79

  I. O problema da linguagem na história do Idealismo filosófico (Platão, Descartes, Leibniz) 79

II. A posição do problema da linguagem nos sistemas do empirismo (Bacon, Hobbes, Locke, Berkeley) 104
III. A filosofia do Iluminismo francês (Condillac, Maupertuis, Diderot) 114
IV. A linguagem como expressão da emoção. O problema da "Origem da linguagem" (Giambattista Vico, Hamann, Herder, o Romantismo) 127
V. Wilhelm von Humboldt 140
VI. August Schleicher e o desenvolvimento da tese lingüística nas "ciências naturais" 152
VII. A definição da lingüística moderna e os problemas das "leis fonéticas" 159

CAPÍTULO II. *A linguagem na fase da expressão sensível* 173

I. A linguagem como movimento expressivo. Linguagem gestual e linguagem oral 173
II. Expressão mimética, analógica e simbólica 188

CAPÍTULO III. *A linguagem na fase da expressão intuitiva* 207

I. A expressão do espaço e das relações espaciais 207
II. A representação do tempo 237
III. O desenvolvimento lingüístico do conceito do número 256
IV. A linguagem e a esfera da "intuição interna". As fases do conceito do eu 297
 1. A formação da "subjetividade" na expressão lingüística 297
 2. Expressão pessoal e possessiva 314
 3. O tipo nominal e verbal da expressão lingüística 325

CAPÍTULO IV. *A linguagem como expressão da reflexão conceitual. A forma da criação de classes e de conceitos lingüísticos* 347

    I. A construção de conceitos qualificativos 347
    II. Tendências fundamentais da formação de classes na linguagem 374

CAPÍTULO V. *A linguagem e a expressão das formas puras de relação. A esfera do juízo e os conceitos de relação* 389

PREFÁCIO

O presente texto constitui o primeiro volume de uma obra cujos esboços iniciais remontam às investigações que se encontram resumidas no meu livro *Substanzbegriff und Funktionsbegriff* (Conceito de substância e conceito de função) (Berlim, 1910). Estas pesquisas diziam respeito, principalmente, à estrutura do pensamento no campo da matemática e das ciências naturais. Ao tentar aplicar o resultado de minhas análises aos problemas inerentes às ciências do espírito, fui constatando gradualmente que a teoria geral do conhecimento, na sua concepção tradicional e com as suas limitações, é insuficiente para um embasamento metodológico das ciências do espírito. Para que o objetivo fosse alcançado, foi necessária uma ampliação substancial do programa epistemológico. Em vez de restringir a análise apenas aos pressupostos gerais do *conhecimento* científico do mundo, foi preciso diferenciar nitidamente as diversas formas fundamentais da "compreensão" humana do mundo e, em seguida, apreender cada uma delas, com a máxima acuidade, na sua tendência específica e na sua forma espiritual característica. Somente a partir desta "teoria das formas" do espírito, ainda que traçada apenas em seus contornos gerais, justificava-se a expectativa de encontrar uma visão metodológica clara e um princípio seguro que pudesse embasar as diversas disciplinas das ciências do espírito. A teoria da formação dos conceitos e julgamentos nas ciências naturais define o "objeto" (*Objekt*) natural de acordo com os seus traços constitutivos, e apreende o "objeto" (*Gegenstand*) do conhecimento em sua dependência da função cognitiva; fazia-se necessário ampliar esta teoria com uma especificação análoga, aplicável ao âmbito da subjetividade pura. Esta subjetividade, longe de esgotar-se na observação cognitiva da natureza e da realidade, sempre se torna atuante quando o mundo dos fenômenos, como um todo, é submetido a uma perspectiva específica do espírito e deste recebe uma configuração determinada. Foi necessário demonstrar que cada uma dessas configurações desempenha uma função específica na constituição do espírito e é regida por leis próprias. No decorrer dos estudos em torno deste problema, nasceu o projeto de elaborar uma teoria geral das formas de expressão do espírito, cujos componentes são descritos na Introdução deste livro. Quanto à execução de suas partes, a primeira, que ora apresentamos, restringe-se à análise da forma lingüística; um segundo volume que, assim espero, será publicado dentro de um ano, aproximadamente, deverá conter o esboço de uma fenomenologia do pensamento mítico e religioso, enquanto no terceiro e último volume pretendemos expor a "teoria do conhecimento" propriamente dita, ou seja, a morfologia do conhecimento *científico*.

De fato, estudar o conteúdo puramente filosófico da linguagem, e abordá-la do ponto de vista de um "sistema" filosófico determinado, constitui uma tarefa arriscada, raramente empreendida após o aparecimento dos fundamentais trabalhos pioneiros de Wilhelm von Humboldt. Em carta de 1805, dirigida a Wolf, Humboldt declarava que pensava ter descoberto a arte de utilizar a linguagem como veículo capaz de percorrer o que há de mais elevado, de mais profundo e de mais diverso no mundo; no entanto, as tendências da lingüística e da filosofia da linguagem que se desenvolveram no século XIX parecem ter enfraquecido progressivamente tal pretensão. Em vez de constituir-se em um veículo do conhecimento filosófico, a linguagem, aparentemente, por vezes transformou-se na arma mais poderosa do ceticismo filosófico. Mas, mesmo que desconsideremos estas conclusões da crítica lingüística, para a qual a filosofia da linguagem passou a significar a negação e dissolução de seu conteúdo espiritual, cumpre registrar o fortalecimento da convicção segundo a qual uma fundamentação filosófica da linguagem – se é que é concretizável – somente poderia ser realizada com os instrumentos da pesquisa *psicológica*. O ideal de uma gramática propriamente universal, "filosófica", ainda perseguido de diversas maneiras pelos empiristas e racionalistas dos séculos XVII e XVIII, foi, ao que tudo indica, definitivamente destruído com o advento da ciência da lingüística comparada: em vez de demonstrar a unidade da linguagem no seu conteúdo lógico, agora restava apenas buscá-la na sua gênese e nas leis psicológicas deste processo. A grande obra de Wundt sobre a linguagem, na qual é retomada a tentativa de abranger a totalidade dos fenômenos lingüísticos e submetê-los a determinada interpretação espiritual, deriva o princípio desta interpretação do conceito da metodologia utilizada pela psicologia dos povos. Na mesma linha de pensamento, Steinthal, em sua *Einleitung in die Psychologie und Sprachwissenschaft* (Introdução à psicologia e à lingüística) (1871), procurou usar o conceito da apercepção de Herbart como fundamento do estudo da linguagem. Opondo-se conscientemente aos conceitos de Steinthal e Wundt, Marty (1908) retoma a idéia de uma "gramática" e de uma "filosofia da linguagem" universais, que concebe como esboço de uma "teoria descritiva dos significados". Mas também aqui a construção desta teoria baseia-se em recursos puramente psicológicos. Na realidade, o autor delimita expressamente a tarefa da filosofia da linguagem, a tal ponto que nela passam a ser incorporados todos os problemas referentes ao caráter universal e essencial dos fenômenos lingüísticos, sob a condição de que "sejam ou de natureza psicológica, ou ao menos não possam ser resolvidos sem o auxílio decisivo da psicologia". Assim sendo – apesar da oposição que tal concepção encontrou nos meios lingüísticos, sobretudo da parte de Karl Vossler –, parece que o psicologismo e o positivismo se estabeleceram neste campo como ideal metodológico, podendo-se até mesmo afirmar que quase foram entronizados como dogmas universais. É bem verdade que o idealismo filosófico sempre combateu estes dogmas, mas, por outro lado, jamais restituiu à linguagem a posição de autonomia que ela ocupara na obra de Wilhelm von Humboldt. Isto porque, em lugar de concebê-la como uma "forma" espiritual independente, baseada em uma lei específica, o idealismo filosófico sempre procurou reduzi-la à função geral da expressão estética. Neste sentido, Benedeto Croce subordinou o problema da expressão lingüística ao da expressão estética, assim como o sistema filosófico de Hermann Cohen trata a lógica, a ética, a estética e por fim a filosofia da religião como partes independentes, mas por outro lado discute os problemas fundamentais da linguagem ocasionalmente apenas, e em conexão com as questões da estética.

Devido a tais circunstâncias, o presente trabalho não pôde seguir nenhuma orientação filosófica preestabelecida, sendo necessário, ao invés, buscar permanentemente um caminho metodológico próprio. Em contrapartida, as fontes resultantes do desenvolvimento da *lingüística* desde a época de Wilhelm von Humboldt foram tanto mais fecundas para a execução do tema aqui proposto. Na obra de Humboldt, a idéia de uma visão realmente universal da linguagem ainda podia afigurar-se um postulado da filosofia idealista, mas desde então este postulado parece ter-se aproximado mais e mais de sua realização científica concreta. É bem verdade, porém, que precisamente devido a esta riqueza do material empírico fornecido à investigação científica, a reflexão filosófica se confronta com uma dificuldade quase insuperável. Tal obstáculo resulta do fato de que ela não pode nem prescindir deste detalhe, nem, se quiser manter-se fiel à sua tarefa e aos seus propósitos, deve subordinar-se totalmente ao seu jugo. Diante deste dilema metodológico, a única solução encontrada foi formular de maneira geral e sistemática as *questões* da investigação lingüística, mas, por outro lado, derivar as *respostas*, caso a caso, da pesquisa empírica. Fazia-se necessário obter uma visão de conjunto tão ampla quanto possível, não apenas dos fenômenos referentes a determinada família lingüística, mas também da estrutura de diferentes famílias lingüísticas, acentuadamente divergentes umas das outras no que diz respeito ao seu embasamento lógico. A literatura que precisei consultar constantemente no percurso destes estudos tornou-se tão vasta, que a meta inicial da minha investigação parecia cada vez mais longínqua, e eu me perguntava com freqüência se algum dia chegaria a alcançá-la. Se, apesar de tudo, prossegui no caminho uma vez traçado, é porque, na medida em que se me revelava o caráter multifacetado dos fenômenos lingüísticos, eu julgava perceber com crescente clareza como, também aqui, os fatos individuais e particulares se elucidam mutuamente, e espontaneamente, por assim dizer, se inserem em um contexto geral e coerente. O objetivo das minhas análises subseqüentes reside na descrição e demonstração deste contexto, e não no estudo de fenômenos isolados. Se a idéia epistemológica básica que norteia estas análises ficar confirmada, se a apresentação e caracterização da forma pura da linguagem, tal como aqui intentadas, se revelarem fundamentadas, muitos aspectos que omiti ou interpretei erroneamente poderão facilmente ser completados e corrigidos em futuros trabalhos sobre o tema. Durante a elaboração desta obra tornei-me demasiado consciente das dificuldades do assunto e dos limites da minha capacidade de trabalho, para não aceitar de bom grado as críticas dos especialistas; procurei facilitar esta crítica, na medida em que, ao interpretar e avaliar os dados lingüísticos, sempre indiquei expressamente os meus autores e as minhas fontes, possibilitando, assim, uma verificação imediata.

Resta-me, finalmente, expressar os meus agradecimentos a todos aqueles que me ajudaram na elaboração deste livro, seja pelo interesse que a ele devotaram, seja pelos conselhos competentes que me foram dados na discussão de determinados problemas. Na tentativa de obter uma visão mais precisa da estrutura das línguas ditas "primitivas", serviram-me de guia, desde o início, as obras de Carl Meinhof, ao lado dos trabalhos de Boas e de Seler sobre os idiomas dos indígenas americanos. Depois de assumir a cátedra em Hamburgo, em 1919, não apenas pude consultar a rica biblioteca do Instituto de Línguas da África e do Pacífico, dirigido por Meinhof, como também sempre contei com a sua solicitude e seus conselhos preciosos em numerosos casos difíceis com que deparei. Também devo agradecimentos aos meus colegas Professor Otto Dempwolff e Professor Heinrich Junker pelas elucidações que decorreram das conversas que mantivemos. Finalmente, o presente livro deve a Ernst Hoffmann, de Heidelberg, e a Emil Wolff, de Hamburgo, muito mais do que sugestões isoladas. Estes dois especialistas, eles próprios trabalhando em pesquisas filológicas e lingüísticas, compartilham comigo o ponto de vista fundamental, sobre o qual repousa a concepção deste livro: a convicção de que a linguagem, tal como todas as funções básicas do espírito humano, somente encontrará a sua elucidação filosófica dentro de um sistema geral do idealismo filosófico. Expresso, ainda, os meus melhores agradecimentos a Ernst Hoffmann que, apesar da sobrecarga do seu próprio trabalho, se prontificou a ler comigo as provas deste primeiro volume. Por motivos técnicos, algumas observações e complementações importantes, por ele oferecidas durante a leitura, não puderam ser incorporadas integralmente à impressão da obra; no entanto, espero poder aproveitá-las quando retomar o assunto futuramente.

Hamburgo, abril de 1923.

Ernst Cassirer

INTRODUÇÃO E EXPOSIÇÃO DO PROBLEMA

I

O ponto de partida da especulação filosófica é marcado pelo conceito do *ser*. No momento em que este conceito se constitui como tal, quando, em oposição à multiplicidade e diversidade das coisas existentes, a consciência desperta para a unidade do ser, é a partir deste instante, tão-somente, que surge a maneira especificamente filosófica de considerar o mundo. Mas por longo tempo ainda esta forma de refletir sobre o mundo permanece vinculada à esfera das coisas existentes, da qual busca se libertar e que procura superar. O objetivo é determinar o começo e a origem, os "fundamentos" últimos de todo ser: contudo, embora a pergunta esteja articulada claramente, a resposta encontrada, devido à sua determinação concreta, se revela insuficiente para esta formulação mais elevada e mais geral do problema. Aquilo que se denomina de essência, de substância do mundo, em vez de transcendê-lo basicamente, constitui apenas um fragmento deste mesmo mundo. Um aspecto do ser, particular, específico e limitado, é isolado, e a partir dele procura-se deduzir e "explicar" geneticamente todo o resto. Pela sua forma geral, tal explicação permanece sempre enquadrada nos mesmos limites metodológicos, por mais que possam variar os seus conteúdos. Num primeiro momento, determinado elemento sensível, uma "matéria primeva" concreta são apresentados como fundamento último da totalidade dos fenômenos; em seguida, a explicação volta-se para o domínio do ideal, e a matéria é substituída por um "princípio" puramente intelectual de dedução e fundamentação. Mas, também este princípio, se analisado mais detidamente, flutua ainda entre o "físico" e o "espiritual". Por mais que possua o colorido do ideal, ele está, por outro lado, intimamente ligado ao mundo das coisas existentes. Neste sentido, o número dos pitagóricos, o átomo de Demócrito, embora seja grande a distância que separa ambos da matéria primeva dos jônios, representam um híbrido metodológico que ainda não encontrou em si mesmo a sua natureza essencial, e, por assim dizer, ainda não escolheu a sua verdadeira pátria espiritual. Esta incerteza interior somente será superada de maneira definitiva na teoria das idéias de Platão. Seu grande mérito, tanto do ponto de vista sistemático como histórico, consiste em ter feito surgir, pela primeira vez e de forma explícita, o pressuposto espiritual essencial a toda compreensão filosófica e a toda e qualquer explicação filosófica do mundo. O que Platão busca sob o nome de "idéia" já estava presente como princípio imanente nas primeiras tentativas que foram empreendidas para explicar o mundo, ou seja, nos eleatas, nos pitagóricos, em Demócrito; mas Platão foi o primeiro a tomar consciência deste princípio como tal e do seu significado, e ele próprio considerou este fato a sua principal contribuição para a filosofia. Em suas últimas obras, nas quais os pressupostos lógicos de sua doutrina são expostos com a máxima clareza, ele estabelece a diferença decisiva que distingue a sua especulação da dos pré-socráticos: para estes, o ser, compreendido como entidade individual, constituía um *ponto de partida* definido, enquanto ele, pela primeira vez, identificou o ser como um *problema*. Ele já não se preocupa em perguntar simplesmente pela organização, constituição e estrutura do ser; em vez disso propõe a questão do seu *conceito* e do significado deste conceito. Comparadas com a precisão desta interrogação e o rigor destas exigências, todas as teorias formuladas anteriormente não passam de meras fábulas, de mitos sobre o ser[1]. A explicação mítica, cosmológica, deve agora ser superada pela explicação verdadeira, dialética, que não mais se prende à simples *existência* do ser, buscando, ao invés, tornar visível o seu *sentido* intelectual, a sua organização sistemática e teleológica. E com isso o pensamento, que a filosofia grega, desde Parmênides, entende como um conceito correlato ao do ser, passa a adquirir um significado novo e mais profundo. Somente quando o ser vem a ter o sentido rigorosamente definido de um *problema*, o pensamento vem a ter o sentido e o valor rigorosamente definidos de um *princípio*. Ele não mais acompanha apenas o ser, e já não constitui uma simples reflexão "sobre" o ser: pelo contrário, é a sua própria forma interna que determina a forma interna do ser.

Trata-se de um processo típico que se repete em diferentes estágios da evolução histórica do idealismo. Sempre que a visão realista do mundo se contenta em afirmar que determinada natureza última das coisas representa o fundamento de todo conhecimento, o idealismo incumbe-se de transformar esta mesma natureza em uma questão pertinente ao pensamento. Este fenômeno não se restringe apenas à história da filosofia, podendo ser observado igualmente no âmbito de ciências especializadas. Também aqui o caminho não

---

1. Cf. especialmente *Sophistes* 243 C ss.

conduz única e exclusivamente dos "fatos" às "leis", e destas novamente aos "axiomas" e "postulados": em vez disso, estes mesmos axiomas e postulados, que em determinado nível do conhecimento se apresentam como expressão última e perfeita da solução, necessariamente devem tornar-se outra vez um problema num estágio posterior. Conseqüentemente, aquilo que a ciência designa como sendo o seu "ser" e o seu "objeto" não aparece mais como um fato simples e não analisável; o que se verifica é que cada nova maneira de enfocá-lo, cada nova abordagem revela um aspecto novo. Assim sendo, o rígido conceito do ser parece fluir, por assim dizer, e diluir-se em um movimento generalizado – e a unidade do ser já não pode ser concebida como início deste movimento, mas tão-somente como meta a ser atingida. Na medida em que esta concepção se desenvolve e se impõe na ciência, a ingênua *teoria da reprodução* do conhecimento perde terreno. Os conceitos fundamentais de toda e qualquer ciência, os meios pelos quais propõe as suas questões e formula as suas soluções não mais se apresentam como *reproduções* de um dado ser, e sim como símbolos intelectuais por ela mesma criados. Foi sobretudo o conhecimento físico-matemático que cedo teve nítida consciência deste caráter simbólico de seus instrumentos fundamentais[2]. O novo ideal do conhecimento, para o qual converge toda esta evolução, encontra-se expresso com a máxima precisão nas considerações prévias de Heinrich Hertz, na introdução dos seus "Princípios da Mecânica". No seu entender, a nossa tarefa primordial e mais urgente com relação ao conhecimento da natureza consiste em nos permitir prever experiências futu-

---

2. Mais detalhes a respeito no meu livro *Zur Einsteinschen Relativitätstheorie* (A teoria einsteiniana da relatividade), Berlim, 1921. Cf. especialmente o primeiro parágrafo sobre "Conceitos de medida e conceitos de coisa".

ras: mas os procedimentos de que este conhecimento se serviria para deduzir o futuro do passado consistiriam em forjarmos "simulacros internos ou símbolos" dos objetos exteriores, de tal modo que as conseqüências lógicas das imagens seriam sempre imagens naturalmente necessárias dos objetos reproduzidos. "No momento em que conseguimos derivar da experiência passada as imagens com as características requisitadas, em pouco tempo podemos nos servir destas imagens e, como se fossem modelos, delas deduzir as conseqüências que se manifestarão no mundo exterior somente mais tarde ou como resultado de nossa própria intervenção... As imagens às quais nos referimos são nossas representações das coisas; elas têm uma concordância essencial com as coisas que consiste no cumprimento da exigência mencionada, mas, para que realizem a sua tarefa, não é necessário que possuam nenhuma outra conformidade com as coisas. Na realidade, não sabemos, e tampouco dispomos dos meios para tanto, se as nossas representações das coisas têm algo em comum com as mesmas, além daquela relação fundamental acima referida."[3]

Assim, a epistemologia das ciências naturais, na qual se baseia Heinrich Hertz, e a teoria dos "signos", tal como desenvolvida em profundidade no trabalho pioneiro de Helmholtz, continuam falando a linguagem da teoria da reprodução do conhecimento; mas agora o próprio conceito de "imagem" sofreu uma transformação interior. Isto porque no lugar da exigência de semelhanças de conteúdo entre imagem e coisa, surgiu agora a expressão altamente complexa de uma relação lógica, uma condição intelectual geral, que deverá ser satisfeita pelos conceitos básicos do conhecimento físico. O seu valor não reside em refletir uma dada existência, e sim

---

3. H. Hertz, *Die Prinzipien der Mechanik* (Os princípios da mecânica), Leipzig, 1894, pp. 1 ss.

no que proporcionam como instrumentos do conhecimento, na unidade dos fenômenos que estes mesmos produzem a partir de si próprios. A relação que existe entre os objetos reais e a natureza de sua interdependência deve ser abarcada pelo sistema conceitual da física – mas isto somente se torna possível na medida em que estes conceitos sejam, desde o início, parte integrante de uma perspectiva definida e homogênea do conhecimento. O objeto não pode ser considerado como algo puro em si, independente das categorias essenciais da ciência natural; estas lhe emprestam a forma, e é somente dentro delas que o objeto poderá ser apresentado. Neste sentido é que para Hertz os conceitos fundamentais da mecânica, particularmente os conceitos de massa e de força, se tornam "simulacros", que, tendo sido criados pela lógica da ciência natural, igualmente se subordinam às exigências gerais desta mesma lógica, à frente das quais se encontra a exigência apriorística segundo a qual toda descrição deverá ser clara, livre de contradições e inequívoca.

É verdade que com esta concepção crítica a ciência renuncia à esperança e à pretensão de apreender e reproduzir de maneira "imediata" a realidade. Ela compreende que todas as objetivações de que é capaz não passam, com efeito, de mediações, e jamais serão mais do que isso. Nesta perspectiva está implícita ainda uma outra conseqüência significativa para o idealismo. Se a definição, a determinação de um objeto do conhecimento somente pode realizar-se por intermédio de uma estrutura conceitual lógica peculiar, faz-se necessário concluir que à diversidade desses meios deve corresponder uma diversidade tanto na estrutura do objeto como no significado das relações "objetivas". Portanto, nem no âmbito da "natureza" o objeto da física coincide pura e simplesmente com o da química, tampouco o da química com o da biologia – porque cada uma destas ciências, a física, a química e a biologia, tem um ponto de vista particular na proposição de sua problemática, e submete os fenômenos a uma interpretação e conformação específicas de acordo com este ponto de vista. Quase poderia parecer que este resultado da evolução do pensamento idealista acabou por enterrar definitivamente a esperança que presidira o início do processo. O final deste desenvolvimento aparentemente nega o seu começo – porque novamente a almejada e exigida unidade do ser ameaça dissolver-se em uma simples multiplicidade das coisas existentes. O Ser Uno ao qual se apega o *pensamento*, e do qual este parece não poder desistir sem destruir a própria forma, afasta-se mais e mais do terreno do *conhecimento*. Ele se torna um mero x que, quanto mais proclama categoricamente a sua unidade metafísica como "coisa em si", tanto mais se subtrai a toda e qualquer possibilidade do conhecimento, até finalmente ser relegado por completo aos domínios do incognoscível. Mas a este rígido absoluto metafísico contrapõe-se o reino dos fenômenos, o âmbito propriamente dito do que é possível saber e conhecer, com a sua pluralidade inalienável, o seu caráter limitado e relativo. Mas um exame mais detido mostrará que a multiplicidade irredutível dos métodos e dos objetos do saber de forma alguma anula a exigência fundamental da unidade; ao contrário, apresenta-a sob uma forma nova. Certamente a unidade do saber já não pode ser garantida e assegurada ao se relacioná-la em todas as suas formas a um objeto comum "simples", que se comporta diante destas formas como a imagem primordial transcendental em face dos seus reflexos empíricos. Em vez disso, surge uma nova exigência, segundo a qual as diversas orientações metodológicas do saber, em que pesem as suas reconhecidas especificidades e a sua independência, devem ser reunidas em um *sistema*, cujas partes, precisamente na sua diversidade necessária, se condicionem e interpelem umas às outras. Este postulado de uma unidade puramente funcional substitui, portanto, o postulado da unidade do substrato e da origem que dominava essencialmente o conceito do ser da Antiguidade. Resulta daqui uma nova tarefa para a crítica filosófica do conhecimento, que consiste em seguir e apreender em seu conjunto o caminho que cada ciência percorre isolada e individualmente. É necessário que ela indague se os símbolos intelectuais através dos quais as diversas disciplinas examinam e descrevem a realidade devem ser pensados como simples agregações, ou se podem ser compreendidos como manifestações diversas de uma mesma função espiritual básica. E se esta última premissa for verdadeira, cumpre estabelecer as condições gerais desta função e esclarecer o princípio que a rege. Em vez de se exigir, tal como a metafísica dogmática, uma unidade absoluta da substância, à qual remontam todas as existências particulares, busca-se agora uma regra que domine a multiplicidade e diversidade concretas das funções cognitivas e que, sem invalidá-las e destruí-las, possa reuni-las em uma ação uniforme, em uma atividade espiritual completa em si mesma.

Neste momento, porém, amplia-se uma vez mais a perspectiva, quando nos damos conta de que o *conhecimento*, por mais universal e extenso que seja o seu conceito, representa apenas um tipo particular de configuração na totalidade das apreensões e interpretações espirituais do ser. Ele dá forma ao múltiplo, obedecendo a um princípio específico e, por isso mesmo, nitidamente delimitado. Em última análise, todo conhecimento, por mais diversos que sejam os seus caminhos e suas direções, visa a submeter a multiplicidade dos fenômenos à unidade do "princípio de razão suficiente". O individual não deve permanecer isolado, e sim integrar-se em um contexto, no qual faça parte de um "encadeamento" (*Gefüge*), seja ele lógico, teleológico ou causal. O conhecimento busca essencialmente este objetivo: inserir o particular na estrutura de uma lei e uma ordem universais. Mas ao lado desta forma de síntese intelectual, que se representa e reflete no sistema dos conceitos científicos, existem outros modos de configuração dentro da totalidade da vida espiritual. Também eles podem ser denominados de formas específicas da "objetivação": isto é, podem ser compreendidos como meios de elevar o individual para o nível do universalmente válido; mas eles alcançam este objetivo da validade universal por um caminho completamente diferente daquele trilhado pelo conceito lógico e pela lei lógica. Toda autêntica função do espírito humano partilha com o conhecimento a propriedade fundamental de abrigar uma força primeva formadora, e não apenas reprodutora (*nachbildende Kraft*). Ela não se limita a expressar passivamente a presença de um fenômeno, pois possui uma energia autônoma do espírito, graças à qual a presença pura e simples do fenômeno adquire um determinado "significado", um conteúdo ideal peculiar. Isto é válido tanto para a arte como para o conhecimento, para o mito tanto quanto para a religião. Todas estas manifestações do espírito vivem em mundos peculiares de imagens (*Bildwelten*), nos quais os dados empíricos não são simplesmente refletidos, e sim criados de acordo com um princípio autônomo. E é por este motivo que cada uma destas manifestações produz as suas próprias configurações simbólicas que, se não são iguais aos símbolos intelectuais, a eles se equiparam no que diz respeito à sua origem espiritual. Nenhuma destas configurações se funde pura e simplesmente com a outra ou dela pode ser derivada, uma vez que cada uma delas designa uma determinada forma de compreensão, na qual e através da qual se constitui um aspecto particular do "real". Assim sendo, não se trata de maneiras diferentes pelas quais algo real em si se revela ao espírito, e sim de caminhos que o espírito segue em direção à sua objetivação, isto é, à sua auto-revelação. Se considerarmos neste sentido a arte e a linguagem, o mito e o conhecimento, verificaremos que de imediato deles surge um problema comum, capaz de oferecer um novo acesso a uma filosofia geral das ciências do espírito. A "revolução da forma de pensar" realizada por Kant dentro da filosofia teórica repousa na idéia fundamental de que a relação entre o conhecimento e seu objeto, até então aceita, necessitava de uma inversão radical. Em vez de se partir do objeto como de algo conhecido e dado, era necessário começar com a lei do conhecimento, uma vez que somente ela é verdadeiramente acessível e primordialmente segura; em lugar de definir as propriedades universais do *ser*, no sentido da metafísica ontológica, era preciso, mediante uma análise do entendimento, estabelecer a forma fundamental do *juízo* como condição *sine qua non* para que a objetividade fosse *concebível*, e determinar todas as múltiplas ramificações desta forma. Somente esta análise, de acordo com Kant, revela as condições sobre as quais se assentam todo e qualquer *saber* acerca do ser, bem como o seu próprio conceito. Mas o objeto que a analítica transcendental nos apresenta nestes moldes, sendo um correlato da unidade sintética do entendimento, é também, ele próprio, determinado de maneira puramente lógica. Por este motivo, ele não designa toda a objetividade como tal, mas tão-somente aquela forma de ordenação objetiva que se pode apreender e descrever nos conceitos fundamentais da ciência, particularmente nos conceitos e princípios da física matemática. Assim, o próprio Kant já considerou este conceito de objeto estreito demais, quando se propôs desenvolver o verdadeiro "Sistema da Razão Pura" no conjunto das três Críticas. Na sua concepção e interpretação idealistas, o ser da matemática e das ciências naturais não esgota toda a realidade, uma vez que ele está longe de abarcar toda a atividade e espontaneidade do espírito humano. No reino inteligível da liberdade, cuja lei fundamental é desenvolvida pela *Crítica da razão prática*, no reino da arte e no das formas orgânicas da natureza, como se apresentam na *Crítica do juízo*, aparece um novo aspecto desta realidade. Esta evolução *progressiva* do conceito crítico-idealista da realidade e do conceito crítico-idealista do espírito constitui um dos traços mais característicos do pensamento kantiano, e está fundamentada em uma espécie de lei estilística deste pensamento. De acordo com suas intenções, a totalidade verdadeira e concreta do espírito não deve ser condensada desde o início em uma simples fórmula e ser apresentada como algo, por assim dizer, pronto e concluído; pelo contrário, esta totalidade se desenvolve e somente se encontra a si mesma ao longo de uma progressiva análise crítica. A dimensão do ser espiritual pode ser determinada unicamente por intermédio desta progressão. É próprio da natureza deste processo que o seu começo e o seu fim não apenas não coincidam, como aparente e necessariamente conflitam um com o outro – mas o conflito é precisamente aquele que existe entre potência e ato, entre a simples "potencialidade" lógica de um conceito e o desenvolvimento completo deste conceito e dos seus efeitos. Do ponto de vista destes últimos, a revolução copernicana, que constituíra o ponto de partida de Kant, também adquire um sentido novo e mais amplo. Ela já não se refere mais apenas à função lógica do juízo; ao contrário, pela mesma razão e com igual direito ela se estende a todas as direções e a todos os princípios da configuração espiritual. A questão decisiva consiste sempre em saber se procuramos compreender a função a partir da configuração, ou a configuração a partir da função, e se consideramos esta "fundamentada" naquela ou, inversamente, aquela nesta. Esta questão constitui o elo espiritual que une os diversos campos de problemas entre si: ela revela a unidade metodológica interior destes setores, sem permitir jamais que estes resvalem para uma uniformidade factual. Isto porque o princípio fundamental do pensamento crítico, o princípio do "primado" da função sobre o objeto, assume em cada campo específico uma nova forma e exige, a cada vez, uma nova fundamentação autônoma. Ao lado da pura função cognoscitiva, é necessário compreender a função do pensamento lingüístico, do pensamento mítico-religioso e da intuição artística, de tal modo que se torne claro como em todas elas se realiza não exatamente uma configuração *do* mundo, mas uma configuração voltada *para* o mundo, visando a um nexo objetivo e a uma totalidade objetiva da percepção.

A crítica da razão transforma-se, assim, em crítica da cultura. Ela procura compreender e provar como todo conteúdo cultural, na medida em que seja algo mais do que simples conteúdo isolado, e conquanto esteja baseado em um princípio formal universal, pressupõe um ato primordial do espírito. Somente aqui a tese fundamental do idealismo encontra a sua confirmação plena. Enquanto a reflexão filosófica se refere e se limita apenas à análise da forma pura do conhecimento, a força da cosmovisão ingenuamente realista não pode ser desativada por completo. É possível que o objeto do conhecimento seja, de uma forma ou de outra, determinado e formado por este conhecimento e sua lei original – mas além disso, ao que parece, ele deve também existir como algo autônomo, independente desta relação com as categorias fundamentais do conhecimento. Se, porém, partirmos não do conceito geral do mundo, e sim do conceito geral da cultura, a questão assume imediatamente outro aspecto. Com efeito, o conteúdo do conceito de cultura é inseparável das formas e orientações fundamentais da atividade espiritual: aqui o "ser" somente pode ser apreendido no "fazer", ou seja, na "ação". Apenas na medida em que existe uma orientação específica da fantasia e intuição estéticas, passa a existir também uma esfera de objetos estéticos – e o mesmo é válido para as demais energias espirituais em virtude das quais um determinado universo de objetos adquire forma e contornos. A própria consciência religiosa – por mais que esteja convencida da "realidade" e da veracidade do seu objeto – somente transforma esta realidade no nível mais baixo, no nível de um pensamento puramente mitológico, tornando-a uma simples *existência* material. Em contrapartida, em todos os níveis superiores da reflexão, a consciência religiosa se dá conta, com maior ou menor clareza, de que somente "possui" o seu objeto na medida em que com ele estabelece uma relação inteiramente própria e especial. É no modo de se comportar e na direção que o espírito dá a si mesmo em relação a algo objetivo que concebeu, que se encontra a garantia última desta objetividade. O pensamento filosófico leva em consideração todas estas direções, não apenas com o propósito de observar a evolução de cada uma delas separadamente, ou de obter uma visão de conjunto, e sim por acreditar na hipótese de que deve ser possível relacioná-las a um centro unificado, ideal. Mas, do ponto de vista do pensamento crítico, este centro nunca poderá residir em um ser dado, mas tão-somente em uma *tarefa* comum. Deste modo, apesar de toda a sua diversidade interior, os vários produtos da cultura espiritual, tais como a linguagem, o conhecimento científico, o mito, a arte, a religião, tornam-se parte de um único grande complexo de problemas – tornam-se múltiplas tentativas direcionadas, todas elas, para a mesma meta de transformar o mundo passivo das meras impressões, que em um primeiro momento aparentemente aprisionam o espírito, em um mundo de pura expressão espiritual.

Assim como a moderna filosofia da linguagem, ao buscar o ponto de partida adequado para um estudo filosófico da linguagem, elaborou o conceito da "forma lingüística interna", pode-se dizer que é igualmente lícito procurar e pressupor uma "forma interna" análoga para a religião e o mito, para a arte e o conhecimento científico. E esta forma não significa apenas a soma ou o resumo posterior dos fenômenos particulares nestes campos, e sim a lei que determina as suas estruturas. É bem verdade que, em última instância, não há outro meio de nos assegurarmos da existência desta lei, a não ser demonstrando-a nos próprios fenômenos e "abstraindo-a" dos mesmos; mas a abstração, precisamente, mostra que a lei é um momento necessário e constitutivo do conteúdo concreto dos fenômenos. No curso de sua história, a filosofia sempre teve maior ou menor consciência da necessidade desta análise e crítica das diversas formas da cultura; geralmente, porém, ela desincumbiu-se apenas de *partes* desta tarefa, e sempre com intenções mais negativas do que positivas. Nesta crítica, os seus esforços freqüentemente visavam não tanto à exposição e fundamentação dos resultados positivos de cada forma individual, quanto à oposição a falsas pretensões. Desde a época dos sofistas gregos existe uma crítica cética da linguagem, assim como existe uma crítica cética dos mitos e do conhecimento. Esta atitude essencialmente negativa torna-se compreensível quando se considera que, com efeito, toda forma básica do espírito, ao surgir e desenvolver-se, procura apresentar-se não como uma parte, e sim como um todo, arrogando a si, portanto, uma validez absoluta, e não meramente relativa. Ela não se contenta com a sua esfera particular, buscando, em vez disso, imprimir o seu selo característico na totalidade do ser e da vida espiritual. Desta tendência ao incondicional, inerente a todas as orientações individuais, resultam os conflitos culturais e as antinomias do conceito de cultura. A *ciência* tem sua origem em uma forma de reflexão que, antes de poder afirmar-se e impor-se, vê-se obrigada em toda parte a entrar em contato com aquelas primeiras associações e divisões do pensamento que encontraram a sua primeira expressão e concretização na linguagem e nos conceitos lingüísticos gerais. Mas, na medida em que a ciência usa a linguagem como material e como fundamento, ela necessária e simultaneamente a transcende. Um novo logos, norteado e dominado por um princípio diferente daquele orienta o pensamento lingüístico, passa a surgir e a estruturar-se de maneira cada vez mais definida e autônoma. Comparadas com este logos, as formações lingüísticas se apresentam tão-somente como barreiras e obstáculos a serem progressivamente superados pela força e peculiaridade do novo princípio. A crítica da linguagem e da forma lingüística do pensamento torna-se parte integrante do ascendente pensamento científico e filosófico. O processo típico deste desenvolvimento repete-se em todos os outros campos. As diversas orientações espirituais não comparecem pacificamente uma ao lado da outra, no intuito de se complementarem mutuamente, mas, ao contrário, cada uma delas se torna aquilo que é na medida em que se opõe às outras e, na luta contra elas, demonstra a sua força. Em sua atuação puramente histórica, religião e arte se encontram tão próximas, e de tal maneira se interpenetram, que por vezes parece difícil diferenciá-las no que concerne aos seus conteúdos e ao seu princípio intrínseco de configuração. Foi dito que os deuses da Grécia devem o seu nascimento a Homero e Hesíodo. No seu desenvolvimento ulterior, entretanto, o pensamento religioso dos gregos se distancia cada vez mais decididamente de suas origens estéticas. Desde Xenófanes ele se opõe mais e mais claramente aos conceitos mítico-poéticos e plástico-sensíveis da divindade, reconhecidos e rejeitados como antropomorfismo. Em lutas e conflitos espirituais deste tipo, que se apresentam na história com uma virulência e intensidade cada vez maiores, a decisão última parece caber à filosofia, na qualidade de suprema depositária da unidade. Mas os sistemas da metafísica dogmática satisfazem apenas em parte esta expectativa. Isto porque eles próprios geralmente ainda se encontram no meio da luta que aqui se trava, e não acima dela: apesar de toda a universalidade conceitual a que aspiram, estes sistemas representam apenas um dos lados do conflito, quando deveriam compreendê-lo e mediá-lo em toda a sua amplitude e profundidade. Porque a maioria destes sistemas nada mais é do que a hipóstase de determinado princípio lógico, estético ou religioso. Quanto mais se encerram na universalidade abstrata deste princípio, tanto mais se isolam dos aspectos particulares da cultura espiritual e da totalidade concreta de suas formas. A reflexão filosófica somente poderia evitar o risco deste isolamento se conseguisse encontrar um ponto de vista que, sem colocar-se à margem destas formas, se situasse *acima* delas: um ponto de vista que permitisse abarcar a totalidade delas com um único olhar, e que visasse a mostrar apenas as relações puramente imanentes que todas estas formas mantêm entre si, e não a sua relação com um ser ou princípio externo, "transcendente". Desta maneira, haveria de surgir um sistema filosófico do espírito, no qual cada forma particular receberia o seu sentido pelo *lugar* que nele ocupasse, no qual o seu conteúdo e significado seriam caracterizados pela riqueza e peculiaridade das suas relações e combinações com outras energias do espírito e, em última análise, com a totalidade das mesmas.

Desde os inícios da filosofia moderna e do idealismo filosófico moderno, não faltaram esforços no sentido de construir tal sistema. Embora o programático *Discurso do método* de Descartes bem como as suas *Regulae ad directionem ingenii* rejeitem como empreendimento vão a tentativa da antiga metafísica de abarcar a totalidade das coisas e de desvendar os segredos últimos da natureza, ambos insistem enfaticamente que deve ser possível esgotar e medir racionalmente a *universitas* do espírito humano. *Ingenii limites definire*, definir a extensão e os limites do espírito: esta máxima de Descartes torna-se agora a divisa de toda a filosofia moderna. Mas o conceito do "espírito" continua dividido e ambíguo, uma vez que é usado ora em sentido amplo, ora em sentido mais restrito. Assim como a filosofia de Descartes parte de um conceito novo e mais abrangente da *consciência*, mas em seguida, ao denominá-lo de *cogitatio*, torna a identificá-lo com o *pensamento* puro, da mesma forma, tanto para Descartes como para todo o racionalismo, o sistema do espírito coincide com o do pensamento. Por este motivo, a *universitas* do espírito, sua totalidade concreta, somente é considerada verdadeiramente compreendida e filosoficamente dominada no momento em que se torna possível deduzi-la de um único princípio *lógico*. Com isso, a forma pura da lógica torna-se novamente o protótipo e o modelo para todo ser espiritual e para toda e qualquer forma espiritual. E assim como em Descartes, que deu início à série de sistemas do idealismo clássico, também em Hegel, que encerrou esta série, se nos apresenta, uma vez mais e com toda clareza, esta correlação metodológica. A exigência de se pensar a totalidade do espírito como totalidade *concreta*, ou seja, de não se aceitar como satisfatório o seu simples conceito, e sim desenvolvê-lo no conjunto de suas manifestações, foi feita por Hegel com um rigor sem precedentes na história do pensamento. Por outro lado, porém, a *Fenomenologia do espírito*, com a qual ele procurou satisfazer esta exigência, tem como objetivo apenas preparar o terreno e o caminho para a *Lógica*. A multiplicidade das formas espirituais, tal como descrita na *Fenomenologia*, culmina, por assim dizer, em um extremo lógico – e é somente neste ponto que ela encontra a sua "verdade" e essência perfeitas. Por mais rica e multiforme que seja em seu conteúdo, na estrutura ela se subordina a uma lei única e, em certo sentido, uniforme – à lei do método dialético que representa o ritmo invariável do movimento autônomo do conceito. Todos os movimentos de configuração do espírito culminam no saber absoluto, na medida em que ele encontra aqui o elemento puro de sua existência, o conceito. Nesta sua meta derradeira todos os estágios percorridos anteriormente ainda estão contidos como momentos; mas, reduzidos a meros momentos, estes estágios deixam de ser relevantes. Assim sendo, parece que dentre todas as formas espirituais apenas a forma da lógica, a forma do conceito e do conhecimento têm direito a uma autêntica e verdadeira *autonomia*. O conceito não é apenas o meio de representar a vida concreta do espírito, mas, na verdade, constitui o elemento substancial propriamente dito do espírito. Conseqüentemente, todo ser e toda ação espirituais, por mais que se trate de apreender e reconhecer a sua particularidade específica, são referidos e reduzidos a uma única dimensão – e é somente nesta referência que seu conteúdo mais profundo e seu verdadeiro significado podem ser apreendidos.

E, de fato, o próprio conceito da filosofia e, particularmente, o princípio fundamental do idealismo filosófico parecem exigir esta redução última de todas as formas espirituais a uma única forma lógica. Porque, se renunciamos a esta unidade, parece ser totalmente impossível obter uma sistemática rigorosa destas formas. Assim sendo, como reverso do método dialético resta apenas o procedimento puramente empírico. Se for inexeqüível descobrir uma lei universal, segundo a qual uma forma espiritual necessariamente se origina *a partir* da outra, até que finalmente a série completa das configurações espirituais possa ser apreendida de acordo com este princípio, então, ao que parece, o conjunto destas configurações já não pode mais ser concebido como um cosmos fechado em si mesmo. Neste caso, as formas individuais encontram-se simplesmente justapostas: elas podem, sem dúvida, ser visualizadas em toda a sua extensão e descritas em suas peculiaridades, mas nelas já não se expressa um conteúdo ideal comum. Conseqüentemente, a filosofia destas formas teria que finalmente desembocar em sua história, a qual, de acordo com os seus objetos, haveria de apresentar-se especificamente como história da linguagem, da religião, do mito, da arte etc. Neste ponto, deparamos com um curioso dilema. Se nos ativermos à exigência da unidade lógica, a individualidade de cada campo e a característica do seu princípio correm o risco de dissolver-se na universalidade da forma lógica; se, em contrapartida, mergulharmos nesta mesma individualidade e nos limitarmos à sua análise, há o perigo de nos perdermos nela e de não encontrarmos mais o caminho de volta para o universal. Um meio de escapar deste dilema metodológico somente poderia ser encontrado se fosse possível descobrir e fixar um momento que se reencontra em cada uma das formas espirituais fundamentais, mas que, por outro lado, não se repete completamente da mesma forma em nenhuma delas. Graças a este momento poder-se-ia, então, afirmar a conexão ideal entre os campos individuais – a conexão entre a função fundamental da linguagem e do conhecimento, da esfera estética e da religiosa – sem que nesta conexão se perdesse a especificidade não comparável de cada um destes campos. Se fosse possível encontrar um elemento intermediário pelo qual tivessem que passar todas as configurações, tais como se realizam nas diversas direções fundamentais do espírito, e no qual a sua natureza particular bem como o seu caráter específico fossem preservados, ter-se-ia obtido o elo necessário para uma análise que transferiria para a *totalidade* das formas espirituais aquilo que a crítica transcendental realiza para o *conhecimento* puro. Portanto, a próxima questão que devemos propor consiste em verificar se, de fato, existem este campo intermediário e esta função mediadora para as múltiplas direções do espírito, e se esta função possui determinados traços característicos que permitam reconhecê-la e descrevê-la.

II

Com este propósito, inicialmente voltamos ao conceito do "símbolo", tal como Heinrich Hertz o exige e define do ponto de vista dos conhecimentos da física. O que o físico busca nos fenômenos é a representação de seus encadeamentos necessários. Mas esta representação somente se realiza na medida em que ele não apenas deixa para trás o mundo imediato das impressões sensíveis, como, aparentemente, as abandona totalmente. Os conceitos com os quais opera, os conceitos de espaço e tempo, de massa e de força, do ponto material e da energia, do átomo ou do éter, são "simulacros" livres, construídos pelo conhecimento, no intuito de dominar o mundo da experiência sensível e de abarcá-lo como um mundo organizado de acordo com determinadas leis. Mas no que respeita aos dados sensíveis propriamente ditos, nada corresponde a estes "simulacros". Mas, embora não exista tal correspondência – ou talvez pelo fato de ela não existir –, o mundo conceitual da física está completamente fechado em si mesmo. Cada conceito individual, cada simulacro e signo particulares se equiparam à palavra articulada de uma linguagem que possui um significado e um sentido em si própria, e é organizada de acordo com regras fixas. Já nos primórdios da física moderna, já em Galileu, encontramos a comparação, segundo a qual o "livro da natureza" é redigido em linguagem matemática e somente pode ser lido como um código matemático cifrado. E desde então toda a evolução das ciências naturais exatas mostra como, de fato, cada progresso na formulação dos seus problemas e nos seus meios conceituais se realizou de mãos dadas com um progressivo refinamento do seu *sistema de signos*. A compreensão plena dos conceitos fundamentais da mecânica de Galileu somente foi possível quando, através do algoritmo do cálculo diferencial, se logrou determinar o lugar lógico universal destes conceitos e criar para eles um signo lógico matemático de validade universal. E a partir daqui, a partir dos problemas relacionados com a análise infinitesimal, Leibniz pôde em breve determinar com a máxima precisão o problema geral contido na função da simbolização e elevar o projeto de sua "característica" universal ao nível de um verdadeiro significado filosófico. De acordo com as suas convicções, a lógica das coisas, ou seja, dos conteúdos conceituais fundamentais e das relações fundamentais, sobre os quais repousa a estrutura de uma ciência, não pode ser desvinculada da lógica dos signos. Porque o signo não é um invólucro fortuito do pensamento, e sim o seu órgão essencial e necessário. Ele não serve apenas para comunicar um conteúdo de pensamento dado e rematado, mas constitui, além disso, um instrumento, através do qual este próprio conteúdo se desenvolve e adquire a plenitude do seu sentido. O ato da determinação conceitual de um conteúdo realiza-se paralelamente à sua fixação em um signo característico. Assim sendo, todo pensamento rigoroso e exato somente vem a encontrar sustentação no *simbolismo* e na *semiótica* sobre os quais se apóia. Para o nosso pensamento, toda e qualquer "lei" da natureza assume a forma de uma "fórmula" universal – mas uma fórmula somente pode ser representada por intermédio de uma combinação de signos universais e específicos. Sem estes signos universais, tal como fornecidos pela aritmética e pela álgebra, seria impossível expressar alguma relação especial da física, ou alguma lei particular da natureza. Nisto se evidencia o princípio fundamental do conhecimento, segundo o qual o universal somente pode ser captado no particular, e o particular pode ser concebido tão-somente em relação com o universal.

Mas esta inter-relação não se limita à ciência, permeando, ao invés, todas as outras formas fundamentais da atividade espiritual. Para todas elas é válido que somente poderão evidenciar as suas maneiras peculiares de compreensão e configuração, na medida em que criarem para as mesmas um determinado substrato sensorial. Este substrato é tão essencial, que ele por vezes parece encerrar todo o conteúdo significativo, o próprio "sentido" destas formas. A linguagem parece poder definir-se e pensar-se integralmente como um sistema de signos fonéticos – o mundo da arte e o do mito parecem esgotar-se no mundo das formas particulares, sensorialmente tangíveis, que ambos nos apresentam. E assim, com efeito, dispomos de um elemento mediador abrangente, no qual todas as criações espirituais se encontram, por mais diferentes que sejam. O conteúdo do espírito se revela tão-somente na sua manifestação; a forma ideal é reconhecida somente na e pela totalidade dos signos sensoriais dos quais se serve para expressar-se. Se fosse possível obter uma visão de conjunto sistemática das diversas direções deste tipo de expressão – se se conseguisse mostrar os seus traços típicos e comuns, bem como as suas gradações particulares e as diferenças internas que existem entre elas, o ideal da "característica universal", formulado por Leibniz para o conhecimento, se realizaria para a totalidade da atividade espiritual. Possuiríamos então uma espécie de gramática da função simbólica como tal, que abarcaria e co-determinaria, de um modo geral, suas expressões e os seus idiomas, tal como se nos apresentam na linguagem e na arte, no mito e na religião.

A idéia de uma gramática desta natureza implica um alargamento do tradicional conceito histórico doutrinário do idealismo. Este sempre buscou opor ao *mundus sensibilis* um outro cosmos, o *mundus intelligibilis*, e definir claramente as fronteiras entre ambos. Em essência, porém, a fronteira se delineava de tal maneira, que o mundo do inteligível era determinado pelo princípio da ação pura, enquanto o mundo do sensível era governado pelo princípio da receptibilidade. Lá reinava a espontaneidade livre do espírito, aqui a contenção, a passividade do sensível. Para a "característica universal", entretanto, cuja problemática e tarefa neste momento se nos apresentam em suas linhas mais gerais, *esta* oposição já não é mais irreconciliável e excludente, uma vez que o sensível e o espiritual estão agora ligados por uma nova forma de reciprocidade e de correlação. O dualismo metafísico das duas esferas parece estar superado, na medida em que pode ser mostrado que precisamente a própria *função* pura do espiritual precisa buscar a sua realização concreta no mundo sensível, e que ela, em última análise, somente poderá encontrá-la aqui. No âmbito do sensível é necessário fazer uma distinção rigorosa entre a simples "reação" e a pura "ação", bem como entre aquilo que pertence aos domínios da "impressão" e aquilo que faz parte da esfera da "expressão". O sensualismo dogmático não erra apenas ao subestimar o significado e a produtividade dos fatores puramente intelectuais, mas também e principalmente porque ele não apreende a sensibilidade em toda a extensão do seu conceito e na totalidade de sua produtividade, embora afirme que ela constitui a verdadeira força fundamental do espírito. O sensualismo dogmático, além disso, oferece uma imagem insuficiente e truncada da sensibilidade, ao limitá-la meramente ao mundo das "impressões", ao dado imediato das simples sensações. Assim sendo, ele falha em reconhecer que também existe uma atividade do próprio sensível, que, como disse Goethe, existe uma "imaginação sensível exata", que se manifesta nos mais diversos campos da atividade espiritual. Com efeito, em todos estes campos o veículo propriamente dito do seu desenvolvimento imanente consiste no fato de produzirem um *mundo de símbolos* próprio e livre, situado ao lado e acima do mundo das percepções: um mundo que, de acordo com a sua natureza imediata, ainda traz as cores do sensível, as quais, porém, representam uma sensibilidade já configurada e, portanto, dominada pelo espírito. Não se trata aqui de algo sensível simplesmente dado e encontrado, e sim de um sistema de multiplicidades sensíveis, produzidas por alguma forma de atividade criadora livre.

Assim, por exemplo, o processo da formação da linguagem mostra como, para nós, o caos das impressões imediatas somente passa a se aclarar e articular no momento em que lhe "damos nome", permeando-o, assim, com a função do pensamento lingüístico e da expressão lingüística. Neste novo mundo dos signos lingüísticos, também o mundo das impressões adquire uma nova "consistência", pois passa a ter uma nova articulação espiritual. A diferenciação e a separação, a fixação de certos momentos do conteúdo através da palavra não se limitam a neles designar uma determinada qualidade intelectual, mas, na verdade, lhes conferem esta qualidade, em virtude da qual eles vêm a situar-se acima do me-ro imediatismo das qualidades ditas sensíveis. Assim, a linguagem torna-se um instrumento espiritual fundamental, graças ao qual realizamos a passagem do mundo das meras sensações para o mundo da intuição e da representação. Já em suas origens a linguagem contém aquele trabalho intelectual que em seguida se manifesta na formação do conceito como conceito científico, como unidade lógica de sua forma. Verifica-se aqui o início daquela função universal de separação e união que encontra a sua mais elevada expressão consciente nas análises e sínteses do pensamento científico. E ao lado do mundo dos signos lingüísticos e conceituais encontra-se – sem a ele poder ser comparado, mas a ele aparentado por suas origens espirituais – o mundo das formas criadas pelo mito ou pela arte. Porque também a fantasia mítica, embora profundamente enraizada no sensível, situa-se muito além da mera passividade do sensível. Se a avaliarmos de acordo com as normas empíricas habituais, fornecidas pela nossa experiência sensorial, concluiremos que as suas criações são totalmente "irreais", mas é precisamente nesta irrealidade que se manifestam a espontaneidade e a liberdade interior da função mítica. E esta liberdade de modo algum significa um arbítrio, destituído de toda e qualquer lei. O mundo do mito não é um mero produto do capricho ou do acaso, uma vez que ele possui as suas próprias leis fundamentais que, regendo todas as suas criações, atuam em todas as suas manifestações particulares. Na esfera da intuição artística torna-se mais evidente ainda que a concepção de uma forma estética no mundo sensível somente é possível na medida em que nós mesmos criamos os elementos fundamentais da forma. Toda compreensão de formas espaciais, por exemplo, depende, em última instância, desta atividade de produzi-las interiormente e das leis que regem esta produção. Evidencia-se, assim, que a atividade espiritual suprema e mais pura que a consciência conhece está condicionada e é mediada por determinados modos da atividade sensível. Também aqui constatamos que a vida autêntica e essencial da idéia pura somente se nos apresenta no reflexo colorido dos fenômenos. Não poderemos compreender o sistema das múltiplas manifestações do espírito, a não ser acompanhando as diversas direções de sua força imagética original. Nela vemos refletida a essência do espírito, pois esta somente se nos revelará na configuração do material sensível. E o fato de realmente tratar-se de uma pura atividade do espírito, a qual se manifesta na criação dos diversos sistemas de símbolos sensíveis, evidencia-se na medida em que todos estes símbolos, desde o princípio, comparecem com uma determinada pretensão de objetividade e valor. Todos eles transcendem o âmbito dos fenômenos da consciência meramente individuais; diante dos mesmos pretendem estabelecer algo universalmente válido. Sobre o pano de fundo de uma posterior análise crítico-filosófica e do conceito de verdade por ela desenvolvido, esta pretensão talvez perca a sua validade; mas o simples fato de existir esta reivindicação faz parte da essência e do caráter das próprias formas fundamentais. Elas próprias não apenas consideravam as suas criações objetivamente válidas, como, geralmente, nelas viam o verdadeiro cerne da objetividade, do "real". Assim, é característico das primeiras manifestações ingênuas e irrefletidas do pensamento lingüístico, bem como do pensamento mítico, que para ambos o conteúdo da "coisa" e o do "signo" não se diferenciam nitidamente, e, em vez disso, costumam mesclar-se indistintamente. O nome de uma coisa e a própria coisa fundem-se de maneira indissolúvel; a simples palavra ou imagem encerra uma força mágica através da qual se nos revela a essência da coisa. E basta transferir esta concepção do real para o ideal, do material para o funcional, para nela descobrir, de fato, um cerne de legitimidade. Porque no desenvolvimento imanente do espírito, a aquisição do *signo* realmente sempre representa o primeiro e necessário passo para o conhecimento objetivo da essência das coisas. Para a consciência, o signo constitui, por assim dizer, a primeira etapa e a primeira prova da objetividade, porque ele interrompe a constante modificação dos conteúdos da consciência, e porque nele se define e enfatiza algo permanente. Nenhum *conteúdo* da consciência, uma vez pertencente ao passado e substituído por outros, se repete, como tal, de forma rigorosamente idêntica. Uma vez desaparecido da consciência, ele deixa definitivamente de ser o que era. Mas a esta constante modificação das qualidades de conteúdo a consciência opõe a unidade de si mesma e de sua forma. A sua identidade não se evidencia pelo que ela é ou possui, mas pelo que ela faz. Através do signo ligado ao conteúdo, este adquire em si mesmo uma nova consistência e uma nova duração. Isto porque, em contraposição às alternâncias reais dos conteúdos particulares da consciência, o signo possui uma *significação* ideal que, como tal, persiste. Ele não é, como a simples sensação dada, algo particular e único, representando, ao invés, uma totalidade, um conjunto de conteúdos possíveis, e é em face de cada um deles que ele representa, portanto, uma primeira "universalidade". Na função simbólica da consciência, tal como ela se manifesta na linguagem, na arte e no mito, determinadas formas fundamentais invariáveis, de natureza em parte conceitual, em parte puramente intuitiva, se destacam em primeiro lugar do fluxo da consciência; a fluidez do conteúdo é substituída pela unidade da forma, fechada e permanente em si mesma.

Mas não se trata, aqui, de um ato isolado, e sim de um progressivo processo de determinação, que caracteriza todo o desenvolvimento da consciência. No primeiro nível, a fixação que é conferida ao conteúdo através do signo lingüístico, da imagem mítica ou artística, aparentemente não ultrapassa o estágio da retenção deste conteúdo na *memória*, ou seja, de sua simples reprodução. Ao que tudo indica, o signo nada acrescenta ao conteúdo ao qual se refere, limitando-se simplesmente a preservá-lo e repeti-lo em sua pura substância. Até mesmo na história da evolução psicológica da arte acreditou-se poder provar a existência de uma fase de arte meramente "rememorativa", na qual toda configuração artística visava apenas a ressaltar determinados aspectos da percepção sensível, e a apresentá-los em uma imagem criada pela própria memória[4]. Mas quanto mais claramente as diversas direções fundamentais se delineiam em sua energia específica, tanto mais evidente torna-se o fato de que toda aparente "reprodução" pressupõe sempre um trabalho original e autônomo da consciência. A reprodutibilidade do conteúdo em si está vinculada à produção de um signo para o mesmo, um processo no qual a consciência age de maneira livre e independente. Com isso, também o conceito da "memória" adquire um sentido mais rico e profundo. Para recordar determinado conteúdo, é necessário que antes, e não apenas pela via da sensação ou da percepção, a consciência tenha interiorizado este conteúdo. Não basta, aqui, a simples repetição, em outra época, do fato dado, sendo impres-

---

4. Cf. W. Wundt, *Völkerpsychologie* (Psicologia dos povos), vol. III, *A arte*. 2ª ed. pp. 115 ss.

cindível, ao invés, que nesta repetição se manifeste simultaneamente um novo tipo de concepção e configuração. Porque cada "reprodução" do conteúdo já encerra um novo estágio da "reflexão". Na medida em que a consciência não o considera simplesmente como algo presente, mas o imagina como algo passado, porém não desaparecido para ela própria, ela cria uma nova *relação* com este conteúdo e, ao fazê-lo, atribui a ele e a si mesma uma *significação* ideal modificada. E esta se manifesta de maneira cada vez mais nítida e rica, à proporção que o mundo das imagens, próprio do Eu, se torna diferenciado. Agora, o Eu não apenas exerce uma atividade original formadora de imagens, como ao mesmo tempo aprende a compreendê-las cada vez mais profundamente. E é somente assim que as fronteiras entre o mundo "subjetivo" e o "objetivo" se delineiam claramente. Uma das tarefas fundamentais da crítica geral do conhecimento consiste em demonstrar as leis, de acordo com as quais, mediante os métodos do pensamento científico, se realiza esta delimitação no campo puramente teórico. Ela mostra que o ser "subjetivo" e o "objetivo" não se contrapõem, desde o início, como esferas rigidamente distintas e totalmente determinadas quanto ao conteúdo, mas que, ao invés, ambos adquirem a sua determinação tão-somente no processo do conhecimento, e de acordo com os métodos e as condições do mesmo. Assim, a distinção categorial entre o "Eu" e o "Não-Eu" evidencia-se como uma função essencial e sempre atuante do pensamento teórico, enquanto a maneira pela qual esta função se realiza, o modo, portanto, pelo qual os conteúdos do ser "subjetivo" e do ser "objetivo" se delimitam mutuamente, variam de acordo com o nível de conhecimento alcançado. Para a visão teórico-científica do mundo, a "objetividade" da experiência consiste nos seus próprios elementos constantes e necessários – mas a quais conteúdos são atribuídas esta constância e esta necessidade, isto depende, por um lado, do critério metodológico geral aplicado à experiência pelo pensamento, e, por outro, do nível de conhecimento correspondente, do conjunto de suas apercepções empírica e teoricamente afiançadas. Neste contexto, o modo como aplicamos e realizamos a oposição conceptual do "subjetivo" e do "objetivo" na configuração do mundo da experiência, na construção da natureza, constitui não tanto a *solução* do problema do conhecimento, e sim, muito mais, a *expressão* perfeita do mesmo[5]. Mas esta oposição somente aparece em toda a sua riqueza e na sua complexidade interna, quando a analisamos para além dos limites do pensamento teórico e dos seus meios conceituais próprios. Não apenas a ciência, mas também a linguagem, o mito, a arte e a religião caracterizam-se pelo fato de nos fornecerem os materiais com os quais se constrói, para nós, o mundo do "real" e do espiritual, o mundo do Eu. Estas esferas tampouco podem ser colocadas em um mundo dado como simples *conformações*, pelo contrário, é necessário compreendê-las como *funções*, em virtude das quais se realiza, em cada caso, uma configuração particular do ser, bem como uma divisão e uma separação peculiares do mesmo. Assim como são diversos os meios dos quais se serve cada função, assim como são diferentes os padrões e critérios pressupostos e aplicados por cada uma delas, são igualmente diferentes os resultados. O conceito de verdade e de realidade da ciência é diferente daquele da religião ou da arte – assim como existe uma relação básica, especial e incomparável, que nelas é criada, muito mais do que designada, entre o "interior" e o "exterior", entre o ser do Eu e o do mundo. Antes que uma decisão possa ser tomada en-

---

5. Uma análise mais detalhada encontra-se em meu livro *Substanzbegriff und Funktionsbegriff* (Conceito de substância e conceito de função), Berlim, 1910, capítulo VI.

tre estas pretensões e perspectivas múltiplas, que se cruzam e contradizem, é necessário que, inicialmente, sejam diferenciadas com precisão e rigor críticos. O desempenho de cada uma deve ser medido de acordo com ela própria, e não segundo padrões e exigências de qualquer outra – e é somente ao final desta análise que se poderá perguntar se e como todas estas diferentes formas de concepção do mundo e do Eu podem ser harmonizadas – se, embora não reproduzam uma mesma e única "coisa" existente em si, elas se completam para formar uma totalidade e um sistema unificado da atividade espiritual.

Wilhelm von Humboldt foi o primeiro a conceber com clareza este tipo de abordagem, e a aplicá-lo à filosofia da linguagem. Para Humboldt, o signo fonético, que constitui a matéria de toda formação da linguagem, é, por assim dizer, a ponte entre o subjetivo e o objetivo, porque nele se unem os momentos essenciais de ambos. Porque o som, por um lado, é falado e, portanto, produzido e articulado por nós mesmos; por outro lado, porém, enquanto som escutado, ele faz parte da realidade sensível que nos rodeia. Por isso, nós o apreendemos e conhecemos ao mesmo tempo como algo "interior" e "exterior" – como uma energia do interior que se traduz e objetiva em algo exterior. "Na medida em que na linguagem a energia do espírito abre o seu caminho através dos lábios, o produto da mesma retorna ao próprio ouvido. A representação, portanto, é transposta para a objetividade real, sem, com isso, ser subtraída da subjetividade. Somente a linguagem é capaz disso; e sem esta transposição, ainda que silenciosa, para a objetividade que retorna ao sujeito – e que sempre ocorre quando há a participação da linguagem – torna-se impossível a formação do conceito e, portanto, de todo verdadeiro pensamento... Porque a linguagem não pode ser vista como um material que se encontra presente, que pode ser apreendido e abarcado como um todo ou paulatinamente comunicado; ela deve ser compreendida como algo que se está eternamente produzindo, em que as leis que regem a produção são definidas, enquanto o alcance e, de certa maneira, a natureza do produto permanecem totalmente indefinidos. Assim como o som constitui um elemento mediador entre o objeto e o ser humano, da mesma maneira a linguagem, como um todo, opera entre o homem e a natureza que sobre ele age interna e externamente. Ele se rodeia de um mundo de sons, a fim de assimilar e elaborar o mundo dos objetos."[6] Nesta concepção crítico-idealista da linguagem, Humboldt assinala um fator que é válido para toda espécie e toda forma de simbolização. Em cada signo que ele projeta livremente, o espírito apreende o "objeto" e, ao mesmo tempo, apreende a si mesmo e a própria legalidade que determina a sua atividade formadora de imagens. E é somente esta interpenetração peculiar que prepara o terreno para a determinação mais profunda da subjetividade e da objetividade. No primeiro nível desta determinação, é como se os dois momentos antitéticos ainda estivessem simplesmente separados, justapostos e contrapostos. A linguagem, por exemplo, em suas formações primitivas, tanto pode ser interpretada como expressão pura do interior ou do exterior, como expressão da simples subjetividade ou da simples objetividade. No primeiro caso, o fonema parece não significar outra coisa além do som que expressa um excitamento e uma emoção; no segundo, ele aparentemente significa apenas uma imitação onomatopéica. As diversas especulações sobre a "origem da linguagem" movem-se, de fato, entre estes dois extremos, nenhum dos quais alcança o âmago e a essência espiritual da linguagem propriamente dita. Porque a

---

6. Vide Humboldt, *Einleitung zum Kawi-Werk* (Introdução à obra de Kawi), S.-W. (Akademie-Ausg.) (Edição da Academia), VII, 55 ss.

linguagem não designa e não expressa nem uma subjetividade unilateral, nem uma objetividade unilateral, verificando-se, em vez disso, que nela ocorre uma nova mediação, uma correlação peculiar entre os dois fatores. Portanto, nem a mera descarga da emoção, nem a repetição de estímulos sonoros objetivos representam, por si, o sentido e a forma característicos da linguagem: estes somente surgem quando as duas extremidades se unem, produzindo, assim, uma nova *síntese* de "eu" e "mundo", que não existia anteriormente. E uma relação análoga se estabelece em toda direção verdadeiramente autônoma e original da consciência. Tampouco a arte pode ser definida e compreendida como mera expressão do interior, como reprodução das figuras de uma realidade exterior, porque também nela o momento decisivo e característico reside na maneira pela qual através dela se fundem o "subjetivo" e o "objetivo", o sentimento puro e a figura pura, adquirindo nesta fusão uma nova existência e um novo conteúdo. Com nitidez maior do que seria possível se nos limitássemos à função puramente intelectual, em todos estes exemplos evidencia-se que, ao analisarmos as formas do espírito, não podemos começar por uma distinção dogmática rígida entre o subjetivo e o objetivo, mas que, pelo contrário, a delimitação e fixação dos seus domínios somente se *realizam* através destas próprias formas. Cada energia espiritual particular contribui de maneira específica para esta definição, e, portanto, participa da constituição do conceito do Eu e do mundo. O conhecimento, bem como a linguagem, o mito e a arte: nenhum deles constitui um mero espelho que simplesmente reflete as imagens que nele se formam a partir da existência de um ser dado exterior ou interior; eles não são instrumentos indiferentes, e sim as autênticas fontes de luz, as condições da visão e as origens de toda configuração.

III

O primeiro problema que se nos apresenta na análise da linguagem, da arte, do mito, consiste em perguntar de que maneira um determinado conteúdo sensível, particular, pode se transformar no portador de uma "significação" espiritual universal. Se nos limitarmos a considerar todas estas esferas do ponto de vista unicamente de sua existência material, isto é, se nos contentarmos em descrever os signos dos quais se servem apenas de acordo com a sua natureza física, ver-nos-emos remetidos a um conjunto de sensações particulares, a simples qualidades da vista, do ouvido ou do tato, como elementos fundamentais supremos. Mas então verifica-se o milagre pelo qual esta simples matéria sensível, pelo modo como é considerada, adquire uma vida espiritual nova e multiforme. Na medida em que o som físico – que, como tal, se diferencia apenas pela altura ou pela gravidade, pela intensidade e pela qualidade – assume a forma de um fonema, ele se torna a expressão das mais sutis diferenças do pensamento e do sentimento. Aquilo que ele é de imediato passa para um segundo plano em face do que ele realiza como mediador e do que ele "significa". Também os diversos elementos concretos que constituem a obra de arte mostram claramente esta relação fundamental. Nenhuma criação artística pode ser entendida como simples soma destes elementos, uma vez que em cada uma delas atua uma determinada lei e um sentido específico da configuração estética. A síntese, na qual a consciência associa uma seqüência de notas, transformando-a na unidade de uma melodia, é completamente diferente, ao que tudo indica, daquela na qual uma multiplicidade de fonemas se articula para nós na unidade de uma "frase". Mas elas têm em comum o fato de que em ambos os casos as particularidades sensíveis não permanecem isoladas, integrando-se, ao invés, em um todo da consciência, e deste adquirindo o seu sentido qualitativo. Se procurarmos abarcar em uma primeira visão de conjunto a totalidade das relações pelas quais a unidade da consciência se caracteriza e constitui como tal, inicialmente nos veremos remetidos a uma série de determinadas relações básicas, que se opõem umas às outras como "modos" de associação peculiares e autônomos. O momento da justaposição, tal como se apresenta na forma do *espaço*, o momento da sucessão, tal como aparece na forma do *tempo* – a combinação das determinações do ser, de tal maneira que uma seja interpretada como "coisa", a outra como "atributo", ou a associação de acontecimentos sucessivos, de sorte que um seja entendido como causa do outro: eis vários exemplos destes tipos originais de relação. O sensualismo busca inutilmente derivá-los e explicá-los a partir do conteúdo imediato das impressões particulares. "Cinco sons tocados em uma flauta" podem, certamente, de acordo com a conhecida teoria psicológica de Hume, "resultar" na idéia do tempo – mas este resultado somente se torna possível se o momento da relação e da ordem, característico da sucessão, tiver sido tacitamente incluído no conteúdo de cada som, pressupondo-se, por conseguinte, a presença do tempo em sua estrutura universal. Para a análise psicológica, bem como para a epistemológica, portanto, as formas básicas da relação provam ser "qualidades" da consciência tão simples e irredutíveis quanto as qualidades simples dos sentidos, os elementos da visão, da audição ou do tato. Por outro lado, no entanto, o pensamento filosófico não se pode contentar em aceitar a multiplicidade destas relações como tal, como um simples fato objetivamente existente. No que diz respeito às sensações, talvez seja suficiente enumerar simplesmente as suas diversas classes básicas e considerá-las uma pluralidade desprovida de conexões internas; no entanto, quando se trata das relações, aquilo que elas realizam, enquanto formas particulares de associações, somente parece concebível e compreensível quando podemos imaginá-las, por sua vez, reunidas em uma síntese superior. Desde que Platão, em *Os sofistas*, formulou o problema da κοινωνία τῶν γενῶν, da "comunidade" sistemática das idéias puras e dos conceitos formais, nunca mais esta questão deixou de ser discutida na história do pensamento filosófico. Mas as soluções crítica e metafísico-especulativa deste problema divergem na medida em que ambas pressupõem conceitos diferentes do "universal" e, portanto, um sentido diferente do próprio sistema lógico. A primeira remonta ao conceito da universalidade analítica, a segunda visa ao da universalidade sintética. No primeiro caso, contentamo-nos em unir a multiplicidade das possíveis formas de conexão em um conceito sistemático supremo, *subordinando-as*, assim, a determinadas leis fundamentais; no ponto de vista metafísico, procuramos compreender como a partir de um único princípio primevo se desenvolve a totalidade, o conjunto concreto de formas particulares. Se esta última concepção admite apenas *um* ponto de partida e *um* ponto de chegada, conectados e intermediados ambos pela aplicação constante de um mesmo princípio metodológico na demonstração sintético-dedutiva – a outra não apenas admite, como exige uma pluralidade de diferentes "dimensões" da análise. Ela formula o problema de uma unidade que, desde o início, renuncia à simplicidade. Os diversos modos da conformação que o espírito imprime à realidade são reconhecidos como tais, sem que se procure integrá-los em uma única série simplesmente progressiva. E no entanto, justamente, tal perspectiva não renuncia, de modo algum, à conexão entre as formas individuais; pelo contrário, a idéia do sistema é enfatizada, na medida em que o conceito de um sistema simples é substituído pelo conceito de um sistema complexo. Cada forma é, por assim dizer, referida a um plano particular, dentro do qual ela se realiza e desenvolve o seu caráter específico com total independência – mas é precisamente no conjunto destas maneiras de atuação que se revelam certas analogias, determinados comportamentos típicos que, como tais, podem ser destacados e descritos.

Neste contexto, o primeiro aspecto que nos chama a atenção consiste em uma diferença, que podemos denominar de diferença da *qualidade* e da *modalidade* das formas. Por "qualidade" de uma determinada relação entendemos aqui o tipo específico de conexão através do qual ela cria séries dentro da totalidade da consciência, sujeita a uma lei especial de organização dos seus elementos. Assim, por exemplo, a "justaposição", oposta à "sucessão", a forma da associação simultânea, em oposição à associação sucessiva, constituem uma qualidade autônoma desta natureza. Por outro lado, a mesma forma de relação pode sofrer uma transformação interior, no momento em que se encontrar em um contexto formal diferente. Cada relação individual – independentemente de sua particularidade – sempre pertence simultaneamente a uma totalidade de sentido que, por sua vez, possui a sua própria "natureza", a sua lei formal autônoma. Assim, por exemplo, aquela relação universal que chamamos de "tempo" é tanto um elemento do conhecimento teórico-científico, quanto representa um momento essencial para determinadas formações da consciência estética. O tempo, explicado no início da *Mecânica* de Newton como a base imutável de todos os acontecimentos e como medida uniforme de todas as modificações, parece, em um primeiro momento, não ter mais que o nome em comum com o tempo que determina a obra musical e as suas medidas rítmicas. Ainda assim esta unidade na denominação encerra uma unidade da significação, na medida em que em ambas está estabelecida aquela qualidade universal e abstrata que designamos com a expressão "sucessão". Mas em cada caso trata-se, sem dúvida, de uma "maneira" especial, de um *modo* próprio de sucessão que reina na consciência das leis naturais, enquanto leis da forma temporal dos acontecimentos, e que se impõe na percepção das disposições rítmicas de uma obra musical. De maneira análoga, podemos interpretar determinadas formas espaciais, determinados complexos de linhas e figuras, ora como ornamentos artísticos, ora como desenhos geométricos, atribuindo, assim, a um mesmo material um sentido completamente diferente. A unidade de espaço que construímos na contemplação e produção estéticas, na pintura, na escultura, na arquitetura pertence a um nível totalmente diferente daquele que se manifesta em determinados teoremas e axiomas geométricos. Aqui reina a modalidade do conceito lógico-geométrico, lá a modalidade da fantasia espacial artística: aqui o espaço é concebido como a essência mesma de relações interdependentes, como um sistema de "causas" e "efeitos", lá ele é compreendido como um todo, na interpenetração dinâmica de seus momentos individuais, como uma unidade da intuição e da emoção. E com isso a série de configurações possíveis na consciência do espaço não está esgotada ainda, porque também no *pensamento mítico* encontramos uma concepção muito especial do espaço, uma maneira de organizar e de "orientar" o mundo de acordo com determinados pontos de vista espaciais, que se distingue nitidamente e de forma característica do modo como o pensamento empírico realiza a organização espacial do cosmos[7]. Da mesma maneira, a forma geral da "causalidade", por exemplo, aparece sob uma luz completamente diferente, conforme a consideremos no nível do pensamento científico, ou do pensamento mítico. O mito também conhece o conceito da causalidade: ele o uti-

---

7. Cf. a respeito o meu estudo *Die Begriffsform im mythischen Denken* (A forma conceitual no pensamento mítico). Estudos da Biblioteca Warburg, I, Leipzig, 1922.

liza tanto em suas teogonias e cosmogonias gerais, como dele se serve na interpretação de uma série de fenômenos particulares que, a partir deste conceito, "explica" miticamente. Mas a motivação última desta "explicação" é completamente diferente daquela que rege o conhecimento da causalidade por intermédio de conceitos teórico-científicos. O problema da origem, como tal, é comum à ciência e ao mito; mas o tipo e o caráter, a modalidade da origem mudam, assim que passamos de um domínio para o outro – tão logo utilizamos e aprendemos a compreender a origem como um *princípio* científico, em vez de entendê-la como uma *potência* mítica.

Evidencia-se, assim, que, para se caracterizar uma determinada forma de relação em sua aplicação e significação concretas, é necessária não apenas a indicação de sua natureza qualitativa, mas, também, a menção do sistema geral no qual se encontra. Se designarmos esquematicamente as diversas espécies de relação – a relação do espaço, do tempo, da causalidade etc. – como R_1, R_2, R_3..., será imprescindível acrescentar a cada uma destas relações um "índice de modalidade" especial, μ_1, μ_2, μ_3..., que indicará em qual contexto funcional e significativo se deverá inseri-la. Porque cada um destes contextos, a linguagem como o conhecimento científico, a arte como o mito, possui o seu próprio princípio constitutivo, que, por assim dizer, imprime o seu selo em todas as suas configurações particulares. O resultado é uma extraordinária multiplicidade de conexões formais, cuja riqueza, porém, e cuja complexidade interna somente se revelam através de uma análise minuciosa de cada forma global vista individualmente. Mas mesmo independentemente destas especificações, já o exame mais geral da totalidade da consciência remete a determinadas condições fundamentais da unidade, às condições da conexão, da síntese e da representação espirituais em geral. Faz parte da natureza da consciência o fato de que nela nenhum conteúdo pode ser depositado, sem que, através deste simples ato, seja simultaneamente depositado um complexo de outros conteúdos. Kant, em seu ensaio sobre o conceito de grandeza negativa, formulou o problema da causalidade indagando como se deve entender o fato de que por *algo* ser, *algo mais*, totalmente diferente, pode e deve ser simultaneamente. Se, de acordo com a metafísica dogmática, tomarmos o conceito da *existência* absoluta como ponto de partida, esta questão, em última análise, deve afigurar-se insolúvel. Porque um ser absoluto exige também elementos últimos absolutos, cada um dos quais constitui em si mesmo uma substância estática, e deve ser compreendido por si mesmo. Mas este conceito da substância não apresenta nenhuma passagem necessária, ou ao menos compreensível para a multiplicidade do mundo, para a diversidade dos seus fenômenos particulares. Também em Spinoza a transição da substância – concebida como aquilo que *in se est et per se concipitur* – para a seqüência dos diversos *modi*, dependentes e mutáveis, não é algo deduzido, e sim conseguido por artimanhas. De um modo geral, a metafísica – como nos mostra a sua história – se confronta cada vez mais nitidamente com um dilema do pensamento. Ela precisa ou tomar a sério o conceito fundamental da existência absoluta – caso em que todas as relações estão ameaçadas de dissipar-se, toda a multiplicidade do espaço, do tempo, da causalidade correm o risco de dissolver-se em meras aparências – ou é necessário que ela permita que estas relações se associem ao ser, reconhecendo-as como algo meramente exterior e fortuito, como um "acidente". Mas ocorre então um contragolpe característico: porque agora se torna mais e mais evidente que é este "fortuito", precisamente, aquilo que o conhecimento pode alcançar e apreender em suas formas, enquanto a "essência" pura, que deveria ser pensada como fundamento das determinações particulares, se perde no vazio de uma mera abstração. O que deveria ser compreendido como o "todo da realidade", como essência de toda realidade, prova ser, afinal, algo que contém apenas o momento da simples determinabilidade, mas já não possui nenhuma determinação autônoma e positiva. Esta dialética da doutrina metafísica do ser somente pode ser evitada quando, desde o começo, "conteúdo" e "forma", "elemento" e "relação" são concebidos não como determinações independentes umas das outras, e sim como dados simultâneos e reciprocamente determinados. Quanto mais a tendência moderna, "subjetiva", da especulação se destacou na história do pensamento, tanto mais impôs-se esta exigência metodológica geral. Porque a questão assume imediatamente uma forma, quando ela é transferida do âmbito do ser absoluto para a esfera da consciência. Toda qualidade "simples" da consciência somente tem um conteúdo definido na medida em que ela é apreendida simultaneamente em união completa com determinadas qualidades, e em separação total com relação a outras. A função desta união e desta separação não pode ser desvinculada do conteúdo da consciência, constituindo uma de suas condições essenciais. Conseqüentemente, não pode existir "algo" na consciência que, *eo ipso* e sem outras mediações, não estabeleça uma "outra coisa" e uma série de "outras coisas". Porque cada ser individual da consciência somente se define na medida em que nele, simultaneamente e de alguma forma, esteja incluída e representada a totalidade da consciência. Somente nesta *representação* e através dela torna-se possível aquilo que denominamos de existência e "presença" do conteúdo. Isto se torna imediatamente evidente quando consideramos apenas o caso mais simples desta "presença", ou seja, a relação temporal e o "presente" temporal. Nada parece mais certo do que o fato de que tudo o que existe na consciência de maneira realmente imediata se refere sempre a um momento específico, a um "agora" determinado no qual está contido este conteúdo. O passado "já não" está presente na consciência, o futuro "ainda não" existe nela: portanto, ambos, passado e futuro, não parecem pertencer à realidade concreta da consciência, à sua atualidade propriamente dita, dissolvendo-se, ao invés, em meras abstrações mentais. Por outro lado, no entanto, é igualmente válido afirmar que o conteúdo que designamos como o "agora" nada mais é do que a fronteira eternamente fluida que separa o passado do futuro. Independentemente daquilo que por ela é delimitado, esta fronteira não é passível de ser traçada: ela somente existe no ato propriamente dito da separação, não como algo que pudesse ser pensado antes deste ato e desvinculado dele. O instante temporal, na medida em que pretendemos defini-lo como temporal, não pode ser apreendido como uma existência substancial estática, mas tão-somente como uma transição fluida do passado para o futuro, do já-não para o ainda-não. Quando o agora é interpretado de maneira diferente, isto é, absoluta, ele na realidade já não constitui o elemento, e sim a negação do tempo. Neste caso, ele parece deter e, assim, anular o movimento do tempo. Para o pensamento que, como o dos eleáticos, visa apenas ao ser absoluto e nele busca permanecer, a flecha que voa está em *repouso* – porque em cada "agora" indivisível lhe corresponde sempre apenas uma única "posição" inequívoca, determinada e indivisível. Se, porém, o momento temporal deve ser concebido como parte do movimento temporal, se ele, em vez de ser separado e contraposto a este movimento, nele deve ser verdadeiramente integrado, será necessário que na singularidade do momento seja simultaneamente pensado o processo como um todo, e que ambos, momento e processo, constituam para a consciência uma unidade perfeita. A forma do tempo propriamente dito somente nos pode ser "dada" quando, dentro do elemento temporal, a seqüência do tempo se apresentar dirigida para o futuro e para o passado. Se imaginarmos um corte transversal da consciência, somente o poderemos apreender se não nos ativermos simplesmente a este corte, mas, ao invés, procurarmos ir além do mesmo nas diversas direções de relação, por intermédio de determinadas funções organizadoras de ordem espacial, temporal ou qualitativa. Somente pelo fato de, assim, podermos reter no ser atual da consciência algo que não é, e algo não dado naquilo que está dado, unicamente assim torna-se possível, para nós, a existência daquela unidade que, por um lado, designamos como unidade subjetiva da consciência, por outro, como unidade objetiva do objeto.

Também a análise psicológica e epistemológica da consciência espacial nos remete à mesma função primordial da representação. Porque, inicialmente, toda apreensão de um "todo" espacial pressupõe a formação de séries temporais globais: a síntese "simultânea" da consciência, embora constitua um traço característico e essencial da mesma, somente pode completar-se e representar-se com base na síntese sucessiva. Se determinados elementos devem ser unificados em um todo espacial, é necessário que preliminarmente passem sucessivamente pela consciência e sejam inter-relacionados de acordo com uma regra definida. Nem a psicologia sensualista dos ingleses, nem a psicologia metafísica de Herbart conseguiram, é bem verdade, explicar como a consciência espacial surge a partir da consciência da conexão temporal, como se forma a consciência da simultaneidade a partir de uma simples seqüência de sensações visuais, tácteis e musculares, ou a partir de um complexo de simples séries de representações. Mas estas teorias têm uma coisa em comum, apesar dos seus pontos de partida totalmente diferentes: todas elas reconhecem que o espaço, na sua configuração e articulação concretas, não é "dado" como propriedade assentada da alma, mas, pelo contrário, somente se constitui para nós no processo e, por assim dizer, no movimento geral da consciência. Mas este mesmo processo haveria de se decompor, para nós, em particularidades isoladas e desconexas, não permitindo, portanto, a síntese em um único resultado, se não existisse, também aqui, a possibilidade geral de se apreender o todo na parte, e a parte no todo. A "expressão do múltiplo no uno", a *multorum in uno expressio*, pela qual Leibniz caracteriza a consciência em geral, é, portanto, um fator determinante também aqui. Somente conseguimos intuir determinadas conformações espaciais se, por um lado, unificarmos em uma única representação grupos de percepções sensíveis que se deslocam mutuamente na vivência sensível imediata, e se, por outro lado, dispersarmos novamente esta unidade na diversidade dos seus elementos constitutivos. É somente nesta alternância de concentração e análise que se estrutura a consciência espacial. Neste contexto, a figura aparece como movimento possível, assim como o movimento aparece como figura possível.

Nos seus estudos sobre a teoria da visão, que constituem um ponto de partida da moderna óptica fisiológica, Berkeley comparou o desenvolvimento da percepção do espaço com a evolução da linguagem. No seu entender, a intuição espacial somente pode ser adquirida e consolidada através de uma espécie de linguagem natural, ou seja, uma relação estável entre signos e significações. Ainda segundo Berkeley, o mundo do espaço no sentido de um mundo de percepções sistematicamente interligadas e inter-relacionadas não se constitui para nós quando configuramos em nossas representações um modelo material preestabelecido do "espaço absoluto", e sim quando aprendemos a utilizar, como representantes e signos umas das outras, as diversas e, em si, incomparáveis impressões das múltiplas esferas sensíveis, particularmente da visão e do tato. De acordo com os seus pressupostos sensualistas, Berkeley procurou compreender a linguagem do espírito – que ele demonstrou ser uma condição da percepção espacial – no sentido exclusivo de uma linguagem dos sentidos. Mas, analisada mais de perto, esta tentativa se auto-invalida. Porque no próprio conceito da linguagem está implícito que ela nunca pode dizer respeito apenas aos sentidos, representando, ao invés, uma interpenetração e uma interação específica de fatores sensíveis e conceptuais, na medida em que nela se pressupõe sempre que os signos sensíveis e individuais sejam impregnados de uma significação intelectual universal. O mesmo vale para todas as outras espécies de "representação" – ou seja, para todos os casos em que um elemento da consciência é *representado* em e através de outro. Se imaginarmos encontrar o fundamento sensível da idéia do espaço em determinadas sensações da visão, do movimento e do tato, verificaremos que a soma destas sensações não contém nada daquela forma de unidade característica que chamamos de "espaço". Esta somente se manifesta em uma coordenação que permita a passagem de cada uma destas qualidades para a sua totalidade. Assim sendo, em cada elemento que estabelecemos como espacial já pensamos uma infinidade de direções possíveis, e é somente o conjunto destas direções que constitui o todo da percepção espacial. A "imagem" espacial que temos de um objeto empírico, de uma casa, por exemplo, se configura, tão-somente, quando ampliamos neste sentido uma perspectiva individual relativamente limitada, e na medida em que a utilizamos apenas como ponto de partida e como estímulo para construir, a partir dela, um todo altamente complexo de relações espaciais. Entendido neste sentido, o espaço de modo algum é um receptáculo imóvel que recolhe as "coisas" prontas e acabadas, representando, ao invés, um conjunto de funções ideais que se complementam e determinam mutuamente para formar um resultado unificado. Assim como no simples "agora" do tempo encontramos simultaneamente expressados o antes e o depois, ou seja, as direções fundamentais do processo temporal, da mesma forma em cada "aqui" estabelecemos um "lá" e um "acolá". O local particular não existe antes do sistema topológico, mas tão-somente em referência a ele e em correlação com ele.

Uma terceira forma de unidade, que se eleva acima da unidade espacial e temporal, é a forma *conexão objetiva*. Se reunirmos um conjunto de determinadas propriedades para formar o todo de uma coisa constante com características múltiplas e variáveis, esta reunião pressupõe a conexão na justaposição e na sucessão, sem, no entanto, reduzir-se à mesma. O que é relativamente constante deve ser distinguido daquilo que varia, determinadas configurações espaciais precisam ser fixadas, para que se possa constituir o conceito da coisa como "portador" constante das propriedades variáveis. Mas, por outro lado, a idéia do "portador" acrescenta à intuição da justaposição espacial e da sucessão temporal um novo fator que possui uma significação independente. A análise empirista do conhecimento, é bem verdade, sempre procurou contestar esta independência. Na idéia da coisa ela nada vê além de uma forma de conexão puramente exterior; ela busca mostrar que conteúdo e forma do "objeto" se esgotam na soma de suas propriedades. Mas aqui encontramos o mesmo erro fundamental que caracteriza a análise empirista do conceito e da consciência do Eu. Quando Hume afirma que o Eu constitui um "feixe de percepções", esta explicação – independentemente do fato de nela haver referência apenas à conexão como tal, mas nada sendo dito sobre a forma e o tipo particular de síntese que constitui o Eu – anula-se a si mesma, já porque no conceito da percepção ainda está contido, sem ter sido decomposto, o conceito do Eu, que aparentemente devia ser analisado e decomposto em seus elementos constitutivos. O que torna a percepção individual uma percepção, o que a distingue como qualidade da "representação" de uma qualidade qualquer das coisas, é precisamente a sua "participação no Eu". Esta não surge somente na síntese posterior de uma pluralidade de percepções, sendo, pelo contrário, originariamente própria de cada uma delas. Uma relação análoga se verifica na conexão das múltiplas "propriedades", que forma a unidade de uma "coisa". Quando reunimos as sensações do extenso, do doce, do áspero e do branco para formar a idéia do "açúcar" como um todo material uniforme, isto somente é possível na medida em que originariamente cada uma destas qualidades tenha sido pensada em relação a este todo. O fato de a brancura, a doçura etc. não serem apreendidas apenas como estados que existem em mim, mas como "propriedades", como qualidades objetivas, já implica totalmente a função requerida e o ponto de vista da "coisa". Portanto, no estabelecimento de qualidades particulares prevalece, desde o início, um esquema básico geral, que é completado com conteúdos concretos sempre renovados, na medida em que progride a nossa experiência acerca da "coisa" e das suas "propriedades". Se o ponto, enquanto posição simples e particular, somente é possível "dentro" do espaço, isto é, em termos lógicos, pressupondo-se um sistema topológico – se a idéia do "agora" temporal somente pode ser determinada em função de uma série de momentos e de uma seqüência que chamamos de "tempo" –, o mesmo vale também para a relação entre a coisa e as suas propriedades. Em todas estas relações, cuja definição e análise mais detalhadas são objeto da teoria do conhecimento especializada, evidencia-se o mesmo caráter fundamental da consciência, segundo o qual o todo não é obtido das partes, verificando-se, ao invés, que todo estabelecimento de uma parte implica o estabelecimento do todo, não em virtude do seu conteúdo, e sim de sua estrutura e forma gerais. Desde o início, cada particularidade faz parte de um determinado complexo e expressa em si mesma a regra deste complexo. Somente o conjunto destas regras constitui a verdadeira unidade da consciência como unidade do tempo, do espaço, da conexão objetiva etc.

A linguagem conceitual tradicional da psicologia não oferece uma expressão realmente adequada para caracterizar este fato, porque foi só tardiamente, na sua passagem para a moderna "psicologia da Gestalt", que ela se libertou dos pressupostos da concepção sensualista. Para esta última, que afirma que toda objetividade está contida na impressão "simples", toda conexão consiste na mera reunião, na "associação" das impressões. Este termo é suficientemente amplo para abarcar todas as possibilidades de relação que existem na consciência; mas esta amplitude, ao mesmo tempo, obscurece as suas peculiaridades e características. Com ele são designadas indistintamente relações das mais diversas qualidades e modalidades. "Associação" significa a fusão de elementos na unidade do tempo ou do espaço, na unidade do Eu ou do objeto, no todo de uma coisa ou de uma seqüência de eventos – em séries cujos elementos estão ligados entre si pelo ponto de vista de causa e efeito, e em outras cujos membros estão vinculados pelo ponto de vista dos "meios" e do "fim". Além disso, o termo "associação" é válido como expressão adequada para a lei lógica pela qual as particularidades são reunidas na unidade conceitual do conhecimento, como também para as formas de configuração que agem na elaboração da consciência *estética*. Mas aqui evidencia-se imediatamente que este conceito, no melhor dos casos, designa o simples fato da conexão, sem revelar nada sobre o seu caráter específico e as suas leis. A diversidade dos caminhos e das direções pelos quais a consciência alcança as suas sínteses permanece totalmente obscura. Se designarmos os "elementos" como a, b, c, d etc., existirá, como vimos, um sistema claramente graduado e diferenciado de múltiplas funções F (a, b), Ψ (c, d) e assim por diante, nas quais se expressam as conexões destes elementos. Mas no pretenso conceito genérico da associação, este sistema desaparece, em vez de expressar-se, uma vez que é totalmente nivelado. E o termo apresenta, ainda, uma outra deficiência fundamental. Os conteúdos vinculados por intermédio da associação continuam sendo separáveis, tanto pelo seu sentido, como por sua origem, por mais estreita que seja a sua conexão e íntima a sua fusão. No correr da experiência são articulados em formações e grupos cada vez mais sólidos; mas a sua existência como tal não é dada pelo grupo, e sim estabelecida anteriormente. Entretanto, é precisamente esta relação entre a "parte" e o "todo" que, por princípio, é superada nas sínteses autênticas da consciência. Nestas, o todo não se *origina* de suas partes, mas é este todo que as constitui e lhes confere a sua significação essencial. Eis por que, como vimos, em cada segmento limitado do espaço pensamos simultaneamente a totalidade do espaço, e em cada instante do tempo incluímos a forma geral da sucessão, assim como também o estabelecimento de cada propriedade particular encerra a relação geral entre "substância" e "acidente", e, portanto, a forma característica da coisa. Contudo, é precisamente esta interpenetração, este intenso "condicionamento recíproco", que a associação, como expressão da mera contigüidade das representações, deixa de explicar. As regras empíricas que ela estabelece com relação ao simples fluxo das representações não esclarecem nem as formas e configurações fundamentais nas quais as representações se concretizam, nem a unidade do "sentido" que entre elas se institui.

Em contrapartida, a teoria racionalista do conhecimento propõe-se salvar e demonstrar a independência deste "sentido". Um dos principais méritos históricos desta teoria consiste no fato de que através dela, e graças a uma mesma transformação do pensamento, foram estabelecidos uma nova e mais profunda visão da consciência e um novo conceito do "objeto" do conhecimento. Confirma-se, assim, o dito de Descartes, segundo o qual a unidade do mundo objetivo, a unidade da substância não podem ser apreendidas na percepção, mas tão-somente na reflexão do espírito sobre si mesmo, na *inspectio mentis*. Nesta tese fundamental do racionalismo expressa-se a mais rigorosa oposição à teoria empirista da "associação" – mas aqui tampouco se desfaz a tensão interna entre dois elementos essenciais, fundamentalmente diferentes, da consciência, ou seja, a tensão entre a sua simples "matéria" e a sua "forma" pura. Porque também aqui a causa da conexão dos conteúdos da consciência é procurada em uma atividade que, de alguma maneira, e proveniente do exterior, se agrega aos diversos conteúdos. De acordo com Descartes, as "idéias" da percepção externa, as idéias do claro e do escuro, do áspero e do liso, do colorido e do sonoro não passam, em si, de imagens que existem em nós (*velut picturae*), e, neste sentido, de simples estados subjetivos. O que nos faz ultrapassar este nível, o que nos permite avançar da multiplicidade e mutabilidade das impressões para a unidade e constância do objeto, é a função, totalmente independente destas impressões, do juízo e da "inferência inconsciente". A unidade objetiva é uma unidade puramente formal, que, como tal, não pode ser ouvida nem vista, mas tão-somente apreendida no processo lógico do pensamento puro. O dualismo *metafísico* de Descartes tem, em última análise, as suas raízes neste seu dualismo *metodológico*: a doutrina da separação absoluta entre a substância extensa e a pensante é apenas a expressão metafísica de uma oposição que já se manifesta em sua exposição sobre a função pura da consciência. E mesmo em Kant, no início da sua *Crítica da razão pura*, esta oposição entre o sensorial e o pensamento, entre as determinações "materiais" e "formais" da consciência, ainda mostra toda a sua força, embora aqui apareça prontamente a conjectura de que ambas possam talvez ter uma raiz comum, ainda que não a conheçamos. Mas a esta formulação do problema há a objetar, principalmente, que a oposição nela expressa é um produto da abstração e da avaliação lógica dos diversos fatores do conhecimento, enquanto a unidade da matéria e da forma da consciência, do "particular" e do "universal", dos "fatores dados" sensíveis e dos "fatores ordenadores" puros constitui aquele *fenômeno* originariamente certo e conhecido, do qual deve partir toda e qualquer *análise* da consciência. Se mediante uma metáfora e um símbolo matemático quiséssemos precisar este fato que, sem dúvida, transcende os limites da ciência matemática, poderíamos escolher o termo "integração", em contraposição à simples "associação". O elemento da consciência não se comporta em relação ao todo da mesma como uma parte extensiva em relação à soma das partes, e sim como uma diferencial em relação à sua integral. Assim como a equação diferencial de um movimento expressa a trajetória e a lei geral deste movimento, da mesma maneira é necessário que pensemos as leis estruturais gerais da consciência como já dadas em cada um dos seus elementos, em cada um dos setores transversais da mesma; não dadas, porém, no sentido de conteúdos próprios e independentes, mas no sentido de tendências e direções já estabelecidas no individual sensível. Toda "existência" da consciência consiste nisso, e somente é real na medida em que transcende a si mesma nestas diversas direções da síntese. Assim como a consciência do momento já contém a referência à seqüência temporal, e a consciência de um ponto determinado no espaço remete de imediato "ao" espaço como soma e totalidade das determinações topológicas possíveis, da mesma maneira existem inúmeras relações através das quais na consciência do particular está simultaneamente expressa a forma do todo. O "integral" da consciência não se constrói a partir da soma dos seus elementos sensíveis (a, b, c, d, ...), e sim, por assim dizer, a partir de suas diferenciais de relação e forma (d r_1, d r_2, d r_3...). A atualidade plena da consciência apenas desenvolve aquilo que, como possibilidade geral, já está contido virtualmente em cada um de seus momentos particulares. Somente assim se obtém uma solução crítica geral para a questão proposta por Kant, que buscava entender por que razão o fato de "algo" existir implica necessariamente a existência simultânea de uma "outra coisa", totalmente diferente. A relação que, do ponto de vista do ser absoluto, se afigurava tanto mais paradoxal, quanto mais rigorosamente era examinada e analisada, prova ser a relação necessária e imediatamente compreensível por si mesma, quando considerada do ponto de vista da consciência. Porque aqui não há, desde o início, nenhum "um" abstrato, ao qual se contrapõe um "outro", separado e desvinculado de forma igualmente abstrata; ao invés, o um está "dentro" do múltiplo, assim como o múltiplo está "dentro" do um, no sentido de que ambos se condicionam e representam mutuamente.

IV

As considerações precedentes visaram a oferecer uma espécie de "dedução" crítica, uma fundamentação e justificação do conceito da representação, uma vez que nos propúnhamos demonstrar que a representação de um conteúdo dentro do outro e através do outro constitui uma premissa essencial para a construção da consciência e a condição de sua própria unidade formal. Mas as análises subseqüentes não estarão centradas nesta significação lógica geral da função representativa. Estudaremos, aqui, o problema do signo, mas não se tratará de acompanhá-lo de maneira regressiva até os seus "fundamentos" últimos, e sim de examiná-lo numa visão prospectiva, que permita verificar o desenvolvimento concreto e as configurações que se realizam na pluralidade dos diversos domínios da cultura. Para este tipo de estudo adquirimos um novo fundamento. Se quisermos compreender o simbolismo artificial, os signos "arbitrários" que a consciência cria na linguagem, na arte, no mito, será necessário remontar ao simbolismo "natural", àquela representação da consciência como um todo, que necessariamente já está contida ou, pelo menos, existe virtualmente em cada momento e em cada fragmento da consciência. A força e a capacidade realizadora destes signos mediatos seriam sempre um enigma, se eles não tivessem sua raiz última em um processo espiritual original, alicerçado na própria essência da consciência. Que uma singularidade sensível, como por exemplo o som articulado, possa tornar-se portadora de uma significação puramente espiritual, tal fato somente se torna compreensível, em última instância, na medida em que a própria função fundamental do significar já existe e atua antes do signo particular, de sorte que ele, ao ser estabelecido, já foi criado, restando apenas fixá-lo e aplicá-lo a um caso particular.

Pelo fato de cada conteúdo particular da consciência estar situado em uma rede de múltiplas relações, em virtude da qual ele, em sua simples existência e em sua auto-representação, contém ao mesmo tempo a referência a outros, e ainda outros conteúdos, por este motivo podem e devem existir também determinadas formações da consciência, nas quais esta forma pura da referência se materializa de maneira, por assim dizer, sensorial. Disto resulta imediatamente a peculiar natureza dupla destas formações: a sua vinculação ao sensível que, simultaneamente, porém, encerra uma liberdade com relação ao sensível. Em cada "signo" lingüístico, em cada "imagem" mítica ou artística comparece um conteúdo espiritual, que, em si, transcende o sensorial, convertido à forma do sensível, audível, visível ou tangível. Surge um modo de configuração autônomo, uma atividade específica da consciência, que se distingue de todo dado da sensação ou percepção imediatas, e que no entanto se utiliza deste mesmo dado como veículo e meio de expressão. Com isso, o simbolismo "natural" que, como vimos, se encontra estabelecido no caráter fundamental da consciência é utilizado e conservado, por um lado, enquanto por outro é superado e depurado. Porque neste simbolismo "natural" sempre existiu um certo conteúdo parcial da consciência que, embora destacado do todo, preservava a capacidade de representar precisamente este todo, e, assim, reconstituí-lo de certa maneira. Um conteúdo presente tinha a possibilidade de representar não apenas a si mesmo, mas, simultaneamente, a um outro, não dado de forma imediata, mas veiculado somente pela mediação do primeiro. Mas os signos simbólicos com que deparamos na linguagem, no mito e na arte não "são" primeiramente para, então, para além deste ser, adquirirem uma significação determinada; todo o seu ser, ao contrário, resulta da significação. O seu conteúdo identifica-se completamente com a função do significar. Aqui, para apreender o todo no particular, a consciência não depende mais do estímulo do particular que, como tal, deve estar dado; aqui, ao invés, ela *cria* para si mesma determinados concretos e sensíveis, a fim de expressar determinados complexos de significação. Na medida em que estes conteúdos, por terem sido criados pela consciência, se encontram totalmente sob o domínio da mesma, ela pode, através deles, "evocar" a qualquer tempo e livremente todas aquelas significações. Assim, por exemplo, ao associarmos determinada intuição ou representação a qualquer som lingüístico, à primeira vista nada acrescentamos ao seu conteúdo propriamente dito. E no entanto, como prova uma análise mais acurada, nesta criação do signo lingüístico o próprio conteúdo adquire um novo "caráter", isto é, uma nova definição para a consciência. Evidencia-se que a sua "reprodução" espiritual, rigorosa e clara, está intimamente ligada ao ato da "produção" lingüística. Porque a tarefa da linguagem não consiste em apenas *repetir* as determinações e diferenças que já existem na mente, e sim em estabelecê-las e torná-las inteligíveis como tais. Assim, em toda parte e em todas as esferas, é através da liberdade da atividade espiritual que o caos das impressões sensoriais se dissipa e começa a adquirir formas claramente delineadas. Somente na medida em que *moldamos* a impressão fluida dentro de alguma das direções da simbolização, esta impressão assume, para nós, forma e duração. Na ciência e na linguagem, na arte e no mito este processo de configuração se realiza de diversas maneiras e de acordo com diferentes princípios formativos. Mas todas estas esferas têm em comum o fato de que o produto final de sua atividade em nada mais se assemelha ao *material* que constituiu o seu ponto de partida. Eis por que é somente na função fundamental da simbolização em geral e nas suas diversas direções que realmente a consciência sensível se distingue da espiritual. Somente aqui o abandono passivo a um ser exterior qualquer cede lugar a uma *criação* independente, cujas feições nele imprimimos, e através das quais este ser se articula, para nós, em diversos domínios e formas da realidade. Neste sentido, o mito e a arte, a linguagem e a ciência são criações que formam o ser: elas não são simples cópias de uma realidade existente, mas representam, ao invés, as linhas gerais do movimento espiritual, do processo ideal no qual, para nós, o real se constitui como unidade e pluralidade, como multiplicidade das configurações que, entretanto, afinal são unificadas através de uma unidade de significação.

Somente se atentarmos para esta meta, torna-se compreensível a finalidade específica dos diversos sistemas de signos, bem como o uso que deles faz a consciência. Se o signo nada mais fosse do que a repetição de um determinado conteúdo particular, concluído em si mesmo, da intuição ou da representação, seria impossível prever o que poderia ser realizado com esta simples cópia de algo já existente, e tampouco se poderia determinar de que maneira esta cópia seria obtida com o devido rigor. Porque é evidente que a imitação jamais conseguiria alcançar o original e substituí-lo para a análise espiritual. Ao pressupormos uma norma deste tipo, necessariamente somos induzidos a um ceticismo de princípio com relação ao valor do signo em geral. Se considerarmos que a tarefa propriamente dita e essencial da linguagem reside em expressar novamente, mas apenas através do elemento mediador estranho que é o fonema, aquela realidade que já se encontra concluída à nossa frente nas diversas sensações e intuições, neste caso evidenciar-se-á imediatamente quão infinitamente distante está a linguagem de realizar esta tarefa. Em face da riqueza e multiplicidade ilimitadas da realidade da intuição, todos os símbolos lingüísticos se afiguram necessariamente vazios, e diante da sua definição individual devem parecer abstratos e vagos. Conseqüentemente, a partir do momento em que a linguagem, neste contexto, procurar competir com a sensação ou a intuição, ela necessariamente revelará a sua impotência. Mas o πρῶτον ψεῦδος da crítica cética da linguagem consiste precisamente em considerar que este critério é o único válido e o único possível. Na realidade, porém, a análise da linguagem mostra – sobretudo quando se parte não da simples individualidade da palavra, mas da unidade da oração – que toda expressão lingüística, longe de ser apenas uma cópia do mundo dado das sensações ou intuições, possui um determinado caráter independente que consiste em "atribuir sentido". A mesma relação manifesta-se nos signos das mais diversas espécies e origens. De todos eles pode-se dizer de certo modo que o seu valor não reside tanto naquilo que retêm do conteúdo particular, concreto e sensível, e de sua existência imediata, como naquilo que suprimem e deixam de levar em conta. Também o desenho artístico torna-se aquilo que é e que o distingue de uma reprodução meramente mecânica, tão-somente pelo que ele omite da impressão "dada". O desenho não é a reprodução desta impressão em sua totalidade sensível, ressaltando, ao invés, determinados momentos "significativos", isto é, momentos através dos quais a impressão é ampliada para além dos seus limites próprios, e a imaginação espacial sintética, artístico-construtiva, é conduzida para uma determinada direção. O que aqui, como em outros campos, constitui a força propriamente dita do signo é, precisamente, o seguinte: na medida em que as determinações imediatas do conteúdo se retraem, os momentos da forma e da relação ressaltam de maneira mais nítida e pura. O aspecto particular aparentemente torna-se limitado, mas é assim que se concretiza de maneira tanto mais definida e vigorosa o resultado que denominamos de "integração do todo". Já ficou demonstrado que todos os elementos particulares da consciência somente "existem" na medida em que eles, potencialmente, encerram o todo, e são compreendidos como em transição contínua, por assim dizer, em direção ao todo. Mas é somente o emprego do signo que libera esta potencialidade, transformando-a em verdadeira atualidade. Agora, de fato, um único toque desencadeia mil conexões, e todas vibram com maior ou menor intensidade e clareza ao se estabelecer o signo. Nessa posição, a consciência se liberta mais e mais do *substrato* direto da sensação e da intuição sensível; mas é precisamente neste processo que ela demonstra tanto mais categoricamente a força original de conexão e unificação que nela reside.

A mais clara manifestação desta tendência talvez se encontre na função dos sistemas *científicos* dos signos. Assim, por exemplo, a fórmula química abstrata, usada para designar uma determinada substância, nada mais contém daquilo que a observação direta e a percepção sensorial nos ensinam a respeito desta substância. Em vez disso, a fórmula insere este corpo particular em um conjunto de relações extremamente rico e apuradamente articulado, do qual a percepção como tal ainda não sabe absolutamente nada. A fórmula não mais designa o corpo de acordo com o que ele "é" do ponto de vista sensorial, ou segundo aquilo que nele podemos perceber pelos sentidos, representando-o, ao invés, como soma de "reações" possíveis, de relações causais possíveis, regidas por regras gerais. A totalidade destas conexões normativas funde-se, na fórmula química, com a expressão do particular e confere a esta expressão um caráter inteiramente novo. Aqui, como em outros casos, o signo serve para intermediar a passagem da mera "substância" da consciência para a sua "forma" espiritual. Precisamente pelo fato de o signo não possuir uma massa sensorial própria, e na medida em que ele, por assim dizer, flutua no éter puro da significação, possui a capacidade de apresentar o conjunto complexo dos movimentos da consciência, em lugar de restringir-se apenas às suas particularidades. O signo não é o reflexo de um estado fixo da consciência, e sim a linha diretriz do movimento acima referido. Assim, pela sua substância física, a palavra falada é um mero sopro; mas neste sopro existe uma força extraordinária para a dinâmica das idéias e do pensamento. Esta dinâmica é tanto intensificada quanto regulada através do signo. Já o esquema da *Characteristica generalis* de Leibniz ressalta como uma vantagem essencial e geral do signo o fato de que ele não somente serve à representação, como, sobretudo, à *descoberta* de determinadas relações lógicas, e de que ele não apenas oferece uma abreviatura simbólica, do que já é conhecido, como abre novos caminhos rumo ao desconhecido e não dado. Aqui se confirma, a partir de uma nova perspectiva, o poder sintético da consciência como tal, que se manifesta no sentido de que cada concentração do conteúdo por ela alcançada a impulsiona, ao mesmo tempo, a ampliar o que até então determinavam. Por este motivo, a síntese proporcionada pelo signo não apenas permite uma retrospectiva como, simultaneamente, uma visão prospectiva. Ela estabelece uma conclusão relativa, que, porém, encerra de maneira imediata o desafio de uma progressão e abre o caminho para este progresso posterior, na medida em que revela as regras gerais às quais se submete. Particularmente a história da ciência oferece o maior número de provas para estes fatos. Ela mostra o que significa para a solução de um problema ou de um conjunto de problemas o feito de se encontrar para eles uma "fórmula" estável e clara. Assim, por exemplo, a maioria das questões que encontraram a sua solução no conceito newtoniano da fluxão e no algoritmo leibniziano do cálculo diferencial já existia antes de Newton e Leibniz e foram examinadas do ponto de vista das mais diversas direções – da perspectiva da análise algébrica, geométrica e mecânica. Mas todos estes problemas somente foram resolvidos quando para eles foi encontrada uma expressão simbólica uniforme e abrangente: porque agora já não constituíam uma seqüência desarticulada e arbitrária de perguntas isoladas; em vez disso, o princípio comum de sua origem estava designado em um determinado método, universalmente aplicável, em uma operação básica, cujas regras estavam firmemente estabelecidas.

Assim sendo, a função simbólica da consciência representa e medeia uma oposição que já está dada e fundamentada no simples conceito da consciência. Toda consciência se nos apresenta sob forma de um processo temporal – mas no decorrer deste processo determinados tipos de "figuras" tendem a destacar-se. Portanto, o momento da mudança constante e o momento da duração devem fundir-se e dissolver-se um no outro. Esta exigência universal é acatada de diversas maneiras nas formações da linguagem, do mito, da arte e nos símbolos intelectuais da ciência. Todas estas formações ainda parecem ser uma parte imediata do processo vivo, sempre renovado, da consciência: ainda assim, em todas elas existe ao mesmo tempo um empenho espiritual que visa a alcançar neste processo determinados pontos de apoio e de repouso. Nelas, a consciência conserva, assim, o caráter de um constante fluir; mas este fluir não se perde na indeterminação, organizando-se, ao invés, em torno de centros fixos de forma e significação. Cada uma destas formas no seu puro "em-si", como um αὐτὸ καθ' αὐτὸ no sentido platônico, se destaca da corrente da simples representação, mas, simultaneamente, para aparecer e adquirir existência "para nós", é necessário que ela, de alguma maneira, seja representada nesta corrente. Na criação e aplicação dos diversos grupos e sistemas de signos simbólicos ambas as condições são preenchidas, na medida em que aqui, de fato, um conteúdo particular sensível, sem deixar de ser o que é, adquire o poder de apresentar à consciência algo universalmente válido. Aqui, tanto o princípio sensualista, segundo o qual "nihil est in intellectu, quod non ante fuerit in sensu", bem como a sua inversão intelectualista perdem a sua validade. Porque já não se trata de perguntar se o "sensível" precede o "espiritual" ou se a ele sucede; trata-se, sim, da revelação e manifestação de funções espirituais básicas no próprio material sensível. Deste ponto de vista, afiguram-se unilaterais tanto o "empirismo" quanto o "idealismo" abstratos, na medida em que em ambos esta relação fundamental não é desenvolvida com total clareza. Por um lado é estabelecido um conceito do dado e do particular, sem que se reconheça que tal conceito, explícita ou implicitamente, já deve conter os momentos e as determinações de algo universal; por outro lado, afirmam-se a validade e a necessidade destas determinações, sem que seja designado o elemento através do qual elas possam representar-se no dado mundo psicológico da consciência. Se, entretanto, partirmos não de postulados abstratos quaisquer, e sim de formas básicas concretas da vida espiritual, verificaremos que esta oposição dualista deixa de existir. A aparência de uma separação primordial entre o inteligível e o sensível, entre "idéia" e "fenômeno", desaparece. Porque também aqui, por certo, continuaríamos presos a um mundo de "imagens"; mas não se trata de imagens que reproduzam um mundo de "coisas", existente em si, e sim de mundos de imagens cujo princípio e origem devem ser procurados em uma criação autônoma do próprio espírito. Somente através deles e neles é que se constitui aquilo que denominamos de "realidade": porque a suprema verdade objetiva que se revela ao espírito é, em última análise, a forma de sua própria atividade. Na totalidade de suas próprias realizações e no conhecimento da regra específica que determina cada uma delas, bem como na consciência do contexto que reúne todas estas regras particulares na unidade de *uma* tarefa e de uma solução: em tudo isso o espírito possui a intuição de si mesmo e da realidade. Mas ele certamente não obterá nenhuma resposta para a pergunta referente ao que possa ser o absolutamente real fora deste conjunto de funções espirituais, o que possa ser, neste sentido, a "coisa em si" – a não ser que aprenda a reconhecê-la cada vez mais como um problema mal colocado, como uma ilusão do pensamento. O verdadeiro conceito da realidade não pode ser aprisionado na simples forma abstrata do ser, uma vez que ele se concretiza na multiplicidade e plenitude das formas da *vida* espiritual – de uma vida, porém, que se caracteriza pela necessidade interior e, portanto, pela objetividade. Neste sentido, cada nova "forma simbólica" – não apenas o mundo conceitual do conhecimento científico, mas também o mundo intuitivo da arte, do mito ou da linguagem – significa, de acordo com a formulação de Goethe, uma revelação que mana do interior para o exterior, uma "síntese de mundo e espírito" que nos garante a unidade primordial de ambos.

E com isso obtemos novos esclarecimentos com relação a uma última antítese fundamental com a qual a filosofia moderna sempre lutou, desde os seus inícios, e que ela tem desenvolvido com crescente nitidez. A tendência "subjetiva" que nela se verificou levou-a progressivamente a centrar a totalidade dos seus problemas no conceito da *vida*, e não na unidade do conceito do ser. Mas se com isso a oposição entre subjetividade e objetividade, na forma que assumiu na ontologia dogmática, parecia atenuada, abrindo-se, assim, o caminho para a sua conciliação definitiva, surgia agora uma oposição ainda mais radical na esfera da própria vida. A verdade da vida parece estar dada e contida tão-somente no seu puro caráter imediato, mas toda compreensão e apreensão da vida parece ameaçar e negar este caráter imediato. Se partirmos do conceito dogmático do ser, também aqui o dualismo do ser e do pensamento torna-se mais e mais evidente, à medida que progredimos na investigação. Mas, apesar disso, parecem remanescer a possibilidade e a esperança de que na imagem do ser, delineada pelo conhecimento, se conserve ao menos um resto da verdade do ser. É como se o ser, embora de maneira incompleta, se integrasse parcialmente nesta imagem do conhecimento, como se a sua própria substância penetrasse na substância do conhecimento, para nela produzir um reflexo mais ou menos fiel dela própria. Mas o caráter imediato da vida não admite tal decomposição. Ao que parece, ele somente pode ser apreendido integralmente: ele não entra nas representações mediatas que dele fazemos, mantendo-se fora dos seus limites, como algo fundamentalmente diferente delas e oposto a elas. O conteúdo primevo da vida não pode ser apreendido em uma forma qualquer da *representação*, mas tão-somente na pura *intuição*. Por isso, ao que parece, toda concepção da vida espiritual precisa, necessariamente, optar entre estes dois extremos. Cumpre decidir se procuramos a substância do espírito em sua pureza original, anterior a todas as configurações mediatas, ou se desejamos entregar-nos à riqueza e multiplicidade destas mesmas mediações. Parece que somente na primeira concepção tocamos no cerne propriamente dito da vida que, no entanto, se nos apresenta como um cerne simples e fechado em si mesmo. Na segunda opção, desenrola-se diante de nós o espetáculo completo dos desenvolvimentos do espírito; no entanto, quanto mais nele concentramos a nossa atenção, tanto mais ele se dissolve em simples espetáculo, em uma cópia refletida, destituída de verdade e essência autônomas. O abismo entre estes opostos, ao que parece, jamais poderá ser ultrapassado por nenhum esforço mediador do pensamento que se mantiver totalmente de *um* lado da antítese: quanto mais prosseguirmos na direção do simbólico, do meramente significativo, tanto mais nos distanciamos da fonte original da intuição pura.

O misticismo filosófico não foi o único a defrontar constantemente com este problema e este dilema, também a lógica pura do idealismo a eles se dedicou reiterada e intensamente. As observações de Platão na *Sétima carta* sobre a relação entre "idéia" e "signo" e sobre a inadequação necessária que existe entre ambos abordam um tema que, a partir de então, retorna nas mais diversas variantes. Na metodologia do conhecimento de Leibniz, o "conhecimento intuitivo" está rigorosamente separado do meramente "simbólico". E diante da intuição, concebida como visão pura, como verdadeira "visualização" da idéia, até mesmo para ele, criador da idéia de uma "característica universal", todo conhecimento veiculado apenas por símbolos torna-se um "conhecimento cego" (*co-*

gitatio caeca)[8]. O conhecimento humano não pode prescindir, é verdade, das imagens e dos signos; mas é isto, precisamente, que o caracteriza como humano, isto é, limitado e finito, ao qual se contrapõe o intelecto perfeito, arquetípico e divino. E até mesmo em Kant, que determinou o exato lugar lógico deste ideal, ao defini-lo como mero conceito-limite do conhecimento, e que, assim, julgou tê-lo dominado de um ponto de vista crítico, até mesmo em Kant – em uma passagem que constitui o ponto culminante do método da *Crítica do juízo* –, a oposição entre o *intellectus archetypus* e o *intellectus ectypus*, entre o entendimento intuitivo, arquetípico, e o entendimento discursivo, "necessitado de imagens", é mais uma vez formulada com extrema nitidez. Do ponto de vista desta oposição parece resultar necessariamente que quanto mais rico se torna o *conteúdo simbólico* do conhecimento ou de qualquer outra forma do espírito, mais há de definhar o seu *conteúdo essencial*. A riqueza das imagens, em vez de designar, encobre e oculta o Um desprovido de imagens que se encontra por detrás delas e que as mesmas visam, ainda que em vão. Somente a suspensão de toda determinação através da imagem, somente o retorno ao "puro nada" dos místicos, pode reconduzir-nos à verdadeira fonte primordial do ser. Formulada de outra maneira, esta oposição apresenta-se como um conflito e uma tensão permanente entre "cultura" e "vida". Porque o destino inevitável da cultura consiste no fato de que tudo o que ela cria no seu incessante processo de configuração e "formação" nos distancia progressivamente do estado original da vida. Quanto mais o espírito desenvolver uma atividade rica e enérgica, tanto mais esta sua atividade, precisamente, parece afastá-lo das fontes

---

8. Cf. "Meditationes de cognitione, veritate et ideis", *Leibniz' Philos. Schriften* (Escritos filosóficos de Leibniz), Gerhardt (Berlim, 1880), IV, pp. 422 ss.

primordiais do seu próprio ser. Mais e mais ele se torna prisioneiro de suas próprias criações – nas palavras da linguagem, nas imagens do mito ou da arte, nos símbolos intelectuais do conhecimento – que o envolvem como um véu delicado e transparente, mas igualmente indestrutível. A tarefa verdadeira mais profunda de uma *filosofia* da cultura, da linguagem, do conhecimento, do mito etc. parece consistir, precisamente, em erguer este véu, em sair da esfera mediadora do simples significar e designar, e retornar à esfera original da visão intuitiva. Por outro lado, o *órgão* específico de que dispõe a filosofia se opõe à solução desta tarefa. À filosofia, que só se realiza na precisão do conceito e na clareza do pensamento "discursivo", o paraíso da mística, do imediato puro, está vedado. Por este motivo, ela não tem alternativa, senão inverter a *direção* da reflexão. Em vez de retroceder no caminho, ela precisa tentar segui-lo em frente até o fim. Se toda cultura se manifesta na criação de determinados mundos de imagens espirituais, de determinadas formas simbólicas, a meta da filosofia não consiste em colocar-se na retaguarda de todas estas criações, e sim em compreendê-las e elucidá-las em seu princípio formador fundamental. Somente ao tornar-se consciente, o conteúdo da vida adquire a sua verdadeira forma. A vida sai da esfera da existência meramente dada pela natureza: ela deixa de ser uma parte desta existência, assim como deixa de ser um processo meramente biológico, para transformar-se e completar-se na forma do "espírito". Por isso, de fato, a negação das formas simbólicas, em vez de apreender o conteúdo da vida, haveria de destruir o conteúdo espiritual ao qual, para nós, este conteúdo está necessariamente unido. Se, no entanto, percorrermos o caminho inverso, se em lugar de buscarmos o ideal de uma visão passiva das realidades espirituais nos situarmos no meio de sua própria atividade, se estas realidades não forem tomadas como a contemplação estática de um ser existente, e sim como funções e energias criadoras, será possível, por mais diferentes e heterogêneas que sejam as *figuras* resultantes, destacar destas mesmas criações determinados traços comuns, característicos da própria configuração. Se a filosofia da cultura lograr apreender e tornar visíveis estes traços, terá cumprido, em um novo sentido, a tarefa de, em face da pluralidade das manifestações do espírito, demonstrar a unidade da sua essência. Porque esta unidade se evidencia de maneira absolutamente clara na medida em que a diversidade dos *produtos* do espírito sustenta e confirma a unidade do processo produtivo, em vez de prejudicá-la.

PRIMEIRA PARTE
SOBRE A FENOMENOLOGIA DA FORMA LINGÜÍSTICA

CAPÍTULO I
O PROBLEMA DA LINGUAGEM
NA HISTÓRIA DA FILOSOFIA[1]

I

A questão filosófica da origem da linguagem e de sua natureza é, no fundo, tão antiga quanto a questão da natureza e origem do *ser*. Porque a primeira reflexão consciente acerca da totalidade do mundo caracteriza-se pelo fato de, para ela, ainda não haver nenhuma distinção entre lingua-

---

1. Uma exposição abrangente da história da filosofia da linguagem constitui, ainda, um *desideratum*: o esboço da história da filosofia de Überweg alinha em sua última (décima primeira) edição (1920), ao lado das exposições gerais sobre a história da filosofia, uma grande quantidade de monografias acerca da história da lógica e da epistemologia, da metafísica e da filosofia da natureza, da ética, da filosofia da religião, da estética, sem mencionar uma única obra sobre a história da filosofia da linguagem. Somente a filosofia antiga da linguagem foi estudada mais profundamente nas célebres obras de Lersch e Steinthal, bem como na literatura sobre a gramática e a retórica antigas. A rápida introdução histórica que aqui apresentamos não pretende, evidentemente, preencher estas lacunas; ela se propõe, apenas, ressaltar os momentos principais na evolução filosófica da "idéia da linguagem" e sugerir algumas linhas diretrizes que possam orientar um estudo futuro e mais detalhado do tema.

gem e ser, entre palavra e sentido, que se lhe apresentavam como uma unidade indissolúvel. Uma vez que a própria linguagem constitui um pressuposto e uma condição da reflexão, uma vez que somente nela e através dela desperta a "ponderação" filosófica, eis por que a consciência primeira do espírito sempre encontra a linguagem presente como uma realidade dada, como uma "efetividade" comparável à realidade física, e de igual valor. O mundo da linguagem envolve o ser humano a partir do primeiro momento em que dirige o seu olhar para ele, apresentando-se-lhe com a mesma determinação, necessidade e "objetividade" que definem o seu encontro com o mundo das coisas. Aqui, como lá, o homem depara com uma totalidade, que possui em si mesma a sua própria essência e suas próprias relações, livres de toda arbitrariedade individual. Para este primeiro nível da reflexão, o ser e a significação das palavras, tal como a natureza das coisas ou a natureza imediata de suas impressões sensíveis, não remontam a uma livre atividade do espírito. A palavra não é uma designação e denominação, não é, tampouco, um símbolo espiritual do ser, e sim uma parte real do mesmo. A concepção mítica da linguagem, que em toda parte precede a filosófica, caracteriza-se sempre por esta indiferença entre palavra e coisa. Para ela, a essência de cada coisa está contida no seu nome. Efeitos mágicos se vinculam de maneira imediata à palavra e à sua posse. Quem se apoderar do nome e souber usá-lo assenhora-se do objeto em si, dele se apropriando com todas as suas forças. Toda a magia que envolve palavras e nomes fundamenta-se no pressuposto de que o mundo das coisas e dos nomes constitui uma única realidade, porque representa uma única e inseparável relação causal. Em cada um destes mundos existe a mesma forma de substancialidade e causalidade que os une entre si e forma um todo fechado em si mesmo.

Esta "totalidade" peculiar da imagem mítica do mundo, esta supressão de todas as particularidades das coisas em favor de um único círculo mítico-mágico de causalidades, acarreta uma conseqüência importante também para a concepção da linguagem. Tão logo o mito se eleva acima do nível da práxis mágica mais primitiva, que procura alcançar um efeito especial através da utilização de meios especiais, que, portanto, na sua atividade imediata une uma singularidade a outra singularidade, tão logo o mito procura compreender a sua própria atividade, ainda que de forma tosca e imperfeita, ele penetra em uma nova esfera de universalidade. Na qualidade de *forma do conhecimento*, tal como ocorre com qualquer outro conhecimento, caracteriza-o a tendência em direção à unidade. Para que as entidades e forças espirituais no meio das quais vive o mito se tornem controláveis para o agir do homem, é necessário que nelas próprias estejam presentes algumas determinações permanentes. Assim, já a primeira coerção imediata, sensível e prática que o homem exerce sobre as coisas da natureza que o cercam contém o gérmen da idéia de uma necessidade teórica que as governa. Quanto mais progride o pensamento mítico, tanto mais deixam as forças particulares demoníacas de ser simples forças particulares, meros "deuses momentâneos" ou "deuses especiais"; tanto mais se evidencia, também entre eles, uma espécie de ordem hierárquica. A concepção mítica da linguagem move-se na mesma direção, na medida em que se eleva cada vez mais da intuição da força especial contida na palavra isolada e na fórmula mágica particular, à idéia de uma potência universal, inerente à palavra como tal, ao discurso como um todo. É nesta forma mítica que o conceito da linguagem é pela primeira vez concebido como *unidade*. Já nas mais antigas especulações religiosas esta idéia retorna nos mais diferentes domínios, com uma uniformidade característica. Para a religião védica, a força espiritual da palavra constitui um dos seus fundamentos essenciais: é a palavra sagrada que, no uso que dela faz o iniciado, o sacerdote, se torna senhora de todo ser, dos deuses e dos homens. Já no *Rigveda* o senhor da palavra é identificado com a força que tudo nutre, com o Soma, e designado como aquele que tem o poder sobre todas as coisas. Porque ao discurso humano, que nasce e morre, está subjacente a palavra eterna e imperecível, o Vâc celestial. Em um hino, esta palavra celestial diz de si mesma: "Caminho com os Vasus, os Rudras, com os Adityas e com todos os deuses... Sou a rainha, a doadora dos tesouros, a sábia, a mais venerável de todas; pluripartida, encontrando-me em muitos lugares, penetrando muitas coisas, assim me fizeram os deuses. Quem compreende, respira, ouve o que digo, alimenta-se através de mim... Semelhante ao vento arremesso-me mundo afora, arrebatando todas as criaturas. Para além do céu, para além da terra adquiri toda a minha majestade."[2]

À primeira vista, o conceito do logos, tal como se configura primordialmente na especulação grega, ainda parece intimamente ligado a esta concepção da dignidade e onipotência da palavra celestial. Porque também aqui a palavra é algo eterno e imperecível; também aqui a unidade e a existência do ser em geral repousam sobre a unidade e indestrutibilidade da palavra. Assim o logos torna-se, para Heráclito, o "condutor do universo". Tal como o cosmos por ele governado, ele não foi criado nem pelos deuses nem pelos homens, ele sempre existiu e sempre existirá. Mas em meio à lingua-

---

2. *Rigveda* X, 125 – trad. de acordo com Benfey, *Gesch. der Sprachwissenschaft u. oriental. Philologie in Deutschland* (História da lingüística e da filologia orientalista na Alemanha), Munique, 1869, p. 41; com relação ao significado mítico-religioso do Vâc cf. especialmente a Brihadâranyaka Upanishad, pp. 1, 5, 3 ss. (em Deussen, *Sechzig Upanishad's des Veda*, 3ª ed., Leipzig, 1921, pp. 401 ss.).

gem do mito, ainda usada por Heráclito, torna-se discernível agora um tom completamente novo. Pela primeira vez, de maneira totalmente consciente e clara, a idéia fundamental filosófico-especulativa de que o universo está subordinado a uma lei uniforme e inviolável se contrapõe à concepção mítica daquilo que acontece no mundo. O mundo deixa de ser um joguete de forças demoníacas que o governam de acordo com os seus caprichos e arbitrariamente; este mundo, ao invés, é regido por uma regra universal, que une todas as realidades e todos os acontecimentos particulares, e indica as suas medidas fixas, imutáveis. "O sol não ultrapassará as suas medidas, caso contrário as erínias, algozes da Justiça, saberão encontrá-lo" (Fragmento 94, Diels). E é esta lei do cosmos, imutável em si mesma, que se expressa no mundo da natureza, bem como no mundo da linguagem, sob formas diversas, porém intrinsecamente idênticas. Porque a sabedoria é isto: conhecer o sentido que tudo permeia – ἕν τὸ σοφόν, ἐπίστασθαι γνώμην, ὁτέη ἐκυβέρνησε πάντα διὰ πάντων (Fragmento 41). Com isso, o contexto mágico-mítico das forças transformou-se em um contexto de significações. Este, porém, não se nos revela enquanto continuamos a apreender o ser Uno como algo dividido, fragmentário, esfacelado em uma multiplicidade de "coisas" particulares, mas tão-somente quando começamos a contemplar e apreender este ser como um todo vivo. Também a linguagem reúne os dois pontos de vista: dependendo da nossa perspectiva, também nela se encontra expressa uma concepção fortuita e particular do ser, ou uma concepção genuinamente especulativa e universal. Se considerarmos o logos da linguagem somente na forma sob a qual ele se representa e cristaliza na palavra isolada, verificaremos que cada palavra limita o objeto que pretende designar, e que, ao limitá-lo, o falsifica. Através da fixação na palavra, o conteúdo é extraído do fluxo incessante do devenir no qual se encontra, sendo, portanto, apreendido não de acordo com a sua totalidade, mas tãosomente representado em uma determinação unilateral. Aqui, se quisermos obter novamente um conhecimento mais profundo da verdadeira essência da coisa, resta apenas a alternativa de suplantar esta determinação unilateral por outra, ou seja, de contrapor a cada palavra que contenha determinado conceito individual precisamente a antítese deste mesmo conceito. E assim, de fato, na totalidade da linguagem cada significação está ligada ao seu contrário, cada sentido ao seu inverso, e somente a união de ambos permite uma expressão adequada do ser. A síntese espiritual, a união que se realiza na palavra, assemelha-se à harmonia do cosmos e assim se expressa, na medida em que constitui uma "harmonia de tensões opostas": παλίντροπος ἀρμονίη ὅκωσπερ τόξου καὶ λύρης (Fragmento 51). E aqui, de forma intensificada e potenciada, deparamos com a lei fundamental do universo. Porque aquilo que se apresenta no ser como *oposição*, torna-se uma *contradição* na expressão da linguagem, e é somente neste jogo de posição e superação (*Aufhebung*), de afirmação e contradição, que se torna possível reproduzir na linguagem a verdadeira lei e a estrutura interna do existente. Compreende-se, assim, a partir da visão geral do mundo de Heráclito, a forma fundamental do seu *estilo*, cuja decantada "obscuridade" não é nem acidental nem arbitrária, e sim a expressão adequada e necessária do próprio pensamento. O estilo da linguagem e o do pensamento de Heráclito condicionam-se mutuamente: ambos representam, sob diferentes aspectos, o mesmo princípio fundamental da sua filosofia, o princípio do ἓν διαφερόμενον ἑαυτῷ. Eles apontam para aquela "harmonia invisível" que, segundo Heráclito, é melhor do que a visível, e é por ela que devem ser medidos. Assim como Heráclito coloca o objeto isolado na corrente contínua do devenir, onde é destruído e preservado simultaneamente, da mesma maneira deve comportar-se a palavra isolada em relação ao todo do "discurso". Por isso, mesmo a ambigüidade inerente à palavra não constitui uma mera deficiência da linguagem, e sim um momento essencial e positivo da força expressiva que nela reside. Porque nesta ambigüidade se evidencia que os limites da palavra, tais como os do próprio ser, não são rígidos, e sim fluidos. Somente na palavra móvel e multiforme que, por assim dizer, constantemente ultrapassa os próprios limites pode a plenitude do logos configurador do universo encontrar a sua imagem. A própria linguagem deve reconhecer como provisórias e relativas todas as separações que realiza e precisa realizar, e que ela própria derroga novamente, quando considera o objeto sob um novo ponto de vista. "Deus é dia, noite, inverno, verão, guerra, paz, abundância e fome: mas ele se transforma com o fogo que, quando misturado com o incenso, recebe diversos nomes, de acordo com o gosto de cada um" (Fragmentos 62, 67). Assim, imortais são mortais, mortais são imortais: reciprocamente, vivem a morte um do outro, e morrem a vida um do outro (Fragmento 62). Por isso, quem deseja falar com inteligência não se deve deixar iludir pela particularização da palavra, devendo, ao invés, buscar atrás dela aquilo que é comum a todas as coisas, o ξυνόν καὶ θεῖον[3]. Somente então, quando os sentidos opostos das palavras tiverem sido compreendidos e inter-relacionados desta maneira, poderá a palavra tornar-se o fio condutor do conhecimento. Compreende-se, assim, que a maior parte das "etimologias" com as quais joga Heráclito contém esta duplicidade de significações: que prefiram unir e inter-relacionar palavra e coisa

---

3. ξύν νόωι λέγοντας ἰσχυρίζεσθαι χρὴ τῶι ξυνῶι πάντων, ὅκωσπερ νόμωι πόλις, καὶ πολὺ ἰσχυροτέρως. τρέφονται γὰρ πάντες οἱ ἀνθρώπειοι νόμοι ὑπὸ ἑνὸς τοῦ θείου. κρατεῖ γὰρ τοσοῦτον ὁκόσον ἐθέλει καὶ ἐξαρκεῖ πᾶσι καὶ περιγίνεται (Fragmento 114.)

per antiphrasin, em vez de fazê-lo por intermédio de alguma similaridade. "O nome do arco é vida, mas sua obra é morte" (τῶι οὖν τόξωι ὄνομα βίος, ἔργον δὲ θάνατος, Fragmento 48). Cada conteúdo lingüístico sempre é, ao mesmo tempo, revelação e encobrimento da verdade do ser, sempre é, simultaneamente, pura designação e mera alusão[4]. Nesta concepção de mundo, a linguagem assemelha-se à sibila que, segundo palavras de Heráclito, com boca delirante profere palavras sem adorno e não ungidas, mas que, não obstante, atravessa os milênios com a sua voz, porque é o deus que a inspira (Fragmento 92). A linguagem encerra um sentido oculto a ela própria, que ela somente pode decifrar por conjecturas, através da imagem e da metáfora.

Nesta concepção da linguagem expressa-se uma visão global do ser e do espírito, que, embora indeterminada e não esclarecida, é inteiramente coerente consigo mesma, mas os sucessores imediatos de Heráclito, que se apropriam de sua doutrina, suprimem e abandonam gradualmente esta significação que originariamente lhe era inerente. O que em Heráclito, graças a uma extrema profundeza da intuição metafísica, ainda era sentido como uma unidade imediata, se desfaz agora, na abordagem discursiva do problema da linguagem, em componentes heterogêneos, em teses lógicas isoladas e conflitantes. Os dois princípios cuja união havia sido forçada pela visão metafísica de Heráclito, ou seja, a teoria da identidade de palavra e ser e da oposição entre palavra e ser, têm agora um desenvolvimento independente. Deste modo somente agora o problema da linguagem é formulado com efetiva nitidez conceitual. Mas, simultaneamente, o pensamento fundamental de Heráclito foi, por assim dizer, despe-

---

4. Cf. particularmente o Fragmento 32: ἕν τo σοφὸν μοῦνον λέγεσθαι οὐκ ἐθέλει καὶ ἐθέλει Ζηνὸς ὄνομα.

daçado e transformado em pequena moeda corrente, na medida em que se procurou transferi-lo do campo da alusão simbólica para o do conceito abstrato. O que para ele era um segredo cuidadosamente guardado, ao qual se atrevia a aludir apenas de longe, torna-se cada vez mais o objeto propriamente dito das discussões e dos debates filosóficos. Os *Memorabilia* de Xenofonte esboçam um quadro sugestivo de como na Atenas do século V este tema predileto do ὀρθότης τῶν ὀνομάτων era discutido nos banquetes regados a vinho[5]. Existirá uma relação natural, ou apenas uma relação mediadora, convencional, entre a forma da linguagem e a forma do ser, entre a essência das palavras e a das coisas? Nas palavras imprime-se a estrutura interna do ser, ou nelas não se revela nenhuma outra lei a não ser aquela que lhes foi imposta pelo arbítrio dos primeiros formadores da linguagem? E se for correta esta última hipótese: em se pressupondo ainda alguma conexão entre palavra e sentido, entre falar e pensar, não haveria o momento de o arbítrio, que inevitavelmente é inerente à palavra, tornar duvidosas também a determinação objetiva e a necessidade objetiva do pensamento e dos seus conteúdos? Por este motivo a sofística parece poder emprestar do estudo da linguagem as suas melhores armas para defender a sua tese da relatividade de todo conhecimento, e para provar que o homem é a "medida de todas as coisas". De fato, desde o início ela se sente em casa naquele reino intermediário das palavras que se encontra entre a realidade "objetiva" e a "subjetiva", entre o homem e as coisas. Ela se firma neste reino para, a partir dele,

---

5. *Memorabilia.* Livro III, 14, 2; para um material histórico mais abrangente sobre esta questão, cf. Steinthal, *Geschichte der Sprachwissenschaft bei den Griechen und Römern* (História da lingüística entre os gregos e romanos). 2ª ed., Berlim, 1890, I, pp. 76 ss.

empreender a sua luta contra as pretensões do pensamento "puro" supostamente universal. O seu jogo altaneiro com a ambigüidade das palavras também coloca o mundo das coisas à sua disposição, e lhe permite dissolver as características determinadas destas últimas no livre movimento do espírito. Assim, a primeira reflexão consciente sobre a linguagem e o primeiro domínio consciente que o espírito exerce sobre a mesma conduzem, ao mesmo tempo, ao domínio da *erística*. Mas daqui, da reflexão sobre o conteúdo e a origem da fala, parte também, por outro lado, a reação que resulta em uma nova fundamentação e em uma nova metodologia do conceito.

Porque assim como a sofística apreende e enfatiza na palavra o momento da ambigüidade e do arbítrio, do mesmo modo Sócrates nela apreende o seu caráter determinado e inequívoco, que, embora não lhe seja inerente como um *fato*, nela existe como uma exigência latente. Para ele, a presumida unidade da significação das palavras torna-se o ponto de partida para a sua pergunta característica, a pergunta pelo τί ἔστι, pelo sentido idêntico e permanente em si do conceito. Embora a palavra possa não conter imediatamente em si mesma este sentido, ela o sugere constantemente, e a tarefa da "indução" socrática consiste em entender esta indicação, em trabalhá-la e transformá-la progressivamente em verdade. Atrás da forma fluida e indeterminada da palavra deve ser mostrada a forma conceitual idêntica e duradoura, o *eidos* no qual se fundamenta a possibilidade tanto da fala como do pensamento. Platão tem suas raízes nestes pressupostos fundamentais socráticos, e são eles que determinam a sua postura diante da palavra e da linguagem. Na juventude ele foi discípulo de Crátilo que, ante a sofística, representa o lado positivo do pensamento de Heráclito, na medida em que vê nas palavras os autênticos meios do conhecimento, capazes de exprimir e reter a essência das coisas. A identidade, que Heráclito afirmara existir entre o todo da linguagem e o todo da razão, é transferida por Crátilo para a relação entre a palavra particular e o seu conteúdo conceitual. Mas com esta transposição, com esta conversão do conteúdo metafísico inerente ao conceito heraclitiano do logos para uma etimologia e filologia pedante e abstrusa, estava dada aquela *reductio ad absurdum* que se realiza com maestria dialética e estilística no *Crátilo* de Platão. A ironia soberana deste diálogo destrói em si mesma a tese segundo a qual para cada ser existe uma designação exata "natural" (ὀνόματος ὀρθότητα εἶναι ἑκάστῳ τῶν ὄντων φύσει πεφυκυῖαν), e a elimina para sempre nesta forma ingênua. Mas para Platão esta concepção não significa que toda e qualquer relação entre palavra e conhecimento esteja destruída; ocorre apenas que a relação de similitude imediata e insustentável entre ambos foi substituída por uma relação mais profunda e mediata. Na estrutura e na progressão do conhecimento dialético, a palavra mantém um lugar e valor próprios. As fronteiras fluidas do conteúdo da palavra, a sua estabilidade sempre apenas relativa, tornam-se para o dialético um estímulo para, na oposição e em luta contra este conteúdo, elevar-se à exigência da estabilidade absoluta do conteúdo significativo do conceito puro, à βεβαιότης do reino das idéias[6]. Mas somente a filosofia tardia de Platão desenvolveu plenamente esta idéia fundamental, tanto no sentido positivo, como no negativo. Talvez nada prove com maior clareza a autenticidade da *Sétima carta* de Platão do que o fato de ela, a este respeito, se vincular diretamente à conclusão de Crátilo, proporcionando-lhe pela primeira vez uma total clareza metodológica e uma fundamentação sistemática abrangente.

---

6. Cf. particularmente *Crátilo* 386 A, 438 D ss.

A *Sétima carta* distingue quatro níveis do conhecimento, que somente no seu conjunto conduzem à intuição do verdadeiro ser, do objeto do conhecimento enquanto γνωστὸν καὶ ἀληθῶς ὄν. Os níveis inferiores são designados pelo nome, pela definição lingüística do objeto e por sua cópia sensível, por ὄνομα, λόγος e εἴδωλον. Assim, por exemplo, a essência do círculo pode ser apreendida de três maneiras: em primeiro lugar, na medida em que simplesmente pronunciamos o *nome* do círculo; em segundo lugar, ao explicarmos e delimitarmos o que este nome significa, ou seja, ao definirmos o círculo, por exemplo, como um objeto cujos pontos são todos eqüidistantes do centro; e, em terceiro lugar, ao colocarmos à nossa frente qualquer forma sensível como imagem ou modelo do círculo, seja desenhada na areia, seja confeccionada pelo torneiro. Nenhuma destas representações, seja na palavra, na definição ou no modelo, alcança e apreende a verdadeira essência do círculo, pois todas fazem parte não dos domínios do ser, mas do reino do devir. Assim como o som é mutável e efêmero, nascendo e morrendo, da mesma maneira a imagem desenhada do círculo pode ser apagada, e o modelo confeccionado pelo torneiro destruído. Trata-se, portanto, de determinações que, de modo algum, apreendem o cerne do círculo como tal (αὐτὸς ὁ κύκλος). Por outro lado, no entanto, é somente através destes estágios preliminares, inadequados, que o quarto e quinto níveis são alcançados, ou seja, o conhecimento científico e o seu objeto. Neste sentido, nome e imagem, ὄνομα e εἴδωλον, permanecem rigorosamente separados da visão racional, da ἐπιστήμη, e, por outro lado, fazem parte dos seus pressupostos, constituem os veículos e elementos intermediários que nos permitem, de degrau em degrau, progredir na direção do conhecimento (δι' ὧν τὴν ἐπιστήμην ἀνάγκη παραγίγνεσθαι). O conhecimento do objeto e ele próprio, portanto, se apresentam como algo que ultrapassa e engloba, transcende e sintetiza estes três níveis[7].

No decorrer da *Sétima carta* de Platão foi – pela primeira vez na história do pensamento – realizada a tentativa de determinar e delimitar o valor cognitivo da linguagem em um sentido puramente metodológico. A linguagem é reconhecida como primeiro ponto de partida do conhecimento, mas como nada mais além disso. Sua existência é ainda mais efêmera e mutável do que a da representação sensível; a forma fonética da palavra ou da oração, constituída pelo ὀνόματα e pelo ῥήματα, capta ainda menos o conteúdo próprio da idéia do que o modelo ou a cópia sensíveis. Por outro lado, conserva-se uma determinada relação entre palavra e idéia. Assim como se diz que os conteúdos sensoriais "aspiram" às idéias, também nas formações da linguagem é necessário reconhecer esta referência e tendência espiritual às idéias. O sistema de Platão estava predisposto e apto a este relativo reconhecimento, principalmente porque nele, pela primeira vez, se havia reconhecido em toda a sua clareza e importância um princípio básico, essencial a toda linguagem. Toda linguagem como tal é "representação"; é exposição de uma determinada "significação" através de um "signo" sensível. Enquanto a reflexão filosófica se circunscreve ao círculo da simples "existência", ela, na realidade, não consegue encontrar uma analogia e, tampouco, uma expressão adequada, que corresponda a esta relação peculiar. Porque nas próprias coisas, quer as consideremos, pela sua existência, como conjuntos de "elementos", quer procuremos as conexões

---

7. Ver a *Sétima carta* 342 A ss.; sobre a autenticidade da *Sétima carta* cf. particularmente Wilamowitz, *Platon*, I, pp. 641 ss., II, pp. 282 ss., bem como a análise detalhada da parte filosófica em Jul. Stenzel, *Über den Aufbau der Erkenntnis im VII. Platonischen Brief*, *Sócrates*, 1847, pp. 63 ss. e E. Howald, *Die Briefe Platons* (As cartas de Platão), Zurique, 1925, p. 34.

causais que existem entre elas, nada existe que corresponda à conexão de "palavra" e "sentido", à relação entre "signo" e a "significação" nele implícita. Somente para Platão que, como está descrito no *Fédon*, realizou a inversão característica na formulação da questão – para quem é indiscutível que o caminho do pensamento filosófico não conduz dos πράγματα aos λόγοι, mas dos λόγοι aos πράγματα, uma vez que somente na verdade dos conceitos pode ser apreendida e contemplada a realidade das coisas[8] –, somente para ele o conceito da representação adquire um significado sistemático verdadeiramente central. Porque é neste conceito, em última instância, que se sintetiza o problema fundamental da teoria das idéias, e através do qual se expressa a relação entre a "idéia" e o "fenômeno". Do ponto de vista do idealismo, as "coisas" da cosmovisão comum, os objetos sensoriais e concretos da experiência, tornam-se, elas mesmas, "imagens", cujo conteúdo de verdade não se encontra no que são imediatamente, mas no que expressam de maneira mediata. Este conceito da imagem, do εἴδωλον, cria uma nova mediação entre a forma lingüística e a forma do conhecimento. Para definir clara e rigorosamente a relação entre ambas, para delimitar a "esfera" da palavra em relação à dos conceitos puros e, ao mesmo tempo, manter vinculadas ambas as esferas, Platão precisou apenas remontar ao pensamento central da teoria das idéias, ao conceito da "participação". A obscuridade que cercava a teoria metafísica de Heráclito acerca da palavra e do sentido, e acerca da oposição entre ambos, parece aclarar-se de uma só vez com este novo conceito metodológico de μέθεξις[9]. Porque, de fato,

---

8. Cf. *Fédon*, 99 D ss.

9. Para a posição metódica do conceito μέθεξις no todo da filosofia de Platão, remeto à excelente apresentação de Ernst Hoffmann, *Methexis und Metaxy bei Platon* (Metexis e Metaxi em Platão), Sócrates, 1919, pp. 48 ss.

na "participação" está contido tanto um momento da identificação, como um momento da não-identificação. Ela implica uma relação necessária e uma unidade dos elementos, bem como uma separação e diferenciação rigorosas entre os mesmos. A idéia pura do "mesmo", perante as mesmas pedras ou os mesmos pedaços de madeira pelos quais é representada, continua sendo um outro, um ἕτερον, e no entanto, do ponto de vista da cosmovisão sensível e limitada, este outro somente pode ser apreendido precisamente nesta representação. No mesmo sentido, para Platão o conteúdo físico-sensível da palavra torna-se portador de uma significação ideal que, porém, como tal, não podendo ser encerrada dentro dos limites da linguagem, se mantém fora destes limites. Linguagem e palavra aspiram à expressão do ser puro, mas jamais a alcançam, porque nelas a designação deste Ser puro sempre se mescla à designação de um outro, de uma "qualidade" fortuita do objeto. Por este motivo, aquilo que constitui a força propriamente dita da linguagem sempre indica também a sua fraqueza característica, que a torna incapaz de representar o conteúdo supremo e realmente filosófico do conhecimento[10].

A história da lógica, bem como a do problema do conhecimento em geral, mostra que o limite rigoroso que Platão havia traçado entre as duas significações do λόγος, entre o conceito "em si" e seu representante lingüístico, tende a diluir-se progressivamente. Isto já é válido para a primeira sistematização da lógica, embora, sem dúvida, seja um exagero afirmar que Aristóteles extraiu da linguagem as dis-

---

10. Cf. particularmente a *Sétima carta*, 342: πρὸς γὰρ τούτοις ταῦτα (ὄνομα, λόγος, εἴδωλον) οὐχ ἧττον ἐπιχειρεῖ τὸ ποιόν τι περὶ ἕκαστον δηλοῦν ἢ τὸ ὂν ἑκάστου διὰ τὸ τῶν λόγων ἀσθενές· ὧν ἕνεκα νοῦν ἔχων οὐδεὶς τολμήσει ποτὲ εἰς αὐτὸ τιθέναι τὰ νενοημένα ὑπ' αὐτοῦ.

tinções fundamentais em que se baseiam as suas teorias lógicas. Mas é bem verdade que já a designação de "categorias" indica quão estreito é, em Aristóteles, o contato entre a análise das formas lógicas e a análise das formas lingüísticas. As categorias representam as relações mais universais do ser, que, como tais, significam simultaneamente os gêneros supremos da fala (γένη ou σχήματα τῆς κατηγορίας). Compreendidas do ponto de vista ontológico, as categorias são as determinações fundamentais do real, os "predicados" últimos do ser existente; mas estes predicados podem ser considerados e desenvolvidos não somente a partir das coisas, como também a partir da forma geral da predicação. Assim, de fato, a estruturação da oração e a sua divisão em unidades e classes de palavras parecem ter servido de modelo a Aristóteles na elaboração do seu sistema de categorias. Na categoria da substância ainda transparece a significação gramatical do "substantivo", na quantidade e qualidade, no "quando" e no "onde" percebe-se ainda a significação do adjetivo e dos advérbios de tempo e lugar – e particularmente as quatro últimas categorias, o ποιεῖν, o πάσχειν, o ἔχειν e o κεῖσθαι, somente se tornam completamente compreensíveis quando as relacionamos com determinadas distinções fundamentais que existem na língua grega entre o verbo e a ação verbal[11]. Desta maneira, as especulações lógica e gramatical parecem corresponder uma à outra e condicionar-se mutuamente – e a Idade Média, baseando-se em Aristóteles, manteve esta correspondência[12]. Quando então,

---

11. Maiores detalhes sobre o assunto especialmente em Trendelenburg, *De Aristotelis Categoriis* (Berlim, 1833) e *Geschichte der Kategorienlehre* (História da teoria das categorias) (*Hist. Beiträge zur Philosophie*, vol. I, 1846, pp. 23 ss.).

12. Cf., por exemplo, Duns Scotus, *Tractatus de modis significandi seu grammatica speculativa*.

na Idade Moderna, se iniciou a luta contra a lógica de Aristóteles, quando lhe foi recusado o direito de chamar-se "a" sistemática do espírito, a estreita aliança que compusera com a linguagem e a gramática universal constituiu um dos pontos vulneráveis mais importantes. A partir daí, Lorenzo Valla na Itália, Lodovico Vives na Espanha e Petrus Ramus na França procuraram derrubar a filosofia escolástico-aristotélica. No início, esta luta ainda se mantém nos limites da pesquisa lingüística e dos estudos da linguagem: é precisamente a "filologia" do Renascimento que, a partir de uma compreensão mais profunda da linguagem, passa a exigir uma nova "teoria do pensamento". De acordo com as objeções agora levantadas, o que a escolástica captou da linguagem restringiu-se apenas às suas relações gramaticais exteriores, enquanto o seu cerne propriamente dito, que deve ser procurado na *estilística*, e não na gramática, se lhe passou despercebido. Deste ponto de vista, os grandes estilistas do Renascimento atacam a silogística e as suas formas "bárbaras" não tanto do ângulo lógico, mas a partir de uma perspectiva estética. Gradualmente, porém, esta luta dos retóricos e estilistas contra os meros "dialéticos", tal como travada, por exemplo, nas "disputas dialéticas" de Valla, assume uma outra forma; porque quanto mais o Renascimento retorna às fontes propriamente clássicas, tanto mais revive nele o conceito platônico originário da dialética, em substituição à concepção escolástica. Em nome deste conceito platônico exige-se agora o retorno das palavras para as "coisas" – e de acordo com a idéia fundamental do Renascimento que pouco a pouco se vai impondo de maneira cada vez mais decidida, as mais importantes disciplinas das ciências factuais são a matemática e a teoria matemática da natureza. Com isso, até mesmo na pura filosofia da linguagem se verifica a exigência cada vez mais consciente e decidida de uma nova orientação, oposta à orientação pautada pela gramática[13]. Aparentemente, a concepção e a configuração sistemática da linguagem somente serão alcançáveis se se basearem no sistema da matemática e dela emprestarem os critérios.

A teoria de Descartes, que confere a fundamentação filosófica universal ao novo ideal renascentista do conhecimento, também passa a considerar a teoria da linguagem a partir de uma nova ótica. Nas suas principais obras sistemáticas, Descartes não apresenta a linguagem como um objeto de reflexões filosóficas autônomas, mas na única passagem de uma carta dirigida a Mersenne, em que toca no problema, ele oferece uma abordagem muito característica e sobremaneira importante para a época que haveria de seguir-se. O ideal da unidade do saber, da *sapientia humana*, que permanece sempre a mesma, por mais numerosos que sejam os objetos por ela abarcados, é agora transposto também para a linguagem. Ao lado da exigência de uma *mathesis universalis* surge a exigência de uma *lingua universalis*. Em todos os âmbitos do conhecimento que realmente mereçam este nome, sempre retorna apenas *uma* forma fundamental do conhecimento, a forma da razão humana: da mesma maneira, toda fala deve fundamentar-se em uma forma racional única e universal da linguagem que, embora encoberta pela abundância e diversidade das formas lingüísticas, nunca poderá ser totalmente oculta. Porque assim como existe uma ordem perfeitamente determinada entre as idéias da matemática, por exemplo entre os números, da mesma forma o todo da consciência humana, juntamente com todos os conteúdos que nela se possam integrar, forma um conjun-

---

13. A documentação histórica a respeito deste assunto encontra-se na minha obra *Das Erkenntnisproblem* (O problema do conhecimento), 3ª ed. I, pp. 120-35.

to rigorosamente ordenado. Se, conseqüentemente, o sistema da aritmética, na sua totalidade, pode ser construído a partir de um número relativamente pequeno de signos numéricos, deveria também ser possível designar-se exaustivamente a totalidade dos conteúdos intelectuais e sua estrutura mediante um número reduzido de signos lingüísticos, se estes forem ligados entre si por regras universalmente válidas. Descartes, é verdade, evitou executar este plano: porque, considerando-se que a criação de uma linguagem universal haveria de pressupor a redução de todos os conteúdos da consciência aos seus elementos últimos, às simples "idéias" constitutivas, este empreendimento somente poderia ter sucesso se a própria análise fosse completada até o fim e, assim, se alcançasse a meta da "verdadeira filosofia"[14]. A época imediatamente posterior, entretanto, pouco se impressionou com a prudência crítica que se manifesta nestas palavras do fundador da filosofia moderna. Em rápida seqüência foram produzidos os mais diversos sistemas de linguagens universais artificiais que, embora extremamente diversas na sua execução, convergem na sua idéia fundamental e no princípio da sua estruturação. Sempre se parte da idéia de que existe um número limitado de conceitos, que cada um deles tem com o outro uma relação objetiva claramente definida, uma relação de coordenação, supra-ordenação ou subordinação, e que a meta de uma linguagem verdadeiramente perfeita deve consistir em expressar adequadamente esta hierarquia natural dos conceitos em um sistema de signos. Partindo destes pressupostos, Delgarno, por exemplo, em sua *Ars Signorum*, classifica todos os conceitos sob dezessete conceitos genéricos supremos, cada um dos quais é designado por uma determinada letra, que, por sua vez, serve de inicial para cada pala-

---

14. Ver carta de Descartes dirigida a Mersenne, de 20 de novembro de 1629; Correscond. (ed. Adam-Tannery), I, pp. 80 ss.

vra que se inclui na respectiva categoria; da mesma forma, as subclasses que podem ser distinguidas no interior de um gênero comum são representadas, uma a uma, por uma letra ou um som particulares que se anexam à letra inicial. Wilkins, que procura complementar e aperfeiçoar este sistema, estabeleceu 40 conceitos principais no lugar dos 17 originais, expressando-os foneticamente através de uma sílaba composta de uma consoante e de uma vogal[15]. Todos estes sistemas passam de maneira relativamente rápida por cima da dificuldade de se encontrar a ordem "natural" dos conceitos fundamentais e de determinar de maneira exaustiva e inequívoca as suas relações recíprocas. O problema metodológico da simbolização dos conceitos torna-se para eles cada vez mais um problema puramente técnico; basta-lhes usar como base qualquer classificação convencional dos conceitos e torná-la apta, através de uma diferenciação progressiva, a expressar os conteúdos concretos do pensamento e da representação.

Somente a partir de Leibniz, que recoloca o problema da linguagem no contexto da lógica universal, concebendo-a como pressuposto de toda filosofia e de todo conhecimento teórico em geral, o problema da linguagem universal adquire uma nova profundidade. Ele tem plena consciência da dificuldade já apontada anteriormente por Descartes. Mas ele acredita possuir novos meios de vencê-la através dos progressos alcançados entrementes pelo conhecimento filosó-

---

15. Se, por exemplo, a letra P designa a categoria geral da quantidade, os conceitos de magnitude em geral, de espaço e de medida se expressam através de Pe, Pi, Po etc. Cf. George Delgarno, *Ars Signorum vulgo Character universalis et lingua philosophica*, Londres, 1661, e Wilkins, *An Essay Towards a Real Character and a Philosophical Language*, Londres, 1668. Um breve resumo dos sistemas de Delgarno e Wilkins é oferecido por Couturat em sua obra *La Logique de Leibniz*, Paris, 1901, notas III e IV, pp. 544 ss.

fico e científico. Toda "característica" que não pretende se restringir a uma linguagem arbitrária de signos, mas, ao invés, deseja representar, na qualidade de *characteristica realis*, as verdadeiras relações fundamentais das coisas, exige uma análise lógica dos conteúdos do pensamento. Mas o estabelecimento de um "alfabeto do pensamento" já não se afigura uma tarefa ilimitada e insolúvel, quando, em lugar de se partir de classificações arbitrárias, mais ou menos acidentais da totalidade da matéria conceitual, se percorrer até o fim o caminho proposto pela recém-fundada teoria das combinações e pela nova análise matemática. A análise algébrica nos ensina que cada número se constrói a partir de determinados elementos originais, que eles podem ser decompostos de maneira inequívoca em "fatores primeiros" e apresentados como produtos dos mesmos; o mesmo é válido para todo conteúdo do conhecimento em geral. À decomposição em números primeiros corresponde a decomposição em idéias primitivas – e um dos pensamentos fundamentais da filosofia de Leibniz reside em afirmar que ambas as decomposições podem e devem realizar-se essencialmente de acordo com o mesmo princípio e graças a um único método abrangente[16]. O círculo vicioso pelo qual a forma de uma característica verdadeiramente universal parece pressupor o conteúdo e a estrutura do saber como algo já dado, e pelo qual, por outro lado, é somente esta característica, precisamente, que nos permite apreender e compreender esta estrutura – este círculo se rompe, para Leibniz, na medida em que no seu entender não se trata aqui de duas tarefas distintas, que po-

---

16. Vide maiores detalhes sobre o assunto em minha obra *Leibniz' System in seinen wissenschaftlichen Grundlagen* (O sistema de Leibniz nos seus fundamentos científicos), pp. 105 ss., 487 ss., bem como em Couturat *op. cit.*, particularmente nos capítulos 3 a 5.

deriam ser abordadas uma após a outra, mas de duas tarefas que devem ser pensadas dentro de uma pura *correlação* objetiva. O progresso da análise e o da característica se reclamam e condicionam reciprocamente, porque toda posição lógica de unidade e toda distinção lógica efetuadas pelo pensamento, para este somente existirão com verdadeira clareza e nitidez quando se tiverem *fixado* em um determinado signo. Assim, Leibniz concede a Descartes que a autêntica linguagem universal do conhecimento depende do próprio conhecimento, portanto da "verdadeira filosofia", mas ele acrescenta que, apesar disto, não é necessário que a linguagem aguarde o estado de perfeição da filosofia, e que ambas, a análise das idéias e a determinação dos seus signos, se desenvolveriam paralelamente e de maneira correlativa[17]. O que se exprime aqui é apenas a convicção metódica geral e, por assim dizer, a experiência metodológica fundamental que ele viu confirmada na descoberta da análise do infinito: assim como o algoritmo do cálculo diferencial provou não ser apenas um meio cômodo de expor o que tinha sido descoberto, mas também um verdadeiro órgão da pesquisa matemática, da mesma forma Leibniz esperava que a linguagem em geral prestasse o mesmo serviço ao pensamento, ou seja, não apenas acompanhando a sua trilha, mas preparando-a primeiro e aplainando-a progressivamente.

Assim, somente o estudo da linguagem, concebida puramente como meio do conhecimento, como instrumento da análise lógica, confere ao *racionalismo* de Leibniz a sua confirmação e culminância últimas; ao mesmo tempo, porém, em comparação com Descartes, este racionalismo adquire, de certa maneira, uma forma concreta. Porque a correlação aqui

---

17. Vide as observações de Leibniz acerca da carta de Descartes dirigida a Mersenne: *Opuscules et fragments inédits*, ed. Couturat, Paris, 1903, pp. 27 s.

estabelecida entre o pensamento e a palavra também coloca a relação entre pensamento e sensibilidade em uma nova perspectiva. Por mais que a sensibilidade necessite de uma progressiva dissolução nas idéias distintas do entendimento, por outro lado, do ponto de vista em que se encontra o espírito finito, sempre é válida, também, a relação inversa. Até mesmo os nossos pensamentos "mais abstratos" contêm algum ingrediente da imaginação, que certamente podemos continuar a decompor; mas a sua análise nunca chega a um limite extremo, podendo e devendo progredir indefinidamente[18]. Encontramo-nos aqui no ponto em que o pensamento fundamental da lógica de Leibniz se funde com o pensamento fundamental de sua *metafísica*. Para esta, os degraus da construção do ser são determinados pelos degraus do conhecimento. As mônadas, enquanto únicas verdadeiras unidades substanciais, não apresentam entre si nenhuma outra diferença além daquela que consiste nos diversos graus de clareza e nitidez dos conteúdos de suas representações. Somente o ser supremo, o ser divino possui o conhecimento perfeito, que de modo algum é representativo, e sim puramente intuitivo, isto é, que não mais considera os seus objetos mediatamente através de signos, mas os intui imediatamente em sua essência pura e original. Em comparação, até o mais alto nível ao qual pode se alçar o espírito finito, até mesmo o conhecimento distinto das figuras e dos números, afigura-se apenas como um saber inadequado. Isto porque, em vez de apreen-

---

18. "Les plus abstraites pensées ont besoin de quelque imagination: et quand on considère ce que c'est que les pensées confuses (qui ne manquent jamais d'accompagner les plus distinctes que nous pouissions avoir) comme sont celles des couleurs, odeurs, saveurs, de la chaleur, du froid etc. on reconnoist qu'elles enveloppent toujours l'infini. Réponse aux reflexions de Bayle." *Philos. Schriften* (Gerhardt), IV, p. 563.

der os conteúdos espirituais propriamente ditos, ele precisa contentar-se com os seus signos. Em qualquer demonstração matemática mais longa vemo-nos obrigados a recorrer a esta representação. Quem, por exemplo, imagina uma figura regular com mil faces nem sempre tem consciência da natureza da face, da igualdade e do número mil, mas ele usa estas palavras – cujo sentido tem presente apenas obscura e imperfeitamente – no lugar das idéias propriamente ditas, porque ele se lembra de que conhece o seu significado, mas no momento não julga necessária uma explicação mais detalhada. Não se trata aqui, portanto, de um conhecimento puramente intuitivo, e sim de um conhecimento "cego" ou simbólico que domina tanto a álgebra e a aritmética, como a quase totalidade dos nossos outros conhecimentos[19]. Vemos assim, como a linguagem, na medida em que tenta, no projeto da característica universal, abarcar mais e mais a totalidade do conhecimento, ao mesmo tempo limita esta totalidade e a atrai para a sua própria situação de relatividade. Mas esta relatividade não tem somente um caráter negativo, implicando, ao invés, um momento perfeitamente positivo. Assim como toda representação sensível, por mais obscura e confusa que seja, encerra um genuíno conteúdo racional do conhecimento, que apenas necessita ser desenvolvido e "desdobrado", da mesma maneira todo símbolo sensível é portador de uma significação puramente espiritual que nele, sem dúvida, existe "virtual" e implicitamente. O verdadeiro ideal do "Iluminismo" não consiste em retirar de um só golpe estes invólucros sensíveis, em rejeitar estes símbolos, e sim em compreendê-los cada vez mais pelo que são, e, com isso, dominá-los e permeá-los com o espírito humano.

---

19. Vide "Meditationes de cognitione, veritate et ideis" (1684), *Philos. Schriften* IV, pp. 422 ss.

No entanto, por mais ampla e universal que seja a concepção global lógica e metafísica, na qual Leibniz integra a linguagem, é precisamente nesta universalidade que o seu conteúdo específico ameaça desaparecer. O projeto da característica universal não se limita a um campo específico, pretendendo, ao invés, abranger todas as espécies e grupos de signos, desde os simples signos fonéticos e verbais até os signos numéricos da álgebra e os símbolos da análise matemática e lógica. O projeto diz respeito tanto às formas de manifestação que parecem provir simplesmente de um "instinto" natural que irrompe involuntariamente, como se volta para aquelas exteriorizações que têm a sua origem em uma criação livre e consciente do espírito. Mas desta maneira a peculiaridade específica da linguagem, enquanto linguagem de sons e palavras, não está nem devidamente considerada nem explicada, mas, pelo contrário, por assim dizer, eliminada. Se o objetivo da característica geral fosse atingido, se cada idéia simples se exprimisse através de um simples signo sensível, e cada representação complexa se manifestasse por meio de uma combinação correspondente de tais signos, todas as peculiaridades e contingências das linguagens particulares voltariam a dissolver-se em uma única linguagem fundamental e universal. Leibniz não situa esta linguagem fundamental, esta *lingua adamica*, como a denomina ao recorrer a um antigo termo dos místicos e de Jakob Boehme[20], em algum passado paradisíaco da humanidade; ele a concebe, ao invés, como um conceito ideal puro, do qual o nosso conhecimento deve aproximar-se progressivamente, a fim de atingir a meta da objetividade e universalidade. De acordo com ele, é somente nesta forma última, suprema e definitiva que

---

20. Sobre a idéia da *lingua adamica* cf. *Philos. Schriften* VII, pp. 198 e 204; *Nouveaux essais* III, 2 (Gerhardt V, 260).

a linguagem aparecerá como aquilo que é essencialmente: aqui, a palavra não mais será meramente um invólucro do sentido, mas constituirá um verdadeiro testemunho da *unidade da razão* que, como postulado necessário, está subjacente a toda compreensão filosófica de um ser espiritual particular.

II

O empirismo filosófico parece enveredar por um outro caminho no estudo da linguagem, na medida em que, de acordo com a sua tendência fundamental, busca compreender o fato da linguagem em sua facticidade simples e sóbria, na sua origem e finalidade empíricas, em vez de relacioná-lo a um ideal lógico. Em vez de deixar a linguagem dissolver-se em alguma utopia, seja lógica ou metafísica, o objetivo consiste apenas em reconhecer o seu conteúdo psicológico e apreciá-la de acordo com a sua função psicológica. Também nesta concepção de sua tarefa, porém, é bem verdade que o empirismo empresta dos sistemas racionalistas aos quais se opõe um pressuposto essencial, na medida em que, inicialmente, considera a linguagem exclusivamente como um meio do *conhecimento*. Locke ressalta explicitamente que originariamente o seu projeto de uma crítica do entendimento não continha a idéia de uma crítica especial da linguagem: apenas gradualmente ter-se-ia tornado evidente, para ele, que a questão da significação e da origem dos conceitos não pode ser desvinculada da questão da origem dos nomes[21]. Mas uma vez reconhecida esta relação, a linguagem converte-se agora para Locke em um dos mais importantes testemunhos da verdade da concepção fundamental empirista. Leibniz disse certa vez

---

21. Locke, *Essay*, III, p. 9, sec. 21.

que a natureza gosta de expor abertamente em um ponto qualquer os seus últimos segredos, e, por assim dizer, colocá-los diante dos nossos olhos através de demonstrações visíveis. Locke viu na linguagem uma destas demonstrações de sua visão geral da realidade espiritual. "Podemos nos acercar um pouco mais da origem de todos os nossos conceitos", assim começa a sua análise das palavras, "se observarmos como é grande a dependência das nossas palavras das idéias sensíveis, e como até mesmo aquelas que se destinam a exprimir ações e conceitos não sensíveis têm sua origem aqui, e somente são transferidas para significações mais complexas a partir de idéias evidentemente sensíveis. Assim, 'apreender', 'compreender', 'representar' etc. são palavras derivadas da atividade de coisas sensíveis e, posteriormente, aplicadas a determinadas operações do nosso espírito. A palavra espírito, na sua acepção primária, significa 'respiração'; anjo significa mensageiro, e eu não duvido que, se pudéssemos rastrear todos os conceitos até as suas raízes, haveríamos de encontrar em todas as línguas o mesmo emprego de denominações sensíveis para expressar coisas não sensíveis. Isto nos permite concluir qual era o tipo e qual a origem dos conceitos que povoaram as mentes dos que deram início à linguagem, e como a natureza, até mesmo na denominação das coisas, sugeriu inadvertidamente aos homens as origens e os princípios de todo o seu conhecimento. Porque todas as nossas idéias provêm ou dos objetos sensíveis exteriores, ou da atividade interior do nosso espírito, da qual tomamos consciência imediata."[22]

Está definida, assim, a tese sistemática fundamental na qual, direta ou indiretamente, se baseia toda a discussão do problema da linguagem dentro do empirismo. Também aqui

---

22. Locke, *Essay*, III, p. 1, sec. 5.

a análise da linguagem não constitui um fim em si mesma, e sua função reside apenas em servir de meio e de preparação para o problema principal, que é a análise das idéias. Porque todas as denominações da linguagem não servem jamais, de maneira imediata, à expressão das coisas propriamente ditas, referindo-se unicamente às idéias do espírito, às representações daquele que fala. Este princípio universal de todo estudo da linguagem já foi formulado por Hobbes, que assim acreditou ter excluído definitivamente a filosofia da linguagem do círculo e do domínio da metafísica. Uma vez que os nomes são signos dos conceitos, e não dos objetos propriamente ditos, a controvérsia em torno da questão se os nomes designam a matéria ou a forma das coisas, ou algo que se compõe de ambas, deixa de ter relevância, pois não passa de mera especulação metafísica[23]. Locke apóia-se nesta decisão, à qual retorna constantemente, ampliando-a e desenvolvendo-a em todos os seus aspectos. Na unidade da palavra – como ele próprio sublinha – jamais se expressa a natureza dos próprios objetos, mas apenas a maneira subjetiva pela qual procede o espírito humano para resumir suas idéias sensíveis simples. Ao fazê-lo, o espírito nunca está vinculado a qualquer modelo substancial ou a alguma essência real das coisas. Ele pode, livremente, acentuar ora um, ora outro conteúdo da representação, pode combinar diferentes grupos de elementos simples em associações gerais. Dependendo do traçado das linhas de união e da colocação dos pontos de divisão, se diferenciam as diversas classes dos conceitos e das significações lingüísticos que, assim, sempre poderão ser apenas um reflexo deste procedimento subjetivo de reunir e dividir, mas nunca do caráter objetivo do ser e de sua estrutu-

---

23. Hobbes, *Elementorum philosophiae sectio prima. De corpore Pars I*, cap. 2, sec. 5.

ra organizada segundo espécies e gêneros reais ou lógico-metafísicos[24]. A teoria da definição assume, assim, uma nova forma, contrastando com o realismo. A oposição entre a definição nominal e a definição real, entre explicação pela palavra e pelo objeto desaparece. Pois toda definição somente pode pretender ser uma perífrase do nome da coisa, nunca uma representação do seu ser e de sua constituição ontológica. Porque não apenas a natureza de cada ser em particular nos é desconhecida, como, além disso, tampouco podemos relacionar qualquer representação determinada com o conceito universal daquilo que deve ser uma coisa em si. O único conceito da "natureza" de uma coisa que podemos associar a um sentido claro, tem uma significação relativa, e não absoluta; ele implica uma referência a nós mesmos, à nossa organização espiritual e às nossas faculdades cognoscitivas. Determinar a natureza de alguma coisa nada mais significa para nós do que desenvolver as idéias simples que nela estão contidas e que, como elementos, integram a sua representação total[25].

Na sua *expressão*, esta concepção fundamental parece remeter novamente à forma de análise de Leibniz e à sua exigência de um "alfabeto do pensamento" universal, mas por detrás desta unidade da expressão oculta-se uma profunda oposição sistemática. Porque entre as duas concepções da linguagem e do conhecimento encontra-se agora a decisiva transformação de significação que se realizou no cerne do termo "idéia". Por um lado, a idéia é apreendida no seu sentido objetivo-lógico, por outro, na subjetividade do seu sentido psicológico. De um lado encontra-se o seu conceito original, pla-

---

24. Locke, *Essay*, especialmente Book III, caps. 2 e 6.
25. Cf. a este respeito sobretudo d'Alembert, *Essai sur les éléments de philosophie ou sur les principes des connoissances humaines*, sec. IV.

tônico, do outro o seu conceito moderno, empirista e sensualista. Lá a redução de todos os conceitos do conhecimento às idéias simples e à sua designação significa remontar aos princípios últimos e universalmente válidos do conhecimento; aqui, esta mesma redução significa a dedução de todas as produções complexas do espírito a partir dos dados imediatos do sentido interno ou externo, a partir dos elementos da "sensação" e da "reflexão". Mas, com isso, a *objetividade* da linguagem, bem como a do conhecimento em geral, tornou-se um problema, num sentido inteiramente novo. Para Leibniz e para todo o racionalismo, o ser ideal dos conceitos e o ser real das coisas estão unidos por uma correlação indissolúvel: porque "verdade" e "realidade" são, no seu âmago e em suas raízes últimas, uma coisa só[26]. Toda existência e todos os acontecimentos empíricos estão intrinsecamente ligados e ordenados, tal como o exigem as verdades inteligíveis – e é nisto que reside a sua realidade, é nisto que consiste aquilo que distingue a aparência e o ser, a realidade e o sonho[27]. Esta inter-relação, esta "harmonia preestabelecida" entre o ideal e o real, entre o domínio das verdades necessárias e universalmente válidas e o reino do ser particular, factual, desaparecem no empirismo. Quanto mais rigorosamente ele considera a linguagem como expressão não das coisas, mas dos conceitos, tanto mais insistentemente ele perguntará se o novo meio espiritual que aqui se reconhece não falsifica os últimos elementos "reais" do ser, em vez de designá-los. De Bacon a Hobbes e Locke podem-se acompanhar progressivamente o desenvolvimento e o agudecer desta questão, até que, finalmente, em Berkeley ela se coloca

---

26. "La vérité étant une même chose avec l'être" (Descartes, *Meditat.* V).

27. Cf. por exemplo Leibniz, *Hauptschriften* (ed. Cassirer-Buchenau), I, 100, 287, 349, II, pp. 402 ss.

A LINGUAGEM

claramente diante de nós. Para Locke, o conhecimento possui uma tendência à "universalidade", por mais que esteja fundamentado nos dados particulares das percepções sensoriais e das autopercepções, e a universalidade da palavra vem ao encontro desta tendência ao universal do conhecimento. A palavra abstrata torna-se a expressão da "idéia geral abstrata", que aqui, ao lado das sensações individuais, ainda é reconhecida como uma realidade psíquica de uma espécie própria e com um significado independente[28]. Mas o progresso e a conseqüência da concepção sensualista necessariamente conduzem para além deste relativo reconhecimento e desta tolerância ao menos indireta do "universal". Nem no reino das idéias, nem no domínio das coisas o universal tem uma existência verdadeira e fundamentada. Desta maneira, porém, a palavra e a linguagem em geral pairam, por assim dizer, no vazio. Para aquilo que nelas se expressa não se encontra nenhum modelo ou "arquétipo", nem no ser físico, nem no ser psicológico, nem nas coisas, nem nas idéias. Toda realidade – tanto a espiritual quanto a física – é, de acordo com a sua essência, uma realidade concreta, individualmente determinada. Por isso, a fim de apreendê-la, é preciso que nos libertemos da universalidade falsa, enganosa e "abstrata" da palavra. Esta conclusão é defendida com toda

---

28. "A distinct name for every particular thing would not be of any great use for the improvement of the knowledge, *which, though founded in particular things, enlarges itself by general views*; to which things reduced into general names are properly sub servient... Words become general by being made the signs of general ideas: and ideas become general by separating from them the circumstances of time and place, and any other ideas that may determine them to this or that particular existence. By this way of abstraction they are made capable of representing more individuals than one; each of which, having in it a conformity to that abstract idea, is (as we call it) of that sort." Locke, *Essay*, B III, cap. III, sec. 4-6.

firmeza por Berkeley. Toda reforma da filosofia deve basear-se, antes de mais nada, em uma crítica da linguagem, e deve, sobretudo, dissipar a ilusão na qual a linguagem manteve aprisionado o espírito humano desde tempos imemoriais. "Não se pode negar que as palavras são extremamente úteis, na medida em que por seu intermédio toda a reserva de conhecimentos adquirida através dos esforços conjuntos de pesquisadores de todos os tempos e povos pode ser levada ao alcance de cada pessoa, tornando-a seu proprietário. Ao mesmo tempo, porém, forçoso é reconhecer que a maior parte do saber foi espantosamente confundida e obscurecida pelo abuso das palavras e por modos de falar. Por isso, seria desejável que cada um se empenhasse ao máximo em obter uma visão clara das idéias de que deseja ocupar-se, delas separando toda a roupagem e os adereços de palavras que tanto contribuem para turvar o julgamento e dispersar a atenção. Em vão dirigimos a vista para os céus e descortinamos o interior da terra; em vão consultamos as obras de homens sábios e seguimos as pegadas escuras da Antiguidade. Seria necessário apenas descerrarmos a cortina das palavras, para avistar em toda a sua clareza e pureza a árvore do conhecimento, cujos frutos são excelentes e estão ao alcance de nossa mão."[29]

Mas, analisada mais de perto, esta crítica radical da linguagem também contém indiretamente uma crítica do ideal sensualista do conhecimento, no qual se baseia. De Locke a Berkeley, a posição do empirismo com relação à linguagem sofreu uma inversão peculiar. Se Locke encontrou na linguagem a confirmação e a justificação de sua concepção fundamental do conhecimento – e se a invocou como testemunha

---

29. Berkeley, *A Treatise Concerning the Principles of Human Knowledge*, Introd., §§ 21-4.

de sua tese geral, segundo a qual nada podia existir no entendimento que, antes, não se encontrasse nos sentidos – evidencia-se agora que no sistema sensualista não há lugar para a função essencial e real da palavra. Se o objetivo consistir em sustentar este sistema, o único caminho será negar e suprimir esta função. Agora, a estrutura da linguagem não é usada para elucidar a estrutura do conhecimento, ela constitui, ao invés, a sua exata antítese. Longe de encerrar um conteúdo de verdade, por relativo que fosse, a linguagem é, antes de mais nada, o espelho mágico que falsifica e distorce de maneira peculiar as verdadeiras formas do ser. Realizaram-se aqui, no âmbito do empirismo, um desenvolvimento e uma inversão de natureza dialética, que se evidenciam de maneira mais clara e evidente quando confrontamos os dois extremos históricos da filosofia empirista da linguagem. Berkeley procurou negar totalmente o conteúdo de verdade e conhecimento da linguagem, atribuindo-lhe a causa de todos os erros e de todas as ilusões do espírito humano; em Hobbes, por outro lado, à linguagem não apenas foi atribuída a verdade, mas *toda* a verdade. O conceito de verdade de Hobbes culmina na tese pela qual a verdade não reside nas coisas, mas única e exclusivamente nas palavras e no seu emprego: *veritas in dicto, non in re consistit*[30]. As coisas são e existem como singularidades reais, das quais tomamos conhecimento nas sensações concretas, sensíveis e singulares. Mas nem a coisa singular, nem a sensação individual podem constituir o verdadeiro objeto do *saber*: porque todo saber, merecedor deste nome, em lugar de mero conhecimento histórico do particular, aspira a ser conhecimento filosófico, isto é, necessário, do universal. Por isso, se a sensibilidade e a memória se limitam a fatos materiais, toda ciência busca relações e con-

---

30. Hobbes, *De corpore*, P. I.: "Computatio sive Logica", cap. III, § 7.

clusões gerais, ou seja, combinações dedutivas[31]. O órgão e o instrumento de que se serve não pode ser outro além da palavra. Porque o nosso espírito somente pode obter uma visão dedutiva daqueles conteúdos que foram criados e livremente produzidos por ele mesmo, e não daqueles que lhe foram trazidos de fora, tais como as coisas ou as sensações. Mas esta liberdade não lhe é inerente diante dos objetos reais da natureza, mas tão-somente em relação aos seus representantes ideais, ante as designações e denominações. Eis por que a criação de um sistema de nomes não constitui apenas uma condição prévia para todo e qualquer sistema do saber; pelo contrário, todo verdadeiro saber consiste nesta criação de nomes, reunidos em seguida em orações e julgamentos. Portanto, o falso e o verdadeiro não são atributos das coisas, e sim do discurso, e um espírito privado do discurso não disporia, conseqüentemente, destes atributos, como também seria incapaz de distinguir e contrapor o "verdadeiro" e o "falso"[32]. Para Hobbes, portanto, a linguagem somente é uma fonte de erros, na medida em que ela constitui, de acordo com a sua concepção fundamental nominalista, ao mesmo tempo a condição de todo conhecimento conceitual em geral, e, assim, a fonte de toda universalidade e de toda verdade.

Em contrapartida, a crítica da linguagem e do conhecimento de Berkeley parece retirar este último suporte do universal, refutando e erradicando definitivamente o método do racionalismo que ainda atua de modo inconfundível no pensamento de Hobbes. Mas à medida que o sistema de Berkeley se desenvolve progressivamente a partir destas premissas, observam-se nele uma vez mais um retrocesso e uma

---

31. Hobbes, *Leviathan*, P. I.: "De homine", cap. V, § 6.
32. *Op. cit.*, cap. IV: Verum *et* falsum *attributa sunt non rerum, sed Orationis; ubi autem Oratio non est, ibi neque* Verum *est neque* Falsum.

inversão peculiares. É como se o poder do logos que vive na linguagem, inicialmente negado e suprimido à força, agora se libertasse progressivamente e começasse a se opor ao constrangimento do esquema sensualista no qual Berkeley procurou aprisionar a fala e o pensamento. Imperceptivelmente e passo a passo, Berkeley é impulsionado para uma nova concepção fundamental do conhecimento, a partir do estudo e da análise da função do signo e do novo valor positivo que este passa a adquirir aos seus olhos. Ele próprio realiza esta mudança decisiva, particularmente na sua última obra, a *Siris*: ele liberta a "idéia" de todos os seus entrelaçamentos psicológico-sensualistas e a reconduz ao seu significado platônico fundamental. Nesta última fase do seu sistema, também a linguagem volta a adquirir uma posição dominante, verdadeiramente central. Se anteriormente o valor da linguagem era combatido por diversos motivos inerentes à psicologia e à metafísica de Berkeley, observamos agora, na forma definitiva desta mesma metafísica, a extraordinária inversão, pela qual toda realidade, tanto a espiritual quanto a sensível, se *transforma* em linguagem. Porque agora a cosmovisão sensível se metamorfoseou progressivamente em uma visão simbólica. O que designamos como realidade das percepções e dos corpos, quando apreendido e compreendido de maneira mais profunda, nada mais é do que a linguagem sensível dos signos através da qual um espírito infinito, que tudo abrange, se comunica com o nosso espírito finito[33]. Na luta entre a metafísica e a linguagem, esta foi, finalmente, a vitoriosa – a linguagem que, inicialmente, foi barrada no umbral da metafísica, agora não apenas penetra na sua esfe-

---

33. Uma discussão e documentação mais detalhada encontram-se em minha obra *Das Erkenntnisproblem* II, 315 ss.

ra, como determina de maneira decisiva e essencial a forma desta mesma metafísica.

III

Entretanto, na história do empirismo, a última fase do sistema de Berkeley constitui apenas um episódio isolado. De um modo geral, o desenvolvimento segue uma outra direção. Com nitidez crescente ele tende a substituir por pontos de vista puramente psicológicos os pontos de vista lógicos e metafísicos sob os quais até então se havia considerado, preferencialmente, a conexão entre a fala e o pensamento. Para o estudo concreto da linguagem, isto significa, em um primeiro momento, um ganho imediato e indiscutível, porque agora, ao lado do estudo daquilo que a linguagem constitui como forma total espiritual, aparece de maneira cada vez mais decidida o interesse pela individualidade, pela peculiaridade espiritual de cada língua. Enquanto a perspectiva lógica, como que sob uma coação metodológica, sempre desemboca no problema da linguagem universal, a análise psicológica aponta para um caminho oposto. Na sua obra *De dignitate et augmentis scientiarum*, Bacon também exige, ao lado da habitual filologia empírica, da *grammatica litteraria*, uma forma universal de "gramática filosófica". Mas esta não deve restringir-se a evidenciar nenhuma relação necessária entre as palavras e as coisas por elas designadas: pois, por mais atraente que possa parecer tal empreendimento, ele seria igualmente perigoso e arriscado, dadas a elasticidade das palavras e as incertezas inerentes a toda investigação puramente etimológica. A forma mais nobre da gramática haveria de se constituir, se alguém, versado em um grande número de línguas, tanto populares quanto cultas, discutisse as suas diversas peculiaridades e mostrasse no que consistem as vantagens e deficiências de cada uma. Desta maneira, a comparação entre as diversas línguas não apenas permitiria estabelecer a imagem ideal de uma língua perfeita, como também, graças a tal estudo, se obteriam os mais significativos esclarecimentos acerca do espírito e dos costumes das diversas nações. No seu desenvolvimento desta idéia, bem como na sua breve caracterização das línguas grega, latina e hebraica, intentada sob esta perspectiva, Bacon antecipou uma exigência que somente foi verdadeiramente satisfeita por Wilhelm von Humboldt[34]. Mas no âmbito do empirismo filosófico, a sua iniciativa somente foi levada adiante na medida em que se verificou uma conscientização crescente e cada vez mais nítida do caráter particular dos conceitos em cada uma das línguas. Se os conceitos da linguagem não forem simples signos para coisas e processos objetivos, mas, ao invés, constituírem signos que representam as idéias que deles formamos, nestes conceitos necessariamente há de se refletir não tanto a natureza das coisas quanto o tipo e a direção individuais da *concepção* das coisas. Esta haverá de evidenciar-se de maneira particularmente acentuada não quando se tratar de fixar simples impressões sensoriais em um som, e sim no momento em que a palavra tiver a função de expressar uma representação global complexa. Porque cada representação desta natureza e, conseqüentemente, cada nome que atribuirmos a estes "modos mistos" (*mixed modes*, como Locke os denomina) remete, em última análise, à livre atividade do espírito. Enquanto o espírito é passivo em face das impressões simples que recebe, limitando-se a acolhê-las

---

34. Vide Bacon, *De dignitate et augmentis scienntiarum*, Lib. VI, cap. 1: "Innumera sunt ejusmodi, quae justum volumen complere possint. Non abs re igitur fuerit grammatica philosophantem a simplici et litteraria distinguere, et *desideratam ponere*."

sob a forma pela qual elas se lhe apresentam do exterior, ocorre que na combinação destas idéias simples se manifesta muito mais a sua própria natureza do que a dos objetos que se situam fora dela. Não há necessidade de se perguntar pelo modelo real destas combinações; os tipos e as espécies dos "modos mistos", bem como os nomes que lhes atribuímos, são criados pelo entendimento sem modelos e sem nenhuma conexão imediata com coisas realmente existentes. A liberdade que possuía Adão quando criou as primeiras denominações para concepções complexas, não dispondo de nenhum modelo além daquele que lhe era sugerido pelos seus próprios pensamentos, esta mesma liberdade existiu e continua a existir para todos os homens[35].

Aqui nos encontramos, como se vê, no ponto em que o sistema do empirismo reconhece a *espontaneidade* do espírito, embora este reconhecimento, provisoriamente, seja apenas condicional e indireto. E esta restrição essencial da teoria sensualista do conhecimento não pode deixar de repercutir imediatamente sobre a concepção geral da linguagem. Se a linguagem, nos seus termos conceituais complexos, não constitui um reflexo da *realidade* sensível, mas antes um reflexo de *operações* do espírito, conclui-se necessariamente que este reflexo pode e deve efetuar-se de maneiras infinitamente múltiplas e variadas. Se o conteúdo e a expressão do conceito não dependem da matéria que compõe as diversas representações sensíveis, e sim da forma de sua combinação, cada novo conceito da linguagem representa uma nova criação do espírito. Conseqüentemente, nenhum conceito de uma língua determinada é simplesmente "transferível" para outra. Já Locke insistia nesta conclusão. Ressaltava ele que,

---

35. Vide Locke, *Essay*, vol. II, cap. 22, sec. 1 ss.; vol. III, cap. 5, sec. 1-3; cap. 6, sec. 51 s.

em uma comparação rigorosa entre diversas línguas, se torna evidente que nelas quase nunca se encontrarão palavras que correspondam precisamente umas às outras, e que apresentem uma coincidência exata em toda a extensão dos seus significados[36]. Com isso, porém, e visto sob um novo ângulo, o problema de uma gramática absolutamente "universal" revela-se ilusório. Com nitidez crescente evidencia-se a necessidade de deixar-se de lado a idéia da gramática universal e, em vez disso, ir-se em busca da *estilística* específica de cada língua e procurar-se compreendê-la em todas as suas peculiaridades. Em decorrência disso, o cerne do estudo da linguagem não se desloca apenas da lógica para o campo da psicologia, como também para os domínios da *estética*. Tal fato torna-se particularmente patente no caso de um pensador que, como nenhum outro do círculo empirista, soube combinar o rigor e a clareza da análise lógica com a mais viva sensibilidade em relação à individualidade e às mais sutis gradações e nuances da expressão estética. Diderot, em sua *Lettre sur les sourds et muets* (Carta sobre os surdos-mudos), retoma a observação de Locke; mas o que neste último nada mais era do que um enfoque original isolado, vem agora corroborado com numerosos exemplos concretos do campo da expressão lingüística e particularmente literária, e lavrado em um estilo que, por si só, é a prova cabal de que toda forma de espírito verdadeiramente original cria a forma lingüística que lhe é apropriada. Partindo de uma questão estilística específica, ou seja, do problema da "inversão" lingüística, Diderot desenvolve a sua argumentação metodicamente, embora dentro da maior liberdade no movimento do pensamento, para concentrar-se no problema da individualidade da forma lingüística. Ele toma como ponto de partida um

---

36. Locke, *Essay*, B. II, cap. 22, sec. 6; B. III, cap. 5, sec. 8.

dito evocado por Lessing que, para definir a originalidade incomparável do gênio poético, recorda o adágio segundo o qual é mais fácil tirar a clava de Hércules do que um único verso de Homero ou Shakespeare. A obra de um verdadeiro poeta é e sempre será intraduzível – na melhor das hipóteses poder-se-á reproduzir o pensamento, ou mesmo ter a sorte de encontrar, aqui e acolá, uma expressão equivalente; mas a representação geral, a tonalidade e o som do conjunto serão sempre um "hieróglifo" único, sutil e intraduzível[37]. E este hieróglifo, este princípio formal e estilístico não se concretiza apenas nas diversas artes, na música, na pintura, na escultura, mas, pelo contrário, domina igualmente cada língua individual, imprimindo-lhe a marca indelével do espírito, e definindo-lhe as características do pensamento e das emoções.

Assim, o estudo da linguagem é colocado em contato direto com o problema central que dominou toda a história espiritual dos séculos XVII e XVIII. No próprio conceito da *subjetividade* opera-se agora a mesma transformação característica com que deparamos simultaneamente na teoria da arte e da criação artística. Da estreita concepção empírico-psicológica da subjetividade emerge com crescente nitidez a concepção mais profunda e abrangente que afasta a subjetividade da esfera da simples existência acidental e da atividade arbitrária, reconhecendo-a em sua "forma" espiritual específica, isto é, em sua necessidade específica. Na teoria estética dos séculos XVII e XVIII todo este movimento se concentra gradativamente, de maneira cada vez mais determinada e consciente, em um único ponto central. O conceito do *gênio* torna-se o portador lingüístico e conceitual da nova concepção do ser espiritual, que rompe os limites da teo-

---

37. Diderot, *Lettre sur les sourds et muets.* Oeuvres, ed. Maigeon, Paris, 1798, II, pp. 322 ss.

ria empírico-psicológica, meramente reflexiva. Na *Lettre sur les sourds et muets* de Diderot, o conceito do gênio, embora não ressaltado explicitamente, constitui o princípio que anima todas as discussões teóricas em torno da linguagem e da arte, assim como constitui o ponto de unidade ideal para o qual estas discussões convergem. Mas muito além deste exemplo isolado pode-se observar como este conceito se introduz no estudo da linguagem sob os mais diversos ângulos. Já na Inglaterra do final do século XVII de modo algum domina exclusivamente a descrição e interpretação empírico-psicológica dos processos espirituais, que ela procura decompor em seus diversos fatores sensíveis e materiais; a ela contrapõe-se, ao invés, uma outra concepção, orientada para a "forma" destes processos, e que busca apreender esta forma na sua totalidade original e indecomponível. Esta concepção encontrou o seu centro sistemático-filosófico no platonismo inglês, com Cudworth e os pensadores da Escola de Cambridge; a sua mais perfeita representação literária foi realizada por Shaftesbury. Toda conformação externa da realidade sensorial – esta é a convicção de Shaftesbury e do platonismo inglês – deve ter como fundamento determinadas proporções internas (*interior numbers*) – porque a forma jamais pode ser produzida a partir da matéria; ela existe e persiste como unidade puramente ideal, perene, que, imprimindo-se na multiplicidade, confere a esta a sua forma determinada. São estas proporções internas e espirituais – e não a existência fortuita e a natureza acidental das coisas empíricas – que o verdadeiro artista representa em sua obra. Um artista deste jaez é, de fato, um segundo criador, um verdadeiro Prometeu depois de Júpiter. "Semelhante àquele artista supremo ou à natureza que gera as formas, ele conforma um todo, coerente em si mesmo, bem articulado e com a devida subordinação de todas as suas partes constitutivas... O artista espiritual que, assim, consiga imitar o Criador e tão bem conheça a forma interior e a estrutura das criaturas que o rodeiam, não irá, igualmente, deixar de levar em consideração a si mesmo, bem como aqueles números e aquelas proporções que constituem a harmonia de um espírito." O que já se nos revela no estudo de qualquer corpo orgânico torna-se certeza irrefutável tão logo nos concentramos em nosso próprio eu, na unidade de nossa consciência: torna-se evidente que todo ser verdadeiro e auto-subsistente não recebe a sua forma a partir das partes – ele existe e age como uma totalidade formada, antes de toda e qualquer divisão. No seu eu cada um de nós é capaz de apreender imediatamente um princípio formal individual, o seu "gênio" característico, o qual volta a encontrar, no conjunto bem como nas partes, como o "gênio do universo", na qualidade de poder conformador sempre diverso e, no entanto, sempre idêntico a si mesmo. Ambos os pensamentos são correlativos e se condicionam reciprocamente – a subjetividade empírica, compreendida e interpretada corretamente, necessariamente transcende a si mesma e desemboca no conceito do "espírito universal"[38].

O que este conceito estético-metafísico da "forma interna" representou para a concepção da linguagem torna-se evidente em uma obra que emanou diretamente do círculo do neoplatonismo inglês e reflete nitidamente a sua visão geral do mundo. A obra de Harris, *Hermes or a Philosophical Inquiry Concerning Universal Grammar* (1751), se considerarmos o projeto geral do trabalho, à primeira vista ainda parece situar-se na tradição das teorias racionalistas da linguagem, buscando, aparentemente, o mesmo ideal perseguido, por exemplo, pela *Grammaire générale et raisonnée de Port Royal*. Também aqui o objetivo consiste em criar uma

---

38. Ver Shaftesbury, *Soliloquy or Advice to an Author.* Characteristics, ed. Robertson, 1900, I, pp. 135 ss. Cf. particularmente *The Moralists*, sec. V.

gramática que, sem levar em consideração os diversos idiomas das diferentes línguas, somente se concentra nos princípios universais, idênticos para todas as línguas. Uma lógica universal, bem como uma psicologia universal, deve fundamentar a organização do material lingüístico e fazer com que esta organização se apresente como necessária. As faculdades da alma, por exemplo, apresentam uma divisão primeva – assim como à capacidade de representação se contrapõe a capacidade do desejo, da mesma forma cada frase lingüisticamente formada deve ser ou uma proposição afirmativa, ou o enunciado de um desejo (*a sentence of assertion or a sentence of volition*); nesta base, de um modo geral, é possível demonstrar inequivocamente por que a linguagem contém estas e não outras partes do discurso, e por que estas partes se apresentam de uma determinada forma e não de outra. Particularmente digna de nota e interessante é a tentativa de Harris de, a partir de uma análise lógica e psicológica da representação do tempo, obter um esquema geral que permita a representação da formação dos tempos do verbo[39]. Mas quanto mais progride em suas tentativas, tanto mais evidencia-se que a psicologia na qual se baseiam o seu estudo e a sua classificação das formas da linguagem é uma pura "psicologia estrutural", que se opõe frontalmente à psicologia sensualista dos elementos. Em sua defesa das "idéias universais", contra os seus críticos empiristas, Harris reporta-se diretamente à escola de Cambridge[40]. "No que me concerne", observa ele, "quando leio os detalhes sobre a sensação e a reflexão, e quando me dão ensinamentos quanto ao processo que

---

39. Harris, *Hermes*, 3ª ed., Londres, 1771, vol. I, cap. 6 (pp. 97 ss.); com relação ao anterior, vide especialmente vol. I, cap. 2, pp. 17 ss.; cap. 3, pp. 24 ss.

40. *Op. cit.*, vol. III, cap. 4, pp. 350 ss. Cf. Cudworth, *The True Intellectual System of the Universe*, Londres, 1678, vol. I, cap. 4.

gera as minhas idéias, é como se eu devesse conceber a alma humana à semelhança de um cadinho, no qual, através de uma química lógica, são produzidas verdades – verdades que são vistas como criações de nossa autoria, tais como quaisquer pílulas ou um elixir qualquer."[41] A esta concepção, segundo a qual a "forma" é gerada pela "matéria", ele opõe a sua própria idéia que, baseada em Platão e em Aristóteles, defende o primado da forma. Todas as formas sensíveis devem basear-se em formas puras, inteligíveis, "anteriores" às sensíveis[42]. E neste contexto Harris, que, como sobrinho de Shaftesbury, possivelmente desde cedo se identificou com as suas linhas de pensamento, retoma o conceito central de Shaftesbury, o conceito de "gênio". Cada língua tem o seu próprio espírito lingüístico; cada uma contém um princípio característico que determina a sua conformação. "Precisamos atentar para o fato de que as nações, assim como os indivíduos, têm as suas idéias específicas, e de como estas idéias específicas se transformam no gênio da sua língua, uma vez que o símbolo necessariamente corresponde à sua imagem original; eis por que as nações mais sábias, por possuírem as idéias mais numerosas e melhores, conseqüentemente possuem as línguas mais perfeitas e mais ricas." Assim como existe uma natureza, um gênio do povo romano, grego, inglês, existe também um gênio da língua latina, grega e inglesa[43]. Surge aqui – talvez pela primeira vez com tanta determinação – a nova versão do conceito do "espírito da língua", que, a partir de agora, haverá de determinar a análise filosófica da linguagem. A maneira pela qual este conceito penetrou na história do espírito alemão e aqui, progressivamente, conquistou os seus direitos nos domínios culturais e

---

41. *Op. cit.*, vol. III, cap. 5, pp. 404 ss.
42. *Op. cit.*, vol. III, cap. 4, pp. 380 ss.
43. *Op. cit.*, vol. III, cap. 5, pp. 409 ss.

lingüísticos pode ser acompanhada passo a passo na magistral exposição que dela realizou Rudolf Hildebrandt nos dois artigos "Espírito" e "Gênio" no *Dicionário* de Grimm[44]. Uma via direta conduz de Shaftesbury e Harris a Hamann e Herder. Já em 1768 Hamann escreve a Herder, que se encontra em Riga, que encomendou para ele o *Hermes* junto ao seu editor: "uma obra que me pareceu indispensável para o seu plano (de estudar a linguagem nos *Fragmentos sobre a nova literatura alemã*)[45]. E o próprio Herder, que em sua *Kritischen Wäldchen* (*Pequenas selvas críticas*), ao opor-se ao Laocoonte de Lessing, invoca a teoria estética de Harris, refere-se constantemente à sua teoria da linguagem. No seu prefácio à tradução da obra de Monboddo sobre a origem e o desenvolvimento da linguagem, ele declara explicitamente que Monboddo e Harris mostram um caminho novo e seguro para o estudo da linguagem: "Basta dizer isso... o caminho está aberto: os princípios do nosso autor e do seu amigo Harris não apenas são para mim os únicos válidos e sólidos, mas também as suas primeiras tentativas no sentido de comparar várias línguas de diversos povos em diferentes níveis de cultura serão sempre trabalhos preliminares de um mestre. E assim haveria de se tornar possível (por certo não tão cedo) uma *filosofia do entendimento humano* a partir de sua obra mais característica, ou seja, a partir das diversas línguas que existem na Terra."[46]

---

44. Cf. particularmente Jacob Grimm, *Deutsches Wörterbuch* IV, I, 2, cols. 2727 ss. e 3401 ss.

45. Carta de Hamann a Herder, 7 de setembro de 1768, *Schriften* (Roth) III, 386.

46. Prefácio à tradução de Monboddo (1784), Suphan XV, 183; juízos parecidos sobre Harris são emitidos na *Metacrítica* de Herder (1799), Suphan, XXI, 57. Herder já havia expressado em 1772, na Allg. Deutsche Bibliothek, o desejo de ver publicado um extrato alemão do *Hermes*, Suphan V, 315.

O que particularmente atraiu Herder na teoria de Harris sobre a linguagem foi possivelmente o mesmo traço que ele também acentuou no seu julgamento da teoria estética de Harris. No seu "Diálogo sobre a arte", ao qual Herder já se refere expressamente na sua primeira discussão sobre problemas estéticos, publicada nas "Selvas críticas"[47], Harris recoloca no centro da teoria da arte a distinção aristotélica entre ἔργον e ἐνέργεια. Esta distinção passou a refletir-se também na teoria da linguagem, na qual, posteriormente, Wilhelm von Humboldt lhe conferiu uma formulação precisa e uma concepção rigorosamente sistemática. A linguagem, como tampouco a arte, não pode ser concebida como uma mera obra do espírito, devendo, ao invés, ser vista como uma forma e uma "energia" peculiares ao espírito. Ambos os motivos, a teoria "energética" da linguagem e a teoria energética da arte, reencontraram a sua fusão ideal no conceito do *gênio* e no desenvolvimento característico que lhe imprimiram os séculos XVII e XVIII. Porque o fator decisivo deste desenvolvimento consiste na tendência geral de reportar todo ser espiritual ao processo criador original no qual está enraizado, e de relacionar todas as "configurações" com as formas e direções básicas do "conformar"[48]. No que diz respeito à linguagem, à primeira vista esta tendência já se fazia presente naquelas teorias empiristas e racionalistas sobre a origem da linguagem, que, em vez de concebê-la como uma obra divina, realizada e acabada de uma só vez, buscam compreendê-la como uma criação livre da razão humana. Mas, na

---

47. Vide *Kritische Wälder* III, 19 (Suphan vol. III, pp. 159 ss.), no contexto da obra de Harris: "Three treatises the first concerning art, the second concerning music, painting and poetry etc." Londres, 1744.

48. Cf. a respeito a minha obra *Freiheit und Form, Studien zur deutschen Geistesgeschichte*, espec. caps. 2 e 4.

medida em que a razão mesmo aqui conserva o caráter da reflexão subjetiva e arbitrária, o problema da "formação" da linguagem logo volta a dissolver-se no problema da sua "invenção". Ao inventar os primeiros signos lingüísticos, e ao estruturá-los em palavras e frases, o homem realiza um processo consciente e voltado para um determinado fim. A teoria da linguagem do Iluminismo francês comprazia-se em estabelecer uma comparação e um paralelismo entre este desenvolvimento progressivo da linguagem e a estruturação metódica realizada pelo espírito nas ciências, particularmente na matemática. Para Condillac, todas as ciências específicas formadas pelo espírito humano são apenas a continuação do mesmo processo de análise das idéias que começa com a formação da linguagem humana. Ao lado da linguagem inicial constituída de signos fonéticos, surge uma linguagem que se utiliza de símbolos universais, especialmente de caráter aritmético e algébrico; ao lado da linguagem das palavras, aparece a "linguagem do cálculo": mas em ambas predomina o mesmo princípio da decomposição, da combinação e da hierarquização das idéias. Assim como as ciências, na sua totalidade, nada mais são do que línguas bem ordenadas (*langues bien faites*) – da mesma maneira, por outro lado, a nossa linguagem de palavras e sons nada mais é do que a primeira ciência do ser, a primeira manifestação daquele impulso original do conhecimento que se move do complexo para o simples, do particular para o universal[49]. Maupertuis, em suas "Reflexões filosóficas sobre a origem das línguas", procurou acompanhar em detalhes o desenvolvimento da linguagem; buscou mostrar como ela, a partir das suas origens, quando apenas dispunha de uns poucos termos para designar percepções sensoriais complexas, veio a adqui-

---

49. Condillac, *La langue des calculs*. Oeuvres, Paris, 1798, vol. 23.

rir uma reserva cada vez maior de denominações, de formas verbais e de partes do discurso, mediante uma progressiva comparação e diferenciação conscientes das partes destas percepções[50]. A esta visão da linguagem, que a limita à esfera de uma racionalidade abstrata, Herder contrapõe uma nova concepção da "razão lingüística". Aqui, uma vez mais, se delineia com nitidez surpreendente a profunda relação que existe entre os problemas espirituais fundamentais: porque a luta que agora se inicia corresponde, passo a passo, à luta que, no campo da arte, foi travada por Lessing contra Gottsched e o classicismo francês. Também as formações da linguagem são "regulares" no mais alto sentido da expressão, embora não possam ser derivadas ou medidas a partir de uma regra conceitual objetiva. Também elas, graças à concordância de todas as suas partes em um todo, são produzidas com uma finalidade, mas elas são regidas por aquela "finalidade sem fim", que exclui toda arbitrariedade e toda "intenção" meramente subjetiva. Por este motivo, tanto na linguagem como na criação de uma obra de arte, os momentos que se rechaçam na reflexão meramente intelectual passam a formar uma nova unidade – uma unidade que, em verdade, num primeiro momento, apenas nos confronta com um problema, com uma nova *tarefa*. Impunha-se, primeiramente, que as antíteses de liberdade e necessidade, individualidade e universalidade, "subjetividade" e "objetividade", espontaneidade e coação fossem objetos de uma determinação mais profunda e de uma nova explicitação, antes de poderem ser utilizadas como categorias filosóficas para elucidar a "origem da obra de arte" e a "origem da linguagem".

---

50. Maupertuis, *Réflexions philosophiques sur l'origine des langues et la signification des mots*, Oeuvres, Lyon, 1756, I, pp. 259 ss.

IV

Apesar das diferenças que as caracterizam, todas as teorias da linguagem que até o momento se nos apresentaram, sejam empiristas, racionalistas, psicológicas ou lógicas, coincidem em um aspecto fundamental. Todas elas consideram a linguagem essencialmente pelo seu conteúdo *teórico*, ou seja, de acordo com o lugar que ela ocupa dentro da totalidade do conhecimento, e em função da sua contribuição para a ampliação deste conhecimento. Quer ela seja concebida como obra imediata da razão e como seu órgão indispensável, quer seja a palavra interpretada como mero invólucro que nos oculta os conteúdos básicos do conhecimento, as verdadeiras "percepções originais" do espírito, o que se considera meta da linguagem, pela qual se determina o seu valor positivo ou negativo, é sempre o *saber* teórico e a expressão deste saber. As palavras são signos das idéias, e estas últimas são vistas ou como conteúdos objetivos e necessários do conhecimento, ou como "representações" subjetivas. Entretanto, quanto mais o conceito da "subjetividade", elaborado progressivamente pela filosofia moderna, se alarga e se aprofunda – quanto mais nitidamente dele emerge uma concepção realmente universal da *espontaneidade* do espírito que, simultaneamente, se revela como espontaneidade do sentimento e da vontade, bem como do conhecimento – tanto mais se torna necessidade imperiosa ressaltar um outro fator constitutivo da atividade da linguagem. Se procurarmos acompanhar a trajetória da linguagem, remontando aos seus primórdios, verificaremos que ela, aparentemente, não constitui apenas um signo representativo de idéias, mas também um signo emocional dos sentimentos e dos instintos sexuais. Já as teorias da Antiguidade sabiam que a linguagem deriva das emoções, do παθος do sentimento, do prazer e do desprazer. De acordo com Epicuro, é necessário resgatar esta fonte primeva, verdadeiramente "natural" e comum tanto aos homens como aos animais, para compreender as origens da linguagem. A linguagem não é o produto de uma mera convenção, de uma lei ou de um acordo arbitrários, mas, pelo contrário, tão necessária e natural quanto a própria sensação imediata. Assim como ver e ouvir, os sentimentos de prazer ou de dor fazem parte do homem desde as suas origens, o mesmo ocorre com as exteriorizações das nossas sensações e dos nossos sentimentos. Assim como as emoções dos seres humanos eram diversificadas, mudavam em virtude da variedade de sua organização física e de acordo com as diferenças espirituais e étnicas, assim também surgiram, necessariamente, sons variados que só progressivamente foram reduzidos a tipos mais gerais de palavras e linguagens, visando à simplificação e à compreensão mútua[51]. Da mesma maneira Lucrécio explica o pretenso milagre da criação da linguagem a partir das leis universais e particulares da natureza humana. A linguagem desenvolve-se como uma esfera peculiar ao ser humano, oriunda de uma pulsão universal tendente à expressão sensorial e mímica, que lhe é inerente, não como resultado da reflexão, e sim inconsciente e involuntariamente[52].

Tanto na filosofia da natureza, quanto na teoria do conhecimento, a filosofia moderna retoma as concepções de

---

51. Cf. Diógenes Laércio, vol. X, sec. 24, § 75: ὅθεν καὶ τὰ ὀνόματα ἐξ ἀρχῆς μὴ θέσει γενέσθαι, ἀλλ' αὐτὰς τὰς φύσεις τῶν ἀνθρώπων, καθ' ἕκαστα ἔθνη ἴδια πασχούσας πάθη καὶ ἴδια λαμβανούσας φαντάσματα, ἰδίως τὸν ἀέρα ἐκπέμπειν, στελλόμενον ὑφ' ἑκάστων τῶν παθῶν καὶ τῶν φαντασμάτων, ὡς ἄν ποτε καὶ ἡ παρὰ τοὺς τόπους τῶν ἐθνῶν διαφορὰ εἴη· ὕστερον δὲ κοινῶς καθ' ἕκαστα ἔθνη τὰ ἴδια τιθῆναι, πρὸς τὸ τὰς δηλώσεις ἧττον ἀμφιβόλους γενέσθαι ἀλλήλοις καὶ συντομωτέρως δηλουμένας.

52. Ver Lucrécio, *De rerum natura*, vol. V, pp. 1026 ss.

Epicuro. No século XVII, a antiga "teoria dos sons naturais" foi objeto de uma notável e ao mesmo tempo original renovação quanto à forma e à fundamentação teórica, encetada principalmente pelo pensador que, pela primeira vez, buscou realizar um modelo sistemático e abrangente das *ciências do espírito*. Em seus "Principi di scienza nuova d'intorno alla commune natura delle nazioni", Giambattista Vico colocou o problema da linguagem no contexto de uma metafísica universal do espírito. Partindo da "metafísica poética", cuja tarefa consiste em revelar as origens da poesia, bem como a origem do pensamento mítico, e passando pelo elo intermediário da "lógica poética" que deve ter como escopo a averiguação da gênese das metáforas e dos tropos poéticos, ele se adentra na questão da origem da linguagem que, para ele, se identifica com a questão da origem da "literatura" e das ciências em geral. Também ele rejeita a teoria segundo a qual as palavras primitivas da linguagem remontam unicamente a acordos convencionais; também ele defende que entre estas palavras e suas significações deva existir uma conexão "natural". Se a fase atual em que se encontra o desenvolvimento da linguagem, se a nossa *Lingua volgare* não mais permite entrever esta conexão, o motivo deve-se unicamente ao fato de ela se ter distanciado progressivamente de sua autêntica fonte originária, ou seja, da linguagem dos deuses e heróis. Mas, apesar do obscurecimento e da fragmentação que se verifica em nossos dias, o olhar verdadeiramente filosófico ainda consegue discernir a conexão e o parentesco que, originariamente, uniam as palavras àquilo que significam. Considerando que quase todas as palavras foram derivadas das propriedades naturais das coisas ou de impressões sensoriais e de sentimentos, não constitui uma temeridade a idéia de um "dicionário universal" que indique as significações das palavras em todas as diversas línguas articuladas e busque mostrar a origem de todas elas em uma unidade primeva das idéias. Indubitavelmente as tentativas que o próprio Vico empreendeu neste sentido evidenciam ainda todo o arbítrio ingênuo de uma "etimologia" puramente especulativa, não cerceada por nenhuma consideração crítica ou histórica[53]. Todas as palavras primitivas possuíam raízes de uma única sílaba, que ou reproduziam, sob forma de onomatopéia, um som objetivo da natureza, ou, como puros sons emocionais, constituíam a expressão imediata de uma emoção, uma exclamação de dor ou de prazer, de alegria ou tristeza, de espanto ou de pavor[54]. Vico encontrou uma prova para a sua teoria das palavras primitivas – que seriam simples interjeições monossilábicas – na língua alemã, por exemplo, que, como mais tarde Fichte, ele considera uma autêntica língua original, uma *lingua madre*, na medida em que os alemães, que nunca foram dominados por conquistadores estrangeiros, teriam conservado em estado puro, desde os tempos mais antigos, o caráter de sua nação e da sua língua. De acordo com Vico, à formação das interjeições segue-se a dos pronomes e das partículas que, na sua forma primitiva, igualmente remontam a raízes monossilábicas. Em seguida,

---

53. Até que ponto, ainda no século XVIII, tal concepção ingênua do sentido e da tarefa da "etimologia" era aceita na própria lingüística demonstra-o, por exemplo, a reconstrução da língua original, empreendida por Hemsterhuis e Ruhnken na conhecida Escola de Filólogos holandesa. Mais informações a respeito encontram-se em Benfey, *Geschichte der Sprachwissenschaft* (História da lingüística), pp. 255 ss.

54. Cf. a respeito o exemplo característico na *Scienza nuova* de Vico, vol. II: Della Sapienza poetica (edit. Napoli 1811, vol. II, pp. 70 s.) "Seguitarono a formarsi le voci umane com *l'Interjezone*, che sono voci articolate all empito di passoni violente, che 'n tutte le lingue sono *monosillabe*. Onde non è fuori del verisimile, che da primi fulmini incominiciata a destarsi negli uomini la *maraviglia*, nascesse la *prima Interjezione* da quella di *Giove,* formata con la voce *pa*, e che po restò raddoppiata *pape*, Interjezione di maraviglia; onde poi nacque a *Giove* il titolo di Padre degli uomini e degli Dei" etc.

ter-se-iam desenvolvido os substantivos e, a partir destes, os verbos, como última criação da linguagem. Do seu ponto de vista, ainda hoje a linguagem infantil e os casos de distúrbios lingüísticos patológicos evidenciam nitidamente que os substantivos precederam os verbos e pertencem a um estrato lingüístico mais antigo[55].

Por mais estranha e barroca que esta teoria possa parecer quando nos detemos apenas em determinadas passagens da sua argumentação, ela encerrava, não obstante, um enfoque importante e frutífero para a concepção geral da linguagem. A relação, por assim dizer, estática entre o som e a significação foi substituída por uma relação dinâmica: a linguagem foi vinculada à dinâmica da fala, e esta, por sua vez, relacionada à dinâmica do sentimento e da emoção. Quanto mais o século XVIII acentuava a importância do sentimento, quanto mais insistia em considerá-lo o verdadeiro fundamento e a força criadora original da vida espiritual, tanto mais, conseqüentemente, buscava-se fundamentar estas convicções nos ensinamentos de Vico, no que se refere à teoria da origem da linguagem. Por isso, não constitui obra do acaso o fato de Rousseau ter sido o primeiro a retomar esta teoria e a tentar desenvolvê-la nos detalhes[56]. Mas as intuições de Vico influenciaram em um outro sentido, e de maneira mais profunda, o homem que, entre todos os pensadores do século XVIII, mais se aproxima de sua metafísica simbólica e de sua concepção simbólica da História e que, igualmente, considera a *poesia* como a língua materna do gênero humano. Por mais que este homem, Joh. Georg Hamann, despreze toda e qualquer fundamentação racional para expressar as suas intuições básicas, por mais que sua teoria aparente-

---

55. *Op. cit.*, vol. II, pp. 73 ss.
56. Vide Rousseau, *Essai sur l'origine des langues* (publicado pela primeira vez como obra póstuma em 1782).

mente zombe de toda e qualquer sistematização lógica, ainda assim esta sua teoria se estrutura involuntariamente, por assim dizer, em um sistema imanente, na medida em que todas as suas partes são incessantemente relacionadas com aquele problema central da linguagem. O pensamento de Hamann, que constantemente corre o risco de se abandonar ao sentimento imediato e à impressão momentânea, e de perder-se, assim, em considerações particulares, casuais e periféricas, encontra aqui, desde o início, um ponto central específico em torno do qual ele gira com insistência, se nele se fixar propriamente. Ele próprio afirma: "O meu assunto não é nem a física nem a teologia, e sim a *língua*, mãe da razão e da revelação, o seu A e Ω." "Ainda que eu fosse tão eloqüente quanto Demóstenes, não faria outra coisa senão repetir três vezes a mesma fórmula: a Razão é Linguagem, Logos. Este é o osso que venho roendo, e morrerei de tanto roê-lo. Para mim, estas profundezas continuam mergulhadas na escuridão; ainda estou à espera de um anjo apocalíptico que traga a chave deste abismo."[57] Aqui se revela a Hamann a verdadeira essência da Razão em sua unidade e em sua contradição interna. "O que Demóstenes chama de *actio*, Engel mímica, Batteux imitação da natureza bela, é, para mim, linguagem, órganon e critério da Razão, como diz Young. Aqui se encontra a Razão pura e, ao mesmo tempo, a sua crítica."[58] Mas justamente este ser, através do qual se nos parece revelar de maneira imediata o logos divino, subtrai-se a tudo o que, em nossa esfera, chamamos de "razão". Da linguagem, bem como da história, pode-se dizer que ela, "à semelhança da natureza, constitui um livro lacrado, um teste-

---

57. Hamann a Jacobi, *Briefwechsel mit Jacobi* (Correspondência com Jacobi), ed. por Gildemeister, Gotha 1868, p. 122; carta a Herder (6 de agosto de 1784), *Schriften* (Roth) VII, pp. 151 ss.

58. Carta a Scheffner, 11 de fevereiro de 1785, *Schriften* (Roth) VII, p. 216.

munho oculto, um enigma que não pode ser decifrado, a não ser que trabalhemos com algo diferente da Razão"[59]. Porque a linguagem não é uma coleção de signos discursivos convencionais para designar conceitos discursivos, sendo, ao invés, o símbolo e o reflexo da mesma vida divina que nos rodeia em toda parte, visível-invisível, misteriosa e manifestamente. Por isso, para Hamann, tal como para Heráclito, nela tudo é simultaneamente manifestação e ocultação, descobrimento e encobrimento. Toda a Criação, tanto a Natureza como a História, nada mais é do que a mensagem do Criador para a criatura através da criatura. "Faz parte da unidade da revelação divina que o espírito de Deus se rebaixe e renuncie à sua majestade através do cinzel humano dos homens santos inspirados por ele, tal como o fez o Filho de Deus ao assumir a figura de um servo, e da mesma forma como toda a Criação é uma obra resultante da suprema humildade. Porque apenas admirar a sabedoria onipresente de Deus na natureza é possivelmente uma ofensa comparável à injúria que a ralé comete contra um homem sensato ao julgar o seu valor pelas roupas que veste." "As opiniões dos sábios do mundo são versões da natureza, e os dogmas dos teólogos são versões da Escritura. O *autor* é o melhor intérprete de suas palavras; ele pode falar através de criaturas, acontecimentos – ou através de sangue, fogo e fumaça, elementos em que consiste a linguagem da divindade... A unidade do Criador reflete-se até mesmo no *dialeto* das suas obras; em todas elas uma única tonalidade de incomensurável altura e profundidade."[60]

---

59. *Sokratische Denkwürdigkeiten*, *Schriften* II, 19.
60. *Kleeblatt hellenistischer Briefe*, *Schriften* II, p. 207. *Aesthetica in nuce* (*Schriften* II, pp. 274 s.): sobre a teoria da linguagem de Hamann e a sua posição no conjunto de sua "cosmovisão simbólica" cf. a excelente exposição de R. Unger, "Hamanns Sprachtheorie im Zusammenhange seines Denkens", Munique, 1905.

Mas nestas profundezas que, para Hamann, de acordo com suas próprias palavras, sempre permaneceram na escuridão, Herder vislumbrou uma nova luz. A sua obra laureada em concurso sobre a *Origem da linguagem* tornou-se decisiva para a história geral do espírito do século XVIII, sobretudo porque nela foi encontrada uma mediação *metodológica* inteiramente nova para as posições mais antagônicas que até então caracterizavam a concepção e a interpretação do ser e do agir do espírito. Herder foi influenciado por Hamann, mas na época que precede a obra acima referida ele foi discípulo de Kant e, através deste, de Leibniz. Ao referir-se ao tratado *Vom Erkennen und Empfinden der menslichen Seele* (Sobre o conhecimento e o sentimento da alma humana), cuja concepção e elaboração estão próximas da *Origem da linguagem*, disse Haym que ele é perpassado, do começo ao fim, pelo espírito da filosofia de Leibniz, e que na realidade ele nada mais é do que um resumo desta filosofia, refletida no espírito de Herder[61]. Mas como podiam harmonizar-se estas duas concepções da linguagem totalmente antitéticas, como era possível reconciliar Hamann e Leibniz? Como a concepção segundo a qual a linguagem constitui a mais elevada realização do pensamento analítico, o verdadeiro instrumento para a formação de conceitos "distintos", podia fundir-se com a interpretação pela qual a origem da linguagem se subtrai a toda reflexão da razão e se abriga na escuridão do sentimento e de sua inconsciente força criadora poética? Aqui, precisamente, têm início as perguntas de Herder, e, com elas, a sua nova solução do problema da linguagem. Ainda que a linguagem tenha as suas raízes no sentimento e nas suas manifestações imediatas e instintivas, e mesmo que ela tenha a sua origem em gritos, tons e sons selvagens articulados, e não na necessidade da comunicação,

---

61. Haym, *Herder*, I, p. 665.

ainda assim esta agregação de sons jamais constituirá a essência, a autêntica "forma" espiritual da linguagem. Esta forma surge somente a partir do momento em que começa a agir uma nova "força espiritual básica" que desde o início distingue o ser humano do animal. Na descrição que faz desta faculdade de "reflexão", especificamente humana, e pelo papel que lhe atribui, Herder adere claramente àquele conceito fundamental que une a lógica de Leibniz à sua psicologia. De acordo com Leibniz, a unidade da consciência somente é possível através da unidade da atividade espiritual, através da unidade da associação, na qual o espírito se concebe a si mesmo como uma mônada imutável e idêntica, e na qual, ademais, ele reconhece um único e mesmo conteúdo, se o encontrar em épocas diferentes, como sendo uma única e mesma essência. Esta forma de "reconhecimento" é denominada de "apercepção" por Leibniz, de "reflexão" por Herder e de "síntese do reconhecimento" por Kant. "O homem demonstra reflexão quando a força da sua alma age tão livremente, que no oceano de sensações que a invadem através de todos os sentidos ela consegue isolar uma onda, se assim posso me expressar, se consegue detê-la, a ela dirigir a atenção e ter consciência de fazê-lo. Ele demonstra reflexão se, emergindo do sonho flutuante das imagens que passam pelos seus sentidos, consegue concentrar-se em um momento de vigília, fixar-se voluntariamente em uma imagem, examiná-la de maneira clara e serena e dela isolar certas características, provando que o objeto é este, e não outro. Ele igualmente demonstra reflexão quando não apenas é capaz de constatar nitidamente todas as propriedades, mas também consegue reconhecer uma ou mais propriedades distintas em si mesmas: o primeiro ato deste reconhecimento proporciona um conceito claro; é o Primeiro Julgamento da alma – e o que tornou possível este reconhecimento? Uma característica que ele precisou isolar e que se lhe impôs claramente como característica da reflexão. Muito bem, gritemos εὕ-ρηκα! Esta primeira característica da reflexão foi uma palavra da alma! Com ela foi inventada a linguagem humana!"⁶² Neste sentido, Herder pode interpretar a linguagem tanto como um produto da sensação imediata, quanto, simultaneamente, como obra da reflexão: precisamente porque esta não é algo exterior que se agrega posteriormente ao conteúdo da sensação, sendo, ao contrário, um elemento constitutivo que integra este conteúdo. Somente a "reflexão" transforma o efêmero estímulo sensorial em algo determinado e diferenciado, e, portanto, em um "conteúdo" genuinamente espiritual. Aqui, portanto, diferentemente do que se verifica em Maupertuis e Condillac, a percepção não constitui um fato psíquico concluído e encerrado em si mesmo, ao qual apenas se agrega a expressão através de conceitos e palavras; trata-se, ao invés, de um único e mesmo ato, no qual as simples impressões se sintetizam em "idéias" e recebem uma denominação. As percepções naturais já não se defrontam com um sistema artificial de signos; ao contrário, graças ao seu caráter espiritual, a percepção já encerra um momento formal específico que, quando inteiramente desenvolvido, se manifesta sob a forma da palavra e da linguagem. Eis por que a linguagem para Herder – embora ele continue a falar de sua "invenção" – nunca constitui algo apenas *construído*, e sim algo intrínseca e necessariamente *desenvolvido*. Ela é um fator na estruturação sintética da consciência, graças ao qual o mundo das percepções sensoriais se torna um mundo da *intuição*: portanto, ela não é uma coisa produzida, e sim uma maneira específica do espírito na sua atividade de criar e formar.

---

62. *Über den Ursprung der Sprache* (Sobre a origem da linguagem) (1772); (Suphan, V, pp. 34 ss.)

O conceito geral da forma que define e caracteriza a linguagem sofreu, assim, uma modificação decisiva. A obra de Herder indica com extrema precisão o momento de transição em que o antigo conceito racionalista da "forma reflexiva", que domina a filosofia do Iluminismo, se transforma no conceito romântico da "forma orgânica". Através do ensaio de Friedrich Schlegel, *Über die Sprache und Weisheit der Inder* (Sobre a linguagem e a sabedoria dos hindus), este novo conceito foi introduzido pela primeira vez, e com uma definição clara, no estudo da linguagem. Entretanto, não se faria justiça às motivações mais profundas desta concepção, se nesta qualificação da linguagem como um organismo somente se visse uma imagem, uma metáfora poética. Por mais pálida e vaga que hoje em dia nos possa parecer esta definição, para Friedrich Schlegel e sua época nela expressou-se concreta e substancialmente a nova posição que agora era atribuída à linguagem na totalidade da vida espiritual do ser humano. Porque o conceito de organismo, tal como o formula o Romantismo, não serve para designar um fato isolado da natureza, uma região particular e delimitada de fenômenos objetivos, com os quais os fenômenos lingüísticos poderiam ser comparados, embora sempre de maneira muito indireta e imprecisa. Este conceito é tomado aqui, não como expressão de uma classe particular de fenômenos, e sim como expressão de um princípio especulativo universal – de um princípio que constitui a meta última e o foco sistemático da especulação romântica. O problema do organismo constituiu o centro espiritual com o qual o Romantismo, a partir de questões as mais diversas, sempre se confrontou. A teoria das metamorfoses de Goethe, a filosofia crítica de Kant, bem como os primeiros esboços da filosofia da natureza e do "sistema do idealismo transcendental" de Schelling, parecem, todos, convergir para este único ponto. Já na *Crítica do juízo* este problema apareceu como o verdadeiro *medius terminus*, capaz de conciliar a oposição dualista existente entre os dois membros do sistema kantiano. Natureza e liberdade, ser e dever moral, que antes apareciam não apenas como mundos distintos, mas também antagônicos, eram agora relacionados uns com os outros através deste meio-termo – e esta relação veio a revelar a ambos um novo conteúdo. Enquanto Kant considerou este conteúdo sobretudo em termos metodológicos, e definiu os dois extremos, no sentido crítico-transcendental, essencialmente como "pontos de vista" aplicáveis na contemplação e interpretação da totalidade do mundo dos fenômenos, para Schelling o conceito do orgânico constitui o veículo para uma metafísica especulativa abrangente. Natureza e arte, assim como natureza e liberdade, são reunidas na idéia do orgânico. Aqui se fecha o abismo que parece separar o devenir inconsciente da natureza e a criação consciente do espírito – aqui, pela primeira vez, o homem passa a ter uma noção da verdadeira unidade da sua própria natureza, na qual intuição e conceito, forma e objeto, o ideal e o real são originariamente uma e a mesma coisa. "Provém daí a peculiar radiação que envolve estes problemas – uma radiação que a simples filosofia reflexiva, voltada apenas para a disjunção analítica, não consegue jamais produzir, enquanto a intuição pura, ou melhor, a imaginação criadora há muito inventou a linguagem simbólica que apenas precisamos interpretar para descobrir que a natureza nos fala de maneira tanto mais compreensível, quanto menos apenas refletimos nela."[63]

Somente a partir deste significado sistemático geral que a idéia do organismo adquiriu para a filosofia do Romantismo, torna-se possível avaliar em qual sentido ele se tornou necessariamente frutífero para o estudo da linguagem. Uma

---

63. Schelling, *Ideen zu einer Philosophie der Natur* (Idéias para uma filosofia da natureza) (1797); *Sämtliche Werke* II, p. 47.

vez mais assomaram aqui os antagonismos em torno dos quais até então se havia desenvolvido este estudo: mas aparentemente havia agora uma nova mediação entre os opostos, entre o "consciente" e o "inconsciente", entre a "subjetividade" e a "objetividade", entre a "individualidade" e a "universalidade". Leibniz já havia criado o conceito da "forma individual" para a explicação da vida orgânica – por intermédio de Herder ele foi estendido a toda a amplitude da existência espiritual e transferido da natureza para a história, desta para a arte e para o estudo concreto dos tipos e estilos da arte. Neste processo evidencia-se sempre a busca de algo "universal": mas este não é concebido como um ser em si, como unidade abstrata de um gênero que se opõe aos casos particulares, e sim como uma unidade que somente se manifesta na totalidade das particularizações. Esta totalidade e a lei, a conexão interna que nela se expressa, constituem agora a verdadeira universalidade. Para a filosofia da linguagem isto significa que ela aprende a renunciar definitivamente ao objetivo de encontrar a estrutura universal de uma língua básica e primeva por detrás da diversidade individual e das contingências históricas das diversas línguas; significa, ademais, que também ela passa a buscar a verdadeira universalidade da essência da linguagem na *totalidade* das particularizações, e não na sua abstração. Na combinação da idéia da forma orgânica com a idéia da totalidade está traçado o caminho pelo qual Wilhelm von Humboldt chegará à sua cosmovisão filosófica, que encerra, também, uma nova fundamentação da filosofia da linguagem[64].

---

64. A subseqüente descrição da filosofia da linguagem de Wilhelm von Humboldt baseia-se em parte em um trabalho anterior publicado na "Festschrift zu Paul Hensels 60. Geburtstag", sob o título *Die Kantischen Elemente in Wilhelm v. Humboldts Sprachphilosophie* (Os elementos kantianos na filosofia da linguagem de Wilhelm von Humboldt).

V

Desde cedo o estudo da linguagem constituiu para Wilhelm von Humboldt o cerne de todo o seu interesse e de todas as suas metas intelectuais. "No fundo", escreveu ele já em 1805, em carta dirigida a Wolf, "tudo o que faço consiste em estudar a linguagem. Acredito ter descoberto a arte de usar a linguagem como um veículo que me permite viajar pelas máximas alturas e profundidades do mundo inteiro e conhecer toda a sua diversidade." Humboldt praticou esta arte em um grande número de monografias sobre a lingüística e a história da linguagem, dela dando a última e mais brilhante prova na grande introdução à sua obra sobre o idioma kavi. É verdade que a consciência que ele tem desta arte nem sempre corresponde à sua prática genial em todas as partes do seu trabalho científico e filosófico sobre a linguagem. Sua obra, enquanto criação espiritual, freqüentemente vai além daquilo que ele próprio declara sobre ela em conceitos claros e precisos. Mas a obscuridade de alguns conceitos humboldtianos, que já foi motivo de tantas queixas, sempre encerra um conteúdo produtivo – um conteúdo que, cumpre admitir, geralmente não é passível de ser reduzido a uma simples fórmula ou a uma definição abstrata, e que, ao contrário, somente se revela eficaz e produtivo no contexto de toda a visão concreta que Humboldt tem da linguagem.

Por este motivo, em qualquer exposição das idéias principais de Humboldt torna-se necessário agrupar a totalidade destas idéias em torno de determinados centros sistemáticos – mesmo quando ele próprio não caracterizou e ressaltou estes centros como tais. Essencialmente, Humboldt é um pensador sistemático, mas ele se mostra hostil a toda e qualquer técnica de sistematização meramente exterior. Ocorre, assim, que o seu empenho em sempre apresentar em cada um dos pontos de sua análise simultaneamente a totalidade de sua concepção da linguagem resulta na ausência de uma distinção clara e inequívoca dos componentes desta totalidade. Os seus conceitos nunca são os produtos puros e livres da análise lógica; neles, ao invés, vibra sempre uma tonalidade estética do sentimento, uma atmosfera artística, que anima a exposição, mas, ao mesmo tempo, encobre a articulação e a estrutura das idéias. Quando procuramos desvendar esta estrutura, deparamos sobretudo com três grandes oposições fundamentais que determinam o pensamento de Humboldt e para as quais ele, ao estudar a linguagem, espera encontrar um equilíbrio crítico e uma conciliação especulativa.

O que, para Humboldt, se apresenta de imediato na imagem da linguagem é, primeiramente, a separação do espírito individual e do espírito "objetivo", e a superação desta separação. Todo indivíduo fala a sua própria língua – e, no entanto, é precisamente na liberdade com que dela se serve que ele adquire consciência de um liame espiritual interior. Assim, em toda parte a linguagem desempenha o papel de mediadora, primeiro entre a natureza infinita e finita, depois entre um indivíduo e outro – simultaneamente e através do mesmo ato, ela torna a união possível e nasce da mesma. "É necessário apenas que nos libertemos da idéia de que a linguagem possa ser separada daquilo que ela designa, tal como, por exemplo, o nome de um homem pode ser abstraído da sua pessoa, e que ela, como um código previamente combinado, seja um produto da reflexão e de um acordo, ou que seja, de alguma maneira, a obra do homem (na acepção comum do conceito) ou até de um indivíduo. Como um verdadeiro e inexplicável milagre ela brota dos lábios de uma nação, e como milagre não menos surpreendente que se repete diariamente e, por isso, nem é notado, ela está presente nos balbucios de cada criança. A linguagem é o indício mais radiante e a prova mais segura de que o ser humano não possui uma individualidade isolada, que Eu e Tu não são apenas conceitos que se complementam mutuamente, mas, ao contrário, se revelariam perfeitamente idênticos, se nos fosse possível retornar até o ponto em que se separaram; e ela prova, também, que neste sentido há esferas da individualidade que vão desde o indivíduo fraco, indefeso e efêmero até a estirpe primeva da humanidade, porque de outra maneira toda compreensão haveria de ser impossível por toda a eternidade." Neste sentido, uma *nação* também é uma forma espiritual da humanidade, caracterizada por determinada língua e individualizada em relação à totalidade ideal. "A individualidade se fragmenta, mas de modo tão admirável, que ela, precisamente através da fragmentação, desperta um sentimento de unidade, e até mesmo se afigura como um meio de criar esta unidade, ao menos na idéia... Porque o homem, que no seu mais profundo ser aspira àquela unidade e totalidade, gostaria de transpor as barreiras da sua individualidade; mas como, à semelhança do gigante que recebe o seu vigor tão-somente ao contato com a sua terra natal, a sua força reside tão-somente nesta individualidade, é necessário que ele a intensifique nesta luta pelo seu objetivo. Portanto, ele faz sucessivos progressos neste empenho que, em si, jamais terá sucesso. Neste ponto é que, de um modo verdadeiramente miraculoso, vem em seu auxílio a linguagem, que une enquanto individualiza, e que no invólucro da expressão mais individual encerra a possibilidade da compreensão universal. O indivíduo, não importam o lugar e o tempo em que viva, e qualquer que seja o seu modo de viver, é um fragmento desprendido do todo de sua raça, e a linguagem demonstra e conserva este eterno vínculo que governa os destinos dos indivíduos e a história do mundo."[65]

---

65. *Über die Verschiedenheit des menschlichen Sprachbaues* (Sobre as diferenças da estrutura da linguagem do homem) (Estudo preliminar à Introdução da *Obra-Kavi*). Gesammelte Schriften (Edição da Academia), vol. VI, 1, pp. 125 ss.

Elementos de Kant e de Schelling mesclam-se de maneira extraordinária nesta primeira aproximação metafísica da filosofia da linguagem de Humboldt. Baseando-se na análise crítica das faculdades cognitivas, Humboldt busca chegar ao ponto em que a oposição entre subjetividade e objetividade, entre individualidade e universalidade deixa de existir, tornando-se indiferente. Mas o caminho que ele escolhe para demonstrar esta unidade última não é o caminho da intuição intelectual que nos permite superar imediatamente o conceito analítico-discursivo, "finito". Tal como Kant em sua crítica do conhecimento, Humboldt, na qualidade de crítico da linguagem, se encontra no "terrível *bathos* da experiência". Continuamente ele assinala que a análise da linguagem, embora predestinada a conduzir às mais recônditas profundezas da humanidade, para que não se torne uma quimera, deve necessariamente começar pela decomposição objetiva e até mesmo mecânica dos seus elementos físicos. Porque a concordância original entre o mundo e o homem, sobre a qual repousa a possibilidade de todo e qualquer conhecimento da verdade, e que, portanto, devemos pressupor como postulado universal em toda investigação de objetos particulares, somente pode ser recuperada progressivamente, pedaço por pedaço, pelo caminho dos fenômenos. Neste sentido, o objetivo não é o dado, mas aquilo que permanece sempre como algo a ser conquistado[66]. Com esta definição, Humboldt deriva para a filosofia da linguagem as conseqüências da crítica kantiana. A oposição metafísica entre subjetividade e objetividade é substituída por sua pura correlação transcendental.

---

66. "Über das vergleichende Sprachstudium in Beziehung auf die verschiedenen Epochen der Sprachentwicklung" (Sobre o estudo comparativo da linguagem em relação às diversas épocas do seu desenvolvimento), 1820. *Werke* IV, pp. 27 ss.

Assim como em Kant o objeto, enquanto "objeto no fenômeno", não se opõe ao conhecimento como algo que lhe é exterior e extrapola os seus limites, mas, pelo contrário, somente se "torna possível", condicionado e constituído pelas próprias categorias do conhecimento – da mesma forma a subjetividade da linguagem agora não mais se apresenta como mera barreira que nos impede de apreender o ser objetivo, sendo, ao invés, considerada um meio capaz de dar forma, de "objetivar" as impressões sensoriais. Tal como o conhecimento, tampouco a linguagem provém de um objeto como de algo dado a ser simplesmente reproduzido; ao contrário, ela encerra uma maneira de apreender espiritual que constitui um fator decisivo em todas as nossas representações do objetivo. É verdade que a concepção realista ingênua, porquanto ela própria vive, se move e age permanentemente entre objetos, pouca importância atribui a esta subjetividade; parece-lhe difícil conceber uma subjetividade que transforme o objetivo não ao acaso, caprichosa ou arbitrariamente, mas de acordo com leis intrínsecas, de tal modo que o próprio objeto aparente se torne apenas uma percepção subjetiva que, não obstante, tem uma pretensão legítima à validade universal. Conseqüentemente, para o realismo ingênuo a diversidade das línguas não passa de uma diversidade de sons, que ele, sempre voltado para *coisas*, considera apenas como meios que lhe permitem ter acesso a elas. Mas é precisamente esta concepção empírico-realista que impede a ampliação do conhecimento da linguagem e que torna inerte e estéril o conhecimento efetivamente existente[67]. A verdadeira *idealidade* da linguagem fundamenta-se na sua *subjetividade*. Por isso, foi e sempre será inútil a tentativa de substituir as pala-

---

67. "Über die Verschiedenheit des menschlichen Sprachbaues", *Werke* VI, 1, p. 119.

vras das diversas línguas por signos universalmente válidos, à semelhança da matemática que os possui nas linhas, nos números e nos símbolos da álgebra. Porque estes signos abrangem apenas uma pequena parte da massa do imaginável, e com eles são designáveis apenas os conceitos que podem ser formados através de uma construção puramente racional. Entretanto, a transformação em conceitos do material da percepção interior e das sensações depende essencialmente da faculdade individual de representação do homem, e esta é inseparável da sua língua. "A palavra, imprescindível para que o conceito se torne um indivíduo do mundo do pensamento, acrescenta a este conceito uma parcela importante de sua própria significação, e na medida em que define a idéia, a palavra também a aprisiona dentro de determinados limites... Considerando-se a dependência mútua de pensamento e palavra, torna-se evidente que as línguas não são meios de representar a verdade já conhecida, e sim, antes de mais nada, meios de descobrir a verdade até então desconhecida. A diversidade das línguas não concerne aos sons e signos, e sim às concepções de mundo que lhes são inerentes." Nesta concepção encontram-se, para Humboldt, o fundamento e a finalidade suprema de todo e qualquer estudo da linguagem. Do ponto de vista histórico, observa-se aqui um processo digno de nota, que novamente nos ensina que as idéias filosóficas realmente frutíferas têm uma influência permanente, que transcende a formulação imediata a elas dada pelos seus primeiros autores. Porque aqui, por intermédio de Kant e Herder, Humboldt retrocedeu da concepção estritamente lógica da linguagem de Leibniz para a visão mais profunda e mais vasta, universal-idealista, ancorada nos princípios gerais da teoria leibniziana. Para Leibniz, o universo somente é dado através do seu reflexo nas mônadas, e cada uma delas representa a totalidade dos fenômenos de um "ponto de vista" individual; por outro lado, é precisamente o conjunto destas perspectivas e a harmonia existente entre elas que constitui aquilo que chamamos de objetividade dos fenômenos, de realidade do mundo fenomênico. De maneira semelhante, cada língua torna-se, para Humboldt, uma cosmovisão individual, e somente a totalidade destas cosmovisões constituiu o conceito de objetividade acessível a nós. Compreende-se, assim, que linguagem seja algo subjetivo em face do cognoscível, mas, por outro lado, se apresente como algo objetivo diante do homem compreendido como um sujeito empírico-psicológico. Porque cada língua é um acorde final da natureza universal do homem: "A subjetividade de *toda* a humanidade torna a ser, em si, algo objetivo."[68]

Esta concepção da objetividade como algo que não é simplesmente dado e passível de reprodução, mas como algo a ser conquistado através de um processo de configuração espiritual, conduz ao *segundo* momento fundamental das considerações de Humboldt acerca da linguagem. Todo estudo da linguagem deve proceder "geneticamente": não no sentido de acompanhar a sua gênese temporal e tentar explicar a sua formação a partir de determinadas "causas" empírico-psicológicas, e sim no sentido de reconhecer a estrutura concluída da linguagem como uma estrutura derivada e mediada, que somente poderemos compreender se conseguirmos reconstruí-la a partir dos seus fatores e determinar a natureza e direção dos mesmos. A fragmentação da linguagem em palavras e regras será sempre um trabalho grosseiro e inútil da análise científica – pois a essência da linguagem não reside jamais nestes elementos ressaltados pela abstração e pela aná-

---

68. "Über das vergleichende Sprachstudium", *Werke* IV, pp. 21 ss.; cf. especialmente "Grundzüge des allgemeinen Sprachtypus" (Características do tipo geral da linguagem), *Werke* V, pp. 386 ss. e a "Einlentung zum Kawi-Werk", *Werke* VII, 1, pp. 59 ss.

lise, mas tão-somente no trabalho eternamente repetido que realiza o espírito para tornar o som articulado capaz de expressar o pensamento. Em cada língua este trabalho tem início em determinados pontos centrais, expandindo-se, a partir deles, para diversas direções – e apesar disso, esta multiplicidade de processos criadores se funde afinal, não na unidade objetiva de uma criação, mas na unidade ideal de uma atividade que, em si, está subordinada a regras específicas. A existência do espírito somente pode ser concebida em atividade e como atividade, e o mesmo é válido para cada existência particular que somente é apreensível e possível através do espírito. Conseqüentemente, o que denominamos de essência e forma da linguagem nada mais é do que o elemento permanente e uniforme que podemos detectar, não em uma coisa, mas no trabalho realizado pelo espírito para fazer do som articulado a expressão de um pensamento[69]. Por isso, nem mesmo aquilo que se poderia considerar a verdadeira substância da linguagem, nem mesmo a palavra simples, isolada do contexto da oração, transmite, como uma substância, algo já produzido; não contém, tampouco, nenhum conceito formulado, limitando-se meramente a nos estimular no sentido de criarmos este conceito com as próprias forças e de determinada maneira. "Os seres humanos não se entendem entre si porque confiam realmente nos signos indicativos das coisas, ou porque estabelecem que todos deverão produzir exatamente os mesmos conceitos; compreendem-se porque tocam um no outro o mesmo elo da cadeia de suas representações sensoriais e de suas produções conceituais interiores, porque tocam a mesma tecla do seu instrumento espiritual, em virtude do que surgem em cada um conceitos correspondentes, que, porém, nunca são idên-

---

69. "Einleitung zum Kawi-Werk", *Werke*, VII, 1, pp. 46 s.

ticos... Sendo tocados desta maneira o elo da cadeia e a tecla do instrumento, todo o sistema passa a vibrar, e o que brota da alma sob forma de conceito encontra-se em harmonia com tudo o que rodeia o elo individual, até as mais longínquas distâncias."[70] Portanto, também aqui o que fundamenta e garante a objetividade é a harmonia na produção infinitamente múltipla das palavras da linguagem e dos conceitos, e não a simplicidade de uma realidade que nelas se reproduz. Na substância, por isso mesmo, o verdadeiro veículo do sentido lingüístico nunca é a palavra isolada, e sim a oração, porque é nela que se revela a força original da síntese, na qual, em última análise, se baseia todo falar e todo compreender. Esta concepção geral encontra a sua expressão mais concisa e clara na conhecida formulação humboldtiana, segundo a qual a linguagem não é uma obra (*Ergon*), e sim uma atividade (*Energeia*), motivo pelo qual a sua verdadeira definição somente pode ser genética. Tomada literalmente, esta definição se aplica a todo ato de falar: mas em seu sentido verdadeiro e essencial, somente a totalidade destes atos pode ser entendida como "a" linguagem, somente na sua função e no seu exercício generalizado, regido por determinadas leis, pode-se encontrar aquilo que constitui a sua substancialidade, o seu conteúdo ideal[71].

O conceito da *síntese* nos conduz à terceira grande oposição que determina a visão humboldtiana da linguagem. Também esta antítese, a distinção entre *matéria* e *forma*, que domina a concepção geral de Humboldt, tem suas raízes no pensamento kantiano. De acordo com Kant, a forma é uma mera expressão de relações, mas, na medida em que todo o nosso conhecimento acerca dos fenômenos se reduz,

---

70. *Ibidem*, *Werke*, VII, 1, pp. 169 s.
71. *Ibidem*, *Werke*, VII, 1, p. 46.

em última instância, ao conhecimento das relações de tempo e espaço, o princípio objetificante do conhecimento é, precisamente, a forma. A unidade da forma, enquanto unidade agregadora, instaura a unidade do objeto. A junção das coisas multiformes jamais pode ser veiculada através dos sentidos, sendo sempre um "ato da espontaneidade da faculdade de representação". Assim, não podemos imaginar nada como vinculado a um objeto, sem que, previamente, nós mesmos tenhamos realizado esta vinculação, e, entre todas as representações, a vinculação é a única que não é dada através dos objetos, pois ela somente pode ser efetuada pelo próprio sujeito[72]. Para caracterizar esta forma de vinculação, fundada no sujeito transcendental e na sua espontaneidade, e que, não obstante, é rigorosamente "objetiva", por ser necessária e universalmente válida, Kant, ele próprio, havia se apoiado na unidade do juízo, e assim, indiretamente, na unidade da oração. O juízo, para ele, nada mais é do que o modo de submeter dados conhecimentos à unidade objetiva da apercepção; mas na linguagem esta unidade se exprime através da cópula do juízo, na palavrinha "é", que sinaliza a relação entre predicado e sujeito. Somente este "é" confere ao juízo uma estabilidade inalienável, demonstrando que se trata de uma comunhão de representações, e não de sua simples coexistência, decorrente de associações psicológicas fortuitas[73]. O conceito humboldtiano da forma torna extensivo para o todo da linguagem o que aqui foi dito sobre um único termo lingüístico. Em toda língua completa e perfeitamente estrutu-

---

72. *Kritik der reinen Vernunft*; *Transzendentale Deduktion der reinen Verstandesbegriffe* (Dedução transcendental dos conceitos puros do entendimento), 2ª ed., § 15, pp. 129 ss.

73. *Op. cit.*, § 19, pp. 141 ss.

rada, o ato da designação de um conceito através de determinadas características materiais deve vir acompanhado de um trabalho específico e de uma definição formal própria, que traslada o conceito para uma determinada categoria do pensamento, isto é, permite, por exemplo, que ele seja classificado como substância, propriedade ou atividade. Este traslado do conceito para uma determinada categoria do pensamento constitui "um novo ato da autoconsciência lingüística, através do qual o caso particular, a palavra individual são relacionados à totalidade dos casos possíveis na linguagem ou no discurso. Somente através desta operação, realizada com a maior pureza e profundidade possíveis, e firmemente incorporada à própria linguagem, se vinculam, na devida fusão e subordinação, a sua atividade independente, que se origina no pensamento, e a atividade que, puramente receptiva, segue mais as impressões provenientes do mundo exterior"[74]. Também aqui, porém, matéria e forma, receptividade e espontaneidade – como anteriormente as oposições entre "individual" e "universal", "subjetivo" e "objetivo" – não constituem elementos desvinculados que compõem o processo da linguagem; são, ao invés, momentos necessariamente indissociáveis do próprio processo genético, que somente a nossa análise pode separar. A prioridade da forma sobre a matéria que Humboldt sustenta na esteira de Kant, e que ele viu confirmada com a máxima pureza e clareza nas línguas flexivas, é conseqüentemente compreendida como uma prioridade de valores, e não da existência empírico-temporal, uma vez que em toda língua existente, até mesmo nas assim chamadas línguas "isolantes", ambas as características, a formal e a material, necessariamente atuam conjuntamente, sendo que uma não

---

74. "Vorwort zum Kawi-Werk" (Prefácio à Obra-Kavi), *Werke* VII, 1, p. 109.

pode prescindir da outra, e nenhuma prevalece sobre a outra[75]. O que foi exposto até aqui certamente apenas determina os contornos da concepção humboldtiana da linguagem, e, por assim dizer, a sua moldura intelectual. Mas, o que conferiu importância a esta concepção e a tornou frutífera foi o modo como as pesquisas lingüísticas de Humboldt preencheram esta moldura, foi a via dupla pela qual ele incessantemente passou do fenômeno à idéia, e da idéia ao fenômeno. O princípio básico do método transcendental, ou seja, a contínua aplicação da filosofia à ciência, que Kant havia executado em relação à matemática e à física matemática, demonstrava agora ser válido em um campo completamente novo. A nova concepção filosófica da linguagem exigia e possibilitava uma nova estruturação da Lingüística. Em sua visão global da linguagem, Bopp se refere constantemente a Humboldt – já as primeiras frases de sua *Gramática comparada*, de 1833, partem do conceito humboldtiano do "organismo lingüístico", para, através dele, definir, de maneira geral, a tarefa da nova ciência da lingüística comparada[76].

---

75. Cf. especialmente as observações de Humboldt sobre a língua chinesa: "Lettre à M. Abel Rémusat sur la nature des formes grammaticales en général et sur le génie de la langue Chinoise en particulier", *Werke* V, pp. 254 ss.; "über den grammatischen Bau der chinesischen Sprache" (Sobre a estrutura gramatical da língua chinesa), *Werke* V, pp. 309 ss.

76. "Neste livro pretendo realizar uma descrição comparativa do organismo das línguas mencionadas no título, abrangendo todos os seus aspectos afins, bem como um estudo das suas leis físicas e mecânicas e uma investigação da origem das formas que exprimem as relações gramaticais." Bopp, *Vergleichende Grammatik des Sanskrit, Zend, Griechischen usw.* (Gramática comparada do sânscrito, zende, grego etc.), Berlim, 1833, p. 1.

VI

Entretanto, na medida em que o conceito do "organismo" passa do campo do estudo especulativo da linguagem para os domínios da investigação empírica, percebe-se uma vez mais que, precisamente devido à sua amplitude, este conceito se caracteriza por uma imprecisão e ambigüidade que ameaçam torná-lo inoperante na resolução de problemas específicos e concretos. A especulação filosófica tinha visto neste conceito essencialmente uma mediação entre extremos que se opunham, e neste papel ele parecia participar, em alguma medida, da natureza de cada um destes extremos. Mas semelhante conceito, que, por assim dizer, brilha em todas as cores, poderá continuar sendo usado, quando se trata de fundar, não uma metafísica universal da linguagem, e sim a sua *metodologia* específica? Quando se faz necessário decidir se as leis da linguagem, de acordo com o seu caráter metodológico, devem ser definidas como leis científicas ou leis históricas; quando importa estabelecer a participação dos fatores físicos e espirituais na formação da linguagem e as relações entre os mesmos; quando, finalmente, se trata de determinar até que ponto processos conscientes e inconscientes atuam conjuntamente na formação da linguagem – para nenhuma destas questões o simples conceito do "organismo lingüístico" parece oferecer respostas satisfatórias. Porque precisamente a sua posição intermediária, por assim dizer, flutuante, entre "natureza" e "espírito", entre a atividade inconsciente e a criação consciente, parece permitir que ele seja trazido ora para um, ora para o outro lado do problema posto em foco. Basta um ligeiro deslocamento para tirá-lo do seu lábil equilíbrio, e dar-lhe, dependendo da direção deste deslocamento, um conteúdo diferente, e até mesmo uma significação metodológica oposta.

De fato, a história da lingüística no século XIX nos mostra concretamente o processo que aqui procuramos esboçar de maneira geral e esquemática. Nesta época, a lingüística passa pela mesma transição que, simultaneamente, se opera na ciência da história e no sistema das ciências do espírito em geral. O conceito do "orgânico" conserva a sua posição central; mas o seu sentido e sua tendência sofrem uma transformação profunda, a partir do momento em que ao conceito de evolução da filosofia romântica vem a se opor o conceito biológico de evolução das modernas ciências naturais. No próprio estudo dos fenômenos da vida o conceito especulativo da forma orgânica foi progressivamente substituído pelo seu conceito puramente científico, tal como empregado pelas ciências naturais, e tal fato repercutiu diretamente no estudo dos fenômenos lingüísticos. Este processo de transformação espiritual se revela particularmente, e com nitidez característica, na evolução científica de August Schleicher. Na sua concepção da linguagem e de sua história, Schleicher não apenas concretizou a passagem de Hegel para Darwin, como também percorreu todos os estágios intermediários que se encontram entre as duas concepções. Conseqüentemente, nele podemos observar não apenas o começo e o fim, mas igualmente cada uma das fases deste movimento, graças ao qual o estudo especulativo da linguagem se tornou puramente empírico, e no qual também o conceito da *lei* lingüística passou a adquirir, paulatinamente, o seu conteúdo preciso.

Em sua primeira obra de maior envergadura, nas *Sprachvergleichende Untersuchungen* (Investigações de lingüística comparada), de 1848, Schleicher parte da idéia de que a verdadeira essência da linguagem, enquanto expressão fonética articulada, deve ser procurada na ligação que existe entre a expressão da significação e a expressão de relação. No seu entender, cada língua se caracteriza pelo modo como expressa a significação e a relação – além destes dois momentos, ele considera inconcebível a existência de um terceiro elemento constitutivo da essência da linguagem. Em razão deste pressuposto, as línguas são divididas em três grandes grupos principais: as línguas isolantes (monossilábicas), as línguas aglutinantes e as flexivas. A significação é o elemento material, a raiz; a relação é o elemento formal, a modificação efetuada na raiz. Ambos os momentos devem estar presentes na linguagem, como elementos constitutivos indispensáveis; entretanto, embora nenhum deles possa faltar completamente, a ligação existente entre ambos é passível de variações, podendo ser implícita ou mais ou menos explícita. As línguas isolantes exprimem foneticamente apenas a significação, enquanto a expressão da relação incumbe à posição da palavra e ao acento; as línguas aglutinantes possuem, além dos sons de significação, sons próprios para indicar a relação, mas ambos estão ligados entre si apenas exteriormente, na medida em que a indicação da relação é acrescentada de maneira evidente e puramente material à raiz, sem que esta sofra qualquer modificação interior. Somente nas línguas flexivas os dois elementos básicos aparecem não apenas justapostos, mas efetivamente unidos e integrados um no outro. A primeira caracteriza-se pela identidade não diferenciada de relação e significação, o puro em si da relação, a segunda diferencia-se em sons de relação e sons de significação, ou seja, a relação possui uma existência fonética própria, e a terceira constitui a supressão desta diferenciação, fundindo relação e significação: é o retorno à unidade, mas a uma unidade infinitamente superior, porque ela pressupõe a diferenciação da qual se origina e, ao mesmo tempo, a conserva em sua forma superada. Até aqui as análises de Schleicher seguem rigorosamente o esquema dialético de Hegel, que domina tanto a determinação da essência da linguagem como um todo, quanto a concepção de suas articulações internas. Por outro lado, porém, já nas *Investigações de lingüística comparada*, esta tentativa de uma classificação dialética vem acompanhada de intentos no sentido de uma classificação de acordo com os princípios das ciências naturais. A parte sistemática do estudo da linguagem – como afirma Schleicher expressamente – tem uma semelhança incontestável com as ciências naturais. Sob determinados pontos de vista, toda a compleição de uma família lingüística pode ser comparada à de uma família de plantas ou animais. "Assim como na botânica certas características – tais como cotilédones ou a natureza da floração – se revelam mais apropriadas do que outras para a classificação, porque são precisamente estas as características que normalmente coincidem com outras, da mesma forma as *leis fonéticas* aparentemente assumem esta mesma função na classificação das línguas dentro de um determinado tronco lingüístico, como, por exemplo, o semítico ou o indo-germânico." Mas, também aqui, em um primeiro momento, a investigação não segue este caminho empírico, optando, ao invés, por uma orientação puramente especulativa. As línguas monossilábicas, na medida em que desconhecem a organização das palavras, assemelham-se ao cristal primitivo que, contrastando com os organismos superiores organizados, se apresenta como uma unidade rigorosa; as línguas aglutinantes, que alcançaram a organização em partes, mas ainda não as fundiram em um verdadeiro todo, correspondem, no reino orgânico, à planta, enquanto as línguas flexivas, nas quais a palavra constitui a unidade na multiplicidade dos seus diversos elementos, correspondem ao organismo animal[77]. De acordo com Schleicher, não se trata, aqui, de uma mera analogia, e sim de uma de-

---

77. Ver particularmente *Sprachvergleichende Untersuchungen* I (Bonn, 1848), pp. 7 ss.; II (Bonn, 1850), pp. 5 ss.

terminação objetiva, altamente significativa, que emana da essência mesma da linguagem e determina a *metodologia* da ciência lingüística. Se as línguas são seres da natureza, forçosamente as leis que regem a sua evolução devem ser as das ciências naturais, e não as que servem de fundamento à história. De fato, o processo histórico e o processo formador da linguagem são completamente diferentes, tanto no conteúdo, como do ponto de vista temporal. História e formação de linguagem não são virtualidades concomitantes, mas sim sucessivas do espírito humano. Isto porque a história é obra da vontade consciente de si mesma, enquanto a linguagem é a obra de uma necessidade inconsciente. Se naquela está representada a liberdade que se torna realidade por si mesma, a linguagem, por outro lado, faz parte do lado não livre, natural do ser humano. "A linguagem, é bem verdade, também encerra um devenir que, em um sentido mais amplo da palavra, pode ser chamado de história: o aparecimento sucessivo de momentos; mas este devenir é tão pouco característico da livre esfera espiritual, que é precisamente na natureza que ele se manifesta de maneira mais nítida." No momento em que se inicia a história e o espírito cessa de produzir o som, para a ele opor-se e dele servir-se como instrumento, a linguagem não tem mais condições de se desenvolver e se desgasta mais e mais. Portanto, a formação das línguas é anterior à história, e a sua decadência ocorre no período histórico[78].

Conseqüentemente, a linguagem é para o espírito humano o que a natureza é para o espírito universal: a condição de ser diferente. "A conformidade da linguagem com a história começa com a sua espiritualização, a partir do momento em

---

78. *Sprachvergleichende Untersuchungen* II, pp. 10 ss.; cf. particularmente I, pp. 16 ss.

que ela perde progressivamente a sua corporalidade e a sua forma. Por isso, a parte científica da lingüística é a sistemática, e não a histórica." O filólogo, que utiliza a linguagem tão-somente como instrumento para estudar a essência espiritual e a vida dos povos, trabalha com a história; em contrapartida, o objeto da lingüística é a linguagem, cuja natureza independe da vontade do indivíduo, assim como, por exemplo, o rouxinol jamais poderá trocar o seu canto pelo da cotovia. Tudo aquilo que o homem, por livre e espontânea vontade, não pode mudar de maneira orgânica, como, por exemplo, a sua natureza física, não faz parte dos domínios do espírito livre, e sim do âmbito da natureza. Conseqüentemente, também o método da lingüística é totalmente diferente dos processos utilizados pelas ciências do espírito, acompanhando, essencialmente, os métodos das demais ciências naturais... Assim como as ciências naturais, também ela tem como tarefa o estudo de um campo regido por leis naturais imutáveis, que não podem ser alteradas pela vontade ou pelo arbítrio do ser humano[79].

Bem se vê que a partir daqui bastava mais um passo apenas para que o estudo da linguagem se dissolvesse completamente no estudo da natureza, para que as leis da linguagem e as puras leis naturais se fundissem; este passo foi dado por Schleicher vinte e cinco anos mais tarde, em sua obra *Die Darwinsche Theorie und die Sprachwissenschaft* (A teoria de Darwin e a lingüística). Neste trabalho, que tem a forma de uma "Carta aberta a Ernst Haeckel", a oposição entre "natureza" e "espírito", que até então determinava a sua concepção da linguagem e da posição desta no sistema das ciências, é abandonada por Schleicher como obsoleta. Ele constata que o pensamento moderno se orienta "indubitavelmente em di-

---

79. *Op. cit.*, II, pp. 2 s., cf. II, pp. 21 s., e I, pp. 24 ss.

reção ao monismo". De acordo com Schleicher, o dualismo, compreendido apenas como oposição de espírito e natureza, conteúdo e forma, essência e aparência, constitui para as ciências naturais um ponto de vista inteiramente ultrapassado. Para estas, ainda segundo Schleicher, não existe matéria sem espírito, e tampouco espírito sem matéria; ou, melhor dizendo, não existe nem espírito nem matéria no sentido usual, mas tão-somente algo único, que é ambas as coisas simultaneamente. Diante destas proposições, à lingüística resta apenas concluir que ela deve renunciar a toda e qualquer condição privilegiada para as suas leis. A teoria da evolução que Darwin elaborou com relação às espécies animais e vegetais deve ser igualmente válida para os organismos das línguas. Às espécies de um determinado gênero correspondem as línguas de um tronco comum, às subespécies os dialetos de uma língua, às variedades e variantes correspondem os subdialetos e as nuanças regionais e, finalmente, aos indivíduos corresponde o modo de falar próprio de determinada língua. E também aqui, no campo da linguagem, é válida a teoria da origem das espécies através da progressiva diferenciação, bem como a tese da sobrevivência dos organismos mais evoluídos na luta pela existência; assim, o pensamento darwiniano parece confirmar-se muito além do seu campo de origem, e consolidar-se como fundamento básico que une as ciências naturais e as do espírito[80].

Com isso, do ponto de vista metodológico, encontramo-nos no extremo oposto do ponto de partida original de Schleicher. Tudo o que foi construído *a priori* – como ele agora declara expressamente – constitui, no melhor dos casos, um jogo engenhoso, mas para a ciência não passa de algo to-

---

80. Vide Schleicher, *Die Darwinsche Theorie und die Sprachwissenschaft*, Weimar, 1873.

talmente inútil. No momento em que foi reconhecido que "a observação é a base do saber dos nossos dias", e na medida em que o que é empírico foi investido sem restrições nos seus direitos, a conseqüência é a dissolução de toda e qualquer filosofia dialética da natureza, bem como a dissolução do que até então era tido como filosofia da linguagem: ela pertence a uma fase passada do pensamento, cujas questões, bem como as suas soluções, deixamos definitivamente para trás.

Não há como negar que o próprio Schleicher, mesmo na sua última versão do problema da linguagem, atendeu apenas em pequena parte às exigências que aqui formula: percebe-se facilmente que ele, ao passar de Hegel a Haeckel, apenas trocou uma forma de metafísica por outra. A verdadeira chegada à terra prometida do positivismo estava reservada a uma nova geração de estudiosos que, ao invés de buscar uma explicação total monista ou evolucionista da realidade, procurou apreender os problemas metodológicos da lingüística em sua especificidade, em seu isolamento nítido, e se preocupou em resolvê-los no âmbito deste isolamento.

VII

Tal limitação, é bem verdade, não significou que, desta maneira, o problema da linguagem fosse desvinculado, de uma só vez, de todos os seus entrelaçamentos e envolvimentos com as questões metodológicas da ciência histórica, por um lado, e, por outro, das ciências naturais. Isto porque também o positivismo, ao qual agora, aparentemente, foi definitivamente atribuída a tarefa de resolver este problema, na medida em que nega a possibilidade da metafísica, continua sendo filosofia precisamente por causa desta negação. Mas, enquanto filosofia, ele não se pode limitar a uma simples multiplicidade de fatos particulares ou de leis específicas que determinam os fatos, sendo necessário que, ao invés, ele busque uma unidade para esta multiplicidade, unidade que somente poderá ser encontrada no *conceito* da lei. De início simplesmente foi pressuposto que este conceito possui uma significação uniforme, idêntica nos diversos campos do saber; mas, à medida que progride a autodefinição metodológica, tal pressuposto torna-se necessariamente um problema. Ao falarmos de "leis" que regem a linguagem, a história e as ciências naturais, subentendemos que exista alguma estrutura lógica comum a todas – no entanto, do ponto de vista da metodologia, mais importante do que este aspecto unificador afiguram-se a forma e o matiz específicos que o conceito de lei adquire em cada campo particular. Se o objetivo consiste em apreender a totalidade das ciências como um todo efetivamente sistemático, torna-se necessário, por um lado, ressaltar em todas elas uma tarefa comum no sentido da busca do conhecimento, e por outro lado é preciso mostrar como esta tarefa é solucionada de maneira específica em cada uma delas, de acordo com determinadas condições particulares. Na lingüística moderna o desenvolvimento do conceito de lei é determinado por estas duas considerações. Se acompanharmos as transformações deste conceito à luz da história geral da ciência e da crítica do conhecimento, evidenciar-se-á um fato característico e digno de nota, ou seja, que os diversos campos do saber se condicionam mutuamente no que diz respeito ao seu sistema de idéias, até mesmo quando não se pode falar de uma influência direta de um sobre o outro. Às diversas fases pelas quais passa o conceito da *lei da natureza* corresponde, quase sem exceção, o mesmo número de concepções diversas das leis *lingüísticas*. E não se trata aqui de uma transposição superficial, e sim de uma profunda comunhão: trata-se dos reflexos de determinadas tendências intelectuais básicas de uma época no âmbito de problemas completamente distintos.

A teoria dos princípios que rege as ciências naturais exatas em meados do século XIX teve a sua expressão mais concisa nas célebres proposições com as quais Helmholtz introduziu a sua obra *Über die Erhaltung der Kraft* (Sobre a conservação da energia). Ao afirmar que o objetivo de seu trabalho consiste em provar que tudo o que ocorre na natureza tem a sua origem em forças de atração e de rejeição, cuja intensidade depende apenas da distância entre os pontos interativos, Helmholtz não pretende estatuir esta proposição como simples fato, e sim derivar a sua validade e necessidade a partir da *forma* da nossa compreensão da natureza. De acordo com Helmholtz, o princípio pelo qual toda e qualquer transformação na natureza tem, necessariamente, uma causa correspondente, somente se realiza efetivamente quando se torna possível remeter tudo o que acontece a causas últimas, as quais agem segundo uma lei imutável, e que, por conseqüência, a qualquer tempo e sob circunstâncias externas idênticas, sempre produzem o mesmo efeito. De qualquer maneira, o descobrimento destas causas últimas e imutáveis seria a verdadeira meta das ciências teóricas da natureza. "Este não é o lugar para decidir se realmente todos os processos podem ser explicados a partir destas causas, isto é, se a natureza deve ser inteiramente compreensível, ou se nela ocorrem transformações que independem da lei de uma causalidade necessária e, portanto, se encontram no campo da espontaneidade e liberdade; de qualquer modo, está claro que a ciência, cuja finalidade reside em compreender a natureza, deve partir do pressuposto de que ela é compreensível, e conduzir as suas conclusões e investigações de acordo com esta hipótese, até o momento em que fatos irrefutáveis talvez a obriguem a reconhecer os seus limites[81]. É sobejamente conhecido como este pressuposto, segundo o qual a compreensibilidade da natureza coincide com a possibili-

---

81. Helmholtz, *Über die Erhaltung der Kraft*, 1847; pp. 2 ss.

dade de explicá-la de acordo com princípios mecânicos, se estendeu do campo do ser "anorgânico" para o do acontecimento *orgânico*, e como também as ciências naturais descritivas por ele foram inteiramente dominadas. Os "limites do conhecimento da natureza" equiparavam-se agora aos limites da visão de mundo mecanicista. Reconhecer um processo da natureza anorgânica ou orgânica outra coisa não significava senão reduzi-lo a processos elementares e, finalmente, à mecânica dos átomos: aparentemente, tudo o que não se submete a tal redução haveria de constituir sempre um problema transcendente para o espírito humano e para a ciência humana.

Se aplicada ao estudo da linguagem, esta concepção básica – que, no âmbito das ciências naturais, foi defendida enfaticamente por Du Bois-Reymond em sua conhecida palestra intitulada *Über die Grenzen des Naturerkennens* (Sobre os limites do conhecimento da natureza) (1872) – significa que somente se poderá falar de uma compreensão da linguagem quando for possível reduzir os seus fenômenos complexos a simples modificações de elementos últimos e estabelecer regras universalmente válidas para estas modificações. Tal conclusão está distante da antiga idéia especulativa do organismo lingüístico, porque de acordo com esta os processos orgânicos se encontravam situados entre a natureza e a liberdade, e conseqüentemente pareciam não poder ser submetidos a nenhuma necessidade absoluta, assim como pareciam deixar sempre aberta uma certa margem de tolerância para diversas possibilidades. Em certa ocasião, Bopp afirmou expressamente que na linguagem não se devem buscar leis que ofereçam uma resistência maior do que as margens dos rios e dos mares[82]. Aqui prevalece o conceito goethiano do orga-

---

82. Cf. Delbrück, *Einleitung in das Sprachstudium* (Introdução ao estudo das línguas), p. 21.

nismo: a linguagem é submetida a uma regra que, de acordo com a expressão de Goethe, é firme e perene, mas, ao mesmo tempo, viva. Mas agora, na medida em que nas próprias ciências naturais a idéia do organismo parecia ter-se dissolvido completamente no conceito do mecanismo, não havia mais espaço para tal concepção. As leis que, sem exceção, determinam o devenir da linguagem, podem afigurar-se obscuras quando se trata de fenômenos complexos; mas nos processos elementares da linguagem, nos fenômenos da mutação fonética, estas leis devem transparecer nitidamente. Afirma-se agora que "se admitirmos desvios arbitrários, fortuitos, que não apresentam nenhuma relação entre si, estaremos basicamente declarando que o objeto da pesquisa, a linguagem, não é acessível ao conhecimento científico"[83]. Como se vê, também aqui é exigida uma determinada concepção das leis lingüísticas, a partir de um pressuposto geral com relação à compreensão e à inteligibilidade como tais, a partir de um ideal epistemológico específico. A formulação mais precisa deste postulado, segundo o qual as leis elementares não comportam exceções, encontra-se nas *Morphologische Untersuchungen* (Pesquisas morfológicas) de Brugmann e Osthoff. "Toda mutação fonética, na medida em que ela ocorre de maneira mecânica, realiza-se de acordo com leis desprovidas de exceções, isto é, a direção do movimento fonético é sempre a mesma para todos os membros de uma comunidade lingüística, e todas as palavras nas quais aparece, sob circunstâncias idênticas, o som subordinado ao movimento fonético, são atingidas sem exceção pela mutação."[84]

---

83. Leskien, *Die Deklination im Slawisch-Litauischen und Germanischen* (A declinação no eslavo-lituano e no germânico), 1876.

84. Brugmann e Osthoff, *Morphologische Untersuchungen*, I, Leipzig, 1878, p. XIII; Leskien, *op. cit.*, Leipzig, 1876, p. XXVIII.

Mas, muito embora esta concepção da "corrente dos neogramáticos" se tivesse firmado cada vez mais, e porquanto ela tivesse definido o perfil de todos os estudos científicos da linguagem na segunda metade do século XIX, ainda assim o conceito da lei fonética sofreu progressivamente as mesmas transformações que se verificam simultaneamente na compreensão do conceito geral da lei da natureza. Quanto maior validade adquire na ciência o ideal puramente positivista, tanto mais é rejeitada progressivamente a exigência de uma explicação dos processos naturais a partir das leis universais do mecanismo: em seu lugar surge a tarefa mais modesta de descrever tais processos dentro destas leis. Agora, a própria mecânica – de acordo com a célebre definição de Kirchhoff – nada mais é do que a descrição completa e inequívoca dos processos dinâmicos que ocorrem na natureza[85] O que a mecânica oferece não são as causas últimas e absolutas dos processos, mas tão-somente as *formas* que estes processos assumem. Conseqüentemente, se a analogia entre a ciência da linguagem e a ciência da natureza for confirmada, não se poderá esperar ou exigir das leis da linguagem algo mais que a expressão abrangente de regularidades observadas empiricamente. Também aqui, se nos ativermos rigorosamente à esfera factual, não se tratará de demonstrar as forças últimas que determinam a formação da linguagem, mas apenas de constatar, através da observação e da comparação, determinadas tendências uniformes que nela se evidenciam. Com isso, porém, também a pretensa "necessidade natural" das leis fonéticas adquire um caráter diferente. Em 1878 Osthoff assim formula o princípio segundo o qual as leis fonéticas não comportam nenhuma exceção: "De acordo

---

85. Kirchhoff, *Vorlesungen über mathematische Physik* (Preleções sobre a física matemática); vol. I, *Mecânica*, p. 1, Berlim, 1876.

com o que foi apurado pelos estudos metodologicamente mais rigorosos, realizados em nossos dias, torna-se cada vez mais evidente que as leis fonéticas agem cegamente, a partir de uma necessidade natural cega, e que nelas inexistem quaisquer exceções ou isenções."[86] Por outro lado, um estudioso como H. Paul define de maneira bem mais sóbria e crítica a atuação característica das leis fonéticas. "A lei fonética", enfatiza ele, "não estabelece o que sempre *deve* ocorrer sob determinadas condições gerais, mas apenas constata a regularidade que se verifica dentro de um grupo de determinadas manifestações históricas."[87] Tal concepção, que interpreta o conceito da lei apenas como expressão de determinados fatos da história da linguagem, e não como expressão dos fatores últimos de toda formação da linguagem, pode perfeitamente atribuir a uniformidade observada a forças as mais diversas. Ao lado dos processos físicos elementares da produção fonética, também as complexas condições psíquicas da fala devem novamente ser levadas em devida conta. Agora, as constantes uniformidades da mutação fonética são atribuídas aos processos físicos, enquanto os aparentes desvios destas regras constantes são imputados aos fatores psíquicos. Ao cumprimento rigoroso e sem exceções das leis fisiológicas que regem a mutação fonética, opõe-se a tendência à formação de analogias lingüísticas, que visa

---

86. Osthoff, *Das Verbum in der Nominalkomposition im Deutschen, Griechischen, Slavischen und Romanischen* (O verbo na composição nominal alemã, grega, eslava e românica), Jena, 1878, p. 326.

87. H. Paul, *Prinzipien der Sprachgeschichte* (Princípios da história da linguagem) (publicado pela primeira vez em 1886); 3ª ed., Halle, 1898, p. 61. Em B. Delbrück o mesmo pensamento adquire, ocasionalmente, a formulação paradoxal, pela qual as "leis fonéticas em si" não admitem exceções, o mesmo, porém, não sendo válido para as "leis fonéticas empíricas". (*Das Wesen der Lautgesetze in Ostwalds "Annalen der Naturphilosophie"* I, 1902, p. 294.)

a unir também *foneticamente* e equiparar umas às outras as palavras que, quanto à *forma*, fazem parte de um mesmo grupo. Entretanto, também este reconhecimento dos fatores psíquicos, "espirituais", que determinam a formação da linguagem, se manteve, de início, dentro de limites relativamente estreitos. Isto porque o conceito de espírito já não tem a mesma significação que possuía para Humboldt e a filosofia idealista. Ele próprio adquiriu um inconfundível caráter naturalista, na medida em que foi permeado e determinado pelo conceito mecanicista. Conseqüentemente, como leis fundamentais do espírito aparecem agora as leis psicológicas que regem o "mecanismo das representações". Do ponto de vista do princípio, nenhuma diferença faz se estas leis são formuladas no sentido da psicologia de Wundt, ou, como no caso de H. Paul, de acordo com a psicologia de Herbart. Em última análise, a meta consiste sempre em remeter as leis lingüísticas ao tipo das "leis de associação", e em compreendê-las a partir deste contexto[88]. Desta maneira, porém, os fatores da formação da linguagem, embora heterogêneos quanto ao conteúdo, se encontram metodologicamente no mesmo plano e pertencem, por assim dizer, à mesma dimensão da investigação. A linguagem forma-se na alma do indivíduo através da interação dos mecanismos fisiológicos da produção dos sons e do mecanismo psicológico das associações; ela torna-se um todo que, porém, somente compreendemos na medida em que o decompomos continuamente em processos físicos e psíquicos[89].

---

88. A respeito desta posição dominante do conceito de associação e das leis de associação, cf., além da obra de Wundt, por exemplo, H. Paul, *op. cit.*, pp. 23 ss.; pp. 96 ss. *et passim*.

89. Cf. por exemplo Osthoff, *Das physiologische und psychologische Moment in der sprachlichen Formenbildung* (Os fatores fisiológicos e psicológicos na criação das formas da linguagem), Berlim, 1879.

Assim sendo, a linguagem continua incluída no âmbito dos processos da natureza: mas o conceito mecanicista da natureza é substituído por um conceito mais amplo, ou seja, pela natureza "psicofísica" do homem. Esta mudança é expressamente enfatizada na exposição mais abrangente e coerente que os fenômenos da linguagem encontraram do ponto de vista da psicologia moderna. Wundt salienta que as constantes interações das leis fonéticas e das formações analógicas se tornam muito mais compreensíveis quando são compreendidas não como forças díspares e antagônicas, e sim como condições que, de alguma maneira, se encontram enraizadas na unidade da organização psicofísica do homem. "Isto significa que, por um lado, em virtude da reprodução mnemônica de formas das leis fonéticas devemos pressupor nestas uma participação das mesmas associações às quais recorremos para explicar as formações analógicas; significa, por outro lado, que as associações, como todos os processos psíquicos, pela repetição se transformam em combinações automáticas, de tal maneira que os fenômenos inicialmente atribuídos a fatores psíquicos passam a ser considerados fatores físicos. Mas aquilo que, devido a determinadas características evidentes, chamamos de físico não se transforma de modo meramente sucessivo em algo psíquico ou vice-versa; muitas vezes, ao invés, ambos, o físico e o psíquico, se entrelaçam tão intimamente desde o início, que se torna impossível separá-los, porque suprimindo-se um fator de um tipo, necessariamente haveria de se suprimir também um fator do outro."[90] Aparentemente ressurge aqui, sob nova forma, a exigência idealista da "totalidade" – a exigência segundo a qual a linguagem não deve ser vista como um agregado de

---

90. Wundt, *Völkerpsychologie* I, 2ª ed., p. 369.

elementos heterogêneos, e sim como expressão da "totalidade" do ser humano e do seu ser espiritual e natural; ao mesmo tempo, porém, evidencia-se que esta exigência, naquilo que aqui é chamado de unidade da "natureza psicofísica" do homem, por ora se encontra apenas vagamente definida e insuficientemente atendida. Se recapitularmos, passo a passo, o desenvolvimento da filosofia da linguagem, de Humboldt até os "neogramáticos", de Schleicher até Wundt, verificaremos que ela, apesar de toda a ampliação dos conhecimentos e do entendimento da matéria, moveu-se em círculos do ponto de vista metodológico. O objetivo era relacionar a lingüística com as ciências naturais e orientá-la de acordo com a estrutura destas, a fim de garantir-lhe a mesma segurança e a obtenção de um conteúdo idêntico de leis exatas e absolutas. Mas o conceito de natureza que serviu de base para tal intento provou, mais e mais, ser uma unidade apenas aparente. Quanto mais rigorosamente era analisado, tanto mais se evidenciava que ele próprio ainda continha fatores de significação e procedência completamente diversas. Enquanto a relação entre estes fatores não for esclarecida e definida inequivocamente, os diversos conceitos lingüísticos de conotação naturalista correm permanentemente o perigo de, dialeticamente, se transformarem no seu oposto. O conceito da lei fonética permite que se observe esta transformação: destinado inicialmente a designar a necessidade que, rigorosa e sem exceções, rege todas as modificações lingüísticas, ele acaba por se afastar progressivamente desta finalidade. As modificações e transformações fonéticas aparentemente obedecem tão pouco a uma imperiosidade "cega", que elas são atribuídas a meras "regras estatísticas casuais". De acordo com esta concepção, as supostas leis da natureza tornam-se simples leis ditadas pela moda que, criadas por algum ato arbitrário individual, se estabelecem pelo hábito e se propagam através da imitação[91]. Assim sendo, precisamente o conceito que devia fornecer à lingüística uma base sólida e uniforme, ainda abriga uma série de antagonismos não resolvidos que implicam novas tarefas para os estudos filosóficos da linguagem.

Isto não apenas afrouxou progressivamente o esquema positivista da lingüística, como terminou por dissolvê-lo completamente: eis o que se evidencia de maneira particularmente clara nos escritos de Karl Vossler. Em suas duas obras, *Positivismus und Idealismus in der Sprachwissenschaft* (Positivismo e idealismo na lingüística) (1904) e *Sprache als Schöpfung und Entwicklung* (Linguagem como criação e desenvolvimento) (1905), ele se filia a Hegel, mas igualmente nítida é a linha que o vincula a Wilhelm von Humboldt. O pensamento de Humboldt, segundo o qual a linguagem nunca deve ser simplesmente compreendida como uma obra (*Ergon*), e sim como atividade (*Energeia*), e, além disso, a idéia pela qual tudo o que nela constitui um "fato objetivo" somente se torna inteiramente compreensível quando buscamos as suas origens nas "ações" espirituais, encontram aqui uma renovação sob novas condições históricas. Já na obra de Humboldt este princípio não define a "origem" psicológica da linguagem, e sim a sua forma permanente que age em todas as fases de sua estruturação espiritual. Esta estruturação não se assemelha ao simples desenvolvimento de uma semente natural, caracterizando-se, ao invés, pela espontanei-

---

91. Esta é, essencialmente, a concepção das leis fonéticas defendida por B. Delbrück (*op. cit.*), vide *Annalen der Naturphilosophie* (Anais da filosofia da natureza) I, pp. 277 ss.; particularmente pp. 297 ss. Sobre a interpretação das leis fonéticas como "leis ditadas pela moda", vide também Fr. Müller: "Sind die Lautgesetze Naturgesetze?" (As leis fonéticas são leis da natureza?) *in Zeitschrift de Techmer*, I (1884), pp. 211 ss.

dade espiritual que se manifesta de maneira nova a cada nova etapa. No mesmo sentido, Vossler contrapõe o conceito da linguagem como *criação* ao conceito ambíguo do *desenvolvimento* da linguagem. Aquilo que na linguagem é estável e se subordina a determinadas leis, podendo, assim, cristalizar-se sob forma de regras, não passa de simples petrificação; mas é por detrás deste produto acabado que se encontram os verdadeiros atos constitutivos da formação, os atos espirituais da criação que se renovam permanentemente. E é nestes, sobre os quais repousa essencialmente a totalidade da linguagem, que se deverá encontrar a verdadeira explicação para cada um dos fenômenos da linguagem. Inverte-se assim a orientação positivista, que caminha dos elementos para o todo, dos sons para as palavras e sentenças, e destas para o "sentido" específico da linguagem. Trata-se, agora, de compreender os diversos fenômenos da evolução e da história da linguagem a partir do primado do "sentido" e do caráter geral da conexão entre as significações. O espírito que reside na fala humana constitui a oração, as partes integrantes da oração, a palavra e o som. Em se levando a sério este "princípio idealista de causalidade", todos os fenômenos descritos por disciplinas secundárias, tais como a fonética, a morfologia, a etimologia e a sintaxe, deverão encontrar a sua última e verdadeira explicação na disciplina suprema, ou seja, na *estilística*. A partir do "estilo", que rege a estrutura de todas as línguas, será possível explicar as regras gramaticais, bem como as "leis" e as "exceções" na morfologia e na sintaxe. O uso lingüístico, enquanto convenção, ou seja, regra já consolidada, é descrito pela sintaxe; o uso lingüístico, na medida em que constitui criação e formação viva, passa a ser objeto de estudo da estilística; portanto, o caminho deve ser trilhado desta disciplina para aquela, e não o inverso, uma vez que em todos os assuntos de ordem espiritual é a forma do devenir que nos permite compreender a forma do que foi construído[92].

Na medida em que se trata apenas da averiguação de fatos da história da linguagem e do conhecimento de determinados fenômenos, o positivismo certamente pode continuar a ser adotado como princípio da pesquisa, como "positivismo metodológico". O que Vossler rejeita é apenas aquela metafísica positivista que, ao averiguar os fatos, acredita ter também realizado a tarefa de interpretá-los. No seu lugar surge uma metafísica do idealismo, cujo elemento central é a *estética*. De acordo com o pensamento de Vossler, "se a definição idealista: linguagem = expressão espiritual for válida, necessariamente a história do desenvolvimento lingüístico não poderá ser outra coisa senão a história das formas de expressão espirituais, ou seja, *história da arte* no seu mais amplo sentido[93]. Mas esta conclusão, na qual Vossler segue o raciocínio de Benedetto Croce, encerra um novo problema e um novo perigo para o estudo da linguagem. Novamente ela se integra no corpo de um sistema filosófico, mas ao mesmo tempo esta integração parece implicar a condição de que a linguagem se identifique com um dos membros deste sistema. Assim como na gramática universal, racional, a especificidade da linguagem se dissolvia na lógica universal, da mesma maneira ela agora corre o risco de dissolver-se na estética enquanto ciência universal da expressão. Mas a estética, tal como concebida por Vossler e Croce, constitui realmente *a* ciência da expressão em termos absolutos, ou na verdade representa apenas *uma* ciência da expressão – uma "forma simbólica", ao lado de outras igualmente legítimas?

---

92. Cf. especialmente Vossler, *Positivismus und Idealismus in der Sprachwissenschaft*, Heidelberg, 1904, pp. 8 ss.

93. *Op. cit.*, pp. 10 s.; cf. especialmente pp. 24 ss.

As relações que se verificam, por exemplo, entre a forma da linguagem e a da arte não existirão de modo análogo entre a "forma simbólica" e aquelas outras que, como o mito, constroem o seu próprio mundo espiritual de significações por intermédio de um mundo de imagens particular, específico? Com esta interrogação encontramo-nos novamente diante da questão metodológica fundamental que havia constituído o nosso ponto de partida. A linguagem encontra-se em um foco do ser espiritual, para o qual convergem radiações das mais diversas procedências, e do qual partem linhas diretrizes rumo a todas as esferas do espírito. Disto resulta, porém, que a filosofia da linguagem somente poderá ser considerada um ramo especial da estética se esta for preliminarmente desvinculada de todas as relações específicas com a expressão artística – em outras palavras, se a tarefa da estética for entendida de maneira tão ampla, que ela se dilate a ponto de constituir aquilo que, aqui, buscamos definir como escopo de uma "filosofia das formas simbólicas" de caráter universal. Para que a linguagem possa ser concebida como uma energia verdadeiramente autônoma e original do espírito, é necessário que ela se integre na totalidade destas formas, sem coincidir com qualquer outra parte constitutiva desta totalidade; igualmente imprescindível é que, apesar de todas as suas ligações sistemáticas com a lógica e a estética, seja atribuído à linguagem um lugar próprio e específico dentro desta totalidade, assegurando-se, assim, a sua "autonomia".

CAPÍTULO II
A LINGUAGEM NA FASE DA EXPRESSÃO SENSÍVEL

I

Para determinar com precisão o caráter específico de toda e qualquer forma do espírito, faz-se necessário, antes de tudo, medi-la pelos seus próprios padrões. Os critérios segundo os quais ela é avaliada e que norteiam a apreciação de suas produções não lhe devem ser impostos de fora, sendo, ao invés, indispensável que derivemos estes critérios das próprias leis básicas que determinam as suas formações. Nenhuma categoria "metafísica" instituída, nenhuma definição e classificação do ser, formuladas a partir de premissas outras, por mais sólidas e bem fundamentadas que pareçam, podem eximir-nos da necessidade deste início puramente imanente. O direito de recorrermos a esta categoria somente nos é dado se, ao invés de antepô-la como um dado imutável ao princípio característico da forma, soubermos derivá-la deste princípio e entendê-la como tal. Neste sentido, cada forma nova representa uma nova "construção" do mundo, que se realiza de acordo com padrões específicos, válidos apenas para ela. O enfoque dogmático, que parte do ser do mundo, concebido como uma unidade fixa e dada, tende a dissolver todas estas diferenças internas da *espontaneidade* espiritual em algum conceito geral da "essência" do mundo, e, assim, fazê-las desaparecer por completo. Ele cria rígidas segmentações do ser, dividindo-o, por exemplo, em uma realidade "interior" e "exterior", "psíquica" e "física", em um mundo das "coisas" e das "representações" – e mesmo nas várias esferas assim demarcadas repetem-se tais distinções. A consciência, o ser da "alma" igualmente se fraciona em uma série de "faculdades" autônomas e independentes umas das outras. Foi somente com a progressiva crítica do conhecimento que aprendemos a não considerar estas divisões e distinções como algo definitivamente inerente às próprias coisas, e sim a compreendê-las como uma decorrência do próprio conhecimento. A crítica do conhecimento mostra que sobretudo a oposição entre "sujeito" e "objeto", entre "eu" e "mundo" não pode ser simplesmente aceita pelo conhecimento; ao invés, é a partir dos pressupostos deste que a referida antítese deverá ser fundamentada e revestida de significado. Se tal procedimento é legítimo na estruturação do mundo do saber, o mesmo é igualmente válido, em todos os sentidos, para todas as funções básicas do espírito verdadeiramente independentes. Também a análise da expressão artística, mítica ou lingüística corre o perigo de não alcançar o seu objetivo se, em lugar de aprofundar-se livremente nas diversas leis e formas da expressão, ela tomar como ponto de partida determinadas suposições dogmáticas acerca da relação entre "arquétipo" e "cópia", "realidade" e "aparência", entre mundo "interior" e "exterior". Em vez disso, a questão consiste em saber se todas estas segmentações não são co-determinadas precisamente pela arte, pela linguagem e pelo mito, e se não é necessário que cada uma destas formas, ao estabelecer as diferenciações, proceda de acordo com diversos pontos de vista, traçando, conseqüentemente, diferentes linhas demarcatórias. Desta maneira, a idéia de uma rígida delimitação substancial perde terreno progressivamente. O espírito somente apreende a si próprio e a sua oposição ao mundo "objetivo", na medida em que ele transfere para os fenômenos e, por assim dizer, a eles atribui diferenças de apercepção que residem nele próprio.

Assim, diante da separação do mundo em duas esferas distintas, em um ser "exterior" e outro "interior", também a linguagem guarda uma indiferença tão acentuada, que ela parece ser intrínseca à sua natureza. O *conteúdo* anímico e sua *expressão* sensorial estão de tal forma unidos, que nenhum dos dois subsiste como algo autônomo e auto-suficiente; pelo contrário, um completa-se através do outro e com o outro. Ambos, o conteúdo e a expressão, somente se tornam o que são na sua interpenetração recíproca: a significação que adquirem nesta correlação não se acrescenta apenas exteriormente ao seu ser, posto que é a significação que constitui este ser. Não se trata aqui de um resultado decorrente de mediações, e sim daquela síntese da qual a linguagem nasce como um todo, e através da qual todas as suas partes se mantêm unidas, da expressão sensível mais elementar à mais elevada expressão do espírito. E não apenas a linguagem de palavras, formada e articulada, mas até mesmo a mais simples expressão mímica de um acontecer íntimo mostram este entrelaçamento indissolúvel – mostram que este acontecer não constitui uma esfera rematada e fechada em si mesma, da qual a consciência emerge como que acidentalmente, visando a uma comunicação convencional com o mundo de fora, mas que, pelo contrário, esta exteriorização representa um fator essencial para a sua própria formação e configuração. Neste sentido justifica-se que a moderna psicologia da linguagem tenha associado o problema da linguagem ao problema da psicologia geral dos movimentos da expressão[1]. Do ponto de vista puramente metodológico, delineia-se aqui o importante pressuposto de que, ao se partir do movimento e do sentimento do movimento, os recursos conceituais de que dispõe a psicologia *sensualista* tradicional estão esgotados. De acordo com o pensamento sensualista, o *estado* imutável e rígido da consciência constitui o dado primeiro e, em certo sentido, o dado único: os *processos* da consciência, quando reconhecidos e levados em devida conta no que diz respeito ao seu caráter específico, são reduzidos a uma simples soma, a uma "combinação" de estados. Quando, em contrapartida, o movimento e o sentimento do movimento são considerados um elemento e um fator fundamental na estruturação da consciência em si[2], isto significa reconhecer que, também aqui, a dinâmica não se fundamenta na estática, ocorrendo exatamente o inverso – significa reconhecer que toda "realidade" psíquica consiste em processos e transformações, enquanto a fixação em estados de consciência representa um trabalho subseqüente da abstração e da análise. Assim, também o movimento mímico é a unidade imediata do "interior" e do "exterior", do "espiritual" e do "físico", na medida em que aquilo que ele é diretamente e de modo sensível significa e expressa algo diferente que, não obstante, nele se encontra presente. Não se trata aqui de uma simples "transição", tampouco de uma adição arbitrária do sinal mímico à emo-

---

1. Já J. J. Engel, em suas "Ideen zur Mimik" (Idéias sobre a mímica) (*Schriften*, Berlim, 1801, vols. 7 e 8), procurou elaborar um sistema completo dos movimentos da expressão, baseado nas pesquisas psicológicas e estéticas do século XVIII; acerca da concepção da linguagem como movimento da expressão, vide especialmente Wundt, *Die Sprache* (A linguagem), 2ª ed., I, pp. 37 ss.
2. Esta idéia do "primado do movimento" foi defendida com particular veemência na psicologia de Hermann Cohen; cf. especialmente a *Ästhetik des reinen Gefühls* (A estética do sentimento puro) de Cohen, vol. I, pp. 143 ss.

ção por ele indicada; pelo contrário, ambas, a emoção e a sua manifestação, a tensão interior e sua liberação, ocorrem em um único ato e ao mesmo tempo. Em decorrência de uma vinculação que pode ser descrita e interpretada de um ponto de vista puramente fisiológico, toda excitação interior se expressa originariamente em um movimento físico – e a evolução posterior consiste apenas em uma diferenciação cada vez mais rigorosa desta relação de causa e efeito, na medida em que determinadas emoções correspondem de maneira cada vez mais precisa a determinados movimentos. É bem verdade que, à primeira vista, esta forma de expressão aparentemente não vai além de uma "reprodução" do interior no exterior. Um estímulo exterior passa da sensibilidade para a motricidade, mas esta, ao que parece, se mantém restrita à esfera dos simples reflexos mecânicos, sem que nela se manifeste alguma "espontaneidade" superior do espírito. Não obstante, este reflexo já é o primeiro sinal indicativo de uma atividade na qual começa a estruturar-se uma nova forma da consciência concreta do eu e do objeto. Darwin, em sua obra sobre "A expressão das emoções", procurou elaborar uma teoria dos movimentos da expressão, interpretando-os como resíduos de ações originariamente realizadas com um propósito. De acordo com a sua teoria, a expressão de uma determinada emoção não passaria da atenuação de um ato concreto que outrora visava a um fim; a expressão da ira, por exemplo, seria a imagem atenuada e pálida de um antigo movimento de agressão, a expressão do medo reproduziria um movimento de defesa, e assim por diante. Esta concepção é passível de uma interpretação que transcende o enfoque biológico de Darwin, e situa a questão em um contexto mais geral. De fato, todo movimento elementar de expressão constitui um primeiro marco na evolução espiritual, na medida em que ele ainda se encontra inteiramente ancorado no imediatismo da vida sensorial, mas, por outro lado, já ultrapassa os limites deste imediatismo. Este movimento implica que a pulsão sensível, em vez de remeter diretamente contra o seu objeto, nele se satisfazendo e se perdendo, experimente uma espécie de inibição e contenção, nas quais tem início uma nova consciência desta mesma pulsão. Neste sentido, é precisamente a reação compreendida no movimento expressivo que prepara a ação em um nível espiritual mais elevado. Ao retrair-se, por assim dizer, da forma imediata de agir, a ação adquire para si própria um novo espaço e uma nova liberdade, encontrando-se, a partir de então, no limiar da passagem do simplesmente "pragmático" para o "teórico", do agir físico para o agir espiritual.

Na teoria psicológica da linguagem gestual costuma-se fazer a distinção entre duas formas principais de gestos. De um lado encontram-se os gestos indicativos, de outro os imitativos, constituindo duas classes que podem ser delimitadas claramente, tanto em relação ao seu conteúdo, quanto no que diz respeito à sua gênese psicológica. O gesto indicativo é derivado biológica e ontogeneticamente do movimento de preensão. "Os braços e as mãos", escreve Wundt, "são, desde os inícios da evolução do homem, os órgãos com os quais ele agarra os objetos e deles se apodera. A partir deste uso primevo dos órgãos de preensão, no qual o homem supera em grau, mas não em essência, a atividade análoga dos animais que se encontram em estado evolutivo próximo ao dele, surge uma daquelas transformações graduais que, inicialmente, são de caráter regressivo, mas cujas conseqüências constituem componentes importantes de uma progressiva evolução e resultam na primeira e mais primitiva forma de movimentos pantomímicos. Do ponto de vista genético, ela nada mais é do que a evocação atenuada de um movimento de preensão. Todos os estágios desta evolução, da forma mais primitiva até a mais diferenciada, podem ser observados na criança. Esta também procura agarrar os objetos que não consegue alcançar, por se encontrarem longe demais. Neste processo, o movimento de preensão se transforma em um movimento indicativo. Somente após repetidas tentativas de agarrar os objetos é que o movimento indicativo se caracteriza como tal."[3] E este passo aparentemente tão simples em direção à autonomia constitui uma das mais importantes etapas no caminho da evolução que conduz do animal ao especificamente humano. Isto porque nenhum animal evolui no sentido de realizar a transformação característica do movimento de preensão em um gesto indicativo. Nem mesmo nos animais que alcançaram o mais alto grau de evolução, a "preensão do distante", como foi denominada a indicação feita com a mão, passou de primeiros e imperfeitos ensaios. Já este fato ontogenético evidencia que esta "preensão do distante" encerra um traço típico, um significado geral de natureza espiritual. Trata-se de um dos primeiros passos mediante o qual o eu, movido pelo sentimento e pelo desejo, afasta de si o conteúdo percebido e almejado, e, assim, o transforma para si em um "objeto", em um conteúdo "objetivo". No nível primitivo da emoção e da pulsão, toda preensão do objeto significa apenas o agarrar sensorial e o apoderar-se deste objeto. O desígnio que se pretende atingir consiste em submeter o ser estranho ao próprio ser, em incorporá-lo à esfera do eu em sentido estritamente material. Até mesmo os inícios do conhecimento sensível encontram-se sob este signo: de acordo com a fórmula concisa e característica de Platão, acredita-se poder literalmente agarrar o objeto com as mãos (ἀπρὶξ ταῖν χεροῖν)[4]. Mas todo progresso do conceito e da "teoria" pura consiste precisamente em superar progressivamente este primeiro imediatismo sensível. O objeto, ponto de convergência do conhecimento, se distancia mais e mais, de sorte

---

3. Wundt, *Völkerpsychologie*, 2. ed., I, pp. 129 s.
4. Cf. Platão, *Theaetetus*, 155 E.

que ele, para a auto-reflexão crítica do saber, acaba por constituir o "ponto infinitamente distante", a tarefa infinita do conhecimento; ao mesmo tempo, porém, é neste aparente distanciamento que ele adquire a sua verdadeira determinação ideal. No conceito lógico, no juízo e na conclusão desenvolve-se aquela apreensão mediata que caracteriza a "razão". Assim, genética e objetivamente parece, de fato, haver uma constante transição da "preensão" para a "compreensão". A preensão sensorial-física transforma-se em indicação sensorial – mas nesta última já residem os primeiros indícios de funções significativas superiores, tais como se manifestam na linguagem e no pensamento. Para avaliarmos a extraordinária envergadura deste contraste, poder-se-ia dizer que ao extremo sensorial do simples "mostrar" se opõe o extremo lógico do "demonstrar". Do simples mostrar, mediante o qual é designado algo isolado (um τόδε τι no sentido aristotélico), o caminho conduz a uma progressiva denominação mais geral: a função que inicialmente foi apenas dêitica passa a ser uma função da *apodeixis*. A própria linguagem ainda parece conservar esta correlação, na medida em que associa as expressões usadas para o falar e dizer àquelas utilizadas para o mostrar e apontar. Desta maneira, nas línguas indo-germânicas os verbos do "dizer" remontam em grande parte aos que designam o mostrar: *Dicere* provém da mesma raiz que se encontra no grego δείκνυμι (*got. teihan, ga-teihan*, antigo alto alemão *zeigôn*), assim como o grego φημί φάσκω remonta a uma raiz φα (sânscrito *bhâ*), que originariamente designa o luzir e brilhar, e também o "fazer aparecer". (Cf. φαέϑω, φῶς, φαίνω, latim *fari, fateri* etc.[5])

---

5. Vide a respeito Kluge, *Etymologisches Wörterbuch der deutschen Sprache* (Dicionário etimológico da língua alemã), 5ª ed., Estrasburgo, 1894, p. 415 (v.v. zeigen); Curtius, *Grundzüge der griechischen Etymologie* (Fundamentos da etimologia grega), 5ª ed., Leipzig, 1878, pp. 115, 134, 296.

Parece, entretanto, que a avaliação da linguagem gestual deverá realizar-se de forma diferente, quando, em vez de partirmos da análise dos gestos indicativos, passamos a examinar a segunda classe principal e fundamental, ou seja, a classe dos gestos *imitativos*. Isto porque a imitação como tal já constitui o oposto de toda e qualquer forma livre da atividade espiritual. Nela, o eu é um prisioneiro da impressão exterior e de suas peculiaridades; quanto maior for a precisão com que o eu, excluindo toda espontaneidade própria, reproduz esta impressão, tanto mais perfeitamente terá a imitação alcançado o seu objetivo. As linguagens gestuais mais ricas e diferenciadas do ponto de vista do conteúdo, ou seja, as linguagens gestuais dos povos primitivos, são justamente as que mais nitidamente mostram esta vinculação com a impressão exterior. Ao lado dos signos imediatamente sensíveis, imitativos, as linguagens gestuais dos povos civilizados habitualmente abrangem, também, uma grande quantidade dos assim chamados "gestos simbólicos", que, em vez de reproduzirem diretamente o objeto ou a atividade que devem ser expressos, se limitam a designá-los de maneira apenas mediata. Mas nestas – como por exemplo na linguagem dos monges cistercienses e na linguagem gestual napolitana, descrita pormenorizadamente por *Jorio*[6] – não se trata, ao que tudo indica, de formas primitivas, e sim de construções muito complexas, já fortemente influenciadas e moldadas pela forma da linguagem articulada foneticamente. Em contrapartida, quanto mais remontamos à substância genuína e autônoma da linguagem gestual, tanto mais os meros "signos conceituais" (*Begriffszeichen*) parecem desaparecer, cedendo lugar aos sim-

---

6. Andrea de Jorio, *La Mimica degli antichi investigata nel Gestire Napolitano*, Nápoles, 1832; a respeito da linguagem dos monges cistercienses v. Wundt, *op. cit.*, I, pp. 151 ss.

ples signos que designam coisas (*Dingzeichen*). Aqui, aparentemente, foi alcançado o ideal de uma linguagem puramente "natural", livre de todo e qualquer arbítrio convencional. Assim, por exemplo, há relatos sobre a linguagem gestual dos índios da América do Norte, segundo os quais apenas poucos gestos têm uma origem "convencional", consistindo a maioria deles na reprodução simples de fenômenos manifestamente naturais[7]. Se ressaltarmos apenas este aspecto da reprodução pantomímica de dados objetos sensorialmente perceptíveis, tal procedimento aparentemente ainda não se encontra direcionado para a *linguagem* enquanto considerada atividade livre e original do espírito. Contudo, é necessário considerar que tanto a "imitação" quanto a "indicação" – tanto a função "mímica" quanto a "dêitica" – não constituem uma operação simples e uniforme da consciência, uma vez que tanto em uma como na outra se interpenetram elementos de procedência espiritual e de significação diversas. Também em Aristóteles as palavras da linguagem são denominadas "imitações" e a voz humana é considerada o órgão mais adequado à imitação[8]. Para ele, entretanto, este caráter mímico da palavra não se encontra em oposição ao seu caráter puramente simbólico; este, muito pelo contrário, é sublinhado energicamente, enfatizando-se que o som não articulado da sensação, tal como se manifesta já no reino animal, somente se torna um *som lingüístico* quando é utilizado como símbolo[9]. Ambas as determinações se fundem, na medida em que

---

7. Cf. Mallery, *Sign Languages Among North American Indians*, Reports of the Bureau of Ethnology in Washington, I, p. 334.

8. Cf. Aristóteles, *Retórica III*, 1, 1404a 20: τὰ γὰρ ὀνόματα μιμήματά ἐστιν, ὑπῆρξε δὲ καὶ ἡ φωνὴ πάντων μιμητικώτατον τῶν μορίων ἡμῖν.

9. Cf. περὶ ἑρμηνείας (2, 16 a 27) φύσει τῶν ὀνομάτων οὐδέν ἐστιν ἀλλ' ὅταν γένηται σύμβολον ἐπεὶ δηλοῦσί γέ τι καὶ οἱ ἀγράμματοι ψόφοι, οἷον θηρίων, ὧν οὐδέν ἐστιν ὄνομα. A distinção precisa entre "imitação" e "símbolo"

a "imitação" é empregada aqui naquele sentido mais amplo e na significação mais profunda que Aristóteles lhe atribui, ao compreendê-la não apenas como origem da linguagem, mas também como origem da atividade artística. Entendida deste modo, a própria μίμησις já pertence ao campo da ποίησις, ou seja, da atividade criadora e configuradora. Esta já não consiste na mera repetição de algo dado exteriormente, e sim de um projeto espiritual livre: a aparente "reprodução" (*Nachbilden*) pressupõe, na verdade, uma "prefiguração" (*Vorbilden*) interior. E, de fato, uma observação mais acurada mostra que este momento, puro e independente na forma da configuração artística, se encontra já nos começos elementares de toda reprodução aparentemente apenas passiva. Porque também esta jamais se limita a copiar, traço por traço, determinado conteúdo da realidade, buscando, ao invés, ressaltar um aspecto significativo desta mesma realidade, e obter, assim, um "contorno" característico de sua forma. Deste modo, porém, a própria imitação já está a caminho da *exposição*, na qual os objetos não são mais simplesmente acolhidos em sua conformação acabada, mas construídos pela consciência de acordo com as suas características constitutivas. Reproduzir um objeto neste sentido significa não apenas compô-lo a partir de suas diversas *características* sensíveis, mas apreender as suas relações estruturais que somente se tornam realmente compreensíveis porque são criadas construtivamente pela consciência. Os primeiros indícios desta forma superior de reprodução já se encontram na linguagem gestual, na medida em que esta, nas suas construções mais desenvolvidas, revela, a cada instante,

---

(ὁμοίωμα e σύμβολον) também se encontra, por exemplo, em Ammonius, em seu Comentário sobre o *De Interpretatione de Aristóteles*, f. 15 b (*Scholia in Aristoteles* ed. Ac. reg. Boruss p. 100).

a *passagem* do gesto meramente imitativo para o *expositivo* no qual, de acordo com Wundt, "a imagem de um objeto se configura mais livremente, à semelhança do que se verifica na arte criadora em oposição à técnica meramente imitativa"[10]. Mas esta função da *exposição* se apresenta com uma nova liberdade e profundidade, e se reveste de uma nova atualidade espiritual, quando substitui o gesto pelo *som* como instrumento e substrato sensível. No desenvolvimento histórico da linguagem, este processo de substituição não se realiza de maneira imediata. Nas línguas dos povos primitivos ainda hoje se pode perceber nitidamente que a linguagem gestual não apenas coexiste com a linguagem fonética, como influi decisivamente na sua formação. A cada instante encontra-se aqui aquela interpenetração característica, pela qual os "conceitos verbais" destas línguas somente podem ser apreendidos e compreendidos inteiramente quando entendidos ao mesmo tempo como conceitos mímicos e "manuais" (*manual concepts*). De tal maneira estão os gestos ligados à palavra e as mãos ao intelecto, que ambos, realmente, parecem constituir uma parte do mesmo[11]. No desenvolvimento da linguagem infantil, igualmente, o som articulado se desprende apenas gradualmente do conjunto dos movimentos mímicos: até mesmo estágios relativamente avançados desta evolução mostram que o som articulado continua inteiramente inserido neste *todo* mímico[12]. Mas, assim que a separação se concre-

---

10. Wundt, *op. cit.*, I, p. 156.

11. Acerca dos "manual concepts" dos índios zuñi, ver Cushing, "Manual Concepts" (*The American Anthropologist* V, pp. 291 s.); sobre a relação entre linguagem gestual e linguagem fonética nos povos primitivos, v. particularmente o rico material reunido por Levy-Bruhl em *Les fonctions mentales dans les sociétés inférieures*, Paris, 1910 (ed. alemã, Viena, 1921, pp. 133 ss.).

12. Cf. Clara e William Stern, *Die Kindersprache* (A linguagem infantil), 2ª ed., Leipzig, 1920, pp. 144 ss.

tiza, a linguagem, com o novo elemento com o qual agora passa a se mover, adquire um novo princípio básico na sua estrutura. É somente pela mediação física do som que ela desenvolve a sua verdadeira espontaneidade espiritual. Ambos condicionam-se mutuamente: a articulação dos sons transforma-se no meio que permite a articulação do pensamento, e esta cria um órgão mais e mais diferenciado e sensível através da elaboração e formação dos sons. Em comparação com todos os outros meios de expressão mímica, o som possui a vantagem de uma capacidade de "articulação" significativamente superior. A sua fugacidade, exatamente, que o diferencia da *determinação* sensorial-expressiva do gesto, confere-lhe uma capacidade de configuração inteiramente nova; ela o capacita não só a expressar *determinações* rígidas dos conteúdos da representação, como também as mais sutis flutuações e oscilações do *processo* da representação. Se o gesto, por sua natureza plástico-imitativa, parece adaptar-se ao caráter (*charakter*) das "coisas" de maneira mais adequada do que o elemento, por assim dizer, incorpóreo do som, este, por sua vez, adquire a sua liberdade interior precisamente pelo fato de nele se romper esta relação, e porque ele, como um mero devenir, não mais consegue reproduzir imediatamente o ser dos objetos. Do ponto de vista objetivo, ele se torna apto a servir não apenas para exprimir qualidades de conteúdos, mas sobretudo para exprimir relações e determinações formais de relações; do ponto de vista subjetivo, no som se expressam tanto a dinâmica do sentimento quanto a do pensamento. A linguagem gestual ainda não possui um órgão adequado para tal dinâmica, porquanto esta linguagem se mantém estritamente dentro do *medium espacial* e, por esta razão, somente consegue designar o movimento fracionando-o em diversas formas espaciais discretas. Na linguagem fonética, em contrapartida, se estabelece uma relação inteiramente nova entre o elemento discreto e o todo da produção sonora. Aqui, o elemento somente subsiste na medida em que renasce permanentemente: seu conteúdo se funde no ato da sua produção. Mas agora o próprio ato da produção sonora se subdivide cada vez mais acentuadamente em determinações diferenciadas e particulares. À diferenciação e gradação qualitativa dos sons acrescentam-se especialmente a gradação dinâmica através do acento e a gradação rítmica. Algumas tentativas foram ensejadas no sentido de provar que esta articulação rítmica, tal como se manifesta particularmente nos primitivos cantos de trabalho, constitui um fator importante para o desenvolvimento artístico e lingüístico[13]. Aqui o som ainda está enraizado diretamente na esfera puramente sensível; entretanto, como aquilo de onde ele se origina e que ele tem a função de exprimir não constitui um sentimento meramente passivo, e sim uma simples atividade sensível, ele já está em via de superar a referida esfera. A simples interjeição, o som isolado que expressa uma emoção e uma exaltação, e que resulta de uma impressão momentânea arrebatadora, passa a fazer parte de uma seqüência fonética coerente e ordenada na qual se refletem a coerência e a ordem da ação. "O desenvolvimento ordenado dos sons", diz Jakob Grimm em seu ensaio sobre a origem da linguagem, "obriga-nos a fazer divisões e articulações, e a linguagem humana se apresenta como uma linguagem articulada, com o que coincide o epíteto que Homero conferiu aos homens: οἱ μέροπες, μέροπες ἄνϑρωποι – palavras que provêm de

---

[13]. Cf. Karl Bücher, *Arbeit und Rhythmus* (Trabalho e ritmo); sobre a influência do trabalho e dos "ritmos do trabalho" sobre a formação da linguagem cf. as obras de Ludwig Noiré, *Der Ursprung der Sprache* (A origem da linguagem), Mainz, 1877; *Logos – Ursprung und Wesen der Begriffe* (Logos – Origem e natureza dos conceitos), Leipzig, 1885.

βροτοὶ ou μείρομαι μερίζω, isto é, aqueles que dividem, articulam a sua voz."[14]

Somente agora o material da linguagem está constituído de tal maneira que nele se pode expressar uma nova forma. O estado sensorial-afetivo, na medida em que se transforma, por assim dizer, na expressão mímica, nesta como que se dissolve; ele se descarrega na expressão mímica e nela encontra o seu fim. Somente quando este processo imediato é sustado no curso do progressivo desenvolvimento é que, ao mesmo tempo, o conteúdo se fixa e se forma em si mesmo. Para que ele se exteriorize e se manifeste clara e distintamente por intermédio dos sons articulados, fazem-se necessários agora um nível mais elevado da consciência, uma concepção mais precisa de suas diferenças internas. A inibição do irrompimento em gestos e sons emotivos inarticulados resulta em uma medida interior, em um movimento no âmbito do próprio desejo e da representação sensíveis. O caminho ascende, com crescente nitidez, do mero reflexo para os diversos estágios da "reflexão". Portanto, na gênese do som articulado, no fato de que – como disse Goethe – "o som se faz tom", se nos apresenta um fenômeno geral com o qual deparamos nos mais diversos domínios do espírito, sob formas sempre novas. Aqui, na particularidade da função lingüística, torna a transparecer a função *simbólica* universal, que se desenvolve de acordo com uma legalidade imanente, tanto na arte e na consciência mítico-religiosa como na linguagem e no conhecimento.

---

14. "Über den Ursprung der Sprache" (Sobre a origem da linguagem) (1851) ver Jakob Grimm *Kleine Schriften* (Pequenos escritos), pp. 255 ss. A conexão etimológica aqui defendida por Grimm é duvidosa e objeto de controvérsias: maiores detalhes encontram-se em Georg Curtius, *Grundzüge der griechischen Etymologie*, 5ª ed., pp. 110 e 330.

II

Não há dúvida de que, à semelhança da teoria da arte e da teoria do conhecimento, também a teoria lingüística se liberta apenas lentamente das injunções do conceito da imitação e da teoria da reprodução (*Abbildtheorie*). A questão da κυριότης τῶν ὀνομάτων encontra-se no cerne da filosofia lingüística da Antiguidade. Do mesmo modo, o problema que consiste em definir se a linguagem deve ser considerada como um φύσει ou um νόμῳ ὄν, não diz respeito, primordialmente, à gênese da linguagem, e sim ao seu conteúdo de verdade e realidade[15]. A linguagem e a palavra permanecem completamente encerradas na esfera das representações e opiniões subjetivas, ou existe uma conexão mais profunda entre o mundo das denominações e o do verdadeiro ser? Há uma verdade e adequação "objetiva" interna das próprias denominações? A sofística nega, os estóicos afirmam esta validade objetiva da palavra; mas, tanto no veredicto negativo quanto no positivo, a forma de apresentar o problema continua sendo a mesma. Que a tarefa do conhecimento consiste em refletir e reproduzir a essência das coisas, enquanto à linguagem cabe refletir e reproduzir a essência do conhecimento: este é o pressuposto fundamental que serve de ponto de partida tanto para a defesa como para a contestação da validade objetiva da palavra. A sofística procura mostrar que ambas as tarefas são irrealizáveis: se existe um ser – diz Górgias –, ele é incompreensível e incognoscível para o homem; se for cognoscível, ele não é exprimível e tampouco comuni-

---

15. Indicações mais precisas sobre o sentido original da oposição entre φύσει e νόμῳ, que somente mais tarde, na época alexandrina, foi substituída pela oposição entre φύσει e θέσει, encontram-se em Steinthal, *Geschichte der Sprachwissenschaft bei den Griechen und Römern*, I, pp. 76 ss., 114 ss., 319 ss.

cável. Assim como os sentidos da visão e da audição, de acordo com a sua natureza, permanecem restritos a uma determinada esfera de qualidades – um podendo perceber apenas claridades e cores, e o segundo apenas os sons –, do mesmo modo o discurso nunca poderá transcender-se a si próprio, para apreender o "outro" que se encontra à sua frente, ou seja, a fim de apreender o "ser" e a verdade[16]. Inutilmente os estóicos buscam evitar as conseqüências desta conclusão, na medida em que sustentam não apenas um parentesco natural entre o ser e o conhecimento, como uma conexão natural, uma concordância κατὰ μίμησιν entre palavra e sentido. A concepção pela qual a palavra reproduz total ou parcialmente o ser, formando o seu verdadeiro ἔτυμον, torna-se absurda, na medida em que, no decorrer do seu desenvolvimento subseqüente, se transforma no seu próprio contrário. Ao lado da relação da "similitude", também se admite agora a sua inversão como fundamento para uma explicação etimológica: não só a ἀναλογία e a ὁμοιότης, mas também a ἐναντίωσις e a ἀντίφρασις são consideradas válidas como princípios formadores da linguagem. A *similitudo* torna-se o *contrarium*, a "analogia" transforma-se em "anomalia". São sobejamente conhecidos os efeitos desastrosos desta famigerada "explicação pelos opostos" sobre o desenvolvimento da etimologia[17]. Mas, como um todo, ela apenas demonstra de maneira cabal que toda explicação da linguagem, fundamentada

---

16. Cf. *Sextus adv. Mathematicos* VII, pp. 83 ss. [Diels, *Fragmente der Vorsokratiker* (Fragmentos dos pré-socráticos) 76 B, 554]: ὧι γὰρ μηνύομεν, ἔστι λόγος, λόγος δὲ οὐκ ἔστι τὰ ὑποκείμενα καὶ ὄντα· οὐκ ἄρα τὰ ὄντα μηνύομεν τοῖς πέλας ἀλλὰ λόγον, ὃς ἕτερός ἐστι τῶν ὑποκειμένων.

17. Exemplos característicos encontram-se em Georg Curtius, *Grundzüge der griechischen Etymologie*, 5ª ed., pp. 5 ss.; Steinthal, *op. cit.*, pp. 353 ss.; Lersch, *Sprachphilosophie der Alten* (Filosofia da linguagem dos antigos) III, pp. 47 ss.

no postulado da similitude, acaba por converter-se em sua própria antítese e, conseqüentemente, por anular-se a si própria. Mesmo onde as palavras são concebidas como imitações não de coisas, mas de estados emocionais subjetivos, e onde elas, como em Epicuro, têm a função de reproduzir não tanto a natureza dos objetos, quanto a ἴδια πάθη daquele que as pronuncia[18], mesmo aqui o estudo da linguagem continua essencialmente obedecendo ao mesmo princípio, embora a sua norma tenha mudado. Se a exigência da cópia como tal é mantida, torna-se indiferente, em última análise, se a cópia constitui algo "interno" ou "externo", se é um complexo de coisas ou de emoções e representações. E é precisamente diante deste último pressuposto que o ceticismo com relação à linguagem não apenas renasce, necessariamente, como assume agora a sua forma mais contundente. Porque se a linguagem não pode ter a pretensão de apreender o caráter imediato das *coisas*, ainda menos poderá fazê-lo no que diz respeito ao caráter imediato da *vida*. A menor tentativa de expressar este caráter imediato torna-a inoperante: "quando a alma fala, ai, a *alma* já não fala mais". Assim sendo, a linguagem, já pela sua *forma* pura, constitui o contrário da abundância e da concreção do mundo sensível das sensações e das emoções. A objeção de Górgias, segundo a qual "fala a pessoa que pronuncia as palavras, e não a cor ou a coisa"[19], torna-se sumamente relevante quando substituímos a realidade "objetiva" pela "subjetiva". Nesta última prevalecem a absoluta individualidade e o mais alto grau de concretude; no mundo das

---

18. Cf. supra p. 127.
19. *De Melisso, Xenophane et Gorgia*, cap. 6, pp. 980 a 20: ὃ γὰρ εἶδε, πῶς ἄν τις, φησί, τοῦτο εἴποι λόγῳ; ἢ πῶς ἂν ἐκείνῳ δῆλον ἀκούσαντι γίγνοιτο, μὴ ἰδόντι; ὥσπερ γὰρ οὐδὲ ἡ ὄψις τοὺς φθόγγους γιγνώσκει, οὕτως οὐδὲ ἡ ἀκοὴ τὰ χρώματα ἀκούει, ἀλλὰ φθόγγους· καὶ λέγει ὁ λέγων ἀλλ' οὐ χρῶμα οὐδὲ πρᾶγμα.

palavras, em contrapartida, reina a generalidade, ou seja, a imprecisão e a ambigüidade de signos meramente esquemáticos. Na medida em que a significação "geral" das palavras dilui todas as diferenças que caracterizam o processo psíquico real, quer nos parecer que o caminho da linguagem, em vez de elevar-nos para a esfera da universalidade espiritual, nos conduz por via descendente ao comum e banal: porque somente este âmbito, somente aquilo que é comum a muitos e não constitui uma peculiaridade de determinada concepção ou sensação individual, consegue ser captado pela linguagem. Esta não passa, assim, de um valor aparente, constituindo apenas uma regra de jogo que se torna tanto mais coerciva quanto maior o número de jogadores que a ela se submetem, mas que, tão logo se auto-avalia criticamente, se vê compelida, forçosamente, a renunciar a toda e qualquer pretensão de representar ou de conhecer e apreender qualquer realidade, faça ela parte do mundo "interior" ou "exterior"[20].

Fundamentalmente, porém, tanto na crítica do conhecimento quanto na crítica da linguagem, esta formulação radical do ceticismo já encerra em si mesma a superação do ceticismo. O ceticismo busca demonstrar o desvalor do conhecimento e da linguagem, mas o que ele prova, afinal, é o desvalor dos critérios que utiliza para medir ambos, o conhecimento e a linguagem. O que se verifica é a dissolução interna, a autodestruição dos pressupostos básicos da "teoria da reprodução", que se realiza de maneira metódica e coerente no desenvolvimento do ceticismo. Por isso, quanto mais a negação, neste particular, é levada adiante, tanto mais nítida e precisamente dela resulta uma nova compreensão positiva. A aparência, por mais tênue que seja, de toda e qualquer identidade

---

20. Cf. Fr. Mauthner, *Beiträge zu einer Kritik der Sprache* (Contribuições para uma crítica da linguagem), em especial I, pp. 25 ss., 70, 175, 193 ss.

mediata ou imediata entre realidade e símbolo precisa ser extinguida – a tensão entre ambos precisa ser intensificada ao máximo –, para que nesta tensão, precisamente, se torne visível a *performance* específica da expressão simbólica e o conteúdo de cada uma das formas simbólicas. Porque este conteúdo, com efeito, não pode ser comprovado, enquanto persistirmos na crença de que, acima de toda conformação espiritual, possuímos a "realidade" como um ser dado e auto-suficiente, como um todo, seja de coisas, seja de sensações simples. Se este pressuposto fosse correto, à forma, como tal, competiria apenas a tarefa de ser uma mera reprodução que, no entanto, haveria de ficar necessariamente atrás do seu original. Na verdade, porém, o sentido das formas não pode ser procurado naquilo que elas expressam, mas tão-somente na maneira, no *modus* e na legalidade interior da própria expressão. Na legalidade desta formação, ou seja, não na proximidade do dado imediato, e sim no progressivo distanciamento do mesmo, residem o valor e a peculiaridade da configuração lingüística e artística. Esta distância da existência e experiência imediatas é a condição necessária para que elas se tornem visíveis e para que delas tomemos consciência. Por este motivo, também a linguagem somente se inicia onde termina a relação imediata com a impressão e a emoção sensíveis. O som emitido ainda não é o som da linguagem, enquanto ele se apresentar como repetição pura; enquanto juntamente com a vontade de "significação" lhe faltar o específico momento da significação. A meta da repetição é a identidade, a meta da designação lingüística é a diferença. A síntese que nela se realiza somente pode efetuar-se como síntese do *diverso*, e não do idêntico ou do semelhante. Quanto mais o som é idêntico àquilo que ele deseja expressar; quanto mais ele ainda "é" este outro, tanto menos ele será capaz de "significar" este outro. Aqui, os limites são nitidamente delineados, não apenas no que diz respeito ao conteúdo espiritual, mas também biológica e geneticamente. Já na esfera dos animais inferiores encontramos um grande número de sons primitivos que exprimem sentimentos e sensações, e que, no desenvolvimento em direção às espécies superiores, se diferenciam mais e mais, transformando-se em "manifestações lingüísticas" claramente articuladas e distintas umas das outras, sob forma de gritos de medo ou de alarme, chamados que visam a seduzir ou a convidar para o acasalamento. Mas entre estes sons chamativos e os sons que designam e significam, característicos da linguagem humana, continua existindo sempre a diferença, um "hiato", que acaba de ser confirmado novamente pelos métodos de observação mais acurados da moderna psicologia animal[21]. Como ressaltou Aristóteles – o primeiro a atentar para o fato –, o passo para a linguagem humana somente se realiza quando o som puramente significativo adquire primazia sobre os sons da emoção e da exaltação. Trata-se de uma prioridade que, na história da linguagem, também se manifesta pelo fato de que muitas palavras das línguas evoluídas, que à primeira vista são meras interjeições, se revelam, à luz de uma análise acurada, como regressões de formações lingüísticas mais complexas, de palavras ou orações com uma determinada significação con-

---

21. Acerca da "linguagem" dos macacos altamente desenvolvidos, cf. por exemplo W. Köhler, *Zur Psychologie des Schimpansen* (Sobre a psicologia do chimpanzé); *Psychologische Forschung*, vol. I (1921), p. 27: "Não é fácil descrever detalhadamente de que maneira os animais se comunicam. Não há dúvida de que as suas manifestações *fonéticas*, sem exceção, expressam estados 'subjetivos' e intenções, sendo, portanto, sons que traduzem emoções, e jamais pretendem ser indicativos ou designativos de coisas objetivas. Na fonética dos chimpanzés compareçem tantos 'elementos fonéticos' da linguagem humana, que eles certamente não ficaram privados da linguagem no nosso sentido por motivos periféricos. Algo semelhante ocorre com a mímica e os gestos dos animais: nenhuma destas manifestações designa algo objetivo ou possui uma 'função representativa'."

ceitual[22]. De um modo geral, podem-se observar três etapas nas quais se realiza este progressivo amadurecimento da linguagem, até que ela alcance a sua forma específica e complete a sua autoliberação interior. Quando diferenciamos estas etapas, distinguindo a da expressão mímica, analógica e propriamente simbólica, notamos, de início, que esta classificação tripartida nada contém além de um esquema abstrato – mas este esquema haverá de revestir-se de um conteúdo concreto, na medida em que se evidenciará que ele não apenas pode servir como princípio de classificação de determinados fenômenos lingüísticos, mas que nele também se manifesta uma legalidade funcional da *estrutura* da linguagem, que possui o seu paralelo bem determinado e característico em outros domínios, tais como o da arte e do conhecimento. Quanto mais conseguimos nos aproximar dos verdadeiros inícios da linguagem fonética, tanto mais continuamos presos, aparentemente, àquela esfera da representação e designação mímicas na qual também está enraizada a linguagem gestual. O que o som busca é a proximidade imediata da impressão sensível e a reprodução tão fidedigna quanto possível da diversidade desta impressão. Esta tendência não domina apenas grande parte do desenvolvimento da linguagem infantil, como também se manifesta vigorosamente na linguagem dos "primitivos". Aqui, a linguagem ainda adere de tal maneira ao fenômeno concreto e à sua imagem sensível, que ela, por assim dizer, procura esgotá-lo com o som; não se contentando com uma designação geral, ela acompanha cada matiz par-

---

22. Exemplos acerca do assunto em Sayce, *Introduction to the Science of Language*, Londres, 1880, I, pp. 109 s.; para o âmbito das línguas indo-germânicas, ver especialmente K. Brugmann, *Verschiedenheit der Satzgestaltung nach Massgabe der seelischen Grundfunktionen in den idg. Sprachen* (Diferenças na estrutura das orações de acordo com as funções anímicas fundamentais das línguas indo-germânicas), Leipzig, 1918, pp. 24 ss.

ticular do fenômeno com um matiz fonético particular, adequado a cada caso específico. Assim, por exemplo, na língua ewe e em outras afins existem advérbios que descrevem apenas *uma* atividade, *um* estado ou *uma* característica, e, portanto, somente podem ser combinados com *um* único verbo. Muitos verbos possuem uma grande quantidade de tais advérbios qualificativos que somente a eles estão vinculados, sendo a maioria deles imagens fonéticas, reproduções fonéticas de impressões sensíveis. Em sua *Gramática da língua ewe*, Westermann enumera não menos do que 35 destas imagens fonéticas para o verbo *andar*, cada uma delas descrevendo uma maneira especial ou alguma peculiaridade do andar, como, por exemplo, o andar trêmulo ou o deambulatório, o claudicante ou o rastejante, o bamboleante ou o oscilante, o vigoroso e enérgico ou o descontraído e balouçante. Mas com estas amostras, como acrescenta Westermann, não se esgota o número de advérbios que descrevem o andar; isto porque a maioria deles pode ser usada de forma dupla, na forma normal ou na diminutiva, de acordo com o tamanho grande ou pequeno do sujeito[23]. Indubitavelmente este tipo de onomatopéia regride no subseqüente desenvolvimento da linguagem; ainda assim, não existe nenhuma língua culta, por mais desenvolvida que seja, que não tenha conservado múltiplos exemplos desta forma da linguagem. Determinadas expressões onomatopéicas encontram-se difundidas com uma surpreendente uniformidade em todas as línguas da Terra. Elas demonstram a sua força não apenas pelo fato de que, uma vez

---

23. Westermann, *Grammatik der Ewe-Sprache* (Gramática da língua ewe), Berlim, 1907, pp. 83 ss. e 130; fenômenos análogos aos aqui descritos encontram-se nas línguas dos aborígines americanos; cf. por exemplo a passagem dos sons puramente onomatopéicos para expressões gerais verbais ou adverbiais, que Boas cita com relação à língua Chinook [*Handbook of American Indian Languages*, P. I., Washington, 1911 (Smithson Jnst. Bullet. 40)], pp. 575, 655 ss.

formadas, resistem às mudanças provocadas pela mutação fonética e por leis fonéticas universais, como também por se apresentarem como criações novas que se realizam à luz clara da história lingüística[24]. À vista destes fatos, torna-se compreensível que justamente lingüistas empíricos tenham freqüentemente tido a tendência de defender o princípio da onomatopéia, tantas vezes tão duramente condenado na filosofia da linguagem, e que tenham procurado reabilitá-lo pelo menos parcialmente[25]. A filosofia da linguagem dos séculos XVI e XVII ainda acreditava em larga escala que as formas onomatopéicas lhe forneciam a chave para a língua básica e primeva da humanidade, para a *lingua adamica*. Em nossos dias, é bem verdade, graças aos progressos críticos dos estudos lingüísticos, o sonho desta língua primeva se desvaneceu mais e mais; mas ainda se encontram tentativas ocasionais de provar que nos períodos mais antigos da formação da linguagem havia uma correspondência entre as classes de significação e as classes de sons – de provar que o todo das palavras primevas estava dividido em determinados grupos, sendo que cada um se conectava a determinado material fonético e a partir dele se estruturava[26]. E mesmo lá, onde já

---

24. H. Paul, por exemplo, oferece uma lista destas formações onomatopéicas tardias na língua alemã em seus *Prinzipien der Sprachgeschichte*, 3ª. ed., pp. 160 s.; exemplos do âmbito das línguas românicas encontram-se, por exemplo, em Meyer-Lübke, *Einführung in das Studium der romanischen Sprachwissenschaft* (Introdução ao estudo da lingüística românica), 2ª. ed., pp. 91 ss.

25. Vide por exemplo Scherer, *Zur Geschichte der deutschen Sprache* (Considerações sobre a história da língua alemã), Berlim, 1868, p. 38.

26. Deste modo Täuber, em *Die Ursprache und ihre Entwicklung* (A linguagem primeva e seu desenvolvimento) (Globus, vol. 97, 1910, pp. 277 ss.), distingue os seis grupos principais: alimentos líquidos, alimentos sólidos, líquidos atmosféricos, madeira e floresta, locais de forragem e bebedouros e mundo animal, procurando demonstrar que todos eles foram sinalizados originaria-

não se nutre a esperança de chegar por este caminho a uma verdadeira reconstrução da língua primeva, o princípio da onomatopéia costuma ser reconhecido como um meio através do qual há boas probabilidades de se formar uma idéia indireta dos estratos relativamente mais antigos da formação da linguagem. "Apesar de todas as mutações", observa, por exemplo, G. Curtius com relação às línguas indo-germânicas, "também se pode observar nas línguas uma tendência ao imobilismo. Todos os povos de nossa família, do Ganges até o Oceano Atlântico, designam com o mesmo grupo fonético *sta* a idéia de estar de pé (*stehen*); em todos a idéia do fluir se associa ao grupo fonético *plu*, com modificações insignificantes. Isto não pode ser obra do acaso. Certamente a mesma idéia permaneceu vinculada aos mesmos sons através dos milênios, porque no sentir dos povos existia um liame interior entre ambos, isto é, porque neles havia uma tendência a expressar esta idéia precisamente através destes sons. Freqüentemente se ridicularizou e ironizou a afirmação de que as palavras mais antigas pressupõem alguma relação entre os sons e a idéia por eles designada. Não obstante, é difícil explicar a origem da língua sem esta hipótese. De qualquer modo, a idéia vive como uma 'alma' até mesmo em palavras de períodos mais evoluídos."[27] A tentativa de captar esta "alma" dos diversos sons e das várias classes fonéticas sempre fascinou os filósofos e estudiosos da linguagem. Não foram apenas os estóicos que enveredaram por este caminho: até mesmo Leibniz tentou descobrir este sentido primevo dos diversos sons e grupos de sons[28]. E depois dele, foram precisamente os mais profundos e perspi-

---

mente pelos mesmos sons (m + vogal; som p + vogal, n + vogal, som t + vogal, l ou r, som k + vogal) nas mais diversas línguas da Terra.
27. G. Curtius, *Grundzüge der griechischen Etymologie*, 5ª ed., p. 96.
28. Vide *Nouveaux Essais sur l'entendement humain* III, p. 3.

cazes estudiosos da linguagem que acreditaram poder provar inequivocamente o valor simbólico de determinados sons, não apenas na expressão material de alguns conceitos, como também na representação formal de certas *relações* gramaticais. Assim, Humboldt vê confirmada esta correlação não apenas na escolha de determinados sons para a expressão de determinados valores emocionais – ao afirmar, por exemplo, que o grupo fonético *st* habitualmente designa a impressão de algo firme e constante, enquanto o som *l* veicula a impressão do liquefazer e fluir, e o som *w* a de um movimento oscilante e inconstante –, como também acreditava encontrar a referida correlação em todos os recursos da conformação lingüística, dedicando especial atenção a este "caráter simbólico dos sons gramaticais"[29]. Também Jakob Grimm procurou mostrar que, por exemplo, os sons empregados nas línguas indo-germânicas para a formação de palavras que designam respostas e perguntas correspondem exatamente à significação espiritual da pergunta e da resposta[30]. O fato de que determinadas diferenças e gradações vocálicas são empregadas como expressão de determinadas gradações objetivas, prin-

---

29. Cf. a "Einleitung zum Kawi-Werk" (*Werke* VII, 1, pp. 76 ss.), bem como a própria obra: *Über die Kawi-Sprache auf der Insel Java* (Considerações sobre a língua kawi na ilha de Java), Berlim, 1838, II, pp. 111, 153 ss.

30. Vide *Deutsche Grammatik III* (Gramática Alemã III): "Entre todos os sons da voz humana, nenhum está tão apto a expressar a essência da *pergunta*, que deve fazer-se sentir logo no começo da articulação da palavra, como o *k*, a consoante mais sonora que a garganta consegue produzir. Uma simples vogal soaria demasiado indefinida, e o fonema labial não pode competir com a força do gutural. O *t*, sem dúvida, pode ser produzido com a mesma força do *k*, mas ele é mais pronunciado do que expelido, e possui uma característica mais sólida; por este motivo, ele é adequado para a expressão da resposta calma, constante e indicativa. O *k* perscruta, interpela, chama; o *t* mostra, explica e responde."

cipalmente para designar a distância maior ou menor entre um objeto e a pessoa que fala, constitui um fenômeno que se repete de forma idêntica nas mais diversas línguas e áreas lingüísticas. Quase sempre *a*, *o*, *u* designam a distância maior, enquanto *e* e *i* assinalam a distância menor[31]. Também as diferenças da distância temporal são assinaladas desta maneira, através das diferenças das vogais ou da altura das vogais[32]. Da mesma forma, determinadas consoantes e certos grupos de consoantes são empregados como "metáforas fonéticas naturais", às quais em quase todas as áreas lingüísticas corresponde uma função significativa idêntica ou semelhante: assim, por exemplo, os fonemas labiais ressonantes se direcionam com surpreendente regularidade para a pessoa que fala, enquanto os explosivos fonemas linguopalatais indicam um afastamento do locutor, de tal sorte que os primeiros se apresentam como expressão "natural" do "eu", e os últimos como expressão natural do "tu"[33].

Mas nestas manifestações, embora elas ainda, por assim dizer, ostentem a cor da expressão sensível imediata, no fundo já foi transcendida a esfera dos recursos lingüísticos simplesmente mímicos e imitativos. Porque agora não se trata

---

31. Exemplos a respeito, provenientes de diversas famílias lingüísticas, em Fr. Müller, *Grundriss der Sprachwissenschaft* (Esquema básico da lingüística), Viena, pp. 1876 ss., I, 2, pp. 94 ss., III, 1, pp. 194 ss.; Humboldt, *Kawi-Werk* II, p. 153; ademais, ver adiante cap. 3.

32. Ver por exemplo Fr. Müller, *op. cit.*, I, 2, p. 94. Steinthal, *Die Mande-Neger Sprachen* (As línguas dos negros Mande), Berlim, 1867, p. 117.

33. Em surpreendente concordância com as línguas indo-germânicas, nas línguas uralo-altaicas, por exemplo, os elementos fonéticos *ma*, *mi*, *mo*, isto é, *ta*, *to*, *ti*, servem de elementos básicos para os dois pronomes pessoais: cf. H. Winkler, *Das Ural-altaische und seine Gruppen* (A língua uralo-altaica e os seus grupos), Berlim, 1885, p. 26; acerca das outras famílias lingüísticas vide a compilação de Wundt (*op. cit.*, I, p. 345), baseada no material de Fr. Müller *in Grundriss der Sprachwissenschaft*.

mais de apreender um determinado objeto sensível ou uma determinada expressão sensível em um som imitativo; ao invés, a gradação qualitativa em uma seqüência fonética serve à expressão de uma relação pura. Entre a forma e natureza desta relação e os sons através dos quais ela se apresenta, já não existe mais nenhuma semelhança material direta – assim como, de um modo geral, a simples matéria do som como tal não é capaz de reproduzir determinações de relação puras. O contexto, ao contrário, é veiculado na medida em que na relação dos sons, por um lado, e na dos conteúdos designados, por outro, é apreendida uma analogia da *forma*, graças à qual agora se realiza uma coordenação específica das seqüências completamente diferentes entre si no que diz respeito ao conteúdo. Com isso, atingimos a segunda etapa que, em oposição à expressão simplesmente mímica, pode ser chamada de etapa da expressão *analógica*. Talvez a passagem de uma para a outra se evidencie com a máxima nitidez desejável naquelas línguas que utilizam o som silábico musical para diferenciar significações de palavras ou para exprimir determinações gramaticais formais. Aqui, aparentemente, ainda nos encontramos bem próximos da esfera mímica, na medida em que a função pura de significação ainda está intimamente ligada ao som sensível e dele não pode ser desvinculada. A propósito das línguas indo-chinesas afirma Humboldt que nelas, através da diferenciação da altura das diversas sílabas, bem como devido à diversidade dos acentos, a fala se torna uma espécie de cântico ou recitativo, e que, por exemplo, as gradações tonais do siamês podem ser perfeitamente comparadas a uma escala musical[34]. Paralelamente, as línguas do Sudão estão particularmente bem equipadas para expressar as mais diversas nuanças de significação atra-

---

34. Humboldt, "Einleitung zum Kawi-Werk" (*Werke*, VII, 1, p. 300).

vés das diferentes tonalidades das sílabas, através de sons altos, médios ou baixos, ou ainda através de gradações compostas dos sons, tais como os sons graves-agudos ascendentes ou agudos-graves descendentes. Trata-se, em parte, de diferenças etimológicas, que são expressas desta maneira, ou seja, dependendo de sua tonalidade, a mesma sílaba pode designar coisas ou processos completamente diferentes; por outra parte, na diversidade da tonalidade silábica expressam-se determinadas diferenças espaciais e quantitativas, na medida em que, por exemplo, palavras com som agudo são usadas para exprimir grandes distâncias, palavras com som grave designam a proximidade, e aquelas indicam a rapidez, enquanto estas são empregadas para expressar a lentidão etc.[35]. A par disso, determinações puramente formais e antíteses podem ser formuladas da mesma maneira. Assim, por exemplo, através da mera mudança do tom, a forma afirmativa do verbo pode transformar-se em uma negativa[36] – ou pode ocorrer a determinação da categoria gramatical de uma palavra por intermédio deste mesmo princípio, na medida em que sílabas que, de resto, têm o mesmo som, podem ser qualificadas como substantivos ou verbos, dependendo do modo como são pronunciadas[37]. Mais um passo adiante deparamos com o aparecimento da *harmonia vocálica* que, como é sabido, domina toda a estrutura de determinadas línguas e de

---

35. Informações adicionais sobre o assunto encontram-se em Westermann, *Die Sudansprachen* (As línguas do Sudão), Hamburgo, 1911, pp. 76 ss.; *Die Gola-Sprache in Liberia* (A língua gola na Libéria), Hamburgo, 1921, pp. 19 ss.

36. Cf. Westermann, *Gola-Sprache*, pp. 66 ss.

37. Assim, na língua etíope, por exemplo, de acordo com Dillmann, *Grammatik der äthiopischen Sprache* (Gramática da língua etíope), Leipzig, 1857, pp. 115 ss.), a distinção entre verbos e substantivos depende, em um primeiro momento, apenas da pronúncia das vogais. A diferenciação entre os verbos intransitivos que designam uma atitude passiva em vez de uma ação pura e as expressões verbais "ativas" em sentido estrito realiza-se da mesma maneira.

determinados grupos lingüísticos – sobretudo a estrutura das línguas uralo-altaicas. Aqui, a totalidade das vogais se divide em duas classes rigorosamente distintas, na classe das vogais abertas e na das fechadas, sendo que neste contexto vale a seguinte regra: na ampliação de uma raiz através de sufixos, sempre é necessário que uma vogal do sufixo corresponda a uma classe idêntica à da vogal da sílaba radical[38]. Aqui a equiparação sonora dos diversos componentes de uma palavra, isto é, um meio puramente sensível, serve para interligar estes componentes também do ponto de vista formal, e proporcionar a passagem de sua "aglutinação" relativamente desordenada para um todo lingüístico, ou seja, uma formação completa em si mesma de palavras ou orações. Tão-somente ao tornar-se uma unidade fonética, graças ao princípio da harmonia vocálica, a palavra ou a palavra-frase adquire a sua verdadeira unidade de sentido: um contexto que, de início, se refere apenas à qualidade dos diversos sons e à sua produção fisiológica torna-se o veículo que os conecta entre si, interligando-os na unidade de um todo espiritual, na unidade de uma "significação".

---

38. Maiores informações sobre o princípio da harmonia vocálica nas línguas uralo-altaicas; ver por exemplo Boethlingk, *Die Sprache der Jakuten* (A língua dos iacutos), Petersburgo, 1851, p. XXVI, 103, e H. Winkler, *Das Uralaltaische und seine Gruppen*, pp. 77 ss. Grunzel enfatiza que a tendência à harmonia vocálica como tal é comum a todas as línguas, muito embora ela somente tenha se desenvolvido de maneira tão regular nas línguas uralo-altaicas. Nestas, além disso, a harmonia vocálica também resultou, em certo sentido, em uma "harmonia consonantal" (mais detalhes em Grunzel, *Entwurf einer vergleichenden Grammatik der altaischen Sprachen* (Esboço de uma gramática comparativa das línguas altaicas), Leipzig, 1895, pp. 20 ss., pp. 28 ss.). Exemplos da harmonia vocálica em outros grupos lingüísticos encontram-se em Boas, *Handbook of American Indian Languages* I, 569 (Chinook), para as línguas americanas; para as línguas africanas, cf. p. ex. Meinhof, *Lehrbuch der Nama-Sprache* (Compêndio da língua nama), Berlim, 1909, pp. 114 ss.

Esta correspondência "analógica" entre som e significação evidencia-se de maneira ainda mais nítida e evidente na função de determinados recursos amplamente difundidos e típicos, fundamentais na formação da linguagem, como por exemplo a utilização do recurso sonoro da *reduplicação* para a constituição de palavras e formas, bem como para a sintaxe. À primeira vista, a reduplicação parece ainda ser dominada totalmente pelo princípio da imitação: aparentemente, a duplicação do som ou da sílaba destina-se apenas a reproduzir com a máxima fidelidade determinadas características da coisa ou do processo designados. A repetição do som adere perfeitamente à repetição dada na realidade ou na impressão sensíveis. A repetição fonética desempenha o seu genuíno papel quando determinada coisa se apresenta aos sentidos repetidamente com as mesmas características, ou quando um processo temporal se realiza em uma seqüência de fases idênticas ou semelhantes. Mas sobre este fundamento perfeitamente elementar ergue-se um sistema de espantosa diversidade e das mais sutis nuanças de significação. Em primeiro lugar, a impressão sensível da "pluralidade em si" decompõe-se conceitualmente nas expressões da pluralidade "coletiva" e da pluralidade "distributiva". Determinadas línguas, que não possuem a designação do plural tal como a conhecemos, desenvolveram em seu lugar, com precisão e rigor máximos, a idéia da pluralidade distributiva, na medida em que distinguem meticulosamente um ato que se apresenta como um todo indivisível daquele que se subdivide em várias ações distintas umas das outras. Neste último caso, ou seja, se da ação participam simultaneamente diversos sujeitos, ou se a ação é realizada pelo mesmo sujeito em diversos momentos, em vários "estágios", impõe-se a duplicação fonética como expressão desta separação distributiva. Em sua descrição da língua klamath, Gatschet demonstrou como esta diferenciação básica veio a tornar-se a categoria preponderante desta língua, permeando todas as suas partes e determinando toda a sua "forma"[39]. Também em outros grupos lingüísticos pode-se observar como a duplicação de uma palavra, que nos inícios da história da língua servia como simples meio para designar a pluralidade, tornou-se gradativamente uma expressão intuitiva para indicar as pluralidades que não são dadas como um todo fechado, fracionando-se, ao invés, em grupos ou indivíduos isolados[40]. Mas a *performance* intelectual deste recurso lingüístico não se restringe a isso. Assim como se presta a representar a pluralidade e a repetição, a reduplicação também pode representar muitas outras relações, particularmente as espaciais e dimensionais. Scherer a considera uma forma gramatical primeva, que essencialmente serve para expressar três intuições básicas: a da força, a do espaço e a do tempo[41]. No decorrer de um processo de transição natural, a significação iterativa torna-se significação puramente intensiva, tal como se verifica na formação do comparativo no adjetivo e das formas intensivas do verbo que, freqüentemente, voltam a transformar-se depois em formas causativas[42]. Diferenças *modais* extremamente sutis de determinada ação ou de algum processo também podem ser sugeridas através do simples recurso da repetição fonética: assim, por exemplo, em diversas línguas nativas americanas, a forma reduplicada

---

39. Gatschet, *Grammar of the Klamath Language* (Contributions to North American Ethnology, vol. II, p. 1, Washington, 1890, pp. 259 ss.). Acerca do significado da *idea of severalty or distribution*, como Gatschet a chama, cf. também o capítulo III.

40. Cf. a respeito do assunto os exemplos da família lingüística semítica em Brockelmann, *Grundriss der vergleichenden Grammatik der semitischen Sprachen* (Rudimentos da gramática comparada das línguas semíticas), Berlim, 1908/13, II, pp. 457 ss.

41. Scherer, *Zur Geschichte der deutschen Sprache*, pp. 354 s.

42. Exemplos encontram-se sobretudo no trabalho de F. A. Pott, *Doppelung (Reduplikation, Gemination) als eines der wichtigsten Bildungsmittel der Sprache*

do verbo é utilizada para designar uma espécie de "irrealidade" da ação, para expressar que ela existe apenas na intenção ou na "representação", sem realizar-se efetivamente[43]. Em todos estes casos, a reduplicação evidentemente há muito ultrapassou a fase da simples descrição sensível ou da sugestão de um ser objetivo. Isto também se evidencia, entre outros indícios, na peculiar *polaridade* com que é empregada, graças à qual ela pode expressar e veicular modalidades de significação não apenas diferentes, como até mesmo completamente opostas. Ao lado da significação intensiva, ela pode adquirir ocasionalmente a significação exatamente contrária, ou seja, a atenuadora, sendo usada, portanto, no adjetivo para a formação de diminutivos, e no verbo para a constituição de formas limitativas[44]. Também na determinação do tempo em que ocorre determinada ação, a reduplicação pode expressar tanto o presente ou o futuro, como o passado[45]. Tal fato constitui a prova mais evidente de que o seu papel principal não consiste em reproduzir um *conteúdo*

[A duplicação (reduplicação, geminação) como um dos mais importantes recursos da formação da língua] (1862); vide também o rico material em Brandstetter, *Die Reduplikation in den indianischen, indonesischen und indogermanischen Sprachen* (A reduplicação nas línguas indígenas, indonésias e indo-germânicas), Lucerna, 1917.

43. "Reduplication is also used to express the diminutive of nouns, the idea of a playful performance of an activity, and the endeavor to perform an action. It would seem that in all these forms we have the fundamental idea of an approach to a certain concept without its realization." (Fr. Boas, "Kwakiutl", *Handbook of American Indian Languages*, I, pp. 444 s.; cf. sobretudo pp. 526 s.)

44. Exemplos a respeito, dentro do grupo de línguas dos Mares do Sul, em Codrington, *The Melanesian Languages*, Oxford, 1885, p. 147; Ray, *op. cit.*, pp. 356, 446; para as línguas nativas americanas, ver por exemplo Boas, *Handbook* I, p. 526.

45. Assim, por exemplo, na formação dos tempos do verbo no tagalo (Humboldt, II, pp. 125 ss.) *tagalo:* língua indonésia falada nas Filipinas.

representativo fixo e limitado, e sim em traduzir uma determinada *direção* da apreensão e visão e, por assim dizer, um certo *movimento* da representação. A *performance* puramente formal da reduplicação manifesta-se ainda mais nitidamente no momento em que ela passa da esfera da expressão quantificadora para os domínios da pura determinação das relações. Neste caso, ela antes de mais nada determina a categoria gramatical geral da palavra, e não tanto o seu conteúdo significativo. Em línguas que não tornam esta categoria reconhecível na forma da palavra, é freqüente a transferência de palavras de uma categoria gramatical para outra mediante a reduplicação de sons ou sílabas, disto resultando, por exemplo, a transformação de um substantivo em um verbo[46]. Em todos estes fenômenos, aos quais poderíamos acrescentar outros semelhantes, evidencia-se claramente que a língua, mesmo nos casos em que se origina da expressão puramente imitativa ou "analógica", busca sempre alargar e, finalmente, romper o círculo desta expressão. Ela transforma a necessária ambigüidade do signo fonético em uma virtude. Porque esta ambigüidade, precisamente, não permite que o signo se conserve como signo individual; é justamente ela que obriga o espírito a dar o passo decisivo que conduz da função concreta do "designar" para a função geral e universalmente válida da "significação". Nela, por assim dizer, a língua se despe dos seus envoltórios sensíveis, nos quais até então se apresentava: a expressão mímica ou analógica cede lugar à expressão puramente simbólica que, precisamente através do seu caráter inteiramente diferente e em razão do mesmo, se torna portadora de um conteúdo espiritual novo e mais profundo.

---

46. Exemplos do javanês na Obra-Kawi II de Humboldt, pp. 86 s.

CAPÍTULO III
A LINGUAGEM NA FASE DA EXPRESSÃO INTUITIVA

I. A expressão do espaço e das relações espaciais

Assim como na epistemologia, tampouco na lingüística é possível traçar limites rigorosamente demarcados entre o campo do sensível e a esfera do intelecto, de tal sorte que ambos pudessem ser considerados domínios isolados um do outro, cabendo a cada um uma espécie de "realidade" própria e auto-suficiente. A crítica do conhecimento mostra que a simples sensação, na qual está pressuposta apenas uma qualidade sensível, mas nenhuma forma de ordenação, não é, de maneira nenhuma, um "fato" da experiência imediata, constituindo, tão-somente, o resultado de uma abstração. A matéria da sensação nunca está dada pura em si e "anteriormente" a toda e qualquer conformação; ao contrário, já a partir do momento de sua primeira percepção, ela se insere em uma relação com as formas espaço e tempo. Mas esta primeira indicação ainda indefinida adquire a sua progressiva definição no correr do contínuo desenvolvimento do conhecimento: a simples "possibilidade do simultâneo" e a "possibilidade do sucessivo" desenvolvem-se e tornam-se um todo espacialtemporal, ou seja, uma ordem ao mesmo tempo concreta e geral. Podemos pressupor que a linguagem, como espelho do espírito, também reflete, de alguma forma, este processo fundamental. E, de fato, a formulação de Kant, segundo a qual conceitos desprovidos de intuições são vazios, vale tanto para a designação lingüística, quanto para a determinação lógica dos conceitos. Também as configurações mais abstratas da linguagem ainda revelam claramente a conexão com a base intuitiva primeva, na qual se encontram originariamente as suas raízes. Também aqui a esfera do "sentido" não se separa completamente da esfera da "sensibilidade", pelo contrário, ambas permanecem intimamente ligadas. Por esta razão, encontra-se na linguagem um reflexo exato do passo que conduz do mundo da sensação para o da "intuição pura", que a crítica do conhecimento apresenta como um elemento necessário na estruturação do conhecimento, como uma condição dos conceitos puros do eu e do objeto. Também aqui é na estrutura das "formas da intuição" que primeiramente se manifestam o tipo e a orientação da síntese espiritual que opera na linguagem, e é somente por intermédio destas formas, somente através da veiculação das intuições de espaço, tempo e número que a linguagem pode realizar a sua função essencialmente lógica: a de transformar impressões em representações.

Este entrelaçamento da expressão sensível e espiritual na linguagem evidencia-se sobretudo na intuição do espaço. O papel decisivo da intuição espacial ressalta com a máxima nitidez justamente nas expressões mais gerais que a linguagem cria para designar processos espirituais. Até mesmo nas línguas altamente desenvolvidas encontramos esta reprodução "metafórica" de determinações espirituais através de representações espaciais. Na língua alemã, a atuação destas relações patenteia-se nas expressões indicativas do representar e compreender (*vorstellen*, *verstehen*), do apreender (*begreifen*), justificar/fundamentar (*begründen*), do discutir/debater (*erörtern*) etc.[1]; de forma quase idêntica, o fato retorna não apenas nas línguas vizinhas da família indo-germânica, como também em grupos lingüísticos completamente independentes e longínquos. Principalmente as línguas dos povos primitivos distinguem-se em toda parte pela exatidão, por assim dizer, pictórica e mímica com que expressam todas as determinações espaciais, bem como as diferenças de processos e atividades. Assim, por exemplo, as línguas nativas americanas raramente possuem uma denominação genérica que designe o ato de caminhar; em vez disso, dispõem de expressões especiais para indicar o andar para cima e para baixo (subir e descer), bem como para os demais e múltiplos matizes do movimento – da mesma forma, na expressão que designa o estado de repouso, são diferenciados com precisão o estar embaixo ou em cima, dentro ou fora de determinado espaço, o estar ao redor de algo, o estar na água, na floresta etc. Enquanto a língua, aqui, deixa de designar um grande número de diferenciações que nós exprimimos através do verbo, ou então lhes atribui pouca importância, em contrapartida todas as determinações de lugar, situação e distância são sempre meticulosamente indicadas através de partículas de significação originariamente local. O rigor e a exatidão com que se realizam estas designações freqüentemente são considerados por especialistas destas línguas como seu princípio

---

1. "Begreifen geht, wie das einfache greifen, ursprünglich bloss auf die Berührung mit Händen und Füssen, Fingern und Zehen" ["Originariamente, compreender (*begreifen*), tal como o simples prender (*greifen*), remonta apenas ao toque com mãos e pés, dedos da mão e dedos do pé"] (Jakob Grimm, *Deutsches Wörterbuch*, col. 1307). A respeito do significado básico da expressão "erörtern" cf. Leibniz, *Unvorgreifliche Gedanken betr. die Ausübung und Verbesserung der teutschen Sprache* (Pensamentos cautos sobre a prática e o aperfeiçoamento da língua alemã), § 54; vide também *Nouveaux Essais*, III, cap. 1.

fundamental e seu autêntico traço característico[2]. Crawfurd diz que nas línguas malaio-polinésias as diversas posições do corpo humano são designadas de maneira tão rigorosamente diferenciada, que um anatomista, um pintor ou um escultor poderiam tirar um proveito imediato destas indicações – no javanês, por exemplo, dez maneiras diferentes de se manter em pé e vinte modalidades de permanecer sentado são reproduzidas, cada uma, mediante uma palavra específica[3]. Em diversas línguas americanas uma frase como "o homem está doente" somente pode ser expressa na medida em que nela, simultaneamente, está indicado se o sujeito ao qual se refere a afirmação se encontra a uma distância maior ou menor da pessoa que fala ou da pessoa à qual se fala, se este sujeito é visível para ambos ou não; com igual freqüência a forma da proposição sugere o local, a situação e a posição em que se encontra o enfermo[4]. Ante esta agudez da caracterização espacial, todas as outras determinações recuam para um segundo plano, ou então somente são representadas indiretamente por intermédio das determinações de lugar. Isto é válido tanto para as diferenças temporais, como para as qualitativas e modais. Assim, por exemplo, para a intuição concreta a finalidade de uma ação sempre está estreitamente relacionada com a meta espacial que esta ação busca alcançar, assim

---

2. Vide por exemplo Boas sobre o kwakiutl: "The rigidity with which location in relation to the speaker is expressed, both in nouns and verbs, is one of the fundamental features of the language" (*Handbook of American Ind. Lang.*, I, p. 445); da mesma maneira manifesta-se Gatschet, *Grammar of the Klamath Language*, especialmente pp. 396 ss., 433 ss., 460.

3. Crawfurd, *History of the Indian Archipelago* II, p. 9, cf. Codrington, *The Melanesian Languages*, pp. 164 s.: "Everything and everybody spoken of are viewed as coming or going or in some relation of place, in a way which to the European is by no means accustomed or natural."

4. Cf. Boas, *Handbook*, pp. 43 ss.; 446.

como está intimamente ligada à direção na qual se desenvolvem os esforços para atingir a meta: conseqüentemente, são freqüentes as formas "finais" ou "intencionais" do verbo, construídas mediante o acréscimo de uma partícula, que, a rigor, serve para designar o lugar[5].

Em tudo isso revela-se um traço comum a todo pensamento lingüístico, que também é extremamente importante do ponto de vista da crítica do conhecimento. Para tornar possível a aplicação dos conceitos puros do entendimento às intuições sensíveis, Kant postula uma terceira esfera, um meio-termo, no qual ambos – os conceitos e as intuições – devem harmonizar-se, embora sejam, em si, completamente heterogêneos, e ele encontra esta mediação no "esquema transcendental", que por um lado é intelectual, e, por outro, sensível. Relativamente a isso, segundo Kant, o *esquema* distingue-se da simples *imagem*: "A imagem é o produto da capacidade empírica da imaginação produtiva, o esquema dos conceitos sensíveis (como das figuras no espaço) é um produto e, por assim dizer, um monograma da imaginação pura *a priori*, através da qual e de acordo com a qual, tão-somente, se tornam possíveis as imagens que, entretanto, sempre devem ser ligadas ao conceito por intermédio do esquema que indicam, e com o qual elas não são totalmente congruentes."[6] A linguagem, nas suas designações de conteúdos e relações espaciais, possui tal esquema, com o qual ela precisa, necessariamente, relacionar todas as representações intelectuais, para, assim, torná-las apreensíveis e representáveis pelos sentidos. É como se todas as relações intelectuais e ideais somente pudessem ser apreendidas pela consciência lingüísti-

---

5. Exemplos a este respeito em Westermann, *Die Sudansprachen*, p. 72; *Die Gola-Sprache in Liberia*, Hamburgo, 1921, pp. 62 s.
6. *Kritik der reinen Vernunft*, 2ª ed., pp. 177 ss.

ca no momento em que a linguagem as projeta no espaço e nele as "copia" analogicamente. É somente através das relações de simultaneidade, justaposição e separação que a referida consciência lingüística adquire os meios para representar as mais diversas conexões, dependências e oposições qualitativas.

Tal relação já pode ser detectada e elucidada na formação dos termos mais primitivos que a linguagem conhece para expressar o espaço. Eles ainda se encontram totalmente enraizados na esfera da impressão imediatamente sensível; por outro lado, entretanto, neles já está contido o primeiro germe do qual irão se desenvolver as expressões que designam puras relações. Assim sendo, estes termos indicativos do espaço estão voltados tanto para o "sensível" como para o "intelectual": porque, embora nos seus primórdios ainda sejam inteiramente materiais, por outro lado é neles que, verdadeiramente, se abre o mundo característico das formas da linguagem. No que diz respeito ao primeiro elemento, ou seja, o sensível, já podemos observar a sua presença na configuração fonética das palavras que designam o espaço. Independentemente das simples interjeições que, porém, ainda não "dizem" nada, pois ainda não encerram um conteúdo significativo objetivo, dificilmente encontraremos uma classe de palavras tão marcadas pelo caráter de "sons naturais" como as utilizadas para designar o aqui e o lá, o longínquo e o que se encontra próximo. A configuração das partículas dêicticas, utilizadas para a indicação destas diferenças, revela-se na maioria das línguas como sendo, quase sempre, uma repercussão de "metáforas fonéticas" diretas. Uma vez que o som em si, nas diversas modalidades do mostrar e apontar, serve apenas para reforçar o gesto, ele, também aqui, e de acordo com a sua constituição geral, não sai ainda do âmbito do *gesto* vocal. Explica-se, assim, o motivo pelo qual em toda parte e nas mais diversas línguas são empregados os mesmos sons para designar certas determinações espaciais. Independentemente do fato de que vogais de qualidade e tonalidade diversas servem para graduar a expressão da distância espacial, existem determinadas consoantes e grupos de consoantes que possuem uma tendência sensível específica. Já nos primeiros balbucios da linguagem infantil distinguem-se nitidamente os grupos fonéticos com tendência essencialmente "centrípeta" daqueles com tendência "centrífuga". O *m* e o *n* têm, claramente, uma direção voltada para dentro, enquanto os sons explosivos *p*, *b*, *t* e *d*, que se descarregam para o exterior, apresentam uma tendência contrária. Em um caso, o som indica um movimento de retorno para o sujeito; no outro, encerra uma relação com o "mundo exterior", um indicar, apontar, recusar. Lá, ele corresponde aos gestos do querer pegar, abraçar, puxar até si; aqui ele equivale aos gestos do mostrar e rechaçar. Esta diferença primordial permite-nos compreender a notável uniformidade das primeiras "palavras" que caracteriza a linguagem das crianças no mundo todo[7]. E os mesmos grupos fonéticos têm uma função idêntica ou semelhante, como se verifica quando tentamos remontar às origens e à mais primitiva forma fonética das partículas e dos pronomes demonstrativos. Brugmann distingue, para os inícios do indo-germânico, três formas indicativas. Do ponto de vista do conteúdo, bem como do lingüístico, a "dêixis do eu" se contrapõe à dêixis do tu, que, por sua vez, passa novamente para a forma geral da "dêixis do outro" (*Der-Deixis*). Aqui, a dêixis do tu é designada pela sua direção e pelo som característico que corresponde a esta direção, som representado no indo-europeu primitivo pela raiz de-

---

7. Mais detalhes em Wundt, *Völkerpsychologie*, 2ª ed., I, pp. 333 ss., e em Clara e Wilhelm Stern, *Die Kindersprache*, pp. 300 ss.

monstrativa *to*, enquanto, num primeiro momento, a referência da proximidade ou da distância ainda não tem nenhuma importância no seu contexto. Nela se estabelece apenas a "oposição" ao eu, ou seja, a relação geral com o objeto como algo "*contra*posto" (*Gegen*stand). Tão-somente a esfera exterior ao próprio corpo é, pela primeira vez, ressaltada e delimitada. O desenvolvimento posterior resulta em distinguir mais nitidamente os diversos campos dentro desta esfera geral[8]. Diferenciam-se o este e o aquele, o aqui e o lá, o que está mais próximo e o que está mais distante. Com isso, graças aos mais simples recursos lingüísticos que se possam imaginar, obtém-se uma articulação do mundo intuitivo que, pelas suas conseqüências espirituais, se reveste de uma importância incalculável. A primeira moldura, na qual irão se enquadrar todas as outras diferenciações, está criada. Como um simples grupo de "sons naturais" pode desincumbir-se de tal *performance*, este fato só se torna totalmente compreensível se tivermos presente que o próprio ato de mostrar/assinalar, inerente a estes sons, possui um lado eminentemente espiritual, ao lado do seu componente sensível, e se tivermos consciência de que neste ato já se manifesta uma nova energia autônoma da consciência, que ultrapassa o âmbito da simples sensação, da qual também o animal é dotado[9].

Compreende-se, assim, que a configuração dos pronomes demonstrativos, especificamente, faz parte daquelas "idéias elementares" primitivas da formação da linguagem, que recorrem de forma idêntica nos mais diversos grupos lingüís-

---

8. Vide Brugmann, *Die Demonstrativpronomina der indogermanischen Sprachen* (Os pronomes demonstrativos das línguas indo-germânicas) (Abh. der Kgl. Sächs. Gesellsch. der Wissensch.; Philol.-hist. Klasse XXII), Leipzig, 1904; cf. também os *Fundamentos* de Brugmann, II, 2, pp. 302 ss.

9. Vide supra p. 179.

ticos. Observa-se em toda parte que, para expressar determinadas diferenças na posição ou na distância do objeto assinalado, é utilizada uma simples mudança do som vocálico ou consonantal. Neste contexto, a vogal mais grave geralmente expressa o local onde se encontra a pessoa interpelada, o "lá", enquanto o lugar da pessoa que fala é designado pela vogal mais aguda[10]. No que concerne à formação dos demonstrativos através de elementos consonantais, trata-se quase sempre do grupo do *d* e do *t*, ou do *k* e do *g*, do *b* e do *p*, que assume o papel de assinalar o objeto que se encontra distante. As línguas indo-germânicas, semíticas e uralo-altaicas apresentam uma consonância inequívoca no que diz respeito a este uso[11]. Em determinadas línguas, *um* demonstrativo serve para designar o que se encontra no campo perceptivo da pessoa que fala, e outro demonstrativo é usado para indicar o que se situa no campo perceptivo da pessoa interpelada; ou então é empregada uma forma para um objeto próximo do locutor, uma outra para um objeto que se encontra a igual distância do locutor e da pessoa interpelada, e uma terceira para um objeto ausente[12].

---

10. Eis o que ocorre nas línguas do Taiti, ver Humboldt, Obra Kawi II, p. 153; sobre as línguas africanas cf. por exemplo a língua nama e as línguas dos negros mandes em Meinhof, *Lehrbuch der Nama-Sprache*; Steinthal, *Die Mande-Negersprachen*, p. 82; para as línguas aborígines americanas cf. a língua do Klamath (Gatschet, *Klamath Language*, p. 538).

11. Esta consonância torna-se particularmente evidente se compararmos as indicações de Brugmann para o indo-germânico (ver supra p. 154, nota 1) com as de Brockelmann e Dillmann para o grupo lingüístico semítico (vide Brockelmann, *Grundriss* I, pp. 316 ss., e Dillmann, *Äthiopische Grammatik*, pp. 94 ss.); para as línguas uralo-altaicas cf. especialmente H. Winkler, *Das Ural-altaische und seine Gruppen*, pp. 26 ss.

12. A distinção na designação de um objeto visível e, por outro lado, de um objeto invisível, delineia-se com particular rigor em muitas línguas primi-

Assim, também para a linguagem, a diferenciação exata das posições e das distâncias espaciais constitui o ponto de partida que lhe serve de base para, progressivamente, construir a realidade objetiva e determinar os objetos. A diferenciação dos lugares fundamenta a diferenciação dos conteúdos – do eu, do tu e do ele, por um lado, e da esfera física dos objetos, por outro. A crítica geral do conhecimento ensina que o ato da colocação e separação espaciais constitui um pressuposto indispensável para o ato da objetivação em geral, para a "relação da representação com o objeto". Este é o pensamento central, a partir do qual Kant construiu a sua "refutação do idealismo" no sentido de um idealismo empírico-psicológico. Já à simples forma da intuição espacial é inerente a necessária referência a um *estar aí* (*Dasein*) objetivo, a algo real "no" espaço. A própria contraposição do "interior" e do "exterior", na qual se baseia a representação do eu empírico, somente é possível na medida em que simultaneamente é representado um objeto empírico: porque o eu somente é capaz de tomar consciência das modificações dos seus próprios estados ao relacioná-las com algo duradouro, com o espaço e com algo que permanece estável no espaço. "Não apenas não podemos efetuar nenhuma determinação temporal senão através da modificação que ocorre em relações exteriores (o movimento) e se reflete nas coi-

---

tivas americanas (cf. especialmente as indicações sobre as línguas kwakiutl, ponca e esquimó em Boas, *Handbook*, pp. 41 ss., 445 ss., 945 ss., e Gatschet, *Klamath Language*, p. 538). As línguas dos bantos têm três formas diferentes de demonstrativos: uma indica que o objeto designado está bem próximo do locutor, a outra que ele já é conhecido, ou seja, já entrou no domínio visual e intelectual da pessoa que fala, e a terceira sinaliza que o objeto está muito longe do interlocutor, ou nem pode ser visto [Meinhof, *Bantugrammatik* (Gramática dos bantos), pp. 39 ss.]. Acerca das línguas do Pacífico cf. por exemplo as observações de Humboldt sobre o tagalo (*Werke* VI, 1, pp. 312 ss.).

sas estáveis no espaço (por exemplo, o movimento do Sol em relação aos objetos da Terra), como também nada possuímos de estável que pudesse corresponder, como intuição, ao conceito de uma *substância*, a não ser a matéria... A consciência de mim mesmo na representação *Eu* não é uma intuição, e sim uma representação apenas *intelectual* da atividade espontânea de um sujeito pensante. Conseqüentemente, este eu não possui nenhum predicado de intuição que, pelo seu caráter estável, pudesse servir de correlato à determinação temporal no sentido interno."[13] O princípio básico desta argumentação kantiana consiste em demonstrar a função especial do espaço como um meio e um veículo necessários para a função geral da substância e sua aplicação empírico-objetiva. Somente a partir da interpenetração das duas funções configura-se para nós a intuição de uma "natureza", de um conceito genérico autônomo de objetos. Somente na medida em que um conteúdo é determinado espacialmente, na medida em que, mercê de delimitações fixas, ele se distingue da totalidade indiferenciada do espaço, é que este conteúdo adquire a sua forma de ser própria: é primordialmente o ato de "destacar" e abstrair, o ato do *existere*, que lhe confere a forma de uma "existência" autônoma. Na estruturação da linguagem, esta circunstância lógica se traduz no fato de que, também aqui, a designação concreta do lugar e do espaço serve como meio para a elaboração lingüística cada vez mais rigorosa e diferenciada da categoria do "objeto". Este processo pode ser observado em diversas direções do desenvolvimento da linguagem. Se for acertada a suposição segundo a qual as terminações do nominativo nos masculinos e neutros das línguas indo-germânicas derivaram de determinadas

---

13. *Kritik der reinen Vernunft*, 2ª ed., pp. 277 ss.

partículas demonstrativas[14], poder-se-á concluir que aqui um recurso destinado à designação de um lugar serviu para expressar a função característica do nominativo, ou seja, para traduzir a sua posição como "caso-sujeito". Ele somente logrou tornar-se "portador" da ação, na medida em que lhe foi acrescentado um determinado sinal locativo, isto é, uma determinação espacial. Mas esta interpenetração dos dois momentos, esta interação espiritual entre a categoria do espaço e a da substância, ressalta com uma agudez ainda maior uma formação peculiar da linguagem que parece ter nascido precisamente desta ação recíproca. Onde quer que a linguagem tenha desenvolvido o emprego do *artigo* definido, evidencia-se que o objetivo deste artigo reside na elaboração mais precisa da representação da substância, enquanto a sua origem, indiscutivelmente, se encontra nos domínios da representação espacial. Uma vez que o artigo definido constitui uma formação lingüística relativamente tardia, ele ainda revela freqüentemente esta transição. No indo-germânico ainda é possível rastrear historicamente e em detalhes o surgimento e a difusão do artigo. Ele não falta apenas no antigo hindu, no antigo persa e no latim, como também no grego arcaico, particularmente na língua homérica: é somente na prosa ática que ele passa a ser empregado regularmente. Também nas línguas germânicas o uso do artigo definido estabeleceu-se como regra tão-somente a partir do Médio Alto Alemão. As línguas eslavas nunca chegaram a desenvolver um emprego coerente do artigo abstrato[15]. Situações semelhantes encon-

---

14. Cf. Brugmann, *Grundriss*, 2ª ed., II, 2, p. 475, de acordo com o qual o *-s* do nominativo é idêntico ao pronome demonstrativo *so (ai:sa), e provavelmente o *-m* do neutro também remonta a uma partícula dêitica indicativa de uma posição afastada.

15. Cf. a respeito em especial o capítulo "do artigo" na *Deutsche Grammatik* de Grimm (I, pp. 366 ss.); sobre as línguas eslavas ver Miklosich,

tram-se no grupo lingüístico semita, no qual o artigo é usado de um modo geral, mas no qual determinadas línguas, tais como o etíope, igualmente não o utilizam, permanecendo, sob este ponto de vista, em um estágio mais antigo[16]. Mas onde quer que o seu emprego se imponha, pode-se reconhecer claramente que ele constitui uma simples ramificação da esfera dos pronomes demonstrativos. O artigo definido nasce da forma da "dêixis do outro" (*Der-Deixis*), e através dele o objeto ao qual se refere é caracterizado como aquilo que se encontra "fora" e "lá", separado espacialmente do "eu" e do "aqui"[17].

A partir desta gênese do artigo compreende-se por que motivo ele não adquire imediatamente a sua função lingüística mais geral, que consiste em expressar a idéia de substância, precisando, ao invés, passar por uma série de mediações. O poder da "substantivação" que lhe é próprio desenvolve-se apenas gradualmente. Nas línguas dos povos primitivos encontram-se determinados pronomes demonstrativos, que são usados exatamente no sentido do artigo definido; mas este uso não se mantém restrito, de modo inequívoco, à classe das palavras "substantivas". Na língua ewe (ou eve), o artigo, posposto à palavra a que se refere, encontra-se não somente após os substantivos, mas também após pronomes absolutos, advérbios e conjunções[18]. E mesmo nos casos em que ele se mantém na esfera da designação de coisas, da representação estritamente "objetiva", pode-se observar claramente que

---

Vergleichende Grammatik der slawischen Sprachen (Gramática comparativa das línguas eslavas), 2ª ed., IV, p. 125.

16. Vide Dillmann, *Grammatik der äthiopischen Sprache*, pp. 333 ss.; Brockelmann, *Grundriss* I, pp. 466.

17. Cf. Brugmann, *Grundriss* II, 2ª ed., p. 315.

18. Mais detalhes em Westermann, *Grammatik der Ewe-Sprache* (Gramática da língua ewe), p. 61.

a expressão geral da "objetivação", que lhe é inerente, se desenvolve apenas gradualmente a partir de significações mais específicas. Quanto mais retrocedemos no tempo, em busca das origens do emprego do artigo, tanto mais "concreto" parece tornar-se este emprego: em vez de uma forma universal do artigo, encontramos diversas espécies do mesmo, que mudam de acordo com a qualidade dos objetos específicos e das esferas dos objetos. Aqui, a função geral que o artigo desempenha lingüística e intelectualmente ainda não se desprendeu da particularidade dos conteúdos aos quais ela é aplicada. As línguas indonésias conhecem, ao lado do artigo para as coisas, um artigo próprio para pessoas, que é anteposto aos nomes de indivíduos, tribos, ou mesmo a nomes de famílias, não para, de alguma maneira, qualificá-los com maior precisão, mas apenas para caracterizá-los como nomes de pessoas e nomes próprios[19]. A língua dos índios Ponca faz uma distinção rigorosa entre os "artigos" usados para objetos inanimados e os objetos animados: nos primeiros, além disso, os objetos por exemplo horizontais e redondos, objetos dispersos ou coletivos recebem, cada um, um artigo específico; por outro lado, no uso do artigo que indica um ser vivo, faz-se uma diferenciação meticulosa, que revela se ele está sentado, de pé ou se movimentando[20]. Mas é em determinados fenômenos da língua somali que se evidencia, de maneira particularmente notável e elucidativa, a significação fundamental, concreto-intuitiva, que originariamente era própria do artigo. A língua somali possui três formas de artigos

---

19. Vide Codrington, *The Melanesian Languages*, pp. 108 ss.; cf. especialmente Brandstetter, *Der Artikel des Indonesischen verglichen mit dem des Indogermanischen* (O artigo das línguas indonésias comparado com o das línguas indo-germânicas), Leipzig, 1913.

20. Boas e Swanton, "Siouan" (*Handbook of American Indian Languages* I, pp. 939 ss.).

que se distinguem uns dos outros pela vogal final [-*a*, -*i* e -*o* (ou -*u*)]. O que determina o emprego de uma ou outra forma é a relação espacial entre a pessoa ou coisa em questão e a pessoa que fala; o artigo com a terminação -*a* designa uma pessoa ou coisa que se encontra bem próxima ao sujeito, pode ser vista e realmente é vista pelo mesmo; o artigo que termina em -*o* refere-se a uma pessoa ou coisa relativamente afastada, que, porém, na maioria dos casos, permanece visível para aquele que fala, enquanto o artigo com a terminação -*i* designa um conteúdo que, de algum modo, é conhecido do sujeito, mas não está presente de maneira visível[21]. Aqui torna-se, por assim dizer, palpável o fato de que a forma geral da "substancialização", da transformação em "coisa", expressa no artigo, tem a sua origem na indicação espacial, e a ela permanece vinculada no início: torna-se evidente, também, a sua aderência aos vários tipos de demonstração e às suas modificações, até que finalmente, em um estágio relativamente tardio, se realiza a separação entre a categoria pura da substância e as formas particulares da intuição espacial.

Se continuarmos na busca dos caminhos pelos quais enveredou a língua a fim de passar das primeiras distinções espaciais claramente definidas para determinações e designações gerais do espaço, parece confirmar-se, também aqui, que a direção deste processo se move de dentro para fora. A "distinção das regiões no espaço" parte do ponto onde se encontra a pessoa que fala, e daqui ela se expande em círculos concêntricos que vão se alargando, até alcançar a articulação do todo objetivo, do sistema e do conceito genérico das deter-

---

21. Mais detalhes a respeito *in* Maria von Tiling, *Die Vokale des bestimmten Artikels im Somali* (As vogais dos artigos definidos na língua somali), *Zeitschrift für Kolonialsprachen* IX, pp. 132 ss.

minações locais. Inicialmente, as diferenças do lugar estão estreitamente ligadas a certas diferenças materiais, e dentre estas é particularmente a diferenciação dos membros do próprio corpo que constitui o ponto de partida para as demais determinações locais posteriores. Uma vez que o ser humano formou uma imagem precisa do próprio corpo, compreendendo-o como um organismo completo e estruturado em si mesmo, ele lhe serve, por assim dizer, de modelo segundo o qual ele constrói para si mesmo a totalidade do mundo. Aqui o homem dispõe de uma plataforma original de coordenação à qual ele retorna e se refere continuamente no correr do seu desenvolvimento e da qual ele, conseqüentemente, empresta as denominações que servem para designar este desenvolvimento.

De fato, tem-se observado, de uma maneira geral, que a expressão de relações espaciais está quase sempre vinculada estreitamente a determinadas palavras concretas, entre as quais, por sua vez, os termos que designam partes do corpo humano ocupam, novamente, o primeiro lugar. O dentro e o fora, o adiante e o atrás, o em cima e o embaixo adquirem as suas designações, na medida em que são ligados a um determinado substrato sensível no conjunto do corpo humano. Lá, onde as línguas mais desenvolvidas costumam utilizar preposições ou posposições para expressar relações espaciais, as línguas dos povos primitivos recorrem quase sempre a expressões nominais, que são, elas próprias, nomes de partes do corpo, ou a elas se referem claramente. De acordo com Steinthal, as línguas dos negros mandingas expressam os nossos conceitos preposicionais de uma maneira "muito material", uma vez que para o "atrás" elas empregam um substantivo autônomo que significa o dorso ou o traseiro, para "diante" utilizam uma palavra que corresponde a olho, enquanto "em cima" é reproduzido por uma palavra como nuca, "em" por ventre, e assim por diante[22]. Em outras línguas africanas, assim como em línguas dos Mares do Sul, são usadas, com a mesma função, palavras como rosto e dorso, cabeça e boca, lombo e quadril[23]. E se, à primeira vista, este modo de designação se afigura particularmente "primitivo", cumpre ressaltar que ele ainda possui um equivalente e uma réplica exata em estágios muito mais avançados da formação da linguagem[24]. Por outro lado, a língua habitualmente não se contenta em utilizar como "substantivos do espaço" as denominações de membros e órgãos do corpo humano; em vez disso, ela progride na direção de uma utilização geral do mesmo, mantendo o princípio destas denominações. Assim, a designação do "atrás" pode expressar-se através da palavra "rastro", em lugar de uma palavra como "dorso", o "embaixo" pode ser indicado por palavras como "solo" ou "terra", a designação do "acima" pode ser veiculada por uma palavra como "ar"[25].

---

22. Steinthal, *Die Mande-Negersprachen*, pp. 245 ss.

23. Vide Westermann, *Die Sudansprachen*, pp. 53 ss.; *Gola-Sprache*, pp. 36 ss.; Reinisch, *Die Nuba-Sprache* (A língua núbia), Viena, 1879, pp. 123 ss.; para as línguas dos Mares do Sul cf. H. C. v. d. Gabelentz, *Die melanesischen Sprachen* (As línguas melanésias), pp. 158, 230 ss., Sidney H. Ray, *The Melanesian Possessives and a Study in Method* (*American Anthropologist* XXI, pp. 352 ss.).

24. No egípcio, que formou genuínas preposições, o caráter originalmente nominal das mesmas evidencia-se pelo fato de serem vinculadas a sufixos possessivos; também aqui a análise destas "preposições" remete diretamente aos nomes de partes do corpo. [Cf. Erman, *Ägyptische Grammatik* (Gramática egípcia), 3ª. ed., Berlim, 1911, pp. 231, 238 ss.; Steindorff, *Koptische Grammatik* (Gramática copta), 2ª. ed., Berlim, 1904, pp. 173 ss. Para o caráter originalmente nominal das preposições semíticas, cf. particularmente Brockelmann, *Grundriss* I, pp. 494 ss.]

25. A língua ewe, por exemplo, desenvolveu um grande número destes "substantivos locativos", em parte especiais, em parte gerais, cf. a de Westermann, pp. 52 ss.

Aqui, portanto, a designação já não deriva exclusivamente da esfera do próprio corpo; mas o método pelo qual a língua representa as suas relações espaciais permaneceu o mesmo. A representação de um objeto espacial concreto domina a expressão das relações espaciais. Isto se torna particularmente evidente na configuração assumida pelas palavras que expressam relações espaciais na maioria das línguas uralo-altaicas: também aqui se empregam normalmente expressões nominais como tronco ou cume, parte inferior, rastro, meio, círculo, para designar o acima e o abaixo, o adiante e o atrás, o ao redor etc.[26]

E mesmo nos casos em que a língua já alcançou uma grande liberdade e clareza abstrata na expressão das relações puramente intelectuais, geralmente ainda transparece nitidamente a antiga significação espacial e, portanto, indiretamente, a significação sensível-material da qual originariamente provieram os termos. Que também nas línguas indo-germânicas as "preposições" inicialmente devem ter sido palavras autônomas, comprova-se, entre outras evidências, pelo fato de que elas, na sua composição com raízes verbais, se encontram ligadas a estas de maneira bem frouxa, de sorte que em tais composições o aumento e a reduplicação, por exemplo, se inserem *entre* a preposição e a forma verbal[27]. Também o desenvolvimento de determinadas línguas indo-germânicas, por exemplo das línguas eslavas, mostra como ainda podem surgir "falsas" preposições mais recentes, cuja significação

---

26. Exemplos da língua iacuta em Boethlingk, *op. cit.*, p. 391; do japonês em Hoffmann, *Japanische Sprachlehre* (Gramática japonesa), Leiden, 1877, pp. 188 ss., 197 ss.; vide também Heinrich Winkler, *Der ural-altaische Sprachstamm* (A família lingüística uralo-altaica), Berlim, 1909, pp. 147 ss.

27. Vide a respeito G. Curtius, *Das Verbum in der griechischen Sprache* (O verbo na língua grega), 2ª ed., I, p. 136.

material ou permanece viva na consciência lingüística, ou pode ser demonstrada pelos estudos histórico-lingüísticos[28]. De um modo geral mostra-se com clareza que as formas indo-germânicas da declinação sempre serviram para representar determinações exteriores de ordem espaço-temporal ou de outra natureza intuitiva, e que somente a partir daqui passaram a adquirir progressivamente o seu posterior sentido "abstrato". Assim, o instrumental foi originariamente o caso da simultaneidade ou coexistência (*Mit-Kasus*), que depois passa a indicar o meio ou o motivo de uma ação, na medida em que a intuição da coexistência espacial se transforma na intuição da circunstância que acompanha e modifica. Do "de onde" espacial desenvolve-se o "através do qual" de conotação causal, a partir do "para onde" surge a idéia geral do objetivo e da finalidade[29]. Certamente a *teoria localista dos casos* não foi combatida apenas por razões da história da linguagem, como por considerações epistemológicas gerais, na mesma medida em que considerações desta mesma natureza foram utilizadas para fundamentá-la e sustentá-la. Se no sentido da concepção localista foi afirmado que todo desenvolvimento da linguagem e do pensamento, de um modo geral, deve partir do intuitivo, do "vital-concreto", para atingir o conceitual, e que, assim, fica provado, por assim dizer, *a priori* o caráter originariamente espacial de todas as

---

28. Maiores detalhes em Miklosich, *Vergleichende Grammatik der slawischen Sprachen*, 2ª. ed., IV, p. 196. Também em outras línguas declináveis, por exemplo nas línguas semíticas, estas novas formações são freqüentes; cf. por exemplo nos *Grundriss II*, pp. 421 ss. de Brockelmann a lista das "novas preposições" que se desenvolveram nas línguas semíticas a partir de nomes de partes do corpo.

29. Maiores detalhes a respeito em Brugmann, *Grundriss*, II, 2ª. ed., pp. 464 ss., 473, 518 etc.; em Delbrück, *Vergleichende Syntax der indogermanischen Sprachen* (Sintaxe comparada das línguas indo-germânicas), I, p. 188.

determinações dos casos[30], por outro lado foi contestado este argumento, sustentando-se que, desta maneira, o conceito da intuição é injustamente restrito a um campo particular determinado, ou seja, ao campo da intuição *espacial*. De acordo com este raciocínio, não apenas o movimento no espaço, mas também outras relações dinâmicas, tais como vitória e derrota, ação e resultado da ação, são dados imediata e intuitivamente, constituindo algo que é visto com os olhos[31]. No entanto, esta objeção, levantada por B. Delbrück, não é sustentável, pelo menos na forma como aqui foi formulada. Porque a partir da análise do conceito da causalidade, realizada por Hume, não há dúvida de que não existe uma impressão sensível e tampouco uma intuição imediata daquilo que chamamos de processo do "efeito". Tudo o que nos é "dado" da relação entre causa e efeito resume-se na constatação de determinadas relações espaciais e temporais, reduz-se a relações de justaposição e sucessão. Mesmo Wundt, que se opõe ao ponto de vista localista, argumentando que a espacialidade de maneira alguma esgota *todas* as características sensíveis e intuitivas dos objetos, vem a atenuar a sua própria objeção, na medida em que, logo em seguida, reconhece que as propriedades espaciais têm uma vantagem característica pela qual se distinguem de todas as outras: todas as outras relações sempre são, também, espaciais, enquanto apenas as relações espaciais podem, por si só, constituir o conteúdo de uma intuição[32]. Deste modo torna-se provável, *a priori*, que também a língua somente pode evoluir ao nível da expres-

---

30. Cf. a respeito Whitney, "General Considerations on the European Case-System", *Transactions of the American Philological Association* XIII (1888), pp. 88 ss.

31. Delbrück, *Grundfragen der Sprachforschung* (Questões fundamentais dos estudos lingüísticos), Estrasburgo, 1901, pp. 130 ss.

32. Wundt, *op. cit.*, II, pp. 79 ss.

são de relações puramente "intelectuais", na medida em que as liberta das suas conexões com as relações espaciais, e, por assim dizer, as "destila" destas últimas. É verdade que na estrutura acabada das nossas línguas flexionadas em cada um dos casos principais se pode reconhecer uma determinada função lógico-gramatical, que a estes casos cabe expressar. Através do nominativo é designado o portador da ação, através do acusativo ou genitivo é indicado o seu objeto, na medida em que ele é afetado total ou parcialmente por esta ação – e mesmo os casos locativos em sentido estrito podem inserir-se neste esquema, se neles, ao lado da sua significação especificamente local, expressar-se simultaneamente uma relação geral entre o conceito substantivo e o conceito verbal[33]. Mas se, a partir desta perspectiva, o sentido lógico-gramatical pode aparecer como o πρότερον τῇ φύσει diante do sentido espacial-intuitivo, por outro lado considerações epistemológicas e lingüísticas nos levam necessariamente a ver neste último o verdadeiro πρότερον πρὸς ἡμᾶς. De fato, a predominância da significação espacial sobre a lógico-gramatical torna-se tanto mais evidente, quanto mais se levam em consideração aquelas línguas que desenvolveram a maior fertilidade na criação de "formas de casos". Neste sentido, ao lado das línguas aborígines americanas[34], destacam-se sobre-

---

33. Cf. a respeito a exposição sobre a teoria dos casos nas línguas indo-germânicas em Delbrück, *Vergleichende Syntax*, I, pp. 181 ss.

34. Com relação à "formação dos casos" das línguas americanas, vide por exemplo a compilação realizada por Thalbitzer a partir da língua dos esquimós (em Boas, *Handbook*, I, pp. 1017 ss.): aqui, entre outros, são distinguidos um alativo, locativo, ablativo e um prosecutivo. A gramática da língua klamath, de Gatschet, distingue um "inesivo" e um "adesivo", um "diretivo" e um "prosecutivo", bem como uma grande quantidade de outras determinações, cada uma das quais se expressa através de uma terminação específica do caso locativo (*op. cit.*, pp. 479 ss., 489).

tudo as do grupo uralo-altaico. Mas justamente estas não chegaram a formar os três casos "propriamente gramaticais", de sorte que as relações que nas línguas indo-germânicas se expressam através do nominativo, genitivo e acusativo, aqui são apenas sugeridas por intermédio do contexto. Falta um autêntico nominativo como caso do sujeito, e o genitivo ou não possui nenhuma expressão formal, ou então é representado por uma pura "forma adesiva", que nada mais indica além da presença no espaço. Tanto mais abundantemente florescem, em contrapartida, as expressões para as determinações puramente espaciais. Ao lado dos termos que designam o lugar como tal, encontram-se a maior multiplicidade e precisão nas designações que especificam o local em que se encontra um objeto, ou a direção de um movimento. Surgem, desta maneira, os casos alativos e adesivos, inessivos e ilativos, translativos e sublativos, através dos quais se expressam o repouso no interior do objeto, o estar com ele, o entrar e o sair dele, e assim por diante[35]. "Estas línguas", eis como Fr. Müller descreve o processo espiritual no qual se fundamentam os fatos acima mencionados, "não permanecem simplesmente ao lado do objeto; poder-se-ia dizer que elas, ao contrário, penetram no interior do objeto, criando uma oposição formal entre o interior e o exterior, entre a sua parte superior e a inferior. Por intermédio da combinação das três relações: repouso, movimento em direção ao objeto e movimento que se afasta do objeto, com as categorias do interior e exterior e,

---

35. Vide a respeito o vasto material que se encontra em H. Winkler, *Das Uralaltaische und seine Gruppen* (esp. pp. 10 ss.)., e o capítulo "Indogermanische und ural-altaische Kasus" (Casos indo-germânicos e uralo-altaicos) em *Ural-altaische Völker und Sprachen* (Povos e línguas uralo-altaicos), Berlim, 1884, pp. 171 ss.; cf. tb. Grunzel, *Vergleichende Grammatik der ural-altaischen Sprachen* (Gramática comparativa das línguas uralo-altaicas), pp. 49 ss.

em algumas línguas, do acima, surge uma grande quantidade de casos para os quais inexiste qualquer correspondência em nossas línguas e que, por conseqüência, somos incapazes de reproduzir adequadamente[36]. No que diz respeito à proximidade ainda existente entre esta expressão puramente intuitiva das relações inerentes aos casos e a expressão simplesmente sensível, parece-nos significativo que, apesar de toda agudez na diferenciação das relações espaciais, estas ainda são reproduzidas em toda extensão através de substantivos concretos.

É bem verdade que a expressão da direção e das diferenças de direção, por mais sensível que seja a sua configuração lingüística, sempre encerra um novo fator espiritual, inexistente na simples expressão do ser, da permanência em determinado lugar. Em muitas línguas existem verbos de espaço que, à semelhança dos substantivos de espaço, servem para designar relações que costumamos traduzir através de preposições. Humboldt, que explicita este emprego na obra-kawi por intermédio de exemplos extraídos da língua javanesa, acrescenta que neste procedimento, em comparação com a utilização dos substantivos de espaço, aparentemente se manifesta um senso lingüístico mais sutil, uma vez que a expressão de uma ação se mantém mais livre de interferências materiais do que a designação por intermédio de um simples substantivo[37]. De fato, assim traduzidas, as relações espaciais começam a fluir, por assim dizer, contrastando com a expressão substantiva, que sempre possui algo de rígido e imóvel. A expressão de uma ação pura que, em si mesma, ainda é totalmente intuitiva prepara a futura expressão abstrata das relações puras. Aqui, de um modo geral, as designações nova-

---

36. Fr. Müller, *Grundriss* II, 2, p. 204.
37. Humboldt, *Kawi-Werk* II, pp. 164 ss., 341 etc.

mente se vinculam ao próprio corpo, mas agora já não se trata de suas diversas partes, e sim dos seus movimentos, ou seja, a linguagem, por assim dizer, apóia-se na sua atividade, e não mais na sua existência apenas material. Razões histórico-lingüísticas também confirmam a hipótese de que em determinadas línguas, nas quais os verbos espaciais atuam ao lado dos substantivos de espaço, estes constituem uma formação mais antiga, enquanto aqueles representam formas relativamente mais recentes[38]. Neste contexto, a diferença do "sentido" do movimento, a diferença entre o movimento a partir de um lugar e o movimento em direção a um lugar é reproduzida primeiramente através da escolha do verbo e através do que nele está contido. Sob forma atenuada, estes verbos aparecem como sufixos que caracterizam o tipo e a direção do movimento. Através de tais sufixos as línguas aborígines americanas indicam se o movimento ocorre dentro ou fora de um determinado espaço, particularmente se dentro ou fora da casa, se ele se verifica sobre o mar ou sobre uma faixa de terra firme, no ar ou na água, se ele transcorre do interior das terras em direção às margens do rio ou destas para o interior das terras, da fogueira em direção à casa, ou desta para aquela[39]. Mas dentre estas múltiplas distinções, que se estabelecem de acordo com o ponto de partida e o objetivo do movimento, bem como em decorrência do modo e dos meios da sua execução, destaca-se sobretudo *uma* oposição que ocupa um lugar cada vez mais central no sistema das designações. Na linguagem, ao que tudo indica, o sistema de coordenadas natural e, em certo sentido, "abso-

---

38. A respeito das línguas melanésias cf. Codrington, *The Melanesian Languages*, p. 158.

39. A este respeito vide particularmente os exemplos da família lingüística atapasca em Goddard, da língua dos haidas em Swanton, e do tsimshian em Boas, *Handbook of American Indian Languages*, I, pp. 112 ss., 244 ss., 300 ss.

luto", para todas as representações de movimentos encontra-se no local da pessoa que fala, e no local da pessoa interpelada. Assim, freqüentemente se distingue com grande precisão e agudez se um determinado movimento ocorre da pessoa que fala em direção ao interpelado, ou vice-versa, ou, ainda, se este movimento se realiza a partir da pessoa que fala em direção a uma terceira pessoa ou coisa não interpeladas[40]. Distinções concretas desta natureza, tais como as resultantes da conexão com qualquer coisa material, ou com o "eu" e o "tu", constituem a base sobre a qual a linguagem se apóia para, a partir destas diferenciações, desenvolver as designações mais gerais e mais "abstratas". Agora podem surgir esquemas e determinadas classes de sufixos direcionais, que subdividem o conjunto dos movimentos possíveis de acordo com determinados pontos principais do espaço, especialmente de acordo com os principais pontos cardeais[41]. De um modo geral parece que as línguas podem seguir rumos muito diferentes na maneira como distinguem a expressão do repouso e a da direção do movimento. Os acentos podem ser distribuídos entre ambas dos mais diversos modos: enquanto as línguas do tipo puramente "objetivo" e de forma decididamente nominal dão preferência às designações do lugar, em detrimento das designações do movimento, à ex-

---

40. Exemplos a respeito do assunto encontram-se especialmente em Humboldt, o primeiro estudioso a apontar esta diferença das formas de expressão [*Über die Verwandtschaft der Ortsadverbien mit dem Pronomen* (Sobre o parentesco dos advérbios de lugar com os pronomes), *Werke* VI, I, pp. 311 ss.)]; cf. tb. Fr. Müller, *Reise der österreichischen Fregatte Novara* (Viagem da fragata austríaca Novara), III, p. 312.

41. Vide por exemplo uma lista destes sufixos na língua das ilhas Nicobar em P. W. Schmidt, *Die Mon-Khmer-Völker, ein Bindeglied zwischen Völkern Zentralasiens und Austronesiens* (Os povos moncmer, um elo entre os povos da Ásia Central e os dos territórios das línguas austronesianas), Braunschweig, 1906, p. 57.

pressão do repouso em detrimento da indicação da direção, nas línguas do tipo verbal prevalece, de um modo geral, a relação inversa. Neste contexto, as línguas que colocam a expressão da direção em segundo plano e mantêm a primazia da expressão do repouso, mas a esta dão, igualmente, uma configuração verbal, ocupam, talvez, uma posição intermediária. Assim, por exemplo, as línguas do Sudão, quando expressam relações espaciais, como o em cima e embaixo, o dentro e o fora, usam sempre substantivos relativos ao espaço, que, entretanto, ainda contêm um verbo indicativo da permanência em algum lugar. Este "verbo locativo" é sempre empregado para expressar uma atividade que se realiza em determinado lugar[42]. É como se a intuição da atividade propriamente dita não pudesse desprender-se da do estar aí puramente espacial, como se, de certa maneira, ainda permanecesse aprisionada nela[43]; mas, por outro lado, também este estar aí, esta simples existência em um lugar, aparece ainda como uma espécie de comportamento ativo do sujeito que aí se encontra. Também aqui se evidencia em que medida a intuição originária da linguagem se atém ao espaço "dado", e como ela, por outro lado, é necessariamente impelida para além deste "dado", no momento em que passa a representar

---

42. Nestas línguas, portanto, uma oração como "ele trabalha no campo" adquire, através do emprego do "verbo locativo e de repouso", que expressa o "estar em um lugar", aproximadamente a forma: "ele trabalha, é o interior do campo"; uma oração como "as crianças estão brincando na rua" torna-se, traduzida literalmente, "as crianças estão brincando, são a superfície da rua", v. Westermann, *Die Sudansprachen*, pp. 51 ss.

43. Nas línguas sudanesas e dos bantos, bem como na maior parte das línguas hamíticas, um movimento que, entre nós, é designado de acordo com a sua meta e o seu resultado, é indicado de acordo com o seu início e o seu ponto de partida local. Cf. os exemplos em Meinhof, *Die Sprachen der Hamiten* (As línguas dos hamitas), p. 20, nota. A respeito de formações análogas nas línguas dos Mares do Sul, vide Codrington, *The Melanesian Languages*, pp. 159 ss.

o movimento e a atividade pura. Quanto mais energicamente os estudos se voltarem para estes últimos, e quanto maior a precisão com que forem apreendidos em sua peculiaridade, tanto mais deverá a unidade puramente objetiva, substancial do espaço transformar-se em uma unidade dinâmico-funcional, deverá o próprio espaço ser, por assim dizer, estruturado como um todo das direções da ação, das linhas diretrizes e motrizes do movimento. Com isso, insere-se um novo fator na estruturação do mundo da representação que, até o momento, analisamos essencialmente quanto aos seus aspectos objetivos. Neste campo específico da formação da linguagem confirma-se agora a lei universal que rege toda e qualquer forma do espírito, segundo a qual o seu conteúdo e sua *performance* (*Leistung*) não consistem na simples cópia de algo objetivamente existente, e sim na criação de uma nova relação, de uma correlação específica entre o "eu" e a "realidade", entre a esfera "subjetiva" e a "objetiva". Graças a esta inter-relação, também na linguagem o "caminho para o exterior" torna-se, ao mesmo tempo, o "caminho para o interior". É somente na medida em que a intuição externa adquire uma precisão crescente na linguagem, que a intuição interna pode realmente desenvolver-se: precisamente a configuração das palavras referentes ao espaço torna-se, para a linguagem, o meio de que ela necessita para a designação do eu e para a sua delimitação em face de outros sujeitos.

Já o mais antigo estrato das designações do espaço permite reconhecer claramente esta interdependência. Em quase todas as línguas os demonstrativos do espaço constituíram o ponto de partida para a designação dos pronomes pessoais. Do ponto de vista puramente histórico-lingüístico, a conexão entre ambas as classes de palavras é tão estreita, que se torna difícil decidir qual delas deve ser considerada a mais antiga ou a mais recente, qual seria a original e qual a derivada. Enquanto Humboldt, em seu tratado básico "Sobre o parentesco dos advérbios de lugar com os pronomes em algumas línguas", procurou provar que a designação dos pronomes pessoais, de um modo geral, remonta a palavras de significação e origem espaciais, a lingüística moderna, em contrapartida, tende freqüentemente a inverter esta relação, na medida em que, para ela, a tripartição característica dos demonstrativos, presente na maioria das línguas, se explica pela trissecção originária e natural das pessoas, do "eu", do "tu" e do "ele". Mas, qualquer que seja a resposta que, afinal, venha a ser dada a esta questão genética, de qualquer modo é evidente que os pronomes pessoais e demonstrativos, as designações originais de pessoas e do espaço pertencem à mesma família no que diz respeito à sua estrutura global, e que, por assim dizer, fazem parte do mesmo estrato do pensamento lingüístico. A oposição do aqui, lá e acolá, bem como a oposição do eu, do tu e do ele nascem do mesmo ato do indicar, metade mímico, metade lingüístico, trata-se das mesmas formas fundamentais da "dêixis" em si. "Aqui", observa G. v. d. Gabelentz, "é sempre o lugar onde estou, e o que está aqui chamo de *este*, em oposição ao *esse* e *aquele*, que se encontram lá e acolá. Explica-se, assim, o emprego latino de *hic*, *iste*, *ille* = *meus*, *tuus*, *ejus*; do mesmo modo compreende-se no chinês o encontro dos pronomes da segunda pessoa com conjunções designativas da proximidade espacial e temporal e da semelhança[44]. Humboldt, no tratado acima mencionado, provou a existência das mesmas relações nas línguas malaias, no japonês e no armênio. Observa-se, além disso, que na evolução geral das línguas indo-germânicas o pronome da terceira pessoa, quanto à sua forma, não

---

44. G. v. d. Gabelentz, *Die Sprachwissenschaft* (A ciência da linguagem), pp. 230 s.

pode ser separado do pronome demonstrativo correspondente. Assim como o *il* francês remonta ao *ille* latino, o gótico *is* (= *er* no alto alemão moderno) corresponde ao *is* latino – e também nos pronomes da primeira e segunda pessoas das línguas indo-germânicas freqüentemente é inequívoca a relação etimológica com os pronomes demonstrativos[45]. Relações exatamente correspondentes encontram-se no âmbito das línguas semíticas e altaicas[46], bem como nas línguas aborígenes da América do Norte e da Austrália[47]. Estas últimas, entretanto, revelam um traço adicional altamente significativo. De acordo com relatos, algumas línguas de aborígines do sul da Austrália, ao enunciarem alguma ação na terceira pessoa, acrescentam um qualificativo espacial tanto ao sujeito como ao objeto desta ação. Se, por exemplo, se deseja expressar que um homem abateu um cão com um bumerangue, a oração deverá ser formulada no sentido de indicar que o homem "lá na frente" abateu o cão "lá atrás" com esta ou aquela arma[48]. Em outras palavras, aqui não existe ainda uma designação geral e abstrata do "ele" ou do "este", e a palavra que serve para expressar estes pronomes ainda se funde com um determinado gesto fonético dêitico do qual não se pode desprender. Idêntica situação se verifica quan-

---

45. Maiores detalhes em Brugmann, *Demonstrativpronomen*, pp. 30 ss., 71 ss., 129 ss. e *Grundriss* II, 2, pp. 307 ss., 381 ss.

46. Para as línguas semíticas vide Brockelmann, *Grundriss* I, pp. 296 ss., bem como *Kurzgefasste vergleichende Grammatik der semitischen Sprache* (Gramática comparada sucinta das línguas semíticas), Berlim, 1908, pp. 142 ss.; Dillmann, p. 98; para as línguas altaicas, vide por exemplo Grunzel, *Vergleichende Grammatik der altaischen Sprachen*, pp. 55 ss.

47. Cf. Gatschet, *Klamath Language*, pp. 536 ss., Matthews, *op. cit.*, p. 151.

48. Vide Matthews, *Languages of the Bungandity Tribe in South Australia* (J. and Proc. of the Roy. Soc. of N. S. Wales XXXVII, 1903, p. 61).

do determinadas línguas empregam expressões que indicam se o indivíduo a que se refere o discurso se encontra sentado, deitado ou de pé, indo ou vindo, uma vez que elas não dispõem de uma expressão uniforme para o pronome da terceira pessoa. A língua dos cheroquis, na qual estas distinções estão particularmente desenvolvidas, em vez de um pronome pessoal da terceira pessoa, possui nove[49]. Outras línguas distinguem na primeira, segunda e terceira pessoa se esta é visível ou invisível, e em cada caso recorrem a um pronome específico[50]. Ao lado das distinções espaciais de posição e distância, muitas vezes também a presença ou ausência temporais são expressas através da forma específica do pronome, e as particularidades espaciais e temporais podem ser acrescidas de outras características destinadas a qualificá-las[51]. Como se vê, em todos estes casos as expressões utilizadas pela linguagem para a diferenciação puramente "espiritual" das três pessoas inicialmente ainda conservam uma coloração imediatamente sensível e, sobretudo, espacial. De acordo com Hoffmann, o japonês, a partir de um advérbio de lugar que, a rigor, significa "centro", cunhou uma palavra para designar o "eu", e a partir de um outro que significa "lá" ou "acolá", criou uma palavra para indicar o "ele"[52]. Em formações desta natureza evidencia-se de imediato como a linguagem, por assim dizer, traça um círculo sensível-espiritual ao redor do locutor, e como ela destina o centro do mesmo ao "eu", e a periferia ao "tu" e ao "ele". O "esquematismo" característico do espaço que, anteriormente, obser-

---

49. Vide Humboldt, "Über den Dualis" (Sobre o dual) (*Werke* VI, 1, p. 23); Fr. Müller, *Grundriss* (Fundamentos) II, 1, pp. 224 s.

50. Boas, "Kwakiutl" (*Handbook*, I, pp. 527 s.).

51. Goddard, "Hupa" (*Handbook* I, p. 117); Boas, "Chinook" (*Handbook* I, pp. 574, 617 ss.).

52. Vide Hoffmann, *Japanische Sprachlehre*, pp. 85 ss.

vamos na construção do mundo dos objetos confirma-se aqui na direção inversa – e é somente nesta dupla função que a representação do espaço atinge o seu pleno desenvolvimento no conjunto da linguagem.

II. A representação do tempo

A diferenciação e designação precisas das relações *temporais* constituem, para a linguagem, uma tarefa bem mais difícil e complexa do que a elaboração das determinações e designações espaciais. A simples coordenação das formas do tempo e do espaço, muitas vezes intentada pela crítica do conhecimento, não encontra respaldo algum na linguagem. Muito pelo contrário, aqui se evidencia claramente que o pensamento, de um modo geral, e o pensamento lingüístico em particular precisam realizar uma determinação de outra natureza, por assim dizer, operar em uma dimensão superior, para construir a representação do tempo e para diferenciar as direções, bem como as fases do tempo. Porque o "aqui" e o "lá" podem ser resumidos em uma unidade intuitiva de modo muito mais simples e imediato do que ocorre nos diversos momentos do *tempo*, no agora, no antes e no depois. O que caracteriza estes momentos como momentos temporais é, precisamente, o fato de que jamais são dados à consciência ao mesmo tempo e "concomitantemente" (*zumal*), como se verifica no caso das coisas da intuição objetiva. As unidades, as partes, que na intuição espacial parecem unir-se, como que espontaneamente, *para* formar um *todo*, aqui se excluem mutuamente: a existência de uma determinação significa a não-existência da outra, e vice-versa. Por isso, o conteúdo da representação do tempo nunca está contido na intuição imediata; ao contrário, em escala muito maior do que no caso da representação do espaço, impõe-se aqui a participação decisiva do pensamento unificador e separativo, analítico e sintético. Uma vez que os elementos do tempo como tais somente são, na medida em que a consciência os percorre e, ao fazê-lo, os diferencia entre si, este ato do percorrer, este *discursus*, passa a fazer parte da forma característica do próprio conceito de tempo. Com isso, porém, o "ser" que designamos como o ser da sucessão, como o ser do tempo, eleva-se a um patamar da idealidade completamente diferente daquele ocupado pela existência determinada de modo apenas espacial. A linguagem não consegue alcançar este patamar de maneira imediata, encontrando-se, ao invés, subordinada, também aqui, à mesma lei interna que rege toda a sua formação e o seu desenvolvimento. Ela não cria novos meios de expressão para cada nova esfera de significações que venha a lhe surgir; sua força reside precisamente em sua capacidade de configurar de diversas maneiras um determinado material dado, e, sem modificar-lhe o conteúdo num primeiro momento, colocá-lo a serviço de outra tarefa, imprimindo-lhe, assim, uma nova forma espiritual.

A análise dos processos utilizados pela linguagem na formação das primeiras palavras referentes ao espaço mostrou que ela sempre recorre aos meios mais simples. A passagem do sensível para o ideal transcorre de modo tão gradual, que de início ela quase não é perceptível como tal, ou seja, como mudança decisiva da postura geral do espírito. Com base em uma matéria sensível estreitamente delimitada, a partir das diferenças na coloração das vogais, assim como a partir da natureza sonora e afetiva peculiar a determinadas consoantes e a certos grupos consonantais, a linguagem forma as palavras que designam oposições de lugar e de direção no espaço. Na evolução da linguagem evidencia-se o mesmo processo, sob um outro ângulo, quando estudamos o modo como ela chega a formar as primeiras partículas temporais. Assim como a fronteira entre os sons naturais e afetivos essencialmente sensíveis e as palavras mais simples referentes ao espaço se apresenta como algo inteiramente fluido, da mesma forma evidencia-se a mesma transição contínua e imperceptível entre a esfera lingüística que abrange as determinações espaciais e a que compreende as determinações temporais. Até mesmo em nossas línguas cultas modernas, ambas ainda constituem freqüentemente uma unidade intacta, sendo comum que uma e a mesma palavra sirva para expressar relações espaciais e temporais. Exemplos ainda mais numerosos que comprovam esta interdependência encontram-se nas línguas dos povos primitivos, que, em muitos casos, parecem não dispor de outro meio, além deste, para expressar a representação do tempo. Os simples advérbios de lugar são empregados indistintamente também em sentido temporal, de sorte que por exemplo a palavra que designa o "aqui" se funde com o termo que indica o "agora", assim como a designação do "lá" coincide com a de "antes" ou "depois"[53]. Procurou-se explicar o fato, argumentando que, objetivamente, a proximidade ou distância espacial e temporal se condicionam mutuamente; que aquilo que ocorre em regiões distantes no espaço habitualmente também constitui algo passado e remoto, do ponto de vista temporal, quando se fala do ocorrido. Ao que tudo indica, porém, aqui não se trata primordialmente de correlações reais e objetivas desta espécie, e sim de correlações de ordem puramente ideal – trata-se de um nível de consciência ainda relativamente indiferenciado e ainda insensível às diferenças específicas das formas de espaço e tempo como tais. Até mesmo relações temporais relativamente complexas, para as quais as línguas cultas desenvolvidas criaram expressões específicas, também são

---

53. Cf. a respeito os exemplos da língua klamath em Gatschet (*op. cit.*, pp. 582 ss.), e das línguas melanésias em Codrington (*op. cit.*, pp. 164 ss.).

freqüentemente designadas, nas línguas dos povos primitivos, pelos mais rudimentares meios de expressão indicativos do espaço[54].

Enquanto persistir este vínculo material, a peculiaridade da forma verbal, como tal, não pode se manifestar de maneira pura na linguagem. Até mesmo as relações estruturais do tempo transformam-se agora, involuntariamente, em relações espaciais. Para o "aqui" e para o "lá" no espaço existe apenas uma simples relação de distância; trata-se, aqui, simplesmente do afastamento, da separação de dois pontos no espaço, enquanto na passagem de um para o outro, em geral, inexiste a preferência por uma direção. Como momentos do espaço, ambos os pontos possuem a "possibilidade da coexistência" e, por assim dizer, resistem um ao outro; mediante um simples movimento, o "lá" pode transformar-se em um "aqui", e o "aqui", ao deixar de sê-lo, pode voltar à sua forma anterior através do movimento inverso. Mas o tempo, ao contrário, além da separação e do distanciamento recíproco de seus diversos elementos, mostra um determinado "sentido" peculiar e irreversível no qual transcorre. A direção do passado para o futuro ou do futuro para o passado constitui algo próprio, inconfundível. Onde, porém, a consciência ainda permanece preferencialmente no âmbito da intuição espacial e capta as determinações temporais somente na medida em que pode apreendê-las e designá-las por meio de analogias espaciais – neste caso, necessariamente, tam-

---

54. As línguas do Sudão, geralmente, expressam o fato de que um sujeito está *envolvido* em uma ação por intermédio de uma estrutura que, a rigor, significa que ele se encontra *no interior* desta ação. Mas como também este "interior" na maioria das vezes é designado de modo inteiramente material, resultam formulações como "eu sou o interior do andar", "eu sou a barriga do andar", para indicar "eu estou andando". Vide Westermann, *Die Sudansprachen*, p. 65, *Die Gola-Sprache*, pp. 37, 43, 61.

bém esta peculiaridade das orientações temporais permanecerá inicialmente obscura. Tal como no espaço, também aqui tudo se reduz à simples distinção entre distância e proximidade. A única diferença que se destaca e se expressa com extrema nitidez é a existente entre o "agora" e o "não-agora", entre o ponto imediato do presente e aquilo que se encontra "fora" do mesmo. Certamente, porém, este ponto não deve ser imaginado como um ponto rigorosamente simples e matemático, uma vez que o caracteriza uma determinada dilatação. O agora, não como abstração matemática, mas como agora psíquico, abrange o conjunto de conteúdos que podem ser captados em uma unidade temporal imediata, e condensados na totalidade de um momento, como uma unidade elementar da vivência. O que separa o anterior do posterior não é um ponto limítrofe apenas pensado, porquanto esta separação possui, em si, uma certa duração que persiste tanto quanto a recordação imediata, a memória concreta. Para esta forma da intuição primária do tempo, a totalidade da consciência e dos seus conteúdos decompõe-se, por assim dizer, em duas esferas: em uma metade clara, atingida e iluminada pela luz do "presente", e em outra, escura. Mas entre estes dois níveis fundamentais inexistem ainda toda e qualquer mediação ou transição, bem como toda e qualquer nuança ou gradação.

A consciência plenamente desenvolvida, particularmente a consciência do *conhecimento* científico, distingue-se pelo fato de não se prender à simples oposição entre o "agora" e o "não-agora", buscando, ao invés, dar a esta oposição um desenvolvimento lógico o mais amplo possível. A esta consciência apresenta-se uma grande quantidade de gradações temporais, todas elas, porém, compreendidas em uma *ordem* uniforme, na qual cada momento tem o seu lugar claramente determinado. A análise epistemológica mostra que esta ordem não é "dada" pela sensibilidade, e tampouco pode ser criada a partir da intuição imediata. Ela é, ao contrário, obra do intelecto, e, particularmente, obra da dedução e conclusão causais. É a categoria da causa e do efeito que transforma a simples intuição da sucessão na idéia de uma ordem temporal uniforme do acontecimento. A simples distinção das diversas posições no tempo precisa, primeiramente, ser transformada no conceito de uma interdependência dinâmica, o tempo, como forma pura da intuição, precisa ser impregnado da função do *juízo causal*, antes que esta idéia possa desenvolver-se e afirmar-se, antes que o sentido imediato do tempo se transforme no conceito sistemático do tempo, como condição e conteúdo do conhecimento. A evolução da física moderna mostrou-nos claramente quão longo é o caminho a ser percorrido entre um e outro, bem como quantas dificuldades e quantos paradoxos pontilham este caminho. Kant vê nas "analogias da experiência", nos três princípios sintéticos da substancialidade, da causalidade e da ação recíproca a condição intelectual e o fundamento para o estabelecimento das três relações temporais possíveis, para a constituição da permanência, da sucessão e da simultaneidade. O desenvolvimento da física em direção à teoria geral da relatividade, assim como a transformação que esta teoria operou no conceito do tempo, mostrou que este esquema relativamente simples, réplica da forma fundamental da mecânica newtoniana, precisa ser substituído, também epistemologicamente, por determinações mais complexas[55]. De um modo geral podem-se distinguir na evolução que se verifica do sentido do tempo para o conceito do tempo três etapas diversas, que também são de importância crucial para o reflexo lingüístico da consciência temporal. Na primeira etapa, a

---

55. Mais detalhes em minha obra *Zur Einsteinschen Relativitätstheorie*, Berlim, 1921.

consciência é dominada exclusivamente pela oposição entre o "agora" e o "não-agora" que, em si mesma, ainda não se caracteriza por nenhuma outra diferenciação; na segunda etapa, determinadas "formas" temporais começam a destacar-se umas das outras, começa a separar-se a ação acabada da não acabada, a ação duradoura da passageira, de maneira que passa a desenvolver-se uma diferença clara entre os diversos tipos de ação – até que, finalmente, se cristaliza o conceito puro da relação temporal no sentido de um *conceito de ordem* abstrato, e se destacam nitidamente os diversos *estágios* do tempo na sua contraposição e na sua relatividade recíproca.

Porque, ainda mais do que nas relações do espaço, é válido para as relações temporais que elas não se tornam imediatamente conscientes como relações, e que, ao invés, o seu caráter puro de relações sempre se manifesta tão-somente quando fundido com e encoberto por outras determinações, particularmente aquelas que dizem respeito a coisas e qualidades. Mesmo que as determinações espaciais, em face das outras qualidades sensíveis pelas quais as coisas se diferenciam entre si, possuam determinadas características específicas e distintas, elas ainda assim, como qualidades, se encontram no mesmo plano. O "aqui" e o "lá" nada acrescentam ao objeto a que se referem, além do que lhe seria agregado através de um "este" ou "aquele". Assim, todas as designações da forma espacial necessariamente partem de determinadas designações materiais. Quando esta concepção se transfere do espaço para o tempo, também aqui as diferenças de significação temporais aparecem, em um primeiro momento, como puras diferenças de qualidades. Neste caso, é particularmente característico o fato de que estas diferenças não se manifestam somente no verbo, mas também nos substantivos. De acordo com a concepção que se impôs em nossas línguas cultas desenvolvidas, a determinação do tempo está ligada essencialmente àquelas partes do discurso que contêm a expressão de um processo ou de uma atividade. O sentido do tempo e a multiplicidade das relações que ela encerra somente podem ser apreendidos e fixados no fenômeno da modificação. Por este motivo, o verbo, como expressão de um determinado estado a partir do qual se inicia a modificação, ou como designação do próprio ato da transição, aparece como o verdadeiro e único portador das determinações temporais: ele parece ser a "palavra temporal" (*Zeitwort* = *verbo*) κατ' ἐξοχήν. Até mesmo Humboldt ainda procurou demonstrar a necessidade desta relação, partindo da natureza e das características da representação temporal, por um lado, e da representação verbal, por outro. Na sua concepção, o verbo é a concentração de um atributo energético (não apenas qualitativo) através do ser. No atributo energético encontram-se os estágios da ação, no ser os do tempo[56]. Mas, ao lado desta observação geral, na *Introdução à obra-kawi*, verifica-se que na obra propriamente dita é assinalado o fato de que nem todas as línguas expressam esta relação com a mesma nitidez. Enquanto nós, segundo Humboldt, estamos acostumados a pensar a relação do tempo somente vinculada ao verbo como parte da conjugação, as línguas malaias, por exemplo, desenvolveram um emprego que somente se explica pelo fato de esta relação estar vinculada ao substantivo[57]. Este emprego é particularmente evidente nos casos em que a linguagem diferencia as determinações temporais com exatamente os mesmos meios que elaborou para distinguir relações espaciais. A língua somali utiliza a diferenciação nas vogais do artigo definido, acima mencionada, não apenas para representar diferenças da situação e posição no espaço,

---

56. Humboldt, "Einleitung zum Kawi-Werk" (*Werke* VII, 1, p. 223).
57. *Kawi-Werk* II, p. 286.

como também para expressar diferenças temporais. Aqui, o desenvolvimento e a designação das representações temporais ocorrem de forma estritamente paralela ao que se verifica nas representações espaciais. Substantivos puros que, para nós, não têm o menor vestígio de alguma determinação temporal, termos, portanto, como por exemplo "homem" ou "guerra", podem adquirir um determinado índice temporal por intermédio das três vogais-artigo. A vogal -*a* designa o que está temporalmente presente, a vogal -*o* indica o que está temporalmente ausente, sem nenhuma distinção entre o futuro e o passado ainda pouco distante. Somente a partir desta distinção é feita, de maneira mediata, a diferenciação precisa na expressão da ação, indicando se ela está concluída ou não, se é momentânea ou implica uma duração maior ou menor[58]. Esta acentuação de características puramente temporais no substantivo poderia facilmente ser interpretada como manifestação de um senso de temporalidade particularmente aguçado e sutil, se, por outro lado, não fosse evidente que aqui, precisamente, o senso temporal e espacial ainda se fundem completamente, na medida em que a consciência do caráter específico das *direções* temporais ainda não está desenvolvida. O conteúdo do aqui e lá, bem como o conteúdo do agora e do não-agora separam-se claramente, mas a oposição entre passado e futuro é pouco relevante nesta diferenciação, motivo pelo qual se retarda o desenvolvimento daquele momento, precisamente, que é decisivo para a consciência da forma pura do tempo e de sua natureza característica.

---

58. Maiores detalhes em Maria von Tiling, *op. cit.*, pp. 145 s. Estas indicações temporais nos substantivos também se encontram freqüentemente nas línguas aborígines americanas, ver, por exemplo, Boas, *Handbook of American Indian Languages*, I, p. 39; Goddard, "Athapascan" (Línguas da família Atapasca), *ibid.* I, p. 110 etc.

O desenvolvimento da *linguagem infantil* mostra, por um lado, que a formação dos advérbios temporais ocorreu bem mais tarde do que a dos advérbios de lugar, e que, por outro lado, expressões do tipo "hoje", "ontem" e "amanhã" inicialmente não possuem um sentido temporal nitidamente definido. O "hoje" é a expressão do presente, de um modo geral, o "amanhã" e o "ontem" são expressões do futuro e do passado, de um modo geral: com estes termos, portanto, distinguem-se determinadas qualidades temporais, mas não se estabelece uma medida quantitativa, uma medida de intervalos temporais[59]. Quer parecer-nos que regredimos mais um passo quando estudamos determinadas línguas nas quais também as diferenças qualitativas do passado e do futuro freqüentemente se diluem por completo. Na língua ewe, o mesmo advérbio designa tanto o "ontem" como o "amanhã"[60]. Na língua chambala, a mesma palavra é empregada para referir-se ao passado remoto, como para remeter ao futuro longínquo. "Este fenômeno, para nós tão estranho", observa com muita pertinência um dos estudiosos desta língua, "tem a sua explicação natural no fato de que os negros Ntum concebem o tempo como uma coisa, razão pela qual, para eles, somente existe um hoje e um não-hoje; se este último foi ontem ou será amanhã, é totalmente indiferente para esta gente, eles não refletem sobre a questão, porque para tanto são

---

59. Dados mais precisos em Clara e William Stern, *Die Kindersprache*, pp. 231 ss.

60. Westermann, p. 129; o mesmo fenômeno ocorre em muitas línguas americanas, por exemplo Karl von den Steinen, *Die Bakairi-Sprache* (A língua dos bacairis), Leipzig, 1892, p. 355. No *Tlingits* o mesmo prefixo *gu-* ou *ga-* é usado para designar o futuro ou o passado (Boas, *Handbook* I, p. 176), assim como *olim* em latim (de *ille*) indica o passado remoto e o futuro longínquo (cf. o alemão *einst* significa "outrora" e "algum dia no futuro").

necessários não apenas a intuição, como também o pensamento e a representação conceitual da essência do tempo... O conceito 'tempo' é estranho aos chambalas, eles conhecem apenas a intuição do tempo. Para nós, missionários, foi muito difícil nos emanciparmos do nosso conceito de tempo e compreender a intuição do tempo dos chambalas, como se pode depreender do fato de termos buscado, durante anos, uma forma que designasse apenas o futuro; quantas vezes ficamos felizes por termos encontrado esta forma, para mais tarde, às vezes somente após alguns meses, descobrirmos que a alegria tinha sido prematura, pois sempre constatávamos que a forma encontrada também era usada para designar o passado."[61] Esta intuição do tempo como uma *coisa* também se torna evidente pelo fato de que as relações do tempo são reproduzidas por substantivos que, originariamente, possuíam uma significação espacial[62]. E assim como, basicamente, do *todo* do tempo sempre é apreendida apenas a fração de tempo que naquele momento está presente na consciência, e na medida em que esta mesma fração é contraposta às outras partes não presentes, igualmente a mesma fragmentação material se manifesta na concepção da ação e da atividade. A unidade da ação "quebra-se", literalmente, em pedaços. No nível em que aqui nos encontramos, uma ação somente pode ser representada quando a linguagem a decompõe em todos os seus componentes, e dá a cada um destes elementos uma representação particular. E nesta decomposição não se trata de uma *análise* lógica – pois esta anda *pari passu* com a síntese, com a apreensão da forma *do*

---

61. Roehl, *Versuch einer systematischen Grammatik der Schambalasprache* (Ensaio de uma gramática sistemática da língua chambala), Hamburgo, 1911, pp. 108 s.
62. Cf. Codrington, *The Melanesian Languages*, pp. 164 ss.

todo, e constitui o seu momento correlato – trata-se, sim, de uma fragmentação, por assim dizer, material da ação em suas partes constitutivas, cada uma das quais agora é vista como uma existência objetiva que subsiste por si mesma. Assim, por exemplo, considera-se como uma peculiaridade comum a um grande número de línguas africanas o fato de que elas decompõem cada processo e cada atividade em suas partes, e representam cada uma destas partes, separadamente, em uma oração independente. O agir é descrito em todos os seus detalhes, e cada uma destas ações isoladas é expressa por intermédio de um verbo específico. Um acontecimento, por exemplo, que expressamos através da simples oração "ele afogou-se" deverá ser aqui reproduzido por meio das orações "ele bebeu água, morreu"; a atividade que indicamos com o verbo "cortar" é reproduzida por "cortar, cair", o "trazer" expressa-se através de "tomar/pegar, ir lá"[63]. Steinthal procurou explicar psicologicamente este fenômeno, que documenta com exemplos das línguas dos negros mandingas (ou mandes), imputando-lhe como causa uma "condensação defeituosa das representações"[64]. Mas é precisamente esta "condensação defeituosa" que aponta nitidamente para uma peculiaridade fundamental da representação do tempo, própria daquelas línguas. Uma vez que aqui apenas existe a distinção simples entre o agora e o não-agora, somente o segmento relativamente pequeno da consciência, diretamente iluminado pelo agora, torna-se efetivamente presente e existente para esta mesma consciência. Por este motivo, a totalidade de uma ação somente pode ser apreendida, seja no pensamento, seja na linguagem, na medida em que a consciência

---

63. Vide a respeito os exemplos extraídos da língua ewe e de outras línguas sudanesas em Westermann, p. 95, e *Die Sudansprachen*, pp. 48 ss., bem como da língua núbia em Reinisch, *Die Nuba-Sprache*, Viena, 1879, p. 52.

64. Vide Steinthal, *Die Mande-Negersprache*, p. 222.

literalmente "torna presente" esta ação nos seus diversos estágios, e, por assim dizer, desloca todos estes estágios, um após o outro, para a claridade do agora. Surge, assim, uma grande quantidade de designações, uma peça de mosaico é colocada ao lado da outra: o resultado, porém, não é a unidade, mas tão-somente a policromia do quadro. Porque cada detalhe é considerado separadamente e determinado apenas em certos aspectos isolados. Mas deste agregado de uma série de simples momentos do presente não pode nascer a representação do verdadeiro *continuum* temporal.

Por isso, a objeção de Zeno se aplica, de fato, à forma que essas línguas possuem para expressar o movimento e a ação: na realidade, a flecha que voa está em repouso, porque a cada momento do seu movimento ela se encontra em *um* único lugar fixo. A consciência desenvolvida do tempo liberta-se desta dificuldade e deste paradoxo, na medida em que cria meios inteiramente novos para apreender "totalidades" temporais. Ela não mais compõe o todo do tempo como um todo substancial a partir de momentos isolados; ao invés, apreende-o como um todo funcional e dinâmico, como uma unidade da relação e do efeito. A intuição da unidade temporal da ação parte, por um lado, do sujeito que está realizando a ação, e, por outro, do objetivo para o qual a ação se dirige. Os dois momentos situam-se em planos completamente diferentes; mas a força sintética do conceito do tempo confirma-se precisamente pelo fato de que ele é capaz de transformar a oposição destes momentos em uma relação recíproca. O processo da ação já não pode se decompor em uma porção de fases isoladas, uma vez que, desde o início, atrás dele se encontra a energia unitária do sujeito da ação, e à sua frente está o objetivo unitário do agir. Somente na medida em que, deste modo, os momentos da ação se juntam, formando uma seqüência causal e teleológica, constituindo a unidade de uma conexão dinâmica e de uma significação teleológica, torna-se possível a formação, de maneira mediata, da unidade da representação temporal. Na consciência lingüística plenamente desenvolvida, esta nova concepção geral se expressa pelo fato de que a linguagem agora, para designar o todo de um processo ou de uma ação, não mais necessita da intuição de todos os detalhes do seu desenvolvimento, bastando-lhe fixar o momento inicial e final, o sujeito do qual parte a ação, e a meta objetiva para a qual o agir está direcionado. A força da linguagem evidencia-se, agora, na medida em que ela é capaz de abranger com um único olhar toda a amplitude desta oposição e, assim, superá-la: a tensão entre os dois extremos intensificou-se, mas, ao mesmo tempo, agora há a centelha espiritual que, por assim dizer, salta de um para o outro, promovendo o equilíbrio entre ambos.

É bem verdade que, à primeira vista, esta concepção do caráter relativamente complexo e mediato do conceito puro do tempo parece contradizer as informações que se encontram na gramática das línguas "primitivas" acerca da "forma temporal do verbo". Com freqüência é precisamente nas línguas dos "povos primitivos" que os estudiosos ressaltam uma riqueza surpreendente e quase incompreensível, para nós, de "formas do tempo". No grupo lingüístico sotho, Endemann verifica a presença de trinta e oito formas temporais afirmativas, acrescidas de vinte e duas formas para o potencial, quatro para o optativo ou final, um grande número de formações participiais, quarenta formas condicionais etc. De acordo com a gramática de Roehl, na língua chambala distinguem-se cerca de mil formas verbais, apenas para designar o tempo indicativo na voz ativa[65]. Entretanto, a dificulda-

---

65. Vide Roehl, *Schambalagrammatik* (Gramática da língua chambala) pp. 111 ss., e Meinhof, *Vergleichende Grammatik der Bantusprachen* (Gramática comparada das línguas banto), pp. 68, 75.

de que aparentemente surge com esta constatação deixa de existir se levarmos em consideração que, de acordo com os próprios gramáticos, tais distinções não têm a função de efetivamente determinar matizes *temporais*. Já foi demonstrado que na língua chambala o matiz temporal fundamental, ou seja, a oposição entre passado e futuro, não está desenvolvido de maneira alguma, assim como foi ressaltado que nas línguas banto os assim chamados "tempos" do verbo não devem ser interpretados como formas temporais propriamente ditas, porquanto nestas línguas é considerada apenas a questão da anterioridade ou da posteridade. Conseqüentemente, o que se expressa nesta abundância de formas verbais não são características temporais puras da ação, e sim determinadas diferenças qualitativas e modais que nela se operam. "Uma diferenciação temporal", sublinha por exemplo Seler, em relação ao verbo nas línguas indígenas, "realiza-se através de diversas partículas ou através da ligação com outros verbos, mas nem de longe desempenha na língua o papel que se poderia supor após a análise dos esquemas de conjugação, elaborados pelos diversos gramáticos eclesiásticos. E é pelo fato de a diferenciação temporal constituir algo não essencial e acessório, que justamente na formação dos tempos se encontram as maiores diferenças entre línguas que, de resto, apresentam um estreito parentesco."[66] Mas mesmo nos casos

---

66. Ed. Seler, *Das Konjugationssystem der Maya-Sprachen* (O sistema de conjugações das línguas maias), Berlim, 1887, p. 30. Assim também K. v. d. Steinen diz, a respeito da língua bacairi (*op. cit.*, pp. 371 ss.), que ela não possui tempos verbais, como os conhecemos, mas, em contrapartida, usa expressões modais para as suas flexões verbais, cuja conotação exata, é bem verdade, não pode ser determinada a partir do material de que dispõe, e que talvez permaneça totalmente inacessível ao espírito europeu. A visão de conjunto oferecida por Roehl (*op. cit.*, pp. 111 ss.), em relação às formas verbais da língua chambala, permite-nos obter uma idéia clara da riqueza que caracteriza estas gradações modais.

em que a linguagem começa a definir com maior clareza as determinações temporais, isto não ocorre no sentido de que ela constrói um sistema preciso e coerente das etapas relativas do tempo. As primeiras diferenciações que ela estabelece não são relativas no sentido acima mencionado, mas possuem, ao invés, um caráter de certo modo absoluto. Em termos psicológicos, o que primeiramente se apreende são determinadas qualidades temporais da *forma* (*zeitliche Gestaltqualitäten*) que se encontram em um acontecimento ou em uma ação. Faz diferença se uma ação se inicia "repentinamente" ou se ela se desenvolve progressivamente, se ela se realiza de maneira intermitente ou de modo contínuo, se ela constitui um todo único e não dividido, ou se ela se decompõe em fases idênticas, que se repetem ritmicamente. Mas para a concepção concreta, seguida pela linguagem, todas estas distinções são diferenças não tanto conceituais quanto intuitivas, não tanto quantitativas quanto qualificativas. A linguagem as expressa, definindo claramente a diversidade dos "modos de ação", antes de passar para a distinção rigorosa dos "tempos" no sentido de gradações temporais propriamente ditas. Aqui não se trata ainda da concepção do tempo como uma forma geral de relação e ordenação que pudesse abranger *todos* os acontecimentos, como uma essência de momentos que, entre si, possuíssem uma relação inequívoca baseada no "antes" e "depois", no "mais cedo" e no "mais tarde". Aqui, ao contrário, cada acontecimento isolado, representado por meio de um determinado tipo de ação, tem, por assim dizer, o seu próprio tempo, um "tempo em si" no qual são ressaltadas determinadas peculiaridades da forma, determinados modos de sua configuração e do seu decurso. Como se sabe, as línguas diferem profundamente no que concerne à ênfase com a qual acentuam ora as diferenças dos graus relativos da temporalidade, ora as diferenças entre os modos puros da ação. As línguas semitas partem não da divisão tríplice em passado, presente e futuro, mas de uma simples dicotomia, considerando apenas a oposição entre a ação que se completou e aquela que está incompleta. Portanto, o tempo da ação completa, o "perfeito", pode ser empregado para expressar tanto o passado como o presente, quando se pretende indicar uma ação que teve início no passado, mas continua no presente e nele se desenvolve diretamente – o "imperfeito", por outro lado, que expressa uma ação incipiente, mas ainda não concluída, pode ser usado, neste sentido, para designar uma ação que se realiza em qualquer momento temporal, seja ele futuro, presente ou passado[67]. Mas até mesmo o campo lingüístico no qual o conceito puro da relação temporal e a expressão das distinções temporais puras da ação atingiram um desenvolvimento que, relativamente, é o mais elevado possível, não alcançou este nível sem múltiplas mediações e vários estágios intermediários. A evolução das línguas indo-germânicas mostra que também nelas a diferenciação dos tipos de ação precedeu a distinção dos "tempos" propriamente ditos. Streitberg, por exemplo, sublinha que na pré-história das línguas indo-germânicas não existiam "tempos verbais", isto é, não havia nenhuma categoria formal cuja função primordial consistisse em designar os diversos períodos relativos do tempo. "As classes de formas que costumamos chamar de 'tempos' nada têm a ver, em si, com os períodos relativos do tempo. Ao contrário, todas as classes do presente, todos aoristos, todos os perfeitos

---

67. Mais detalhes sobre o emprego dos "tempos" nas línguas semitas vide Brockelmann, *Grundriss*, II, pp. 144 ss. H. Winkler, *Das Ural-altaische*, p. 159, também acentua, a propósito das línguas uralo-altaicas, que no "nome verbal" uralo-altaico, diante da grande quantidade de designações determinativas e modais nele contida, "o campo verbal propriamente dito", a formação dos tempos, tem pouquíssima relevância, aparecendo como algo secundário e quase indiferente.

em todos os seus modos, são intemporais, e somente se distinguem entre si pelo tipo de ação que caracterizam. Diante desta abundância de formas que serviam para diferenciar os tipos de ação, os recursos utilizados pelo indo-germânico para designar os períodos do tempo afiguram-se modestos e, até mesmo, pobres. Para o presente nem existia uma designação específica, aqui bastava a ação intemporal. O passado, porém, era expressado através de um advérbio temporal, que se acrescentava à forma verbal: o acréscimo... O futuro, finalmente, ao que tudo indica, não se expressava nos primórdios indo-germânicos de maneira uniforme. Um dos seus recursos, talvez um dos primeiros, era uma forma modal de significação provavelmente *volitiva*."[68] Na evolução das diversas línguas indo-germânicas também se evidencia claramente, embora em diferentes graus, este predomínio da designação do tipo de ação sobre o período do tempo[69]. Muitas destas línguas desenvolveram um recurso fonético próprio para diferenciar a ação momentânea da duradoura, na medida em que as formas utilizadas para expressar a ação momentânea foram criadas a partir da raiz verbal acrescida de uma vogal radical simples, enquanto para a expressão de ações duradouras foram desenvolvidas formas a partir da raiz verbal acompa-

---

68. Streitberg, *Perfektive und imperfektive Aktionsart* (Tipo de ação perfectivo e imperfectivo) (Paul-Braune-Beiträge, XV, 1891, pp. 117 s.).

69. Para o grego cf. por exemplo Brugmann, *Griechische Grammatik* (Gramática grega), 3ª ed., p. 469: "No grego, desde os seus tempos primordiais, todo conceito verbal precisava, necessariamente, relacionar-se, de alguma maneira, com o tipo da ação, mas não com a categoria do período temporal. Desde o indo-germânico primitivo havia muitas formações verbais sem indicação do período temporal, mas nenhuma sem a indicação do tipo de ação." Uma comparação entre a língua homérica e a antiga língua ática mostra que no grego somente gradualmente tornou-se regra expressar inequivocamente a relação do tempo através do próprio verbo (*ibid.*).

nhada de uma vogal radical intensificada[70]. De um modo geral, na gramática das línguas indo-germânicas costuma-se distinguir, desde G. Curtius, a ação "intermitente" (*punktuelle Aktion*) da ação "contínua" (*kursive Aktion*), uma diferenciação à qual se acrescentam posteriormente as diferenças da ação perfectiva, iterativa, intensiva, conclusiva etc.[71]. Neste contexto, as diversas línguas da família indo-germânica, em parte, diferem consideravelmente entre si, tanto no que diz respeito ao rigor com que expressam estas distinções, como no que se refere ao grau de desenvolvimento que, diante delas, adquirem as determinações puramente temporais[72]; mas sempre fica evidente que a designação precisa do período temporal relativo constitui um produto comparativamente tardio,

---

70. No grego, por exemplo, raízes como λαβ, πιϑ, φυγ são utilizadas no sentido da primeira função, enquanto raízes como λαμβ, πειϑ, φευγ são empregadas na segunda função mencionada: mais detalhes em G. Curtius, *Zur Chronologie der indogermanischen Sprachforschung* (Sobre a cronologia dos estudos lingüísticos indo-germânicos), Abhandlungen der Königlich Sächsischen Gesellschaft der Wissenschaften, Philosophisch-historische Klasse V (1870), pp. 229 ss.

71. Vide G. Curtius, *Die Bildung der Tempora und Modi im Griechischen und Lateinischen* (A formação dos tempos e modos no grego e no latim), Sprachvergleichende Beiträge I (1846), pp. 150 ss.

72. No sistema de declinações das línguas germânicas as diferenças dos tipos de ação bem cedo perdem em importância, embora elas também aqui permaneçam nitidamente reconhecíveis em muitos fenômenos lingüísticos isolados [cf. por exemplo H. Paul, *Die Umschreibung des Perfektums im Deutschen mit haben und sein* (A expressão do perfeito no alemão com os verbos *ter* e *ser*)], Abhandlungen der Königlich Bayerischen Alkademie der Wissenschaften, I, CI., XXII, pp. 161 ss.; por outro lado, estas diferenças se mantêm claramente nas línguas báltico-eslavas, que continuam a desenvolver particularmente a distinção entre as ações "perfectivas" e as "imperfectivas" e, de acordo com esta distinção, dividem todos os verbos em duas classes. Mais detalhes em Leskien, *Grammatik der altbulgarischen (altkirchenslawischen) Sprache* [Gramática do antigo búlgaro (do antigo eslavo litúrgico)], Heidelberg, 1909, pp. 215 ss.

enquanto a designação da "forma temporal" (*Zeitgestalt*) geral de um acontecimento ou de alguma ação aparentemente pertence a um estágio inicial do pensamento e da linguagem.

Finalmente, as expressões lingüísticas que mais se encontram distanciadas do nível primário da intuição temporal são aquelas que, para a sua formação, já pressupõem uma forma de *medição* do tempo, e que, portanto, consideram o tempo como um valor *quantitativo* rigorosamente definido. É bem verdade que aqui, a rigor, já nos encontramos diante de uma tarefa que transcende o âmbito da linguagem e somente poderá ser solucionada nos sistemas "artificiais" de signos, resultantes da reflexão consciente, tais como elaborados pela ciência. Mas também para esta nova *performance* a linguagem contém uma preparação decisiva: porque o desenvolvimento do sistema de signos numéricos, que constitui a base de toda medição exata, tanto na matemática como na astronomia, está vinculado ao desenvolvimento prévio dos *numerais*. A linguagem desenvolve as três intuições fundamentais do espaço, do tempo e do número em três fases distintas, mas intimamente ligadas e relacionadas entre si, criando, somente a partir de então, as condições às quais se prende toda e qualquer tentativa de dominar intelectualmente os fenômenos, bem como toda e qualquer síntese dos mesmos, que vise à unidade de um "conceito do mundo".

III. O desenvolvimento lingüístico do conceito do número

Se passarmos, progressivamente, da representação do espaço para a do tempo, e, destas, para a representação do número, aparentemente completa-se o círculo da intuição – mas, ao mesmo tempo vemo-nos, a cada novo passo, remetidos mais e mais para além deste círculo. Porque nesta trajetória progressiva o mundo das formas perceptíveis e tangíveis recua cada vez mais e no seu lugar se estrutura, gradualmente, um novo mundo: um mundo de *princípios* intelectuais. Neste sentido, o "ser" do número já é determinado pelos seus verdadeiros descobridores filosóficos e científicos, ou seja, pelos pitagóricos. Proclo afirma que Pitágoras foi o primeiro a transformar a geometria em uma ciência livre, na medida em que ele pesquisou dedutivamente (ἄνωθεν) os seus princípios e representou os seus teoremas de modo imaterial e puramente intelectual (αύλως καὶ νοερῶς)[73]. Desde então, reforçou-se e aprofundou-se a tendência geral que, desta maneira, foi imposta à matemática científica pelo seu primeiro fundador. Através da mediação de Platão, Descartes e Leibniz, ela se reflete na matemática moderna. Ainda mais do que a matemática antiga, a sua concepção moderna – ao tentar organizar a geometria e a análise a partir de *um* princípio – vê-se remetida ao conceito do número como sendo o seu verdadeiro centro. E de maneira mais e mais definida, todo o trabalho da fundamentação intelectual volta-se para este ponto central. Na matemática do século XIX ressalta cada vez mais o esforço generalizado de se chegar a uma configuração lógico-autônoma do conceito do número. Este objetivo é perseguido por Dedekind e Russell, por Frege e Hilbert, cada um percorrendo vias diferentes. Russell procura referir todos os momentos fundamentais sobre os quais repousa o número a "constantes" puramente "lógicas"; Frege entende o número como uma "característica" que, entretanto, sendo imaterial, também possui um conteúdo imaterial, constituindo a característica de um conceito puro, e não propriamente a característica de uma "coisa". Com igual rigor e determinação,

---

73. Proclo em *Euclides*, p. 64, 18 (Diels, *Fragmente der Vorsokratiker*, p. 279).

Dedekind rejeita, na sua fundamentação e derivação do conceito do número, toda e qualquer ligação com relações intuitivas, bem como toda e qualquer intromissão de grandezas mensuráveis. O reino dos números não deve ser construído sobre a intuição do espaço e do tempo; ao contrário, o conceito do número, enquanto "emanação imediata das leis puras do pensamento", deverá nos capacitar para a obtenção de conceitos rigorosos e precisos do espaço e do tempo. Somente criando o reino puro e contínuo dos números através de um sistema finito de processos lógicos simples, e livre de toda e qualquer representação de grandezas mensuráveis, é que o espírito, com este instrumento, dispõe das condições de desenvolver uma representação precisa do espaço contínuo[74]. A lógica crítica limita-se a tirar as suas conclusões de todos estes esforços enraizados na ciência exata, partindo do pressuposto de que o primeiro pré-requisito para a compreensão do número consiste em entender que ele nada tem a ver com nenhuma coisa dada, e sim com a legalidade pura do pensamento. "Derivar o número das coisas", sublinha Natorp, "significa pensar em círculos, se por derivar entendermos fundamentar. Porque os conceitos de coisas são conceitos complexos, nos quais o número se insere como um dos componentes mais indispensáveis... Afinal, para o pensamento nada pode existir de mais primordial do que o próprio pensamento, isto é: o estabelecimento de relações. Qualquer outra coisa que se pretendesse indicar como fundamento do número teria que incluir, necessariamente, o estabelecimento de relações, e este somente pode figurar como

---

74. Vide Dedekind, *Was sind und was wollen die Zahlen* (O que são e o que querem os números) (1887); cf. Frege, *Die Grundlagen der Arithmetik* (Os fundamentos da aritmética) (1884); Russell, *The Principles of Mathematics* I (1903).

fundamento do número por conter como pressuposto o verdadeiro fundamento, ou seja, o estabelecimento de relações."[75]

Mas, por mais que esteja consolidada a auto-suficiência do pensamento "puro", científico, e por mais que renuncie conscientemente a todos os apoios e auxílios da sensibilidade ou da intuição, o pensamento, ainda assim, parece continuar preso à esfera da linguagem e da formação lingüística dos conceitos. A ligação recíproca entre a linguagem e o pensamento torna a evidenciar-se no desenvolvimento lógico e lingüístico dos conceitos numéricos – e aqui esta ligação talvez adquira a sua expressão mais clara e característica. Somente a conformação do número em um signo lingüístico permite compreender a sua natureza conceitual pura. Assim, os signos numéricos, criados pela linguagem, constituem, por um lado, o pressuposto indispensável para aquelas formações que a matemática pura define como "números"; por outro lado, porém, existem uma tensão inevitável e uma oposição jamais inteiramente superável entre os símbolos lingüísticos e os puramente intelectuais. Se é a linguagem que prepara o caminho para estes últimos, ela, por seu turno, não consegue percorrer este caminho até o fim. A forma do "pensamento que estabelece relações" (*beziehentliches Denken*), na qual repousa a possibilidade de instituir conceitos numéricos puros, constitui, para ela, uma meta última da qual se aproxima progressivamente no seu desenvolvimento, que, entretanto, não mais consegue alcançar plenamente no seu próprio âmbito[76]. Porque a linguagem não consegue dar aquele passo decisivo que o pensamento matemático exige dos conceitos numéricos, não é capaz de realizar aquela liberta-

---

75. Natorp, *Die logischen Grundlagen der exakten Wissenschaften* (Os fundamentos lógicos das ciências exatas) (1910), pp. 98 s.

76. Cf. a respeito o cap. V, mais adiante.

ção e emancipação específicas dos fundamentos da intuição e da representação intuitiva das coisas. Ela permanece presa à designação de objetos e processos concretos, e continua vinculada a estes até mesmo quando procura expressar mediatamente relações puras. Mas, novamente, confirma-se aqui o mesmo princípio dialético do progresso: quanto mais profundamente a linguagem, no seu desenvolvimento, parece imersa na expressão das coisas sensíveis, tanto mais ela se torna, assim, o meio que permite o processo da libertação espiritual das próprias coisas sensíveis. A partir das coisas enumeráveis, por mais sensível, concreto e limitado que inicialmente se considere este material, desenvolvem-se a nova forma e a nova força do pensamento que está contida no número.

Mas esta forma não se manifesta, de imediato, como um todo fechado em si mesmo, precisando, ao invés, estruturar-se sucessivamente a partir dos seus diversos momentos. Reside aqui, precisamente, o serviço que o estudo da gênese lingüística e da formação dos conceitos numéricos pode prestar à análise lógica. De acordo com o seu conteúdo lógico e a sua origem, o número é proveniente de uma interpenetração, de um entrelaçamento de métodos e exigências do pensamento completamente diferentes entre si. O momento da pluralidade transforma-se, aqui, no momento da unidade, o da separação torna-se o da ligação, o momento da diferenciação total passa a ser o da identidade pura. É necessário que todas estas oposições tenham encontrado um equilíbrio espiritual puro entre si, para que se possa formar o conceito "exato" do número. Esta meta é inatingível para a linguagem. Ainda assim, ela permite observar como se atam isoladamente os fios que, afinal, se entrelaçam para formar o engenhoso tecido do número, e como eles se desenvolvem individualmente, antes de reunir-se em um todo lógico. Neste desenvolvimento, as diversas línguas agem de modos diferentes. Ora é um motivo, ora é outro que elas ressaltam na formação do número e da pluralidade, dando-lhe uma significação privilegiada e intensificada – mas a síntese de todas estas concepções especiais e de certa forma unilaterais que a linguagem adquire em relação ao conceito do número constitui, em última análise, um todo e uma relativa unidade. Assim sendo, é verdade que a linguagem não consegue, por si própria, ocupar e preencher totalmente a esfera espiritual-intelectual na qual se encontra inserido o conceito do número – mas ela pode circunscrever a sua extensão e, assim, preparar indiretamente a determinação do seu conteúdo e dos seus limites.

Aqui novamente se confirmam, inicialmente, as condições com que deparamos na apreensão lingüística das relações espaciais mais simples. A diferenciação das relações temporais, tal como a das relações espaciais, parte do corpo humano e dos seus membros, e, a partir daí, estende-se progressivamente ao todo do mundo sensível-intuitivo. Sempre o próprio corpo constitui o modelo básico das primeiras enumerações primitivas: no início, "contar" significa apenas indicar determinadas diferenças que se encontram em quaisquer objetos exteriores, a fim de transferi-las, por assim dizer, para o corpo do indivíduo que está contando, e, assim, torná-las visíveis por intermédio deste mesmo corpo. Conseqüentemente, antes de se tornarem conceitos da linguagem, todos os conceitos numéricos são conceitos manuais (*Handbegriffe*) puramente mímicos ou conceitos corporais de outro tipo. O gesto do contar não serve apenas para acompanhar o numeral que, de resto, é independente; ao contrário, ele está, por assim dizer, fundido na significação e na substância deste numeral. Os ewe, por exemplo, contam nos dedos estendidos: começam com o mindinho da mão esquerda, dobrando o dedo contado com o indicador da mão direita; após a mão esquerda, usam do mesmo modo a direita; em seguida, começam tudo de novo, ou então, agachados no chão, continuam a contar nos dedos do pé[77]. Na língua núbia, o gesto que quase sempre acompanha o ato de contar consiste em, começando pelo *um*, pressionar com a mão direita os dedos da mão esquerda no punho, primeiro o mindinho, em seguida o anular, o médio, o indicador e, finalmente, o polegar. O mesmo gesto é repetido pela mão esquerda com os dedos da direita. No número 20, os dois punhos são juntados em linha horizontal[78]. Da mesma forma, v. d. Steinen relata a respeito dos bakairi, que até mesmo a contagem mais simples estava fadada ao insucesso, quando os objetos a serem contados, como um punhado de grãos de milho, por exemplo, não estavam em contato direto com os dedos, isto é, com o tato. "A mão direita tateava... a esquerda contava. Sem a ajuda dos dedos da mão direita, e limitando-se a olhar apenas os grãos, eles não conseguiam contar nem mesmo três deles nos dedos da mão esquerda."[79] Como se vê, não basta que os diversos objetos contados sejam, de alguma maneira, relacionados com as partes do corpo; é necessário que, por assim dizer, sejam diretamente *convertidos* em partes do corpo e em sensações corporais, para que nelas se realize o ato da "contagem". Assim sendo, os numerais não designam propriamente determinações objetivas ou relações dos objetos; acima disso, na realidade, encerram determinadas diretrizes do movimento corpóreo que acompanha o contar. São expressões e indicações das diversas posições da mão ou dos dedos, que freqüentemente aparecem sob a forma imperativa do verbo. Assim, por exemplo, no sotho a palavra indicativa do cinco significa "complete a mão", a que designa o seis significa,

---

77. Westermann, *Grammatik der Ewe-Sprache*, p. 80.
78. Reinisch, *Die Nuba-Sprache*, pp. 36 ss.
79. K. v. d. Steinen, *Unter den Naturvölkern Zentral-Brasiliens* (Entre os povos nativos do Brasil Central), pp. 84 ss.

propriamente, "pule", isto é, pule para a outra mão[80]. Este caráter ativo dos assim chamados "numerais" ressalta com especial nitidez nas línguas que formam as suas expressões numéricas especificando o modo como os objetos contados são agrupados, colocados e dispostos. Assim, por exemplo, a língua klamath dispõe de uma grande quantidade de designações deste tipo, formadas por verbos que significam colocar, deitar, pôr em pé, e que expressam um modo específico de "alinhamento" (*Reihung*), de acordo com as peculiaridades dos objetos a serem contados. Assim, por exemplo, um determinado grupo de objetos, para que se possa fazer a contagem, deve ser espalhado pelo chão, um outro deve ser empilhado em camadas, o outro, subdividido em montes, e outro, ainda, deve ser alinhado em fileiras – e a cada uma destas disposições específicas corresponde, dependendo de suas características, um numeral verbal diferente, um *numeral classifier* distinto[81]. Por força destes procedimentos, os movimentos realizados na disposição dos objetos são coordenados com determinados movimentos corpóreos, cuja execução é concebida dentro de uma seqüência dada. Estes últimos não *precisam* limitar-se, *necessariamente*, às mãos e aos pés, aos dedos das mãos e aos dos pés, podendo estender-se a todos os outros membros do corpo humano. Na Nova Guiné britânica, a seqüência que designa o contar dos objetos passa dos dedos da mão esquerda para o punho, o cotovelo, o ombro, a nuca, o peito esquerdo, o tórax, o peito direito, o lado

---

80. Cf. Meinhof, *Bantugrammatik*, p. 58; exemplos semelhantes do grupo das línguas papuas encontram-se em Ray, *Torres Straits Expedition*, p. 373 etc. Na língua dos esquimós, o numeral 20 é traduzido pela oração "um homem está completo" (isto é, todos os seus dedos das mãos e dos pés foram contados), vide W. Thalbitzer, "Eskimo" (*in* Boas, *Handbook* I, p. 1047).

81. Powell, *The Evolution of Language*, *op. cit.*, I, p. 21; Gatschet, *Klamath Language*, pp. 532 ss.

direito da nuca, e assim por diante; em outras regiões usam-se, da mesma maneira, a axila, a clavícula, o umbigo, o pescoço, ou o nariz, os olhos e as orelhas[82].

Freqüentemente, o valor intelectual destes métodos primitivos da contagem foi desprezado profundamente. "A culpa que pesa sobre o espírito do negro", eis como se expressa, por exemplo, Steinthal na sua exposição dos procedimentos de contagem dos negros mandingas, "reside no fato de que ele, quando chega ao dedo do pé, não abandona o apoio sensível, e não multiplica, criativamente, o dedo por si mesmo, transformando a seqüência curta em uma longa; em vez disso, sempre restringindo-se ao próprio corpo, ele decai da mão, o instrumento nobre de todos os instrumentos, para o escravo do espírito, para o pé que revolve a poeira. Desta maneira, o número continuou colado ao corpo e não se tornou uma representação abstrata. O negro não possui números, mas tão-somente uma série de dedos dos pés e das mãos; ele não possui o espírito que, impulsionado pela busca do infinito, transcendesse as quantidades determinadas, acrescentando a partir de si próprio novas unidades; ao contrário, as coisas isoladas existentes, as coisas da natureza levaram-no de uma unidade para a outra, do mindinho para o polegar, da mão esquerda para a direita, da mão para o pé, de um ser humano para o outro. Em momento algum o seu espírito interferiu em um ato de criação livre, limitando-se, ao invés, a rastejar em torno da natureza... Não é isto o que o nosso espírito faz quando conta."[83] Mas o *patos* meio poético, meio teológico destas invectivas esquece que, em vez de medir os pro-

---

82. Vide Ray, *Torres-Straits-Expedition*, p. 364; cf. especialmente o rico material em Levy-Bruhl, *Das Denken der Naturvölker* (O pensamento dos povos primitivos), ed. alemã, Viena, 1921, pp. 159 ss.
83. Steinthal, *Mande-Negersprachen*, pp. 75 s.

cedimentos primitivos em comparação com o nosso conceito numérico plenamente desenvolvido, seria mais correto e frutífero buscar e reconhecer o conteúdo intelectual, por menor que seja, existente nestes procedimentos, apesar de tudo. Aqui não se pode falar ainda, é bem verdade, de um sistema de conceitos numéricos, tampouco de sua organização em um encadeamento geral. Mas uma coisa foi conseguida, ou seja: no ato de percorrer uma multiplicidade, embora esta, pelo seu conteúdo, seja puramente sensível, é mantida uma ordem determinada, uma seqüência na passagem de um membro para o outro. No ato da contagem, o passar de uma parte do corpo para a outra não é arbitrário, porquanto a mão direita segue a esquerda, o pé segue a mão, a nuca, o peito e o ombro seguem as mãos e os pés, de acordo com um esquema de sucessões que, embora escolhido de forma convencional, é estritamente observado em consonância com esta escolha. O estabelecimento deste esquema, por mais que esteja longe de esgotar o conteúdo daquilo que o pensamento desenvolvido entende por "número", constitui, não obstante, o pressuposto indispensável para este mesmo conteúdo. Porque também o número puramente matemático se reduz, em última instância, ao conceito de um sistema de posições, ao conceito de uma "ordem na seqüência", *order in progression*, como William Hamilton o denominou. Mas, com efeito, a deficiência principal dos procedimentos primitivos do contar parece residir no fato de que eles não produzem esta ordem livremente de acordo com um princípio espiritual, derivando-a, ao invés, exclusivamente das coisas dadas, e, particularmente, da estruturação dada do próprio corpo daquele que efetua o ato de contar. Mas até mesmo na passividade inegável de tal comportamento manifesta-se ainda uma espontaneidade peculiar que aqui, é bem verdade, somente é perceptível em suas formas incipientes. Na medida em que apreende os objetos sensíveis não apenas de acordo com o que *são* individual e imediatamente, mas também de acordo com a maneira como se *ordenam*, o espírito começa a evoluir da precisão dos objetos para a precisão dos atos: e é através destes últimos, ou seja, através dos atos da ligação e separação que efetua em si mesmo, que o espírito acaba por descobrir, afinal, o verdadeiro e novo princípio, o princípio "intelectual" da formação dos números.

Inicialmente, porém, a capacidade de manter a ordem progressiva na passagem de um objeto para o outro constitui apenas um momento isolado, que ainda não se uniu harmonicamente aos outros momentos necessários à formação do conceito puro do número. Certamente existe uma certa correspondência entre os objetos contados e as partes do corpo humano que funcionam como expressão numérica: mas esta correspondência possui um caráter extremamente vago, e constitui, por assim dizer, uma correspondência global, na medida em que não se chegou a organizar em si mesmas as séries comparadas e a dividi-las em "unidades" nitidamente definidas. O pressuposto essencial para esta formação de unidades consistiria em se considerar rigorosamente idênticos os elementos contados – de tal sorte, que cada elemento se distinguiria do outro tão-somente em virtude da posição que lhe cabe dentro da contagem, e não por nenhuma outra propriedade ou qualidade de natureza material-sensível. Por enquanto, entretanto, ainda estamos muito distantes da abstração de semelhante "homogeneidade". Não somente é necessário que as coisas contadas estejam totalmente ao alcance das mãos, para que possam ser diretamente tocadas e apalpadas, como também as próprias unidades nas quais se realiza a contagem apresentam sempre diferenças concretas e sensíveis, as únicas pelas quais elas se distinguem entre si. Aqui, em lugar de unidades conceituais uniformes, concebidas de modo puramente intelectual, existem apenas as unidades naturais das coisas, tais como fornecidas pela conformação natural do corpo humano. A "aritmética" primitiva tem como elementos tão-somente estes grupos naturais. Os seus sistemas diferenciam-se entre si de acordo com os parâmetros dados de natureza material. Do emprego da mão como modelo da contagem surge o sistema quinário, o uso de ambas as mãos dá origem ao sistema decimal, e da utilização conjunta das mãos e dos pés nasce o sistema vigesimal[84]. Existem, além disso, outros métodos de contagem, que são ainda mais primitivos do que estas tentativas simples de formar grupos e sistemas. No entanto, estes limites da "numeração" não devem ser interpretados também como limites na capacidade de apreensão de pluralidades concretas e de suas diferenciações. Ao contrário, mesmo onde a contagem, propriamente dita, não ultrapassou os primeiros e mais inferiores estágios, a diferenciação destas pluralidades pode apresentar-se altamente desenvolvida, porque para que ela exista é necessário apenas que cada pluralidade específica possua uma característica qualitativa comum, pela qual ela possa ser reconhecida e apreendida em sua peculiaridade própria, não sendo indispensável que ela seja estruturada em si mesma, e, portanto, determinada quantitativamente como um "conjunto de unidades". Existem relatos segundo os quais entre os abipões a faculdade de diferenciar conjuntos concretos está desenvolvida de maneira extremamente sutil, embora a sua capacidade de "contar" se encontre ainda em uma fase totalmente primitiva. Quando, ao partirem para a caça,

---

84. Uma rica coleção de exemplos a respeito do assunto encontra-se em Pott, *Die quinare und die vigesimale Zählmethode bei Völkern aller Weltteile* (Os métodos quinário e vigesimal de contar entre os povos de todas as partes do mundo), Halle, 1874.

na matilha que os acompanha falta um único cão, eles o percebem imediatamente, e da mesma forma o dono de um rebanho de 400 a 500 reses, ao conduzi-las para casa, nota logo se faltam algumas e quais são os animais que estão faltando[85]. Trata-se aqui de pluralidades individuais que são reconhecidas e diferenciadas por uma característica individual especial: o "número" do conjunto – se é que o termo "número" é adequado – não aparece sob forma de grandeza numérica determinada e medida, e sim como uma espécie de "forma numérica" (*Zahlgestalt*) concreta, como uma qualidade intuitiva que adere à impressão global do conjunto que, inicialmente, ainda carece de toda e qualquer estruturação[86].

O reflexo mais claro desta concepção fundamental na linguagem evidencia-se no fato de que esta, originariamente, não conhece expressões numéricas gerais que pudessem ser aplicadas a qualquer objeto numerável; em vez disso, para cada classe especial de objetos ela recorre a uma designação numérica específica que lhe corresponda. Enquanto o número estiver exclusivamente vinculado às coisas, necessariamente terão que existir números e grupos de números diferentes na quantidade equivalente às diferentes classes de coisas existentes. Se o número de um conjunto de coisas é considerado apenas como um atributo qualitativo, inerente às coisas da mesma maneira como determinada forma espacial ou como uma propriedade sensível qualquer, também a linguagem fica impossibilitada de abstrair este número de outras propriedades e de criar para ele uma forma de expressão

---

85. Dobritzhoffer, *Historia de Abiponibus*; cf. Pott, *op. cit.*, pp. 5, 17 etc.
86. Com relação a este caráter qualitativo das contagens primitivas dos "números", cf. especialmente as excelentes exposições de Wertheimer, baseadas em um rico material ilustrativo, *Das Denken der Naturvölker*, *Zeitschrift für Psychologie*, vol. 60 (1912), pp. 321 ss.

válida de um modo geral. Na realidade, em todos os estágios primitivos da formação da linguagem evidencia-se que a designação numérica se funde com a designação das coisas e de suas propriedades. Em seu conteúdo, a mesma designação serve para expressar tanto a natureza do objeto, quanto a sua determinação e o seu caráter numéricos. Existem termos que expressam simultaneamente uma espécie particular de objetos e uma peculiaridade específica deste grupo de objetos. Assim, por exemplo, na língua das Ilhas Fiji há um termo específico que designa grupos de dois, dez, cem, mil cocos, ou um grupo de dez canoas, de dez peixes, e assim por diante[87]. E mesmo após a separação, depois de tornar-se independente da designação das coisas e das propriedades, a designação numérica procura sempre, na medida do possível, aderir à multiplicidade e diversidade das coisas. Nem todo número pode ser aplicado a qualquer coisa: porque aqui o sentido do número ainda não consiste em expressar a pluralidade abstrata de um modo geral, e sim o modo de ser desta pluralidade, a sua espécie e a sua forma. Assim, por exemplo, nas línguas indígenas são utilizadas diversas seqüências de numerais, que variam em se tratando de contar pessoas ou objetos, coisas animadas ou inanimadas. Pode também haver a ocorrência de uma série específica de expressões numéricas quando se trata de contar peixes ou peles, ou quando o processo da contagem se refere a objetos que se encontram de pé, deitados ou sentados. Os habitantes da ilha de Moanu possuem diversos números de um a nove, cuja utilização depende do

---

87. H. C. v. d. Gabelentz, *Die melanesischen Sprachen*, p. 23; cf. Codrington, *The Melanesian Languages*, p. 241. Termos coletivos semelhantes encontram-se nas línguas melanésias da Nova Guiné, onde, por exemplo, é usado um termo próprio e indivisível para designar 4 bananas ou 4 cocos, 10 leitões, 10 objetos compridos etc. Cf. Ray, *Torres-Expedition*, III, p. 475.

que está sendo contado: cocos, seres humanos, espíritos e animais ou árvores, canoas e aldeias ou casas, varas ou plantações[88]. Na língua tsimshien, da Colúmbia Britânica, há uma série específica de números para a contagem de objetos planos e de animais, de objetos redondos e intervalos de tempo, de seres humanos, canoas, de objetos compridos e de medidas[89]; e em outras línguas vizinhas a diferenciação das diversas séries numéricas pode ir ainda mais longe e ser praticamente ilimitada[90]. Como se vê, aqui o empenho na numeração não está voltado para a "homogeneidade". Ao contrário, a linguagem tende a subordinar a diferença quantitativa à diferença genérica que se expressa em suas classificações, e de modificá-la de acordo com esta última. Esta tendência também se evidencia claramente nos casos em que a linguagem já evoluiu a ponto de utilizar expressões numéricas gerais, mas ainda continua a complementar esta expressão com um *determinativo* próprio, que, na qualidade de expressão específica de quantidades, caracteriza a classe à qual o grupo coletivo pertence. Do ponto de vista intuitivo e concreto, existe uma diferença entre reunir seres humanos em um "grupo", ou pedras em um "monte", assim como uma "série" de objetos em repouso se distingue de um "enxame" de objetos em movimento, e assim por diante. A linguagem procura fixar todas estas particularidades e todos estes matizes na escolha dos seus substantivos coletivos e na regula-

---

88. Cf. P. Jos. Meyer em *Anthropos*, I, p. 228 (citado por Wertheimer, *op. cit.*, p. 342).

89. Vide Powell, *Introduction to the Study of Indian Languages*, p. 25, e a compilação das diversas classes de numerais (numerais para objetos planos, redondos, longos, para seres humanos, medidas) em Boas, "Tsimshian" (*Handbook*, I, pp. 396 s.).

90. Cf. a respeito os exemplos colhidos por Levy-Bruhl na literatura lingüística e etnológica (*op. cit.*, pp. 169 ss.).

ridade com que vincula estes coletivos às expressões numéricas propriamente ditas. Assim, por exemplo, nas línguas malaio-polinésias, as expressões numéricas não são diretamente unidas aos substantivos correspondentes; estes, ao contrário, devem estar sempre acompanhados de certos determinativos, cada um dos quais expressa, por assim dizer, uma peculiaridade da "coletivização". A expressão para "5 cavalos" é reproduzida, literalmente, por "cavalos, cinco rabos", quatro pedras traduzem-se, literalmente, por "pedras, quatro corpos redondos" etc[91]. De maneira semelhante, nas línguas mexicanas a expressão do número e do objeto contado é seguida por mais uma palavra que indica a espécie e a forma da seqüência ou da acumulação, e que varia quando se trata, por exemplo, da agregação de objetos redondos e de forma cilíndrica, como ovos e feijões, ou quando se trata de compor longas fileiras de pessoas ou coisas, de muros e sulcos[92]. O japonês e o chinês também desenvolveram um emprego particularmente sutil destes "numerativos", que se distinguem uns dos outros de acordo com a classe dos objetos contados. Estas línguas, embora não possuam a distinção gramatical geral do singular e do plural, observam um grande rigor na exigência de que os agrupamentos coletivos sejam claramente caracterizados como tais, de acordo com a sua orientação e peculiaridade específicas. Enquanto na numeração abstrata as unidades devem ser esvaziadas de todo conteúdo próprio, antes de poderem ser ligadas umas às outras, aqui este conteúdo subsiste, condicionando, porém, as diver-

---

91. Outras referências a respeito do assunto em Fr. Müller, *Novara-Reise*, pp. 275, 303; Codrington, *The Melanesian Languages*, p. 148; v. d. Gabelentz, *Melanesischen Sprachen*, pp. 23, 255.

92. Mais detalhes nas notas de Buschmann sobre a Obra-kawi II, de Humboldt, pp. 269 ss.

sas maneiras específicas de agrupamentos que levam à formação de associações coletivas, grupos e pluralidades[93]. Aqui, a linguagem e o pensamento visam muito mais a ressaltar e delimitar claramente determinadas formas de agrupamento, do que a fragmentar novamente estes mesmos grupos em unidades e particularidades: a característica da multiplicidade, como tal, resulta na medida em que ela é apreendida e diferenciada de outras de acordo com o seu conteúdo geral intuitivo, e não por ser construída lógica e matematicamente a partir dos seus elementos constitutivos.

Deparamos com a mesma concepção básica quando, em vez de estudarmos os procedimentos utilizados pela linguagem na formação dos numerais, consideramos os meios com os quais ela realiza a distinção formal e geral do "singular" e do "plural". Se concebermos embutida na idéia do plural a categoria lógica e matemática da "pluralidade", ou seja, a categoria da multiplicidade que se estrutura a partir de unidades da mesma espécie, claramente separadas, verificaremos que, neste sentido, o plural inexiste totalmente em muitas línguas. Uma grande quantidade de línguas carece de toda e qualquer indicação da oposição entre o singular e o plural. Nestes casos, o substantivo, na sua forma básica, pode ser empregado como designação do gênero que, como tal, abrange uma multiplicidade indeterminada de exemplares, assim como também pode expressar um único exemplar do gênero. Assim, ele ainda tem uma significação intermediária entre o singular e o plural, e, por assim dizer, ainda não se decidiu nem por um, nem por outro. Apenas em casos isolados, nos quais esta distinção parece imprescindível, ela é indicada através de recursos lingüísticos especiais, devendo-

---

93. Cf. o sistema dos "numerativos" japoneses e chineses em Hoffmann, *Japanische Sprachlehre*, pp. 149 ss.

se ressaltar, porém, que nestas ocasiões freqüentemente o que se põe em evidência é a significação singular, e não a significação plural. Assim, por exemplo, de acordo com Fr. Müller, as línguas malaio-polinésias "nunca alcançaram o conceito do número como sendo uma categoria que engloba uma pluralidade em uma unidade viva", de sorte que os seus substantivos não são nem realmente concretos, nem realmente abstratos, constituindo algo intermediário entre ambos. Na língua dos malaios, o termo "homem" não designa nem um homem *in concreto*, nem o homem = humanidade *in abstracto*, e sim homens/seres humanos que foram vistos e são conhecidos. Ainda assim a palavra (*ôran*) corresponde mais ao nosso plural do que ao singular, e este precisa sempre ser assinalado de maneira mais precisa através de uma palavra que significa "um"[94]. Aqui, portanto, não se trata da unidade inicial simples, que posteriormente, através de um morfema, é transformada no plural; em vez disso, o que se observa é que a partir da multiplicidade não diferenciada podem se desenvolver, por um lado, o plural, por intermédio do acréscimo de determinadas palavras substantivas de sentido genérico e coletivo, e, por outro lado, o singular, mediante o emprego de determinadas partículas individualizadoras[95]. Idêntica intuição da relação unidade-pluralidade também está subjacente a muitas línguas altaicas, nas quais, igualmente, a mesma palavra, sem nenhuma diferenciação gramatical mais precisa, pode ser empregada para expressar a unidade, bem como a pluralidade. Por isso, o mesmo apelativo pode designar, por um lado, o indivíduo isolado e todo o gênero,

---

94. Vide Fr. Müller, *Novara-Reise*, pp. 274 ss.; para as línguas australianas cf. pp. 246 s.; vide também Fr. Müller, *Grundriss*, II, 2, pp. 114 ss.

95. Maiores detalhes a respeito em Codrington, *The Melanesian Languages*, pp. 148 s.; H. C. v. d. Gabelentz, *Die melanesischen Sprachen*, pp. 23, 255.

e, por outro, um número indeterminado de indivíduos[96]. Mas também os grupos lingüísticos que desenvolveram claramente a distinção formal entre o singular e o plural ainda apresentam algumas características que indicam nitidamente que esta diferenciação rigorosa foi precedida por um estágio de relativa indiferença. Freqüentemente ocorre que uma palavra que já possui a forma exterior de um plural é empregada, no que respeita à sua construção gramatical, no sentido oposto, ou seja, é vinculada ao singular do verbo, porque ela não é sentida, na sua significação primeira, como uma pluralidade discreta, e sim como um todo coletivo, e, portanto, como uma unidade coletiva[97]. No indo-germânico, o fato de no grupo indo-ariano e no grego o plural dos neutros ser unido ao verbo no singular explica-se, como é sabido e notório, da seguinte maneira: originariamente, a terminação -ă destes neutros não possuía um sentido plural, remontando à terminação feminina singular -a, que era utilizada como designação de abstratos coletivos. Em suas origens, portanto, as for-

---

96. Cf. Boethlingk, *Die Sprache der Jakuten*, pp. 340 ss.; H. Winkler, *Der ural-altaische Sprachstamm*, p. 137; com relação à "formação do plural" nas línguas altaicas ver também Grunzel, *Vergleichende Grammatik der altaischen Sprachen*, pp. 47 ss.

97. De acordo com Erman (*Ägyptische Grammatik*, pp. 108 ss.), no egípcio muitos conceitos que são plurais puros de acordo com a sua significação são parafraseados através de substantivos abstratos coletivos no singular, e a forma do predicado verbal é modificada de acordo com esta concepção. De modo semelhante, de acordo com Brockelmann (*Grundriss*, I, pp. 437 ss., cf. II, pp. 77 ss.), nas línguas semíticas do sul as fronteiras entre o singular, o coletivo e o plural ainda são fluidas, de sorte que os coletivos, a partir de um ligeiro deslocamento, podem transformar-se novamente em um singular, e, em seguida, formar um novo plural. Para o grupo lingüístico indo-germânico vide os exemplos que Meyer-Lübke extrai das línguas românicas em *Grammatik der romanischen Sprachen* (Gramática das línguas românicas), II, pp. 69 ss., III, pp. 26 ss.

mas terminadas em -*a* não eram indicativas nem do plural nem do singular, constituindo, ao invés, coletivos em si e na sua forma mais pura, que podiam ser interpretados ora de uma maneira, ora de outra[98].

Por outro lado evidencia-se que também no modo de formar o plural, a linguagem – de maneira análoga à observada nos procedimentos da numeração – não justapõe abruptamente uma categoria abstrata da pluralidade à categoria abstrata da unidade, e que, ao invés, existem entre ambas múltiplas gradações e transições. As primeiras pluralidades diferenciadas pela linguagem não são pluralidades em si, e sim pluralidades específicas, que possuem um caráter qualitativo especial e distinto. Independentemente do uso do *dual* e do *trial*, muitas línguas distinguem um plural duplo: um, mais restrito, para dois e mais alguns poucos objetos, e um outro para um número grande de objetos. Este emprego, que Dobritzhoffer registra na língua dos abipões[99], tem a sua contrapartida exata nas línguas semíticas, por exemplo no árabe[100]. Em sua exposição das formas plurais do árabe, que ao lado do dual conhece o plural restrito de 3 a 9, bem como o plural da multiplicidade para 10 e mais objetos, ou para um número indeterminado de objetos, Humboldt observa que a

---

98. Segundo Brugmann, desde os tempos do indo-germânico primitivo, o substantivo era usado no singular quando se representava o seu conteúdo conceitual como algo unitário e não levava em consideração a subdivisão eventualmente existente da unidade. Por outro lado, o plural não era apenas usado quando se desejava diferenciar vários exemplares de um mesmo gênero, diversos acontecimentos/processos (*Vorgänge*) ou várias ações, mas também quando se tratava de expressar a essência, de alguma maneira plural, de determinado conceito [Brugmann, *Kurze vergleichende Grammatik* (Breve gramática comparada), p. 413; cf. *Griechische Grammatik*, 3ª ed., pp. 369 ss.].

99. Dobritzhoffer, *Historia de Abiponibus*, II, pp. 166 ss. (cit. em Humboldt, "Über den Dualis", *Werke*, VI, p. 1, pp. 19 ss.).

100. Mais detalhes em Brockelmann, *Grundriss*, I, pp. 436 ss.

concepção aqui subjacente, segundo a qual o conceito de gênero de certo modo é considerado como algo exterior à categoria do número, e dele se distinguem o singular e o plural através da flexão, deve ser chamada "indubitavelmente de muito filosófica"[101]. Na realidade, porém, o conceito de gênero, aqui, não parece ser concebido de acordo com a sua natureza genérica e, graças a esta natureza, apartar-se da diferenciação do número, porquanto este conceito, ao contrário, ainda não faz parte desta diferenciação. A diferença que a linguagem expressa através do singular e do plural não é suprimida no gênero, ela apenas ainda não se efetuou no mesmo com todo o rigor; a oposição quantitativa entre unidade e multiplicidade não foi superada por uma unidade qualitativa superior e abrangente, porque essa oposição ainda nem foi claramente estabelecida. A unidade do gênero significa uma unidade distinta, ante a pluralidade não menos distinta das espécies – mas na significação coletiva indeterminada, da qual em grande número de línguas emergem tanto a significação do singular, como a do plural, é a falta de distinção, precisamente, que constitui o fator decisivo. A pluralidade é apreendida como simples amontoado, como quantidade ou massa, portanto como um todo sensível, e não lógico. A sua generalidade é a de uma impressão que ainda não se decompôs em seus diversos elementos e componentes, e não a de um conceito superior que engloba e abrange o particular como algo separado e "singularizado" (*als ein Gesondertes und "Ersondertes"*).

Mas é precisamente graças a este fator fundamental da *separação* que do simples conceito da quantidade e da pluralidade nasce o rigoroso conceito do *número*. Até aqui, os nossos estudos nos ensinaram a conhecer dois caminhos e

---

101. "Über den Dualis", *op. cit.*, VI, 1, 20.

duas direções, pelos quais a linguagem se aproxima deste conceito, que ela, entretanto, de acordo com a sua natureza, somente pode apreender em seu invólucro sensível. Por um lado, já nas numerações mais primitivas, orientadas pelas partes do corpo humano, o pensamento lingüístico se ateve ao fator da "ordem na progressão". Para que estas numerações tivessem algum resultado, era necessário que no percorrer dos diversos membros não se passasse arbitrariamente de um para o outro, e sim que fosse observada alguma regra no desenvolvimento das seqüências. Por outro lado evidenciou-se que a linguagem, na formação de suas designações coletivas gerais, se guiou pela impressão da multiplicidade em si, pela consciência de um todo inicialmente indeterminado que, de alguma maneira, se desdobra em "partes". Em ambos os casos, a idéia do número e a sua expressão lingüística estão ligadas às formas fundamentais da intuição, à apreensão do ser espacial e temporal. A análise epistemológica mostra como ambas as formas devem, necessariamente, atuar em conjunto, para que o conteúdo essencial do conceito do número se revele e evidencie. Se o número se baseia na intuição do espaço para a apreensão da "coexistência" coletiva, ele necessita igualmente da intuição do tempo para formar o momento oposto a esta especificação, ou seja, o conceito da unidade e individualidade *distributiva*. Porque a tarefa intelectual que o número tem a cumprir não consiste apenas em satisfazer a ambas as exigências, mas também em concebê-las como uma coisa só, como uma unidade. Assim, toda pluralidade determinada numericamente é concebida e apreendida, ao mesmo tempo, como uma unidade, como também toda unidade é simultaneamente imaginada e entendida como uma pluralidade. É bem verdade que reencontramos esta unificação correlativa de momentos contrários em todos os atos intelectuais fundamentais da consciência. Trata-se sempre de não deixar simplesmente justapostos os elementos integrantes da síntese da consciência, mas, ao contrário, de compreendê-los como expressão e resultado de um único e mesmo ato fundamental, e de fazer com que a ligação apareça como separação, e esta como ligação. Entretanto, por mais necessária que seja esta determinação dupla, é perfeitamente possível que, de acordo com a peculiaridade do problema, ora um, ora outro fator possa predominar na síntese geral. Quando no conceito numérico matemático exato parece ter sido atingido o equilíbrio puro entre a função da ligação e a da separação, quando o postulado da unificação em um todo e o da discrição absoluta dos elementos parecem ter sido alcançados no seu rigor ideal, um destes motivos predomina e afirma a sua superioridade ante o outro na consciência do espaço e do tempo. Porque no espaço prevalece o momento da justaposição e do entrelaçamento dos elementos, no tempo impõe-se o momento da sucessão e da separação. Nenhuma figura espacial individual pode ser intuída ou pensada sem que, ao mesmo tempo, se pense no espaço como um todo "no" qual esta figura deve estar contida: aqui, a particularidade da figura somente é possível como limitação do espaço único e oniabrangente. Por outro lado, o momento temporal é aquilo que ele é, embora o seja apenas pelo fato de aparecer como momento em uma seqüência, como parte de uma sucessão. Mas esta seqüência somente pode se constituir na medida em que cada momento isolado exclui os demais, e na medida em que é estabelecido um "agora" simples e indivisível, um momento de atualidade pura, que se distingue totalmente de todo passado e de todo futuro. O pensamento concreto do número, tal como se expressa na linguagem, faz uso de ambos os desempenhos: o da consciência espacial e o da consciência temporal – e utiliza os dois para, graças aos mesmos, desenvolver dois diferentes momentos do número. A partir da diferenciação dos objetos espaciais, a linguagem chega ao seu conceito e à sua expressão da pluralidade coletiva – a partir da diferenciação dos atos temporais ela chega à sua expressão da particularização e da singularização. Este tipo duplo da apreensão espiritual da multiplicidade parece refletir-se claramente na formação do plural. Em um caso, a constituição da forma plural é dirigida pela intuição de complexos de coisas, no outro, é orientada pelo retorno rítmico-periódico das fases de determinado processo temporal; no primeiro caso, ela está voltada predominantemente para totalidades objetivas, constituídas por uma pluralidade de partes, no segundo caso, ela aponta para a repetição de acontecimentos ou ações que se ligam entre si, formando uma seqüência contínua.

Assim, de fato, as línguas que, em sua construção global, apresentam uma estrutura predominantemente verbal, desenvolveram uma concepção de pluralidade peculiar, puramente "distributiva", que se distingue rigorosamente da concepção coletiva. A elaboração precisa e a caracterização dos atos verbais tornam-se, nestas línguas, o veículo propriamente dito da concepção da pluralidade. A língua dos índios klamath, por exemplo, não desenvolveu um meio próprio para realizar a distinção entre a designação de objetos isolados e a de uma pluralidade de objetos. Em vez disso, porém, observa-se com o máximo rigor e absoluta precisão a diferença existente entre uma atividade que se esgota em um único ato temporal, e a outra que abrange uma pluralidade de fases temporalmente distintas, mas idênticas no que respeita ao conteúdo. "Para o espírito dos índios klamath", diz Gatschet, "o fato de coisas diversas serem feitas repetidamente em momentos distintos, ou que a mesma coisa seja feita diversas vezes por pessoas diferentes, constitui algo muito mais significativo do que a pura idéia da pluralidade, tal como a possuímos na nossa língua. Esta categoria da especificidade (*Kategorie der Gesondertheit*) marcou de tal maneira as suas mentes, que a linguagem a exprime através de um recurso simbólico-fonético específico, isto é, através da duplicação." Por isso, na língua klamath todas as expressões do "plural" no nosso sentido são comprovadamente de origem mais recente, enquanto a idéia da divisão de um ato em uma pluralidade de processos idênticos é sempre designada de modo claro e inequívoco por intermédio da já mencionada reduplicação, que permeia toda a língua, inclusive as posposições e determinadas partículas adverbiais[102]. A língua hupa, da família atapasca, utiliza em muitos casos o singular onde esperaríamos um plural; tal emprego ocorre sempre quando uma pluralidade de indivíduos participa de uma determinada ação, mas esta ação, em si mesma, aparece como uma unidade. Em contrapartida, também aqui a relação distributiva sempre é designada com o máximo rigor através da escolha de um prefixo específico[103]. A reduplicação, em particular, também é usada, com a mesma função, fora do grupo de línguas ameríndias[104]. Aqui, novamente, uma forma de concepção intrinsecamente intelectual encontrou na linguagem uma expressão imediata e sensível. A simples repetição do som é o meio mais primitivo e, ao mesmo tempo, mais eficaz para designar a recorrência e a articulação rítmicas de um ato, especialmente de uma atividade humana. Tal-

---

102. Vide Gatschet, *Klamath-Language*, pp. 419, 464, 611.

103. Vide Goddard, "Athapascan (Hupa)", (*in* Boas, *Handbook* I, p. 104); cf. Boas, "Kwakiutl" (*op. cit.*, I, p. 444): "The idea of plurality is not clearly developed. Reduplication of a noun expresses rather the occurence of an object here and there, or of different kinds of a particular object, than plurality. It is therefore rather a distributive than a true plural. It seems that this form is gradually assuming a purely plural significance."

104. Cf. o emprego da reduplicação para a designação do plural "distributivo" nas línguas camíticas ver Meinhof, *Die Sprachen der Hamiten*, pp. 25, 171.

vez aqui, mais do que em qualquer outra oportunidade, tenhamos a chance de vislumbrar os primeiros motivos que determinaram a formação da linguagem, bem como a espécie de relação existente entre a linguagem e a arte. Foram feitas tentativas no sentido de rastrear o desenvolvimento da poesia até os seus inícios, ou seja, até os primeiros cantos primitivos de trabalho, entoados pela humanidade, nos quais o ritmo dos movimentos do corpo, por assim dizer, se exteriorizam pela primeira vez. O exaustivo trabalho de Bücher sobre o trabalho e o ritmo mostrou como estes cantos de trabalho ainda hoje estão espalhados por todo o mundo, e quão parecidos continuam sendo em toda parte na sua forma básica. Todo trabalho físico, quando executado por um indivíduo, e, mais ainda, quando realizado por um grupo, pressupõe uma coordenação funcional dos movimentos, que, por sua vez, conduz imediatamente a uma concentração e divisão rítmicas das diversas fases do trabalho. Este ritmo se apresenta de dupla maneira à consciência: por um lado, manifesta-se na pura sensação do movimento, na alternância da contração e do relaxamento dos músculos; por outro lado, evidencia-se de forma objetiva nas percepções da audição, na uniformidade dos sons e ruídos que acompanham o trabalho. A consciência da ação e de suas diferenciações está ligada a estas diferenças sensíveis: o moer e o ralar, o triturar e puxar, o comprimir e pisar distinguem-se na medida em que cada uma destas atividades possui uma cadência e uma tonalidade próprias, assim como cada uma possui a sua finalidade específica. Na grande quantidade e variedade dos cantos de trabalho, nos cantos que acompanham o fiar e o tecer, o debulhar e o remar, nos cânticos entoados na atividade de moer ou de cozer o pão, pode-se perceber de maneira imediata, por assim dizer, como uma sensação rítmica específica, determinada pelo caráter de uma certa tarefa, somente pode persistir e transformar-se em trabalho, na medida em que, ao mesmo tempo, se objetiva em um som[105]. Talvez também algumas formas da reduplicação do verbo, como expressão de um ato que encerra uma pluralidade de fases ritmicamente repetidas, remontem a este tipo de fonetização que, inicialmente, teve origem na própria atividade do ser humano. De qualquer modo, a linguagem somente pôde adquirir a consciência da forma pura do tempo e da forma pura do número na medida em que vinculou esta consciência a determinados conteúdos e a certas vivências rítmicas básicas, nos quais ambas as formas estavam dadas como que em uma concreção e fusão imediatas. Que aqui foi a diferenciação dos atos, e não tanto das coisas, que deu início à separação e "distribuição", ou seja, a um dos momentos fundamentais da enumeração, parece confirmar-se também pelo fato de que em muitas línguas a expressão do plural no verbo é empregada não apenas quando realmente existe uma pluralidade de agentes, mas também quando um único sujeito direciona a mesma ação para objetos diferentes[106]. Pa-

---

105. Mais detalhes em Karl Bücher, *Arbeit und Rhythmus*, 4ª ed., Leipzig, 1909.

106. Este, portanto, é o caso inverso, mas exatamente correspondente que acabamos de examinar no exemplo da língua hupa. Enquanto lá o singular do verbo também é empregado no caso de uma pluralidade dos sujeitos, quando a ação em si é considerada uma unidade indivisível (como por exemplo a execução de uma dança), por outro lado, na maioria das línguas aborígines americanas, um verbo transitivo é usado no plural quando o seu objeto direto se encontra no plural, ou seja, quando a ação se dirige para diversos objetos e, assim, se afigura dividida em si mesma. Também em outras línguas a expressão do plural no verbo depende mais da multiplicidade dos objetos da ação do que da multiplicidade dos sujeitos, ou de ambos ao mesmo tempo. Exemplos do kiwai, uma língua papua, são fornecidos por Ray, *Torres-Straits-Expedition* III, pp. 311 ss.; entre as línguas africanas, as núbias, por exemplo, distinguem se o objeto ao qual se refere a ação é isolado ou faz parte de uma pluralidade. Rei-

ra uma intuição da pluralidade que, em essência, está voltada para a forma pura da ação, é de fato pouco significativo constatar se um ou vários indivíduos participam desta ação, enquanto a sua decomposição em diversas fases sempre é de importância decisiva.

Até aqui analisamos as formas fundamentais da intuição pura, as formas do espaço e do tempo, como ponto de partida da formação dos números e da pluralidade. Com este procedimento, entretanto, ainda não nos acercamos da camada talvez mais profunda e primordial em que está enraizado o ato de contar. Porque também aqui a investigação não pode partir do objeto apenas e das diferenças que se encontram na esfera objetiva, espaço-temporal; é necessário, em vez disso, remontar às oposições fundamentais que nascem da subjetividade pura. Existem numerosos indícios de que também a linguagem extraiu desta esfera as suas primeiras distinções numéricas, e de que a consciência do número não se desenvolveu, primeiramente, a partir da justaposição ou separação materiais dos objetos ou processos, e sim em virtude da separação entre o "eu" e o "tu". É como se neste campo, muito mais do que no âmbito das simples representações das coisas, existisse uma sutileza maior na diferenciação, uma sensibilidade maior no que diz respeito à oposição

---

nisch, *Die Nuba-Sprache*, pp. 56 ss., 69 ss. A língua tagala, descrita detalhadamente por Humboldt na Obra-Kawi, freqüentemente usa no verbo um determinado prefixo plural para indicar tanto a pluralidade dos agentes como, em especial, uma multiplicidade ou reiteração que se encontra na própria ação. Neste caso, o conceito da pluralidade é relacionado ora aos agentes, ora à ação, ou também à ocupação mais ou menos freqüente com a mesma. Assim, *mag-súlat* (de *sulat*, escrever) significa: "Muitos escrevem", no sentido de um plural normal, bem como "ele escreve muito", em acepção freqüentativa, ou expressa ainda um "modo habitual" ("seu ofício é escrever"). Mais detalhes em Humboldt, *op. cit.*, II, pp. 317, 376 ss.).

entre o "um" e os "muitos". Muitas línguas que não desenvolveram uma forma plural propriamente dita para os substantivos expressam-na, não obstante, por intermédio dos pronomes pessoais[107]; outras empregam dois signos diferentes para indicar o plural, sendo que um deles é usado exclusivamente para os pronomes[108]. Muitas vezes o plural dos substantivos somente é indicado expressamente quando se trata de seres racionais e animados, e nunca no caso de objetos inanimados[109]. Na língua iacuta, partes do corpo, bem como peças da indumentária normalmente se encontram no singular, mesmo que se verifique a presença de duas ou mais em *um* indivíduo. Em contrapartida, aparecem no plural, quan-

---

107. Para as línguas americanas cf. por exemplo a exposição sobre a língua maidu (Maidu), realizada por Roland B. Dixon (*in* Boas, *Handbook* I, pp. 683 ss.): "Ideas of number are unequally developed in Maidu. In nouns, the exact expression of number seems to have been felt as a minor need; whereas, in the case of pronominal forms, number is clearly and accurately expressed" (p. 708). Também nas línguas melanésias, polinésias e indonésias, somente o pronome apresenta o desenvolvimento de uma rigorosa distinção numérica; maiores detalhes em Codrington, *The Melanesian Languages*, p. 110, e em H. C. v. d. Gabelentz, *Die melanesischen Sprachen*, p. 37. A língua bacairi, que não conhece a distinção entre o singular e o dual, e tampouco possui uma designação geral para o plural, desenvolveu as primeiras indicações desta designação para os pronomes de primeira e segunda pessoas. Cf. v. d. Steinen, *Die Bakairi-Sprache*, pp. 324, 349 ss.

108. Este é o caso, por exemplo, do tibetano; cf. J. J. Schmidt, *Grammatik der tibetanischen Sprache* (Gramática da língua tibetana), Petersburg, 1839, pp. 63 s.

109. Numerosos exemplos deste emprego em Fr. Müller, *Grundriss* II, 1, p. 261; II, 1, pp. 314 ss., III, pp. 2, 50. Na língua hupa poucos substantivos possuem uma forma plural: trata-se daqueles que indicam a idade ou a condição social de um homem ou exprimem alguma relação de parentesco. (Goddard, "Athapascan", *in* Boas, *Handbook* I, p. 104.) Na língua aleúte existem duas expressões diferentes para o plural, uma para seres animados, outra para objetos inanimados; vide Victor Henry, *Esquisse d'une grammaire raisonnée de la langue aléoute*, Paris, 1879, p. 13.

do pertencem a várias pessoas[110]: também aqui, portanto, a diferenciação numérica é mais precisa no que se refere à intuição dos indivíduos, do que em relação à simples intuição das coisas. E também aqui, nas designações numéricas que têm sua origem nesta esfera pessoal, expressa-se a inter-relação que, fundamentalmente, existe entre o número e o enumerado. Já se evidenciou, de um modo geral, que as primeiras designações numéricas criadas pela linguagem derivam de enumerações concretas, claramente determinadas, e, por assim dizer, ainda conservam o seu colorido. Este colorido peculiar e específico transparece principalmente nos casos em que a determinação numérica não parte da diferenciação das coisas, e sim das pessoas. Porque aqui, inicialmente, o número não se apresenta como um princípio racional universalmente válido, ou como um processo ao qual se possa dar continuidade ilimitada; aqui, ao invés, o número se restringe, desde o princípio, a um âmbito determinado, cujos limites são determinados não apenas pela intuição objetiva, mas ainda mais nítida e precisamente pela subjetividade pura do sentimento. Graças a esta, o "eu" se distingue do "tu", e o "tu" do "ele"; mas não há, em um primeiro momento, nenhuma necessidade de ir para além desta tríade claramente determinada, dada na diferenciação das "três pessoas", e avançar na direção da intuição de uma pluralidade mais ampla. Mesmo nos casos em que tal pluralidade foi concebida e indicada lingüisticamente, ela não possui o mesmo caráter da "distinção" que se manifesta na diferenciação recíproca das esferas pessoais. Ao contrário, para além do número três começa, por assim dizer, o reino da pluralidade indeterminada, da simples coletividade que não está submetida a nenhum processo de ordenação. Vemos, com efeito, que no desenvol-

---

110. Vide Boethlingk, *Die Sprache der Jakuten*, p. 340.

vimento de todas as línguas as primeiras formações dos números sempre estão presas a tais limitações. As línguas de muitos povos primitivos mostram que a atividade da separação, tal como se desenvolve na oposição entre o eu e o tu, se realiza na passagem do "um" para o "dois" – e que se trata de mais um passo importante quando o "três" é incluído neste conjunto – mas que, para além disso, a força da diferenciação, a *performance* da "discriminação" que conduz à formação dos números, perde, por assim dizer, a sua energia. Entre os bosquímanos as expressões numéricas, a rigor, chegam somente até o dois: já a expressão para o três indica apenas "muitos", sendo usada para todos os números até o dez, juntamente com a linguagem dos dedos[111]. Os aborígines de Victoria tampouco desenvolveram numerais que vão além do 2. Na língua dos Binandeles, da Nova Guiné, existem apenas três numerais, para o 1, o 2 e o 3, enquanto os números acima do 3 precisam ser formados através de perífrases[112]. Em todos estes exemplos, aos quais muitos outros poderiam ser acrescentados[113] evidencia-se quão estreitamente o ato de contar esteve originalmente ligado à intuição do

---

111. Cf. Fr. Müller, *Grundriss* I, 2, pp. 26 ss.

112. Cf. Sayce, *Introduction to the Science of Language* I, p. 412.

113. Tais exemplos, particularmente do grupo das línguas papuas, encontram-se em Ray, *Torres-Expedition*, III, pp. 46, 288, 331, 345, 373; vide também. Fr. Müller, *Die Papuasprachen* (As línguas papuas), Globus, vol. 72 (1897), p. 140. Na língua kiwai a mesma palavra (*potoro*), usada para designar a tríade, é usada para indicar o 4: por isso, ela provavelmente significa "poucos", enquanto todos os números acima do 3 são reproduzidos por *sirio* ("muitos") (Ray, *op. cit.*, p. 306). Para as línguas melanésias vide H. C. v. d. Gabelentz, *op. cit.*, p. 258. De acordo com K. v. d. Steinen, entre os bacairi existem claros indícios de que o 2 foi o "limite da antiga aritmética", a expressão por excelência da pluralidade; a palavra usada para indicá-la remonta, de acordo com a sua interpretação, a uma combinação de palavras que, a rigor, significa "contigo" (*Die Bakairi-Sprache*, pp. 352 ss.).

eu, do tu e do ele, e quão lentamente ele se desprende desta intuição. O papel especial que o número 3 desempenha na língua e no pensamento de todos os povos[114] parece encontrar aqui a sua explicação última. Quando se diz dos números, tal como concebidos pelos povos primitivos, que cada um tem ainda a sua fisionomia individual própria, que ele possui uma espécie de existência mística e uma particularidade mística, tal afirmativa é válida sobretudo para o 2 e para o 3. Ambos constituem formações especiais, que parecem possuir uma tonalidade espiritual específica, graças à qual se distinguem da seqüência numérica uniforme e homogênea. Até mesmo nas línguas que possuem um sistema numérico "homogêneo", altamente desenvolvido e elaborado, existem certas determinações formais que ainda permitem entrever nitidamente a posição de destaque dos números 1 e 2, e, eventualmente, também dos números 1 a 3 ou 1 a 4. Nas línguas semíticas os numerais 1 e 2 são adjetivos, os outros, em contrapartida, são substantivos abstratos que, remetendo os objetos contados para o genitivo plural, assumem o gênero oposto ao das coisas contadas[115]. Na língua indo-germânica primitiva, de acordo com o testemunho coincidente do indo-iraniano, do báltico-eslavo e do grego, os numerais de 1 a 4 eram declinados, enquanto os numerais de 5 a 19 eram formados por adjetivos não declinados, e os superiores ao 19 se constituíam a partir de substantivos acompanhados do objeto contado enunciado no genitivo[116]. Também uma forma gramatical como o dual subsiste por muito mais tempo nos pronomes pessoais

---

114. Ver a respeito o material de Usener, *Dreizahl* (Tríade), Rheinisches Museum, N. F. vol. 58.

115. Cf. Brockelmann, *Grundriss*, I, pp. 484 ss., II, pp. 273 ss.

116. Cf. Meillet, *Einführung in die vergleichende Grammatik der indogermanischen Sprachen* (Introdução à gramática comparada das línguas indo-germânicas), pp. 252 ss.; Brugmann, *Kurze vergleichende Grammatik*, pp. 369 ss.

do que em outras classes de palavras. Nos pronomes alemães de primeira e segunda pessoas, o dual – que de resto desaparece na declinação – ainda se mantém por longo tempo[117]; de modo análogo, no desenvolvimento das línguas eslavas o dual "objetivo" perdeu-se muito mais cedo do que o dual "subjetivo"[118]. Em muitas línguas a origem etimológica dos primeiros numerais também parece apontar para esta relação com as palavras fundamentais que serviam para distinguir as três pessoas: parece provado que particularmente no indo-germânico as expressões para o "tu" e para o "dois" possuíam uma raiz etimológica comum[119]. Scherer refere-se a esta correlação, para concluir que nos encontramos aqui na origem lingüística comum da psicologia, da gramática e da matemática; e que aqui a raiz da dualidade nos remete ao dualismo primevo no qual se fundamenta toda e qualquer possibilidade da linguagem e do pensamento[120]. Porque de acordo com Humboldt, ainda segundo Scherer, a linguagem somente se torna possível através da interpelação e da réplica, fundamentando-se, portanto, em uma tensão e uma cisão entre o eu e o tu, que em seguida se dissolve, precisamente, no ato de falar, de sorte que este ato se impõe como a ver-

---

117. Entre os dialetos alemães, o da Westfália e o bávaro-austríaco ainda hoje conservam, como se sabe, vestígios deste uso do dual; maiores informações em Jakob Grimm, *Deutsche Grammatik*, I, pp. 339 ss.

118. Miklosich, *Vergleichende Grammatik der slawischen Sprachen*, IV, p. 40; sobre fenômenos análogos no grupo fino-úgrico vide por exemplo Szinnyei, *Finnisch-ugrische Sprachwissenschaft* (Lingüística fino-úgrica), Leipzig, 1910, p. 60.

119. A respeito desta questão cf. Benfey, *Das indogermanische Thema des Zahlworts "zwei" ist du* (O tema indo-germânico do número dois é tu), Göttingen, 1876; também Brugmann, *Grundriss* II, 2, pp. 8 ss., supõe que a palavra *duuō*, do antigo indo-germânico, "em última análise provavelmente remonta à intuição pessoal".

120. Scherer, *Zur Geschichte der deutschen Sprache*, pp. 308 ss., 355.

dadeira e genuína "mediação entre uma faculdade de raciocinar e outra".

Baseando-se nesta concepção especulativa da linguagem, W. v. Humboldt, em seu tratado sobre o dual, foi o primeiro estudioso a esclarecer a partir do seu âmago o emprego desta forma, que até então tinha sido considerada pela gramática como um simples peso morto, como um refinamento supérfluo da linguagem. Ele atribui ao dual uma origem por um lado subjetiva, por outro objetiva e, conseqüentemente, uma significação primeva em parte sensível, em parte intelectual. A primeira direção, que considera a dualidade como um fato dado na natureza, perceptível pelos sentidos, sempre é seguida pela linguagem, segundo Humboldt, quando esta utiliza o dual principalmente como expressão da intuição pura das coisas. Este emprego ocorre em quase todas as famílias lingüísticas. Para o senso lingüístico, as coisas que existem duplamente se apresentam como uma totalidade específica, genericamente homogênea. Nas línguas bantos, por exemplo, estas coisas que existem duplamente, tais como olhos, orelhas, ombros, seios, joelhos e pés, constituem uma classe própria, designada por um prefixo nominal específico[121]. Ao lado destas dualidades naturais, figuram as artificiais: assim como a paridade dos membros do corpo, é ressaltada na linguagem a duplicidade de determinados utensílios e instrumentos. Mas este emprego do dual na esfera dos conceitos nominais puros encontra-se em processo de constante regressão no desenvolvimento da maior parte das línguas. Nas línguas semíticas ele faz parte do tronco comum, mas tende a desaparecer mais e mais nas línguas individuais[122]. No grego, em determinados dialetos, o dual já desapareceu em tempos pré-históricos, e mesmo em Home-

---

121. Vide Meinhof, *Bantugrammatik*, pp. 8 ss.
122. Cf. Brockelmann, *Kurzgefasste vergleichende Grammatik*, p. 222

ro ele já se encontra em estado de desintegração. Somente no dialeto ático ele sobrevive por mais tempo, mas também aqui desaparece gradualmente no quarto século a.C.[123]. Nesta circunstância[124], que não está vinculada a um campo específico ou a determinadas condições, aparentemente se expressa uma correlação geral da lógica lingüística. A regressão do dual coincide com a progressiva e constante passagem do número individual e concreto para a série numérica. Quanto mais se impõe a idéia da série numérica no sentido de um todo construído de acordo com um princípio rigorosamente unitário, tanto mais o número individual, em vez de representar um conteúdo específico, passa a constituir um simples componente, equivalente aos demais. A heterogeneidade começa a ceder lugar à pura homogeneidade. Mas é compreensível que este novo ponto de vista se imponha com maior lentidão na esfera pessoal do que na esfera das coisas: porque a primeira, pela sua origem e por natureza, está orientada para a forma da heterogeneidade. O "tu" não é idêntico ao "eu", constituindo, ao invés, o seu oposto, o não-eu: o "segundo", portanto, não surge da simples repetição da unidade; ao contrário, em relação a esta unidade, ele representa qualitativamente o "outro". Certamente o "eu" e o "tu" podem unir-se na comunidade do "nós", mas esta forma de união que resulta no "nós" é algo que difere completamente de uma coletivização de coisas. Já Jakob Grimm ressaltou em diversas ocasiões a diferença existente entre os conceitos de plu-

---

123. Brugmann, *Griechische Grammatik*, 3ª ed., p. 371; Meillet, *op. cit.*, p. 6; cf. também Fr. Müllker, *Der Dual im indogermanischen und semitischen Sprachgebiet* (O dual no grupo lingüístico indo-germânico e semítico), Sitzungsberichte der Wiener Akademie, Philos.-hist. Kl., vol. XXXV.

124. No antigo egípcio o dual ainda se mantém em larga escala, enquanto na língua copta ele deixou de existir, à exceção de vestígios insignificantes (vide Erman, *Ägyptische Grammatik*, p. 106, Steindorf, *Koptische Grammatik*, pp. 69, 73).

ral que a linguagem desenvolveu para referir-se a coisas, por um lado, e a pessoas, por outro. Ele chama a atenção para o fato de que, enquanto se pode considerar um plural objetivo como uma soma de elementos similares, ou seja, que o plural "homens", por exemplo, poderia ser definido como "homem e homem", o mesmo não ocorre com o "nós", uma vez que este pronome não pode ser entendido como um "eu e eu", e sim como um "eu e tu" ou como um "eu e ele"[125]. Por isso, a motivação puramente "distributiva" da numeração, a motivação da pura separação das unidades, aparece aqui ainda mais nitidamente do que na forma de numeração cujo ponto de partida foi a intuição do tempo e dos processos temporais[126].

O mesmo intuito de não permitir que os elementos constitutivos da unidade do "nós" simplesmente se dissolvam nesta unidade, mas, pelo contrário, sejam preservados em sua peculiaridade e determinação específica, evidencia-se no uso que faz a linguagem do trial e do plural inclusivo e exclusivo. Ambos são fenômenos estreitamente relacionados. O emprego do dual e do trial está regulamentado de maneira particularmente rigorosa nas línguas melanésias, que, quando se trata de duas ou três pessoas, exigem o uso de uma determinação numérica correspondente; e nestas línguas também o

---

125. Cf. Jakob Grimm, *Kleinere Schriften* III, pp. 239 ss.
126. Cf. Fr. Müller, *Grundriss* II, 1, pp. 76 s. Vide também a observação de G. V. d. Gabelentz, *Die Sprachwissenschaft*, pp. 296 ss.: "Gramaticalmente falando, a vida familiar encarna todos os pronomes pessoais, o singular, o dual e o plural; a família ou o clã sente-se como uma unidade permanente diante de outras famílias. O 'nós' opõe-se ao 'vocês' e ao 'eles'. Acredito que isto não seja um mero jogo de palavras. Onde o pronome pessoal podia melhor enraizar-se do que nos hábitos de uma vida familiar contínua? Às vezes é como se as línguas conservassem reminiscências da correlação entre as representações da mulher e as do tu. A língua chinesa designa ambas com a mesma palavra... Algo semelhante ocorre quando em línguas da família *tai* a sílaba *me* reúne as significações 'tu' e 'mãe'."

pronome pessoal designativo da primeira pessoa assume formas diferentes, que dependem da intenção do locutor de incluir-se na expressão "nós" ou de excluir-se da mesma[127]. Também as línguas aborígines australianas costumam intercalar as formas do dual e do trial entre o singular e o plural, sendo que o trial possui uma forma que inclui a pessoa a quem a palavra é dirigida, e outra que a exclui. Portanto, "nós dois" pode significar "tu e eu", bem como "ele e eu"; "nós três" pode significar "eu, tu e ele", como também "eu, ele e ele", e assim por diante[128]. Em algumas línguas esta diferenciação já se expressa na forma fonética das designações do plural – assim como, por exemplo, de acordo com Humboldt, na língua dos delawares o plural inclusivo é formado pela aglutinação dos sons pronominais usados para o "eu" e para o "tu", enquanto o plural exclusivo se forma a partir da repetição do som pronominal usado para o "eu"[129]. A elaboração da seqüência numérica homogênea e da intuição homogênea do número acaba impondo determinados limites a esta concepção que, a rigor, é individualizante. No lugar dos indivíduos específicos surge o gênero que a todos abarca de modo uniforme, a diferenciação qualitativa dos elementos é substituída pela uniformidade do método e das regras

---

127. Cf. Codrington, *The Melanesian Languages*, pp. 111 ss.; Ray, *Torres-Expedition* III, pp. 428 ss.

128. Mais detalhes em Matthews, *Aboriginal Languages of Victoria* (J. and Proceed. of the R. Soc. of N. S. Wales XXXVI, 72) e *Languages of Some Native Tribes of Queensland* etc. *ibid.*, pp. 155 ss., 162. Uma multiplicidade de formas plurais dos pronomes pessoais encontra-se também nas línguas do grupo munda e das ilhas Nicobar [cf. P. W. Schmidt, *Die Mon-Khmer-Völker* (Os povos da família mon-khmer), pp. 50 ss.]. Com relação às línguas aborígines americanas vejam-se os diferentes usos do "inclusivo" e do "exclusivo" em Boas, *Handbook*, pp. 573 ss., 761 ss., 815 etc., bem como v. d. Steinen, *Die Bakairi-Sprache*, pp. 349 ss.

129. Ver Humboldt, *Kawi-Werk* II, p. 39.

de acordo com os quais estes elementos são reunidos em um todo quantitativo.

Se considerarmos agora o conjunto dos procedimentos utilizados pela linguagem para formar a representação numérica e os numerais, observaremos que os seus diversos momentos podem ser derivados *per antiphrasin* da metodologia exata da formação dos números que rege a matemática pura. Evidencia-se, aqui, com especial nitidez, como o conceito lógico-matemático, antes de tornar-se o que é, precisa, primeiramente, construir-se a partir do seu contrário e do seu oposto. Como propriedades lógicas essenciais da série matemática dos números foram assinaladas a sua necessidade e validade universal, a sua unicidade, a sua progressividade infinita, bem como a absoluta equivalência de seus diversos membros[130]. Mas nenhuma destas características se coaduna com os procedimentos da formação dos números que se expressam e manifestam primeiramente na linguagem. Aqui inexiste um princípio necessário e universalmente válido que permita abranger todas as representações numéricas através de *uma* única operação do intelecto e que possibilite submetê-las a uma regra uniforme. Aqui inexiste uma unicidade "da" série numérica como tal – em vez disso, como já vimos, cada nova classe de objetos enumeráveis requer, no fundo, um novo começo e novos instrumentos de enumeração. Tampouco será possível falar, por enquanto, de um caráter infinito da série numérica: a necessidade e a possibilidade da enumeração não vão além da capacidade de reunir de maneira intuitiva e representativa os objetos em grupos, de acordo com características intuitivas que distinguem claramente os gru-

---

130. Vide por exemplo G. F. Lipps, *Untersuchungen über die Grundlagen der Mathematik* (Investigações sobre os fundamentos da matemática), Philosophische Studien de Wundt, vols. IX-XI, XIV.

pos[131]. Da mesma forma, o objeto enumerado não se dilui no ato da enumeração como algo despojado de toda e qualquer propriedade qualitativa, como uma unidade indeterminada, preservando, ao contrário, o seu caráter específico de objeto ou qualidade. Nos conceitos qualificativos isto se manifesta pelo fato de que, também neles, a forma da gradação e da reunião em séries se desenvolve muito lentamente. Se analisarmos a forma da gradação do adjetivo, ou seja, as formas do positivo, comparativo e superlativo, tais como desenvolvidas por nossas línguas cultas, notaremos que em todas elas está subjacente um conceito geral, uma determinada característica genérica, que somente varia, nas suas diversas gradações, de acordo com a sua grandeza. Mas, na maioria destas línguas, a esta diferenciação baseada puramente nas determinações de grandeza contrapõe-se, de maneira ainda claramente perceptível, um outro processo que compreende a própria diferença de grandezas como uma diferença genérica de conteúdo. A ocorrência dos supletivos na gradação dos adjetivos, que se verifica tanto nas línguas semitas como nas indo-germânicas, constitui o testemunho lingüístico desta concepção. Nas línguas indo-germânicas, por exemplo, determinados conceitos que se referem a qualidades ou propriedades – tais como bom e mau, ruim e mal, grande e muito, pequeno e pouco – não se formam a partir de uma única raiz básica, e sim a partir de radicais completamente distintos uns dos outros (como ocorre, por exemplo, no alemão *gut* e *besser*, no *bonus/melior*, *optimus* latino e, no grego, em ἀγαθός, ἀμείνων ἄριστος, βελτίων e βέλτιστος, κρείττων e κράτιστος). Segundo explicações dadas a este fenômeno, tal fato evidenciaria que, nestes casos, uma atitude "individualizadora" mais

---

131. Cf. a este respeito as observações pertinentes de Wertheimer, *op. cit.*, especialmente pp. 365 ss.

antiga ainda estaria transparecendo nitidamente na concepção posterior de caráter "agrupador", e que a "formação qualitativa da linguagem" estaria resistindo à crescente tendência à "formação quantitativa da linguagem"[132]. No lugar da abstração de um conceito qualificativo concebido uniformemente e designado foneticamente de maneira uniforme, que somente se diferencia em sua gradação, encontramos aqui uma concepção básica de acordo com a qual cada "grau" de determinado atributo conserva o seu ser próprio e inalienável, e, portanto, não é considerado um simples "mais" ou "menos", e sim algo separado e distinto. Esta concepção evidencia-se mais nitidamente ainda nas línguas que jamais desenvolveram uma forma própria para expressar a gradação do adjetivo. Na maioria das línguas falta totalmente o que costumamos chamar de "comparativo" e "superlativo". Nestes casos, as diferenças de grau podem ser indicadas tão-somente de maneira indireta, através de perífrases, seja empregando expressões verbais do tipo "exceder", "sobrepujar", "transcender"[133], seja justapondo em forma de parataxe simples as duas determinações entre as quais se pretende realizar a comparação[134]. Neste sentido também podem ser empregadas partículas adverbiais que exprimem que uma coisa em comparação com outra, ou "em face da"

---

132. Vide Osthoff, *Vom Suppletivwesen der indogermanischen Sprachen* (Do caráter supletivo das línguas indo-germânicas), Heidelberg, 1899, pp. 49 ss.

133. Exemplos disto encontram-se particularmente nas línguas africanas, como demonstra Meinhof na *Bantu-Grammatik*, p. 84; vide também Westermann, *Grammatik der Ewe-Sprache*, p. 102, *Gola-Sprache*, pp. 39, 47, e Roehl, *Grammatik der Schambala-Sprache*, p. 25.

134. Exemplos em Roehl, *op. cit.*, p. 25; Codrington, *The Melanesian Languages*, pp. 274; Gatschet, *Klamath-Language*, pp. 520 s.

outra, é grande ou bonita etc.[135]. Originariamente, a muitas destas partículas está vinculada uma significação espacial, de sorte que, aqui, a gradação qualitativa parece basear-se em relações de lugar como "alto" e "baixo", "em cima" e "embaixo" e constituir uma derivante das mesmas[136]. Também aqui, portanto, o pensamento lingüístico recorre a uma intuição espacial no momento em que o pensamento lógico e abstrato parece exigir um conceito de relação puro. E assim se fecha novamente o círculo da nossa investigação. Evidencia-se, uma vez mais, que os conceitos de espaço, tempo e número constituem a verdadeira estrutura fundamental da intuição objetiva, tal como ela se desenvolve na linguagem. Mas estes conceitos somente podem cumprir a tarefa que lhes cabe porque se mantêm, de acordo com a sua estrutura geral, em uma região média ideal e própria, e porque eles, precisamente por sua aderência à forma da expressão sensível, progressivamente conferem ao sensível um conteúdo espiritual e o transformam em um símbolo do espiritual.

---

135. Ver por exemplo Migeod, *The Mende Language*, Londres, 1908, pp. 65 ss. Entre as línguas semitas, somente o árabe desenvolveu uma forma especial para a gradação do adjetivo, o assim chamado "elativo"; de acordo com Brockelmann, *Grundriss* I, 372, II, 210 ss., trata-se de formações bem recentes e especificamente árabes.

136. Na língua núbia (cf. Reinisch, *Die Nuba-Sprache*, p. 31), o comparativo expressa-se através de uma posposição que, a rigor, significa "sobre"; na língua fidji emprega-se com a mesma função um advérbio que significa "para cima" (cf. H. C. v. d. Gabelentz, *Die Melanesischen Sprachen*, pp. 60 s.). De acordo com Brugmann, *Kurze vergleichende Grammatik*, pp. 321 ss., também os sufixos comparativos *-ero*, *-tero* das línguas indo-germânicas provêm de advérbios de significação local.

*IV. A linguagem e a esfera da "intuição interna".
As fases do conceito do eu*

1

Até o presente momento a análise da linguagem visou essencialmente a mostrar as categorias de acordo com as quais ela constrói o mundo objetivo da intuição. Mas já aqui se tornou evidente que não foi possível observar rigorosamente este limite metodológico. Muito pelo contrário, na exposição daquelas categorias "objetivas" vimo-nos constantemente remetidos à esfera subjetiva; a cada passo verificamos que cada nova determinação dada pela linguagem ao mundo dos objetos se refletia igualmente na determinação do mundo do eu. Porque na realidade tratava-se aqui de esferas de intuição correlativas que determinam reciprocamente os seus limites. Assim sendo, cada nova forma da esfera objetiva, como por exemplo a sua apreensão e diferenciação espacial, temporal ou numérica, resultava simultaneamente em uma imagem modificada da realidade subjetiva e desvendava novos aspectos deste mundo puramente "interior".

Além disso, porém, a linguagem dispõe de meios próprios e autônomos que servem exclusivamente para desvendar e configurar esta outra existência, a "subjetiva": e estes recursos não estão menos enraizados nela, e tampouco são menos primordiais do que as formas nas quais ela apreende e representa o mundo das coisas. Em nossos dias, é verdade, ainda encontramos por vezes a concepção segundo a qual as expressões através das quais a linguagem reflete o ser pessoal e suas relações internas possuem um valor apenas derivado e secundário, em comparação com aquelas que têm a função de determinar as coisas e os objetos. Em tentativas realizadas no sentido de se obter uma divisão lógica e sistemática das diversas classes de palavras, parte-se freqüentemente da concepção de que o pronome não constitui uma classe de palavra independente, com uma substância espiritual própria, mas apenas um simples representante fonético do nome, isto é, do substantivo; sustenta-se, assim, que ele não faz parte das idéias propriamente autônomas da formação da linguagem, sendo tão-somente o substituto de algo diverso[137]. Mas já Humboldt manifestou-se com argumentos decisivos contra esta "concepção estritamente gramatical". Ele enfatiza que é uma falácia considerar o pronome como a parte do discurso que mais tardiamente foi desenvolvida pela linguagem; isto porque no ato de falar o primeiro fator motriz é a personalidade do próprio locutor, que se encontra em permanente contato direto com a natureza e não poderia deixar de opor a esta, também através da linguagem, a expressão do seu eu. "Mas no eu está automaticamente dado o tu, e através de uma nova oposição surge a terceira pessoa, que porém, quando a linguagem sai da esfera dos seres que sentem e falam[138], se expande, abrangendo também as coisas inanimadas." Foi com base nesta concepção especulativa que, conseqüentemente, a lingüística empírica empreendeu várias tentativas no sentido de demonstrar que os pronomes pessoais são, por assim dizer, a "rocha primeva da criação da linguagem", o mais antigo e obscuro, mas também o mais sóli-

---

137. Esta acepção do pronome no sentido de uma mera "idée suppléante" é defendida, por exemplo, por Raoul de la Grasserie, *Du verbe comme générateur des autres parties du discours*, Paris, 1914. O termo "pronome" ou ἀντωνυμία, tal como utilizado pelos gramáticos da Antiguidade, remonta a esta acepção; cf. por exemplo Apollonius, *De Syntaxi*, L. II, cap. 5.

138. Humboldt, "Einleitung zum Kawi-Werk" (*W*. VII, 1, pp. 103 s.); cf. especialmente o tratado "Sobre o dual" (*W*. VI, 1, pp. 26 ss.) e sobre o parentesco entre os advérbios de lugar e os pronomes (*W*. VI, 1, pp. 304 ss.).

do e persistente componente de todas as línguas[139]. Entretanto, quando Humboldt sublinha, neste contexto, que o sentimento mais primordial, o eu, não pode ser um conceito geral, discursivo, inventado posteriormente, faz-se necessário ponderar, por outro lado, que não se deve buscar este sentimento primordial exclusivamente na designação explícita do eu que se expressa na forma do pronome pessoal da primeira pessoa. Com efeito, a própria filosofia da linguagem haveria de estacar na estreita concepção lógico-gramatical, combatida por Humboldt, se pretendesse medir a forma e a configuração da consciência do eu unicamente pela evolução da referida designação. Na análise e avaliação psicológica da linguagem infantil cometeu-se freqüentemente o erro de julgar que o primeiro aparecimento do fonema "eu" constituía, também, o primeiro e mais precoce estágio do sentimento do eu. Mas nesta interpretação não é levado em devida conta o fato de que o conteúdo interior psíquico-espiritual nunca coincide de maneira absoluta com a sua forma de expressão lingüística, e, principalmente, de que a unidade deste conteúdo não precisa necessariamente refletir-se na simplicidade da expressão. Muito pelo contrário, para transmitir e representar determinada intuição fundamental, a linguagem dispõe de um grande e diversificado número de recursos de expressão, e somente a partir do conjunto e da ação integrada destes recursos torna-se possível reconhecer claramente a direção da determinação por ela seguida. Portanto, a configuração do eu não está vinculada ao pronome, podendo igualmente realizar-se através de outras esferas lingüísticas, como por exemplo por intermédio do substantivo e do verbo. Neste último, particularmente, podem expressar-se as mais sutis diferen-

---

139. Jakob Grimm, *Deutsche Grammatik*, I, pp. 335 ss.; W. Scherer, *Zur Geschichte der deutschen Sprache*, p. 215.

ciações e os mais delicados matizes do sentimento do eu, porquanto é no verbo que a acepção objetiva do processo e a acepção subjetiva da ação se interpenetram de modo mais peculiar, e porque neste sentido os verbos, as "palavras vivas" segundo expressão dos gramáticos chineses, se distinguem de maneira característica dos substantivos, que seriam as "palavras mortas"[140].

Em um primeiro momento, é verdade, a expressão do eu e da individualidade (*Selbst*) aparentemente também necessita apoiar-se na esfera nominal, no domínio da intuição substancial-objetiva, do qual somente consegue libertar-se com grande dificuldade. Nos mais diversos grupos lingüísticos encontramos designações do eu que procedem de designações objetivas. A linguagem mostra de maneira muito clara que, no início, o sentimento de si mesmo (*Selbstgefühl*) ainda está inteiramente ligado à intuição concreta do próprio corpo e dos seus diversos membros. Encontramos aqui a mesma relação observada na expressão das determinações espaciais, temporais e numéricas, que igualmente se norteiam pela existência física e, particularmente, pelo corpo humano. É sobretudo nas línguas altaicas que este sistema de designação do eu se manifesta de maneira bem nítida. Todos os ramos deste tronco lingüístico apresentam a tendência de recorrer a substantivos declinados ou acrescidos de sufixos possessivos para designar aquilo que nós habitualmente expressamos através dos pronomes pessoais. Eis por que as expressões para "eu" ou "me" são substituídas por outras que por exemplo significam meu ser, minha essência, ou até mesmo, de maneira drasticamente material, "meu corpo" ou "meu peito". Uma expressão puramente espacial, por exem-

---

140. Cf. G. v. d. Gabelentz, *Chinesische Grammatik* (Gramática chinesa), pp. 112 s.

plo uma palavra cujo significado básico poderia ser traduzido aproximadamente por "centro", também pode ser usada neste sentido[141]. Analogamente no hebraico, por exemplo, o pronome reflexivo não somente é enunciado por palavras como alma ou pessoa, mas também por termos tais como rosto, carne ou coração[142] – assim como a palavra latina *persona* significa originariamente o rosto ou a máscara do ator, e no alemão foi utilizado durante muito tempo para indicar a aparência exterior, a figura e a estatura de um indivíduo[143]. Na língua cóptica utiliza-se, para reproduzir a expressão "si mesmo" (*Selbst*), o substantivo "corpo", ao qual se acrescentam os sufixos possessivos[144]. Também nos idiomas indonésios o objeto reflexivo é designado através de uma palavra que significa tanto pessoa e espírito como corpo[145]. Este emprego estende-se, finalmente, até as línguas indo-germânicas em que, por exemplo, no sânscrito védico e clássico o "si mesmo" (*Selbst*) e o "eu" são enunciados ora pela palavra "alma" (*atmán*), ora pela palavra equivalente a "corpo" (*tanu*)[146]. Em todos estes exemplos evidencia-se que a intui-

---

141. Mais detalhes a respeito do assunto em H. Winkler, *Der ural-altaische Sprachstamm*, pp. 59 ss., 160 ss.; em Hoffmann, *Japanische Sprachlehre*, pp. 91 ss., e em J. J. Schmidt, *Grammatik der mongolischen Sprache* (Gramática da língua mongol), Petersburgo, 1831, pp. 44 s.

142. A respeito do procedimento através do qual as línguas semíticas exprimem o pronome reflexivo, vide Brockelmann, *Grundriss*, II, 228 e 327; na maioria dos casos o reflexivo é parafraseado pela palavra "alma" ou por seus sinônimos (homem, cabeça, ser).

143. Mais detalhes em *Deutsches Wörterbuch*, VII, colunas 1561/62, de Grimm.

144. Steindorff, *Koptische Grammatik* 8; similarmente no antigo egípcio cf. Erman, *op. cit.*, p. 85.

145. Cf. Brandstetter, *Indonesisch und Indogermanisch im Satzbau* (Sintaxe indonésia e indo-germânica), Lucerna, 1914, p. 18.

146. Whitney, *Indische Grammatik*, p. 190; Delbrück, *Vergleichende Syntax* I, 477.

ção do si mesmo (*Selbst*), da alma, da pessoa, quando começa a manifestar-se na linguagem, se mantém sempre estreitamente ligada aos corpos – assim como também na intuição mítica, de início, a alma e o si mesmo (*Selbst*) do ser humano foram imaginados como simples réplicas, como "duplos" do corpo. Em muitas línguas, até mesmo no tratamento formal as expressões pronominais e as nominais permanecem por longo tempo coincidentes, na medida em que são flexionadas através dos mesmos elementos formais e adequadas umas às outras em número, gênero e caso[147].

Se, entretanto, desviarmos a nossa atenção da forma que a linguagem confere à representação do eu, e nos concentrarmos mais no conteúdo espiritual desta representação, notaremos que esta também pode chegar a ser rigorosamente de-

---

147. Cf. Wundt, *Die Sprache*, II, pp. 47 s. e os exemplos lá citados da obra *Grundriss* de Fr. Müller. As perífrases substantivas ou adjetivas dos pronomes pessoais resultantes de considerações para com a etiqueta e situações cerimoniosas, e que, segundo Humboldt (*Werke*, VI, 1, 307 s. e *Kawi-Werk*, II, 335), correspondem a um "estado de semicivilização", não se encontram no mesmo nível dos fenômenos aqui examinados. No caso das referidas perífrases, empregam-se expressões de enaltecimento (como soberano, magnificência) para a segunda pessoa à qual alguém se dirige, enquanto para o próprio eu se utilizam expressões que denotam humildade (como servo, escravo etc). O japonês é a língua que mais avançou nestes procedimentos, na medida em que eliminou completamente o emprego dos pronomes pessoais em função destas perífrases de polidez, cuidadosamente graduadas de acordo com a posição social da pessoa que fala e daquela a quem se fala. "A língua japonesa", diz Hoffmann (*Japanische Sprachlehre*, p. 75), "desconhece a diferenciação entre as três pessoas gramaticais (eu, tu, ele). Todas as pessoas, tanto as que falam quanto aquelas às quais ou das quais se fala, são concebidas como conteúdo da representação, ou seja, na terceira pessoa, de acordo com o nosso idioma. E é a etiqueta que, atentando para a significação dos adjetivos empregados, decide a qual pessoa se está aludindo com esta ou aquela palavra. Somente a etiqueta estabelece a diferença entre o eu e o não-eu, rebaixando um, enaltecendo o outro."

signada e determinada com nitidez no campo da expressão puramente ou verbal. Em quase todas as línguas que fazem uma distinção dos substantivos de acordo com determinadas classes, verifica-se que a oposição entre a classe de pessoas e a classe de coisas está claramente desenvolvida. E não se trata aqui de uma simples distinção, por assim dizer, biológica entre a esfera do animado e do inanimado, que, como tal, ainda pertenceria inteiramente à intuição da natureza, e sim de sutilezas por vezes surpreendentes na concepção e nas nuanças da existência pessoal. Nas línguas banto, uma classe própria, indicada por um prefixo específico, designa o ser humano como uma personalidade que age de modo independente e autônomo, enquanto uma outra classe abrange os seres animados que, porém, não são personalidades. A esta classe é incorporado o homem que não figura como um ser que atua com autonomia, e sim como órgão ou representante de um outro, por exemplo como seu mensageiro, enviado ou encarregado. Aqui, portanto, a linguagem distingue os tipos e os graus da personalidade de acordo com a função que ela exerce, e segundo a independência ou dependência da forma e da direção da vontade que nela se manifesta[148]. Um germe desta intuição básica pode ser encontrado também nas línguas que distinguem a denominação de seres pessoais das simples designações de coisas, antepondo à primeira um "artigo pessoal" específico. Nas línguas melanésias, tal artigo precede regularmente os nomes de indivíduos e de tribos; mas ele também se encontra diante de coisas inanimadas, tais como árvores ou barcos, navios ou armas, quando não são concebidas como meras representantes do seu gênero, e sim como indivíduos, dotados, inclusive, de um nome próprio específico. Algumas línguas desen-

---

148. Cf. Meinhof, *Bantugrammatik*, pp. 6 ss.

volveram dois artigos pessoais distintos, que são aplicados a diversas classes de seres animados, um procedimento que se baseia, ao que tudo indica, em uma espécie de gradação valorativa dentro do próprio conceito de personalidade[149]. Algumas línguas aborígines australianas mostram-se igualmente sensíveis a este tipo de distinções, todas elas de extração puramente subjetiva; estas línguas utilizam diversas formas do nominativo, ou seja, da expressão do sujeito, quando se trata de designar um ser simplesmente como existente, e quando se trata de indicar que ele é ativo e atua de modo independente[150]. A linguagem pode indicar distinções análogas através do verbo, na medida em que, por exemplo, um prefixo específico, a ele acrescentado, denota se na ação expressa pelo verbo se trata de um acontecimento "natural", ou da intervenção de um sujeito ativo, ou de uma ação conjunta de vários sujeitos atuantes[151]. Exteriormente, em todos estes casos, não estamos lidando com distinções produzidas

---

149. Vide mais informações a respeito em Codrington, *The Melanesian Languages*, pp. 108 ss., e em Brandstetter, *Der Artikel des Indonesischen*, pp. 6, 36, 46. Entre as línguas aborígines americanas, a língua hupa (das Hupa), por exemplo, possui um pronome específico da terceira pessoa, usado para os membros masculinos adultos da tribo, e um outro que é empregado para crianças e anciãos, para membros de outras tribos e animais, vide Goddard, "Athapascan" *in* Boas, *Handbook*, I, 117.

150. O nominativo simples, que serve unicamente para a denominação de uma pessoa ou de um objeto, se distingue aqui do *nominativus agentis*, empregado quando um verbo transitivo é acrescido ao sujeito. "Se, por exemplo, avistarmos alguém ao longe e perguntarmos: 'Quem é aquela pessoa?', obteremos como resposta: *kore* (um homem); se, porém, quisermos dizer: 'O homem matou o canguru', empregaremos outra forma, a forma nominativa subjetiva, que sempre deverá ser utilizada quando se tratar de caracterizar o substantivo como atuante." Ver Fr. Müller, p. 247; cf. especialmente Matthews, *Aboriginal Languages of Victoria*, pp. 78, 86, 94.

151. Cf. Codrington, *The Melanesian Languages*, pp. 183 ss. A língua bugi – idioma indonésio – possui dois "prefixos passivos" para o verbo, dos quais um

pela linguagem no pronome, mas é evidente, apesar disso, que o conceito puro do ser e das ações pessoais é apreendido claramente e desenvolvido em múltiplas gradações espirituais. A extraordinária abundância destas gradações evidencia-se de maneira particularmente nítida nas numerosas possibilidades de que a linguagem dispõe para distinguir as assim chamadas "diferenças de vozes" no verbo. Do ponto de vista da análise puramente lógica da ação, parece, à primeira vista, que nela somente pode ser detectada uma única distinção nitidamente definida: a ação autônoma, independente, opõe-se à sofrida, a forma ativa contrapõe-se à passiva. Por este motivo, já o sistema aristotélico de categorias procurou elevar a diferença gramatical que usualmente expressamos através da oposição entre "ativo" e "passivo" a uma significação universal lógica e metafísica. Mas de modo algum é correto afirmar que Aristóteles, ao atribuir importância tão fundamental à oposição entre o agir e o sofrer a ação, entre o ποιεῖν e o πάσχειν, deixou-se guiar unicamente por tendências que lhe foram dadas diretamente e em certo sentido impostas pela forma e peculiaridade da língua grega. Fato é que a língua por si só, neste caso, teria indicado outro caminho, porque é precisamente no grego que a diferença entre o "passivo" e as demais vozes do verbo não está claramen-

---

contém a nuança do "involuntário", isto é, designa um acontecimento que ocorreu "por si só", sem a contribuição de um sujeito ativo. Vide Brandstetter, *Sprachvergleichende Charakteristik eines indonesischen Idioms* (Caracterização lingüístico-comparativa de um idioma indonésio), Lucerna, 1911, pp. 37 ss. De acordo com Reinisch, ver *Die Nuba-Sprache*, pp. 63 ss., a língua núbia faz uma nítida distinção entre as formas passiva e incoativa do verbo: a primeira é usada quando determinado estado resulta da interferência ativa de um sujeito, a segunda é empregada quando o estado é produzido por simples condições naturais, em conseqüência do curso normal dos acontecimentos.

te estabelecida, nem morfológica, nem semanticamente. Também do ponto de vista funcional, o passivo desenvolveu-se apenas gradativamente, tanto a partir do ativo, como a partir da voz média[152]. Se atentarmos para outros grupos lingüísticos, evidenciar-se-á claramente que a simples oposição entre a ação e o sofrer a ação de modo algum é, sozinha, determinante ou decisiva no desenvolvimento da expressão verbal, e que ela, ao contrário, é continuamente cruzada por uma grande quantidade de outros motivos contrastantes. Até mesmo nas línguas em que esta oposição se encontra nitidamente desenvolvida, em que há uma rigorosa distinção entre as formas "ativas" e "passivas", esta diferenciação constitui apenas uma entre muitas outras: ela faz parte de uma totalidade de gradações conceituais da expressão verbal, e por ela é veiculada. Em outras línguas, por sua vez, tal distinção pode faltar completamente, caso em que, ao menos formalmente, não existe um emprego específico da voz passiva do verbo. Aqui, as determinações para as quais usualmente empregamos uma expressão passiva são parafraseadas e substituídas por formas verbais ativas, principalmente pela terceira pessoa do plural na voz ativa do verbo[153]. De acordo com Humboldt, nas línguas malaias a assim chamada "formação do passivo" constitui, na realidade, a transposição para uma forma nominal: não existe, efe-

---

152. Mais detalhes em Brugmann, *Griechische Grammatik* 3ª ed., pp. 458 ss.

153. Exemplos para as línguas melanésias em Codrington, *op. cit.*, pp. 191 ss.; para as línguas africanas em Westermann, *Die Sudansprachen*, p. 70, Migeod, *The Mende Language*, p. 82. Em substituição ao passivo inexistente, utilizam-se freqüentemente expressões impessoais ou formas de caráter ativo que, entretanto, trazem em seu bojo uma nuança de significação passiva. Uma oração do tipo "ele é golpeado" pode ser reproduzida, por exemplo, por expressões tais como "ele recebe ou suporta os golpes", ou através de uma formulação bem material como "ele come golpes". (Exemplos em Fr. Müller,

tivamente, uma voz passiva, porque o próprio verbo não é pensado como ativo, possuindo, ao invés, um caráter acentuadamente nominal. Aqui, em um primeiro momento, a designação de determinado acontecimento não está vinculada nem a um executante da ação, nem a quem ou o que sofre a ação: o verbo simplesmente constata a ocorrência, sem conectá-la explicitamente à energia de um sujeito, e sem sinalizar através da própria forma verbal a relação com o objeto ao qual a ação diz respeito[154].

Mas este desenvolvimento deficitário da oposição abstrata entre o ativo e o passivo não é motivado, como se poderia pensar, por uma ausência da intuição concreta do próprio agir e de suas nuanças: a prova está no fato de que esta intuição muitas vezes se apresenta elaborada com variedades surpreendentes precisamente nas mesmas línguas que não possuem a distinção formal entre o ativo e o passivo. Aqui, as "vozes" do verbo não apenas são amiúde determinadas individualmente com grande precisão, como também podem sobrepor-se das mais diversas maneiras e combinar-se entre si, formando expressões cada vez mais complexas. No topo encontram-se as formas que indicam um caráter temporal da ação, embora não se trate aqui, segundo nossa exposição anterior, primordialmente da expressão dos seus degraus relativos da temporalidade, e sim, sobretudo, da expressão do

---

Novara-Reise, p. 98. Por meio de um verbo auxiliar, cuja significação primeira é "receber, apropriar-se", a língua japonesa constrói verbos derivados que indicam o apropriar-se de uma ação proveniente do exterior, e que, neste sentido, podem ser empregados como *verba passiva* (Hoffmann, *Japanische Sprachlehre*, p. 242). Também na língua chinesa é freqüente a formação do "passivo" por intermédio de verbos auxiliares, como "ver, encontrar, receber" (por exemplo ver "ódio", para "ser odiado"), cf. G. v. d. Gabelentz, *Chinesische Grammatik*, pp. 113, 428 ss.

154. Humboldt, *Kawi-Werk*, II, 80, 85, cf. os paralelismos nas línguas australianas em Fr. Müller, pp. 254 s. Vide também Codrington, *op. cit.*, p. 192.

tipo de ação. Verifica-se uma separação rigorosa entre os tipos de ação "perfectivos" e "imperfectivos", "momentâneos" ou "contínuos", únicos ou iterativos: fazem-se distinções que indicam se a ação, no momento em que se fala, está completada e concluída, ou se ainda está se desenvolvendo, se ela se restringe a determinado momento ou se estende por um espaço de tempo maior, se ela se realiza em um único ato ou em vários atos repetidos. Todas estas determinações podem ser expressas através de vozes específicas do verbo, adequadas para cada caso, como também podem ser empregados os meios acima mencionados, que indicam o "tipo de ação"[155]. Para designar o estado simples, como tal, pode-se empregar um "inativo" (*Stativ*), para uma ação ou um estado progressivo pode-se usar um "incoativo", e para expressar a conclusão de uma ação, um "cessativo" (*Cessativ*) ou "conclusivo". No caso de se pretender indicar que a ação é contínua e regular, que constitui um hábito ou um costume duradouro, é usada a forma do *habitualis*[156]. Outras línguas desenvolveram de maneira particularmente diversificada a distinção entre os verbos momentâneos e os freqüentativos[157]. Ao lado destas diferenças que dizem respeito, essencialmente, ao caráter objetivo da ação, pode expressar-se na forma verbal sobretudo a atitude interior que o eu assume perante a ação. Esta atitude pode ser puramente teórica ou prática, pode provir da esfera pura da vontade ou da esfera do julga-

---

155. Cf. supra, pp. 254 s.
156. Para este emprego do "inativo" e "incoativo", bem como do "habitualis", cf. os exemplos oferecidos por Reinisch, *Die Nuba-Sprache*, pp. 53 ss., 58 ss., e Hanoteau, *Grammaire Kabyle*, pp. 122 ss.
157. Particularmente as línguas fino-ugrianas, vide Szinnyei, *Finnisch-ugrische Sprachwissenschaft* (Lingüística fino-ugriana), pp. 120 s. O húngaro, por si só, possui oito diferentes sufixos freqüentativos, cf. Simonyi, *Die ungarische Sprache* (A língua húngara), pp. 284 ss.

mento. No primeiro caso, a ação pode ser considerada desejada, ansiada ou exigida, no segundo pode ser caracterizada como assertiva ou problemática. Nesta linha desenvolvem-se agora as diferenças propriamente "modais", tal como anteriormente se formaram as diferenças na designação dos tipos de ação. Constitui-se o subjuntivo que possui, ao mesmo tempo, uma significação "volitiva", "deliberativa" e "prospectiva"; o optativo, empregado em parte no sentido de um desejo, em parte como expressão de uma prescrição ou de uma simples possibilidade[158]. Também a forma da exigência, do simples desejo até a ordem, é passível, em si mesma, das mais diversas gradações, que se podem expressar, por exemplo, através da distinção entre um simples "precatório" (*Prekativ*) e um "imperativo"[159]. Ao lado de um modo imperativo, implorativo, desiderativo e impositivo (*Obligativ*), através do qual se expressa que determinada ação deve ser realizada, muitas línguas indígenas conhecem os modos puramente teóricos, chamados pelos gramáticos de "dubitativos" ou "quotativos" (*Quotativ*), que indicam que a ação é duvidosa ou somente relatada por intermédio do testemunho de outrem[160]. Neste caso também se assinala freqüentemente, através de um sufixo específico acrescido ao verbo, se o sujeito viu a ação por ele relatada com os próprios olhos, se ele ouviu falar dela, ou se dela tomou conhecimento através de conjecturas e deduções, e não por meio de uma percepção

---

158. Assim, por exemplo, no indo-germânico, cf. Brugmann, *Kurze vergleichende Grammatik*, pp. 578 ss.

159. Uma distinção desta natureza encontra-se, por exemplo, na língua mongol, cf. J. J. Schmidt, *Grammatik der mongolischen Sprache*, pp. 74. A respeito do "precatório" no antigo hindu cf. Thumb, *Handbuch des Sanskrit* (Manual do sânscrito), Heidelberg, 1905, pp. 385 ss.

160. Vide Powell, *The Evolution of Language* (Rep. of the Smithsonian Inst. of Washington, I), p. 12.

sensível imediata; do mesmo modo se distingue ocasionalmente o conhecimento de uma ação que tenha sido obtido em um sonho daquele que se adquiriu em estado de vigília[161].

Nos exemplos aqui apontados, o eu se opõe à realidade objetiva de diversas maneiras: desejando, exigindo, duvidando ou interrogando; mas esta oposição se aguça ao máximo quando se trata da ação do eu sobre o objeto e das diferentes formas que esta ação pode assumir. Muitas línguas, relativamente indiferentes à distinção entre o ativo e o passivo, estabelecem, em contrapartida, diferenças rigorosas entre os graus desta ação e o seu caráter mais ou menos mediato. Assim, por intermédio de um simples recurso fonético (tal como, por exemplo, a duplicação do radical médio nas línguas semíticas), pode-se derivar da raiz mestra uma segunda raiz que, primeiramente, possui uma significação intensiva, mas, posteriormente, adquire um sentido causativo; ao lado de ambas, existe ainda uma terceira raiz que desempenha especificamente esta última função. Ademais, às causativas de primeiro grau podem juntar-se outras de segundo e terceiro graus, através das quais uma raiz verbal originariamente intransitiva adquire uma significação dupla ou triplamente transitiva[162]. Fenômenos lingüísticos desta ordem permitem, evidentemente, reconhecer os reflexos da crescente intensificação que se opera na intuição da atividade pessoal: a simples separação do

---

161. Exemplos em Goddard, "Athapascan", em Swanton, *Haida* (Língua dos haidas) e em Boas, *Kwakiutl* (Língua dos kwakiutls), *in Handbook* I, 105, 124, 247 ss., 443.

162. Cf. por exemplo Aug. Müller, *Türkische Grammatik* (Gramática turca), pp. 71 ss.; para as línguas semíticas vide Brockelmann, *Grundriss* I, pp. 504 ss. De acordo com Dillmann, pp. 116 ss., o etíope possui, ao lado da raiz mestra, uma "raiz intensificadora" (raiz intensiva) e uma "raiz da ação"; das três, por sua vez, derivam-se três raízes causativas, formadas mediante recursos idênticos, mas sem alteração de suas demais peculiaridades.

sujeito e do objeto da ação, do ativo e do passivo, é gradativamente substituída por um número cada vez maior de elementos intermediários (*Mittelglieder*) que, de natureza pessoal, servem para, por assim dizer, transportar a ação que se origina na vontade de um eu e conduzi-la para a esfera do ser objetivo[163]. Esta intuição da pluralidade dos sujeitos que participam de uma ação pode, ainda, expressar-se de outra maneira, dependendo da intenção de apenas indicar-se o *fato* desta cooperação, ou de ressaltarem-se as diferenças na *forma* da ação conjunta. No primeiro caso, a linguagem utiliza a "forma cooperativa" do verbo, ou cria uma raiz própria, de "cooperação" ou "social", indicando que uma pessoa participa, de algum modo, da atividade ou do estado de outra[164]. Determinadas línguas empregam infixos coletivos específicos, para sugerir que a ação foi realizada por um grupo, e não por uma única pessoa[165]. No que concerne à forma de ação conjunta, empreendida por vários indivíduos, o que importa sobretudo é saber se esta ação conjunta está voltada apenas para o exterior, ou se ela se dirige para o interior, isto é, se uma pluralidade de sujeitos defronta com um simples objeto material, ou se, em sua ação, os diversos indivíduos são uns para os outros, alternadamente, sujeitos e objetos. Desta última intuição surge a forma de expressão que a linguagem cria para a ação recíproca. Por vezes também as lín-

---

163. Assim, por exemplo, o tagalo recorre a um duplo prefixo para formar os verbos causais: um deles expressa a simples produção de uma coisa, a simples ação do sujeito, enquanto o outro indica que a ação foi induzida por outra pessoa, de modo que agora deparamos com dois sujeitos ativos. Cf. Humboldt, II, 143.

164. Cf. a respeito os exemplos da língua *Bedauye-Sprache* em Reinisch, *Bedauye* II, pp. 130 ss. Também a língua dos iacutos, por exemplo, conhece uma forma cooperativa do verbo (Boethlingk, *Sprache der Jakuten*, pp. 364 ss.).

165. Como a língua de *Taoripi*, vide Ray, *Torres-Strait-Expedition*, III, p. 340.

guas primitivas estabelecem distinções rigorosas, que sinalizam se a ação dos sujeitos se volta contra um objeto exterior, ou se eles a dirigem uns contra os outros[166]. E aqui se encontram os primeiros indícios de mais um passo decisivo. Já na ação recíproca o agente e o receptor da ação coincidem em um certo sentido: ambos pertencem à esfera pessoal, e depende unicamente do nosso enfoque considerá-los sujeitos ou objetos da ação. Tal relação aprofunda-se ainda mais quando em lugar de uma multiplicidade de sujeitos existe apenas um único sujeito, e quando, conseqüentemente, o ponto de partida e o objetivo da ação, após se terem separado, tornam a encontrar-se, pelo que respeita aos seus conteúdos, em um único ponto. Este é o caráter da ação reflexiva, na qual o eu determina a própria pessoa, e não outras coisas ou pessoas – é a ação na qual ele reconduz a sua atividade para si próprio. Em muitas línguas, é precisamente esta forma reflexiva que substitui o passivo inexistente[167]. No uso que a língua grega faz das formas verbais médias é que se evidenciam de maneira mais nítida este direcionamento e esta recondução da ação para o eu, bem como a enérgica consciência da subjetividade que aí se manifesta. A existência e o emprego da voz média foram considerados, com razão, uma característica fundamental que distingue a língua grega e a torna uma língua genuinamente "filosófica"[168]. Os gramáticos hindus criaram uma expressão signifi-

---

166. Por exemplo, a língua tagalog no sul da Austrália, descrita por Matthews, J. and Proc. of the Royal Soc. of N. S. Wales, tomo XXXVII (1903), p. 69.

167. Assim, por exemplo, dentro do grupo de línguas semíticas, no etíope (Dillmann, *op. cit.*, pp. 115, 123) e no sírio [Nöldeke, *Syrische Grammatik* (Gramática síria), pp. 95 ss.]; também no turco (de acordo com Aug. Müller, *Türkische Grammatik*, p. 76), o reflexivo substitui freqüentemente o passivo.

168. Cf. J. Stenzel, *Über den Einfluss der griechischen Sprache auf die philosophische Begriffsbildung* (A influência da língua grega sobre a forma-

cativa para diferenciar a forma verbal ativa da média, chamando a primeira de "uma palavra para outro", e a segunda de "uma palavra para si próprio"[169]. De fato, o significado principal da voz média consiste em considerar a ação como um ato localizado dentro da esfera do sujeito, e em sublinhar a participação deste sujeito da ação. "Em toda forma ativa simples", diz Jakob Grimm, "permanece a dúvida se o conceito predominante é intransitivo ou transitivo; assim, por exemplo, 'eu vejo' pode significar duas coisas: eu vejo com os meus olhos, ou eu vejo algo; κλαίω significa o chorar íntimo, ou o chorar por alguém. A voz média dirime esta dúvida e necessariamente relaciona o sentido com o sujeito da oração; por exemplo κλαίομαι (eu choro por mim, para mim). A verdadeira e genuína voz média existe para designar tudo o que, no palpitar da vida, acontece na alma e no corpo; é por isso que em todas as línguas, com uma unanimidade maravilhosa, a ela se incorporam conceitos tais como: alegrar-se, enlutar-se, admirar-se, temer, ter esperança, permanecer, repousar, falar, vestir, lavar e outros semelhantes."[170] Se, então, considerarmos a multiplicidade das diferenciações dos gêneros verbais e se ponderarmos que a maioria destes gêneros pode ser combinada entre si, constituindo novas unidades complexas – na medida em que, por exemplo, da forma passiva e causativa pode construir-se uma causativa-passiva, da causativa e reflexiva uma reflexiva-causativa, além de

---

ção dos conceitos filosóficos), Neue Jahrbücher für das klassische Altertum (1921), pp. 152 ss.

169. A voz média como Âtmanepadam em Pânini, I, 3, 72-4; entre os gramáticos europeus, a voz média somente aparece como *genus verbi* a partir de Dionysius Thrax, cf. Benfey, *Geschichte der Sprachwissenschaft* (História da ciência da linguagem), pp. 73 e 144.

170. Jakob Grimm, *Deutsche Grammatik*, I, pp. 598 ss.

uma causativa recíproca, e assim por diante[171] reconheceremos que o vigor demonstrado pela língua ao desenvolver tais formas reside no fato de que ela não concebe a oposição entre o ser subjetivo e o objetivo como uma oposição abstrata e rígida entre duas esferas que se excluem mutuamente, e sim como uma antítese dinamicamente mediada das mais diversas maneiras. A linguagem não representa as duas esferas em si, buscando, ao invés, refletir o seu encadeamento e a sua determinação recíproca – ela cria, por assim dizer, um território intermediário, no qual as formas da existência são relacionadas com as formas da ação, e vice-versa, e no qual ambas terminam por fundir-se em uma unidade espiritual de expressão.

2

Se da configuração implícita que a representação do eu adquire na esfera da expressão nominal e verbal nos voltarmos para a sua elaboração lingüística explícita, isto é, para a evolução progressiva dos pronomes propriamente ditos, veremos como já Humboldt ressaltou que, embora o sentimento do eu deva ser considerado um componente original e inseparável de toda e qualquer formação lingüística, ainda assim o aparecimento do pronome na linguagem efetiva foi acompanhado de grandes dificuldades. Isto porque, ainda segundo Humboldt, a essência do eu consiste em ser sujeito, enquanto, por outro lado, para o sujeito realmente pensante todos os conceitos tornam-se objetos no pensamento e na lingua-

---

171. Exemplos destas formas encontram-se nas línguas semíticas, e, além disso, por exemplo, na língua iacuta (Boethlingk, *op. cit.*, p. 291), no turco (Aug. Müller, *op. cit.*, pp. 71 ss.) e na língua núbia (Reinisch, *op. cit.*, pp. 62 ss.).

gem[172]. Esta oposição somente pode ser mediada e dissolvida no momento em que a mesma relação que anteriormente observamos na esfera da expressão nominal e verbal se repetir em um estágio superior. Também no âmbito da expressão pronominal somente se encontrará uma designação precisa do eu, na medida em que ela, por um lado, se opuser à representação do mundo objetivo, mas, por outro lado, se constituir a partir desta. Por esta razão, mesmo nos casos em que a linguagem já expressa claramente a idéia do eu, ela inicialmente ainda terá que lhe dar uma versão e uma forma objetivas – por assim dizer, terá que encontrar a designação do eu através da designação das coisas objetivas.

Vemos confirmado este pressuposto, quando analisamos o fato de que a linguagem, para expressar relações pessoais, não utiliza primeiramente os verdadeiros pronomes pessoais, e sim os pronomes possessivos. Com efeito, a idéia da posse, representada por estes pronomes, ocupa uma posição intermediária peculiar entre a esfera do objetivo e a do subjetivo. O que se possui é uma coisa ou um objeto: é algo que, já pelo fato de se tornar o conteúdo de uma posse, se revela como nada mais sendo do que simples coisa. Mas, na medida em que esta mesma coisa é considerada como propriedade, ela adquire um novo caráter, passando da esfera da existência simplesmente natural para a da existência pessoal-espiritual. Manifesta-se aqui, por assim dizer, uma primeira vivificação, uma transformação da forma do ser para a forma do eu. Por outro lado, neste momento o eu (*das Selbst*) ainda não se concebe como autor de um ato livre e original, de uma atividade caracterizada pela espontaneidade espiritual e pela vontade; em vez disso, mira-se, por assim dizer, na imagem do objeto do

---

172. Vide Humboldt, "Ortsadverbien" (Advérbio de lugar) (*W*. VI, pp. 1, 306 ss.).

qual se apropria como sendo "seu". Do ponto de vista psicológico, esta mediação da expressão puramente "pessoal" através da "possessiva" evidencia-se na evolução da linguagem infantil, na qual a designação do eu parece traduzir-se primeiramente por intermédio dos pronomes possessivos, bem antes da indicação por meio dos pronomes pessoais.

No entanto, também aqui determinados fenômenos da história geral da linguagem evidenciam-se mais eloqüentes do que estas observações, não totalmente confiáveis e inequívocas[173]. Estes fenômenos mostram que a formação precisa do conceito do eu na linguagem habitualmente é precedida por um *indeferentismo*, no qual as expressões do "eu" e do "meu", do "tu" e do "teu" etc. ainda não se separaram umas das outras. Como assinala Humboldt, a distinção entre ambos os casos é percebida, mas não com a precisão e determinação formais necessárias à sua passagem para a designação fonética[174]. Tal como a maioria das línguas ameríndias também as línguas do grupo lingüístico uralo-altaico quase sempre formam a conjugação do verbo de tal maneira que ao infinitivo indefinido se acrescenta um afixo possessivo. Assim, por exemplo, a expressão usada para "eu ando/caminho" significa propriamente "meu andar/caminhar", assim como as expressões indicativas de "eu construo, tu constróis, ele constrói" apresentam a mesma estrutura lingüística que se

---

173. A respeito desta questão consulte-se Clara e William Stern, *op. cit.*, pp. 41, 245 s.
174. Humboldt, "Einleitung zum Kawi-Werk" (*W.* VII, pp. 1, 231). A "identidade ainda existente entre o pronome possessivo e o pessoal" também é ressaltada por K. v. d. Steinen em relação à língua bacairi. De acordo com este estudioso, uma mesma palavra (*ura*) não significa apenas "eu", mas também "meu", "isto é meu", "isto me pertence", assim como uma outra indica "tu" e "teu", e uma terceira é usada para a designação de "ele" e "seu" (*Die Bakairi-Sprache*, pp. 348 ss., 380).

observa em "minha casa, tua casa, sua casa"[175]. Esta peculiaridade da expressão repousa, indubitavelmente, sobre uma intuição peculiar da relação entre o "eu" e a "realidade". De acordo com Wundt, a causa psíquica para esta persistência das formas nominais no âmbito dos conceitos verbais transitivos reside no fato de que no verbo transitivo o objeto ao qual a ação se refere sempre está dado de maneira imediata na consciência, exigindo, portanto, que seja designado em primeiro lugar, de sorte que aqui o conceito nominal pode substituir a oração inteira que expressa a ação[176]. Com isto, porém, o fato de que aqui se trata não está explicado psicologicamente, mas tão-somente parafraseado psicologicamente. A concepção do agir que se manifesta na sua designação como ação pura, como *actus purus*, é espiritualmente diferente daquela que se expressa na designação de sua meta objetiva e de seu resultado objetivo. Em um caso, a expressão do agir remonta ao interior da subjetividade, na medida em que este constitui a sua origem e a sua fonte; no outro caso, a expressão concentra-se no resultado da ação, para, em seguida, tornar a recolhê-lo, por assim dizer, à esfera do eu através do pronome indicativo da posse. A relação entre o eu e o conteúdo objetivo existe em ambos os casos, mas esta vinculação se firma, por assim dizer, em duas direções opostas: no primeiro caso, o movimento desloca-se do centro à periferia, no outro, da periferia ao centro.

Esta conexão entre o eu e o não-eu, expressa no pronome possessivo e veiculada através da idéia da posse, afigu-

---

175. Vide H. Winkler, *Der ural-altaische Sprachstamm*, pp. 76 ss., 171; exemplos de outras famílias lingüísticas encontram-se em Fr. Müller, *Grundriss*, por exemplo em I, 2, 12, I, 2, 116 ss., 142, 153, II, 1, 188, III, 2, 278, entre outros.

176. Wundt, *op. cit.*, II, 143.

ra-se particularmente estreita quando o não-eu não constitui um objeto qualquer do "mundo exterior", pertencendo, ao invés, à esfera na qual o "interior" e o "exterior" parecem tocar-se e interpenetrar-se de maneira imediata. Até mesmo filósofos especulativos consideraram o *corpo humano* como sendo *a* realidade na qual esta passagem de uma esfera para a outra se realiza com absoluta nitidez. Assim, de acordo com Schopenhauer, o eu e o corpo não são dois estados distintos, reconhecidos objetivamente e interligados pelo liame da causalidade; eles não se enquadram em uma relação de causa e efeito, sendo, ao contrário, uma e a mesma coisa, dados, apenas, de duas maneiras completamente diferentes. A ação do corpo nada mais é do que o ato objetivado – isto é, inserido na intuição – da vontade; e o corpo nada mais é do que a *objetividade da própria vontade*[177]. Compreende-se, a partir daqui, que também a linguagem realiza uma interpenetração, sem intermediações, da expressão objetiva e subjetiva nas palavras que ela cria para designar o corpo humano e suas partes: que a denominação puramente objetiva e a expressão da relação pessoal freqüentemente se fundem em um todo indissolúvel. Esta peculiaridade revela-se com grande nitidez sobretudo nas línguas dos povos primitivos. Na maioria das línguas indígenas, uma parte do corpo nunca pode ser designada por uma expressão geral, devendo sempre ser determinada com maior precisão através de um pronome indicativo de posse: portanto, não existe uma expressão abstrata e independente para *o* braço ou para *a* mão como tais, mas tão-somente uma expressão para a mão ou o braço, na medida em que pertencem a determinada pessoa[178]. K. v. d.

---

177. Schopenhauer, *Welt als Wille und Vorstellung* (O mundo como vontade e representação) I, 151 ss., II, 289 ss. (Grisebach).

178. Cf. Buschmann, *Der athapaskische Sprachstamm* (A família lingüística Atapasca) (Abh. der Berl. Akademie d. Wiss. 1854), pp. 165, 231; Powell,

Steinen relata, com relação à língua bacairi, que ao precisar os nomes das diferentes partes do corpo, era necessário verificar cuidadosamente se a parte do corpo por cuja denominação se perguntava pertencia ao próprio corpo, ao da pessoa interrogada ou a um terceiro, porque em cada caso a resposta era diferente. A palavra indicativa de "língua", por exemplo, somente podia ser reproduzida através das formas "minha língua", "tua língua", "sua língua", ou, aproximadamente, a língua de todos nós que estamos aqui[179]. O mesmo fenômeno foi observado por Humboldt na língua mexicana, e por Boethlingk na língua iacuta[180]. Nas línguas melanésias empregam-se expressões diferentes para designar partes do corpo, dependendo de tratar-se da denominação geral, ou da denominação de uma parte corpórea específica, pertencente a determinado indivíduo: no primeiro caso, é necessário acrescentar um sufixo generalizante à expressão habitual com significação individualizadora, como minha mão, tua mão etc.[181] Esta fusão da expressão nominal com o pronome possessivo expande-se em seguida, passando da designação dos membros humanos para outros conteúdos, na medida em que estes são compreendidos como estreitamente vinculados ao eu e, por assim dizer, como parte do seu ser espiritual-natural. Especialmente as palavras que designam graus naturais de parentesco, tais como pai, mãe etc., são as que com freqüência se apresentam tão-somente ligadas ao

---

Introduction to the Study of Indian Languages, p. 18; Goddard, "Athapascan" in Boas, *Handbook* I, 103.

179. K. v. d. Steinen, *Unter den Naturvölkern Zentral-Brasiliens*, p. 22.

180. Cf. Böethlingk, *Die Sprache der Jakuten*, p. 347; segundo Simonyi, *op. cit.*, p. 260, até mesmo no húngaro é relativamente raro o uso de nomes de parentesco e de partes do corpo sem sufixos pessoais possessivos.

181. Codrington, *op. cit.*, pp. 140 ss.

pronome possessivo[182]. Encontramos aqui a mesma relação observada anteriormente na configuração da expressão verbal, ou seja: para a intuição da linguagem a realidade objetiva não constitui uma massa homogênea única que simplesmente se coloca como um todo diante do mundo do eu; em vez disso, existem diversas camadas desta realidade, e não há uma relação geral e abstrata entre o objeto e o sujeito como tal; ao contrário, o que se verifica é a existência de diversos graus da objetividade que, de acordo com a sua maior ou menor "proximidade" do eu, ainda se distinguem nitidamente uns dos outros.

E desta concreção, na qual está dada a relação sujeito-objeto, resulta mais uma conseqüência. O caráter fundamental do eu puro consiste no fato de que este, em oposição aos objetos e às coisas, constitui uma *unidade* absoluta. O eu, enquanto forma pura da consciência, é incompatível com toda e qualquer possibilidade de diferenças internas, pois estas diferenças pertencem unicamente ao mundo dos conteúdos. Por conseguinte, quando o eu é compreendido em sentido estrito como expressão daquilo que não é uma coisa, ele deverá necessariamente ser concebido como "pura identidade pura consigo mesmo". Em seu estudo "Do eu como princípio da filosofia", Schelling inferiu esta conclusão com o máximo rigor. No seu entender, se o eu não for idêntico a si mesmo, se a sua forma primeva não for a forma da identidade, logo volvem a dissipar-se os limites precisos que o separam da realidade objetiva e dos conteúdos, e que o tornam algo inequivocamente independente e específico. Por este motivo, o eu somente pode ser pensado sob esta forma primeva da identidade pura, ou então ele é inconcebível[183]. Mas a *linguagem*

---

182. Cf. por exemplo Reinisch, *Die Nuba-Sprache*, p. 45; para as línguas americanas vide Boas, *Handbook*, por exemplo I, p. 103.
183. Vide Schelling, "Vom Ich" (Do eu), § 7, *S.W.* I, § 177.

não consegue realizar sem intermediações esta passagem para a intuição do eu puro, "transcendental", e da sua unidade. Porque assim como, na linguagem, a esfera pessoal se desenvolve progressivamente a partir da esfera possessiva, assim como ela vincula a intuição da pessoa à da propriedade objetiva, da mesma maneira a multiplicidade que reside na simples relação possessiva haverá de refletir-se também na expressão das relações do eu. De fato, o meu braço, organicamente ligado à totalidade do meu corpo, me pertence de um modo completamente diferente daquele pelo qual me pertencem a minha arma ou algum instrumento; os meus pais, o meu filho estão ligados a mim de maneira inteiramente diversa, mais natural e imediata do que o meu cavalo ou o meu cão; e também no âmbito da simples propriedade de coisas ainda existe uma diferença claramente perceptível entre os bens móveis e imóveis do indivíduo. A casa na qual ele reside lhe "pertence" em um sentido diferente e mais sólido do que, por exemplo, o paletó que ele usa. Em um primeiro momento, a linguagem buscará adaptar-se a todas estas diferenças: em vez de desenvolver uma expressão unitária e geral das relações de propriedade, ela procurará formar tantas expressões distintas para estas relações quantas forem as classes, nitidamente separadas, de posse *concreta*. Encontramos aqui o mesmo fenômeno que já pudemos observar na origem e no progressivo desenvolvimento dos numerais. Assim como os diversos objetos e grupos de objetos têm, inicialmente, "números" distintos, da mesma maneira lhes corresponde um "meu" e "teu" distinto. Assim sendo, ao lado dos "substantivos numerais" utilizados em determinadas línguas para a enumeração de objetos distintos, encontra-se, analogamente, uma multiplicidade de "substantivos possessivos". Para indicar a relação de posse, as línguas melanésias e muitas línguas polinésias acrescentam à palavra que designa o objeto possuído um sufixo possessivo, que, no entanto, varia de acordo com a classe à qual o objeto pertence. Originariamente, todas estas múltiplas expressões de relações possessivas são substantivos, o que formalmente também se comprova pelo fato de poderem vir precedidas de preposições. Estes substantivos são graduados de maneira que permitam a diferenciação dos diversos tipos de propriedade, posse, pertença etc. Um destes substantivos possessivos é acrescentado, por exemplo, a nomes que designam parentesco, a membros do corpo humano, a partes de alguma coisa; outro é adicionado às coisas que se possuem, às ferramentas que se usam[184]; um deles é utilizado para todas as coisas que servem para comer; outro é empregado para as que são reservadas para a bebida[185]. Freqüentemente, usam-se expressões diferentes para indicar um bem que venha de fora, ou um objeto cuja existência se deve à atividade pessoal do seu proprietário[186]. De modo semelhante, as línguas indígenas geralmente fazem uma distinção entre dois tipos fundamentais de propriedade: entre a natural e intransferível e a artificial e transferível[187]. Também determinações puramente numéricas podem

---

184. Cf. a respeito Ray, *The Melanesian Possessives*, American Anthropologist, XXI (1919), pp. 349 ss.

185. Vide Codrington, *The Melanesian Languages*, pp. 129 ss.

186. Estas diferenças entre os sufixos possessivos que indicam a propriedade transferível e a intransferível encontram-se, por exemplo, no *Haida*, no *Tsimshian*, em que, ademais, se faz uma distinção entre a propriedade transferível de seres vivos (meu cão) e coisas inanimadas (minha casa), e nas línguas dos índios *sioux*. Cf. Boas, *Handbook*, I, 258, 393, 946 s.

187. Cf. Victor Henry, *Langue aléoutique*, p. 22; algo semelhante é igualmente válido para a língua dos esquimós, cf. Thalbitzer em Boas, *Handbook* I, 1021 ss. Szinnyei (*op. cit.*, p. 115) observa que nas línguas fino-úgricas originariamente existiram dois paradigmas de sufixos possessivos: um para a posse singular, outro para a posse plural. Mas, ainda segundo este autor, na maioria das línguas individuais esta diferença se diluiu, encontrando-se a sua melhor preservação no vogul.

condicionar uma multiplicidade de expressões indicativas de relações de posse, distinguindo-se, na escolha do pronome possessivo, se se trata de um, dois ou mais possuidores, ou se a posse abrange um, dois ou mais objetos. Na língua dos aleútes, por exemplo, a consideração e combinação de todas estas circunstâncias resultam em nove expressões diferentes para o pronome possessivo[188]. De tudo isto conclui-se que a expressão homogênea da posse, tanto quanto a do número, constitui um produto relativamente tardio da formação da linguagem, e que também ela teve que desprender-se, primeiramente, da intuição do heterogêneo. Assim como o número somente vem a obter o caráter de "uniformidade" ao passar progressivamente de expressão de coisas para a expressão pura de relações, da mesma maneira a simplicidade e a uniformidade das relações do eu vão gradualmente adquirindo a primazia sobre a diversidade de conteúdos que podem fazer parte destas relações. A linguagem, aparentemente, encaminha-se para esta designação puramente formal das relações de posse e, portanto, para a apreensão mediata da unidade formal do eu, quando utiliza o genitivo, em vez dos pronomes possessivos, para expressar a posse. Porque o genitivo, embora também esteja enraizado em intuições concretas, especialmente nas espaciais, tende a transformar-se mais e mais, no decorrer do seu desenvolvimento, em um caso puramente "gramatical", em uma expressão de "posse como tal", sem limitar-se a uma forma especial de posse. Talvez possamos encontrar uma mediação e uma transição entre as duas intuições no fato de o genitivo ainda aparecer por vezes com um

---

188. Isto ocorre, por exemplo, no turco, em que uma expressão como "a casa do pai" é formulada de tal modo que, na realidade, significa "do pai a sua casa", cf. Aug. Müller, *Türkische Grammatik*, p. 64. Fenômeno semelhante encontra-se nas línguas fino-úgricas, cf. H. Winkler, *Das Ural-altaische und seine Gruppen*, pp. 7 ss.

caráter possessivo específico, na medida em que um sufixo possessivo próprio o acompanha, constituindo uma complementação permanente e indispensável da relação genitiva[189].

A linguagem aproxima-se por outras vias da expressão da pura unidade formal do eu, quando, em vez de caracterizar a atividade essencialmente de acordo com a sua meta objetiva e o seu resultado, ela remete à origem do agir, ao sujeito ativo. Esta é a direção pela qual enveredam todas as línguas que consideram o verbo como pura expressão de uma ação e que vinculam a designação e determinação das pessoas ao pronome pessoal. O eu, o tu e o ele destacam-se da esfera do objetivo de modo muito mais pronunciado do que o simples meu, teu e seu. O sujeito da ação já não pode mais figurar como uma simples coisa entre coisas, ou como conteúdo entre conteúdos; ele é, em vez disso, o centro vivo de energia, do qual a ação parte e recebe a sua orientação. Foram feitas tentativas no sentido de diferenciar os tipos de formação lingüística, levando-se em consideração se eles designam a ação verbal essencialmente do ponto de vista da *sensação* ou do ponto de vista da *ação*. De acordo com os autores destas tentativas, nos casos em que prevalece o primeiro ponto de vista, a expressão da ação torna-se um simples "parece-me", enquanto a predominância do segundo implica a tendência inversa de interpretar como ação até mesmo a simples aparência. Mas com tal intensificação da expressão da atividade também a expressão do eu adquire uma nova formulação. A expressão dinâmica da representação do eu encontra-se muito mais próxima da concepção do mesmo como unidade formal pura do que uma expressão nominal e objetiva. Agora, de fato, e com crescente nitidez, o eu transfor-

---

189. Mais detalhes em F. N. Finck, *Die Haupttypen des Sprachbaus* (Os tipos principais da estrutura da linguagem), pp. 13 ss.

ma-se em uma pura expressão de relação. Se não apenas toda ação como toda atitude passiva – não somente toda atividade mas também todo estado – se encontram vinculados ao eu através da forma pessoal da expressão verbal e nele se apresentam unidos, então este mesmo eu, em última instância, já outra coisa não é senão, precisamente, este centro ideal. Não se trata de um conteúdo próprio, passível de ser representado ou intuído, mas apenas, como diz Kant, daquilo "em relação a que as representações têm uma unidade sintética". Neste sentido, a representação do eu é "a mais pobre de todas", porque ela parece desprovida de todo e qualquer conteúdo concreto – mas esta ausência de conteúdo implica, ao mesmo tempo, uma função e uma significação inteiramente novas. Para esta significação, é bem verdade, a linguagem já não possui nenhuma expressão adequada; isso porque até mesmo no seu mais alto grau de espiritualidade, ela permanece relacionada com a esfera da intuição sensível, não podendo mais, portanto, chegar àquela "representação intelectual pura" do eu, àquele eu da "apercepção transcendental". Apesar disso, ela pode, ao menos indiretamente, preparar-lhe o terreno, na medida em que, no percurso do seu desenvolvimento, delineia com crescente precisão e sutileza a oposição entre o ser material-objetivo (*dinglich-objektives Sein*) e o ser subjetivo-pessoal, e determina, além disso, a relação entre ambos por caminhos e meios diversos.

3

Durante muito tempo a lingüística e a filosofia da linguagem viram-se envolvidas em vivo debate acerca da questão se as palavras primevas que deram origem à linguagem eram de natureza *verbal* ou *nominal*, se designavam coisas ou atividades. As opiniões a respeito se contrapuseram de maneira áspera e irredutível – e a favor de cada uma das alternativas foram apresentados argumentos tanto de natureza histórico-lingüística como de ordem especulativa. Aparentemente, a controvérsia cessou por algum tempo a partir do momento em que o próprio conceito em torno do qual giravam as discussões se tornou problemático. A lingüística moderna foi progressivamente abandonando a tentativa de remontar aos tempos primevos e ali desvendar o mistério da criação da linguagem. Para ela o conceito da "raiz histórica" deixou de ser um conceito que possuísse uma existência histórica real, nele vendo apenas um resultado da análise gramatical – como, aliás, já Humboldt o fizera com a sua habitual prudência crítica. Deste modo, as supostas "formas primevas" da linguagem foram empalidecendo a ponto de constituírem apenas formas do pensamento, figuras da abstração. Enquanto se acreditava em um efetivo "período radical" da linguagem, podia-se tentar buscar a origem da totalidade das formas lingüísticas em um "número limitado de matrizes ou tipos" – e, na medida em que se vinculava esta concepção à idéia de que a fala tem a sua origem em atividades humanas executadas em grupos, passou-se a buscar os vestígios desta atividade na configuração lingüística básica destes tipos. Neste sentido, por exemplo, Max Müller, na esteira de Ludwig Noiré, dedicou-se à empresa de buscar as raízes do sânscrito em um determinado número de conceitos lingüísticos primevos, em expressões usadas para designar as atividades humanas mais simples, tais como trançar e tecer, costurar e atar, cortar e partir, cavar e furar, quebrar e bater[190]. No entanto, tentativas desta natureza parecem ter perdido o sentido a partir do momento em que o conceito de raiz passou a ser en-

---

190. Cf. Ludwig Noiré, *Der Ursprung der Sprache*, pp. 311 ss., 341 ss. e Max Müller, *Das Denken im Lichte der Sprache* (O pensamento à luz da linguagem), Leipzig, 1888, pp. 371 ss., 571 ss.

tendido como uma forma, e não mais como um conteúdo – a partir do momento em que ele não mais foi compreendido como elemento objetivo da formação da linguagem, e sim como um elemento metodológico da *ciência* da linguagem. E até mesmo aqueles que não se dispuseram a esta total dissolução metodológica do conceito da raiz – na medida em que acreditavam justificada a suposição de que no indo-germânico, por exemplo, as raízes possuíam uma existência real em uma época anterior à flexão –, até mesmo estes aparentemente se viram obrigados a abster-se de toda e qualquer afirmação acerca de sua verdadeira forma[191]. Não obstante, reencontramos na lingüística empírica de nossos dias numerosos indícios que apontam para uma retomada da discussão em torno da questão referente à natureza e à estrutura das raízes primevas. E aqui é novamente a tese da origem verbal e do caráter verbal dessas raízes que se apresenta com especial insistência. Um lingüista francês, que recentemente procurou renovar esta tese antiga, já defendida por Panini, apóia-se, para comprová-la, não somente em observações da história da linguagem, como também recorre expressamente a considerações que pertencem a uma outra esfera, ou seja, à da metafísica geral. No seu entender, a linguagem teve necessariamente o seu ponto de partida na designação dos conceitos verbais, tendo daqui evoluído gradualmente para a designação dos conceitos referentes a coisas, uma vez que somente as atividades e as mudanças são percebidas pelos sentidos, porque somente elas são dadas como fenômenos, enquanto a coisa que está subjacente a estas modificações e atividades somente pode ser apreendida de maneira mediata, e tornar-se objetiva para nós unicamente como suporte daqueles fenô-

---

191. Este, por exemplo, é o ponto de vista defendido por B. Delbrück (*Grundfragen der Sprachforschung*, Strassburg, 1901, pp. 113 ss.).

menos. Assim como o caminho do pensamento, o caminho da linguagem deve obrigatoriamente conduzir do conhecido para o desconhecido, da percepção sensorial para aquilo que é apenas pensado, do "fenômeno" para o *nômeno*: por este motivo, a designação do verbo e dos conceitos de propriedades verbais deve necessariamente ter precedido as designações de substâncias, os "substantivos" lingüísticos[192].

Mas é precisamente esta μετάβασις εἰς ἄλλο γένος, esta surpreendente virada para o campo da metafísica, que permite reconhecer nitidamente a fraqueza metodológica na formulação do problema aqui colocado em discussão. Por um lado, a argumentação inteira está baseada em uma evidente *quaternio terminorum*: o conceito de substância, que aqui é utilizado como meio-termo do silogismo, aparece com duas significações completamente diferentes, na medida em que uma vez é compreendido no sentido metafísico, e na outra é tomado no sentido empírico. A primeira premissa (*Vordersatz*) da conclusão refere-se à substância como sendo o sujeito metafísico das mudanças e dos atributos, como sendo a "coisa em si" que se encontra "atrás" de todas as qualidades e de todos os acasos – a conclusão fala dos conceitos nominais da linguagem que, quando servem para expressar objetos, naturalmente apenas podem apreendê-los como "objetos na aparência" (*Gegenstände in der Erscheinung*). No primeiro sentido, a substância é a expressão de uma essência absoluta, no segundo sentido, em contrapartida, sempre constitui apenas a expressão de uma estabilidade relativa e empírica. Mas, se o problema é compreendido neste último sentido, a conclusão à qual aqui se chega, na medida em que se apóia em argumentos epistemológicos, perde toda a sua for-

---

192. Vide Raoul de La Grasserie, *Du verbe comme générateur des autres parties du discours* (Du Phénomène au Noumène), Paris, 1914.

ça comprobatória. Porque a epistemologia não ensina de maneira alguma que a idéia do atributo ou do estado variáveis seja necessariamente *anterior* à da "coisa" como unidade relativamente estável. Ela mostra, ao invés, que tanto o conceito da coisa como o do atributo ou do estado constituem condições eqüitativas e igualmente necessárias na construção do mundo da experiência. Eles não se distinguem entre si como expressões de realidades dadas e de acordo com a ordem na qual estas realidades, em si ou em relação ao nosso conhecimento, se sucedem – e sim como formas de concepção, como categorias que se condicionam mutuamente. Neste sentido, o ponto de vista da estabilidade (*Beharrung*), o ponto de vista da "coisa", não está dado nem *antes* nem *depois* do ponto de vista da mudança, e sim unicamente *junto* com ele, como seu momento correlativo. E este modo de ver a questão é válido também para a direção oposta: assim como se opõe à pretensa necessidade da primazia do verbo e dos conceitos verbais, também faz objeção aos argumentos psicológicos com os quais se procurou demonstrar o primado da intuição puramente objetiva e dos simples conceitos nominais. "Não é possível imaginar" – observa Wundt, por exemplo – "que em alguma época o ser humano tenha pensado unicamente através de conceitos verbais. Considerando as suas características psicológicas, seria muito mais fácil compreender o contrário, ou seja, que ele tenha pensado somente por intermédio de representações materiais; e, com efeito, encontram-se vestígios muito nítidos de tal estado não só no modo de falar das crianças, como também em numerosas línguas realmente existentes, que conservaram um nível de desenvolvimento conceitual mais próximo às origens."[193] Também aqui, porém, a hipótese de que o ser humano alguma vez te-

---

193. Wundt, *Die Sprache*, 2ª ed., 594.

nha pensado por meio de "simples" conceitos nominais encerra a mesma falha fundamental que observamos na tese oposta, que atribui a prioridade temporal e material aos conceitos verbais. Encontramo-nos aqui diante de um daqueles problemas que não podem ser resolvidos através de um simples ou-ou, mas tão-somente a partir de uma reformulação crítica básica da própria questão. O dilema que por longo tempo dividiu os estudiosos da linguagem em dois grupos e campos opostos é, em última análise, um dilema do método. Se nos mantivermos adstritos à *teoria da figuração* – se supusermos, portanto, que a finalidade da linguagem reside unicamente na exteriorização de determinadas diferenças *dadas* na representação –, neste caso cabe perguntar se o que a linguagem ressaltou em primeiro lugar foram coisas ou atividades, estados ou atributos. Mas neste modo de formular a questão apenas se oculta, no fundo, o antigo erro que consiste na reificação das categorias fundamentais do pensamento e da linguagem. Aqui, uma distinção que somente se realiza "dentro" do espírito, isto é, através da totalidade das suas funções, é considerada algo substancialmente existente, anterior às referidas funções. Em contrapartida, o problema adquire imediatamente um outro sentido se atentarmos para o fato de que "coisas" e "estados", "atributos" e "atividades" não são conteúdos dados da consciência, e sim modos e direções de suas formações. Evidencia-se, então, que nenhum deles pode ser percebido de maneira imediata e expresso lingüisticamente de acordo com esta percepção; fica patente, também, que apenas a multiplicidade das impressões sensíveis, inicialmente não diferenciada, pode ser *determinada* na direção de uma ou outra forma do pensamento e da linguagem. E é esta determinação, segundo a qual algo é um objeto ou uma atividade – e não a mera denominação *do* objeto e *da* atividade –, que se exprime tanto no trabalho lógico do conhecimento quanto no trabalho espiritual da linguagem.

Não se trata, portanto, de saber se o ato da denominação incide em primeiro lugar sobre coisas ou atividades que constituem determinações da realidade, existentes em si; trata-se, sim, de saber se o ato se encontra sob o signo de uma ou outra categoria da linguagem e do pensamento – se ele se realiza, por assim dizer, *sub specie nominis* ou *sub specie verbi*.

E, de antemão, podemos supor que em face desta questão não será possível tomar uma simples decisão apriorística. Se a linguagem já não é concebida como uma reprodução inequívoca de uma realidade dada de modo inequívoco, e sim como um veículo naquele grande processo da "confrontação" entre o eu e o mundo, processo no curso do qual os limites de cada uma das esferas vão se diferenciando com precisão, é evidente que este problema comporta uma grande quantidade de diversas soluções possíveis. Porque o meio em que ocorre a mediação não constitui desde o início uma determinação concluída, verificando-se, ao contrário, que ele somente existe e age na medida em que se configura a si mesmo. Por este motivo não se pode falar de um sistema de categorias da linguagem e de uma ordem e uma seqüência temporal ou lógica de categorias lingüísticas, no sentido do estabelecimento de um determinado número de formas constantes que, à semelhança de trilhos fixos, norteiam de uma vez por todas o caminho percorrido pela evolução lingüística. Ao contrário, também aqui, tal como no entendimento epistemológico, cada uma das categorias que selecionamos e ressaltamos em contraste com as outras sempre pode ser apreendida e avaliada tão-somente como um *motivo* individual que, dependendo das relações que estabelece com outros motivos, pode evoluir para configurações individuais concretas as mais diversas. Do entrelaçamento destes motivos e das diferentes relações que eles estabelecem entre si, resulta a "forma" da linguagem que, porém, não deve ser compreendida como uma forma de ser, e sim como uma forma de movimento, não como uma forma estática, mas como uma forma dinâmica. Conseqüentemente, não existem oposições absolutas, mas tão-somente oposições relativas – oposições do sentido e da direção da concepção. A ênfase pode recair ora sobre um momento, ora sobre outro, os acentos dinâmicos entre conceitos de coisas e atributos, estados e atividades podem ser distribuídos das mais diversas maneiras, e é somente neste ir e vir, neste movimento de certo modo oscilante que reside o caráter especial de toda e qualquer forma lingüística entendida como forma criadora. Quanto mais a fundo se tenta compreender esse processo na singularização que ele experimenta em cada língua, evidencia-se que as diversas classes de palavras que a nossa análise gramatical costuma distinguir, ou seja, o substantivo, o adjetivo, o pronome e o verbo, não existem desde o princípio, agindo umas contra as outras como unidades substanciais fixas, mas que elas, ao contrário, por assim dizer, se geram e delimitam mutuamente. A designação não se desenvolve a partir do objeto acabado; em vez disso, é do progresso do signo e da conseqüente "distinção" cada vez mais precisa dos conteúdos da consciência que resultam, para nós, contornos cada vez mais nítidos do mundo, entendido como uma reunião de "objetos" e "atributos", de "mudanças" e "atividades", de "pessoas" e "coisas", de relações espaciais e temporais.

Se o caminho percorrido pela linguagem é, portanto, o caminho que conduz à determinação, pode-se presumir que esta haverá de surgir e se configurar progressiva e continuamente a partir de um estágio de relativa indeterminação. A história da linguagem confirma plenamente esta suposição: ela mostra que quanto mais recuamos na evolução da linguagem, tanto mais somos remetidos a uma fase na qual as partes do discurso que distinguimos nas línguas altamente desenvolvidas não se diferenciaram entre si, nem quanto à forma, nem quanto ao conteúdo. Aqui, uma mesma palavra pode desempenhar funções distintas, podendo, de acordo com as condições específicas sob as quais aparece, ser empregada como preposição ou como nome independente, como verbo ou como substantivo. A regra que determina a estrutura da maioria das línguas é, principalmente, a *não-diferenciação entre nome e verbo*. Foi dito algumas vezes que, na verdade, a linguagem como um todo se resume nas duas categorias do nome e do verbo, mas que, por outro lado, muito poucas línguas conhecem o verbo na nossa acepção. Uma diferenciação efetivamente rigorosa entre as duas classes morfológicas parece ter sido realizada quase que exclusivamente nas línguas das famílias indo-germânica e semítica – e até mesmo nestas a configuração das orações ainda apresenta transições fluidas entre a forma das frases nominais e a das frases verbais[194]. De acordo com Humboldt, constitui uma característica do grupo lingüístico malaio o fato de que nele a fronteira entre a expressão nominal e a verbal se dilui de tal maneira, que o verbo parece inexistir, por assim dizer. Ele enfatiza, também, que uma língua como o birmanês carece completamente de toda e qualquer designação formal para a função verbal, permitindo-nos inferir que a comunidade que se exprime por meio desse idioma é insensível à verdadeira força do verbo[195]. O progressivo desenvolvimento da Lingüística Comparada demonstrou que o que Humboldt ainda parece considerar uma espécie de anomalia da formação da lingua-

---

194. Cf., por exemplo, Nöldeke, *Syrische Grammatik*, p. 215: "No sírio a oração nominal, ou seja, aquela que possui como predicado um substantivo, um adjetivo ou uma determinacão adverbial, não se distingue muito nitidamente da oração verbal. O particípio, muito utilizado como predicado, que está em via de tornar-se uma forma verbal pura, sem, porém, negar a sua origem nominal, ... indica transições da oração nominal para a verbal. Também a estrutura interna das orações nominais e verbais não apresenta grandes diferenças no sírio.

195. Humboldt, "Einleitung zum Kawi-Werk", VII, 1, 222, 280 ss., 305; cf. especialmente II, pp. 81, 129 ss., 287.

gem constitui, na realidade, um fenômeno amplamente difundido. Com grande freqüência encontramos uma forma intermediária, por assim dizer, amorfa, no lugar de uma separação nítida entre o verbo e o substantivo[196]. Tal fenômeno também pode ser detectado claramente se atentarmos para o fato de que as fronteiras entre o tratamento gramatical-formal dado às expressões das coisas e o tratamento dispensado às expressões referentes às atividades se delineiam e se distinguem em um processo gradual, muito lento. De início, "conjugação" e "declinação" ainda se confundem freqüentemente na sua configuração lingüística. Sempre que a língua obedece ao tipo da "conjugação possessiva", ocorre inevitavelmente um paralelismo absoluto entre a expressão nominal e a verbal[197]. Relações semelhantes encontram-se entre as designações de atividades e as de atributos: um mesmo sistema de flexões pode abranger tanto os verbos quanto os adjetivos[198]. Até mesmo formações lingüísticas complexas, até

---

196. Exemplos encontram-se em Fr. Müller, *Grundriss*: da língua hotentote I, pp. 2, 12 ss., das línguas dos mandingas I, pp. 2, 142, das línguas dos samoiedos II, 2, 174, do ienissei-ostíaco II, 1, 115.

197. Vide acima, p. 317.

198. Numerosos exemplos desta "conjugação adjetiva" encontram-se em de la Grasserie, *op. cit.*, pp. 32 ss. A língua malaia permite que toda palavra, sem exceção, seja transformada em um verbo mediante um sufixo; inversamente, toda e qualquer expressão verbal pode ser tratada como um nome, através da simples anteposição do artigo definido (Humboldt, "Kawi-Werk", II, pp. 81, 348 ss.). No cóptico a forma infinitiva do verbo possui até mesmo o caráter indicativo do gênero, próprio dos nomes substantivos: o infinitivo é um nome e, dependendo de sua forma, pode ser masculino ou feminino. De acordo com este seu caráter nominal, ele originariamente tampouco rege um objeto, e sim um genitivo que, como no caso do substantivo, se situa ao lado do *nomen regens* (vide Steindorf, *Koptische Grammatik*, pp. 91 ss.). No ienissei-ostíaco, bem como nas línguas drávidas, as formas verbais permitem o acréscimo de sufixos indicativos de casos, sendo, conseqüentemente, "declinadas" – assim como, por outro lado, em algumas línguas o nome pode vir acompanhado

mesmo orações inteiras podem ocasionalmente ser "conjugadas" desta maneira[199]. Por mais que nos sintamos inclinados a interpretar fenômenos desta ordem como provas da "ausência de forma" de uma língua, deveríamos, em vez disso, considerá-las como evidências do característico "desenvolvimento em direção à forma". Pois é precisamente na indeterminação que ainda predomina na linguagem, na elaboração e diferenciação insuficientes de suas diversas categorias, que se encontra um fator de sua própria maleabilidade e da essencial capacidade criadora que lhe é inerente. A expressão indeterminada ainda contém todas as possibilidades de fixar determinações e permite, por assim dizer, que cada língua em particular, no transcorrer de sua evolução, se decida pelas possibilidades que lhe sejam adequadas.

Certamente constituiria um esforço inútil a tentativa de estabelecer um esquema geral desta evolução, porquanto a sua riqueza concreta reside precisamente no fato de que cada língua procede de maneira *diversa* ao construir o seu sistema de categorias. Apesar disso, sem exercer violência sobre esta abundância concreta das formas de expressão, é possível relacioná-la a determinados tipos fundamentais e agrupá-la ao redor dos mesmos. A certas línguas e a certos grupos lingüísticos que desenvolveram o tipo nominal, elevando-o a um nível de total pureza e rigor, e nos quais, conseqüentemente, toda a estrutura do mundo intuitivo é dominada e di-

---

de um determinado signo temporal, e, portanto, "conjugado" (cf. Fr. Müller, *Grundriss* II, pp. 1, 115, 180 ss., III, pp. 1, 198). Na língua de *Annatom* (Annatom) – de acordo com G. v. d. Gabelentz, *Die Sprachwissenschaft*, pp. 160 ss. – não se conjuga o verbo, e sim o pronome pessoal. Este inicia a oração e indica se se trata da primeira, segunda ou terceira pessoa do singular, do dual, do trial (*Dualis, Trialis*) ou do plural, ou se o assunto em questão é algo presente, passado ou futuro, algo volitivo etc.

199. Assim, por exemplo, no aleúte, cf. Victor Henry, *op. cit.*, pp. 60 ss.

rigida pela intuição *dos objetos*, se opõem outros nos quais a estrutura gramatical e sintática é determinada e regida pelo *verbo*. E também neste último caso encontramos duas formas diferentes de configuração lingüística, dependendo do papel que desempenha a expressão verbal, ou seja: se ela é entendida como simples expressão de um *processo* ou como pura expressão de uma *atividade*; ou se, por outro lado, imerge no transcurso do acontecimento objetivo, ou, ainda, destaca o sujeito ativo e sua energia, colocando-o, assim, em posição central. O primeiro tipo, estritamente nominal, desenvolveu-se de modo nítido e bem acentuado sobretudo nas línguas da família altaica. Aqui, toda a estrutura da oração se articula de tal sorte que uma expressão objetiva simplesmente sucede à outra e a esta se une de maneira atributiva; não obstante, este princípio simples de articulação, na medida em que é aplicado com rigor e de forma generalizada, permite uma representação clara e coerente de um grande número de determinações extremamente complexas. H. Winkler, por exemplo, opina sobre este princípio que ele ilustra por meio da estrutura do verbo japonês: "Não hesito em considerar esta estrutura efetivamente extraordinária. A multiplicidade de relações de toda espécie, a abundância dos matizes mais sutis e minuciosos que aqui se expressam da forma mais sucinta, é inesgotável; aquilo que em nossas línguas exprimimos através de numerosos circunlóquios, através de orações subordinadas de todo tipo, é reproduzido aqui, claramente, por intermédio de uma única expressão, ou por meio de um único nome substantivo principal, acompanhado de um outro nome verbal, que dele depende; em nosso entender, este nome verbal representa com toda nitidez uma oração principal com duas ou três orações subordinadas, e, ademais, cada um dos três ou quatro membros pode abranger as mais diversas relações e as mais sutis distinções do tempo, do ativo ou do passivo, do causativo, do continuativo, em suma, das mais diversas modificações da ação... E tudo isso se realiza em grande parte sem que seja necessário recorrer à maioria dos elementos formais que conhecemos e julgamos imprescindíveis. Em nosso sentido, portanto, o japonês é um língua amorfa por excelência, uma observação com a qual de modo algum pretendemos emitir algum juízo negativo acerca do valor desta língua, mas tão-somente apontar a enorme divergência de sua estrutura."[200] Tal divergência deve-se essencialmente ao fato de que, embora não falte aqui a sensibilidade às nuanças conceituais da ação, esta sensibilidade somente pode exprimir-se lingüisticamente na medida em que a expressão da ação enlaça, por assim dizer, a expressão do objeto e com ela se funde na qualidade de determinação mais específica. O centro da designação é constituído pela existência do objeto – e é a ela que aderem todas as expressões de propriedades, relações e atividades. Neste tipo de formação da linguagem encontramo-nos, portanto, diante de uma concepção "substancial" no sentido estrito do termo. No verbo japonês encontramos com freqüência uma enunciação pura de determinada existência, quando, de acordo com os nossos hábitos de pensar, esperaríamos uma enunciação predicativa. Em vez de exprimir uma conexão entre o sujeito e o predicado, acentua-se e salienta-se a presença ou ausência do sujeito ou do predicado, a sua existência ou não-existência. Desta primeira consolidação do ser ou do não-ser partem as demais determinações do "que", da ação, do sofrer a ação etc.[201] Esta peculiaridade aparece com especial nitidez na formulação negativa, na qual até mesmo o não-ser ainda é

---

200. H. Winkler, *Der ural-altaische Sprachstamm*, pp. 166 s.
201. Eis por que em japonês uma oração como "está nevando" é formulada de modo que signifique, a rigor: "da neve a caída (é)"; uma oração como "o dia declinou, escureceu" é enunciada no sentido de "do dia o ter-se tornado escuro (é)". Cf. Hoffmann, *Japanische Sprachlehre*, pp. 66 ss.

compreendido, por assim dizer, de modo substancial. A negação de uma ação é formulada de tal forma, que a inexistência da mesma é constatada positivamente. Não existe um "não vir" no nosso sentido, mas tão-somente um não-ser, um não estar presente do vir. E este não-ser, por sua vez, é expresso de tal sorte que o seu significado, em verdade, é "o ser do não".

E assim como aqui a relação da negação se transforma em uma expressão substancial, o mesmo é válido para as outras expressões de relação. Na língua iacuta a relação de posse é formulada de modo que expresse a existência ou a não-existência do objeto possuído: uma locução como "minha casa existe" ou "minha casa não existe" expressa que eu possuo ou não uma casa[202]. Também as expressões numéricas são freqüentemente construídas de tal modo que a *determinação* numérica aparece como um ser objetivo independente – de sorte que, portanto, em vez de dizer-se "muitas pessoas" ou "todas as pessoas", dir-se-á "pessoa da pluralidade" ou da totalidade; em vez de "cinco pessoas", diz-se "pessoa do quíntuplo", das cinco peças, dos cinco tipos etc.[203] As determinações modais ou temporais do nome verbal são expressas da mesma maneira. Uma expressão substantiva, como "iminência", ao ser ligada de maneira atributiva ao nome verbal, indica que a ação por ela designada é considerada futura, e que o verbo, portanto, deve ser entendido no sentido futuro[204] – uma expressão substantiva como desejo

---

202. Vide Winkler, *op. cit.*, pp. 199 ss.; Boethlingk, *Sprache der Jakuten*, p. 348.

203. H. Winkler, *op. cit.*, pp. 152, 157 ss.

204. Vide na língua iacuta (Boethlingk, pp. 299 ss.): meu cortar iminente = o objeto submetido ao meu cortar futuro, mas também = "eu vou cortar" etc. Cf. a determinação temporal no verbo japonês, em que as formas que servem para exprimir o futuro ou o passado, a conclusão ou a duração, sempre consti-

serve para formar a assim chamada forma desiderativa do verbo, e assim por diante. Outras nuanças modais, tais como as do condicional ou do concessivo, são designadas de acordo com o mesmo princípio[205]. Trata-se, aqui, de processos de acordo com os quais a linguagem cria diversas determinações individuais do ser, encadeamentos objetivos independentes, para, através da sua simples justaposição, representar indiretamente a profusão de conexões do pensamento e das formas de conexões possíveis.

Deparamos com uma postura básica de espírito completamente diferente, quando a linguagem, embora ainda persista na não-diferenciação original entre o nome e o verbo, utiliza e acentua a forma fundamental indiferente em sentido contrário. Se nos casos acima examinados toda e qualquer determinação lingüística parte do *objeto*, existem outras línguas que, com igual exatidão e nitidez, tomam como ponto de partida a designação e determinação do *acontecimento*. Tal como o nome nos casos anteriormente mencionados, aqui é o verbo o verdadeiro centro da língua, na medida em que ele constitui a expressão pura de um acontecimento: assim como nas formas descritas antes, todas as relações, até mesmo as do acontecer e do agir, se convertiam em relações do ser, aqui, ao contrário, também estas últimas se convertem em relações e expressões de acontecimentos. No primeiro caso, a forma do devir dinâmico é, por assim dizer, incorporada à forma da existência estática e imóvel – no segun-

---

tuem ligações de um nome verbal dependente – que indica o *conteúdo* da ação – com um segundo nome verbal predominante, que caracteriza a peculiaridade temporal desta ação. Portanto, "de ver – desejar, querer, vir a" (para vir a ver, verei); "de ver – afastar-se" (para ter visto) etc. Cf. H. Winkler, *op. cit.*, pp. 176 ss. e Hoffmann, *Japanische Sprachlehre*, pp. 214, 227.

205. Informações mais detalhadas em Winkler, *op. cit.*, pp. 125 ss., 208 ss., e em *Ural-altaische Völker und Sprachen*, especialmente pp. 90 ss.

do, também a existência somente é apreendida na medida em que se encontra em relação com o devir. Mas esta forma do devir ainda não está impregnada da forma pura do eu, motivo pelo qual, apesar de toda a sua pujança, ela própria ainda possui uma configuração predominantemente objetiva e impessoal. Neste sentido, também aqui ainda nos encontramos na esfera das coisas – mas o centro da mesma deslocou-se. A ênfase da designação lingüística não recai tanto sobre a existência quanto sobre a mudança. Se nos casos analisados anteriormente evidenciou-se que o substantivo, como expressão do objeto, dominava a estrutura geral da língua, temos o direito de esperar agora que o verbo, como expressão da mudança, passe a constituir o verdadeiro centro dinâmico. Se antes a língua se empenhava em dar a todas as relações, por mais complexas que fossem, uma forma substantiva, ela agora procurará englobar e, por assim dizer, captar todas estas relações na forma da expressão verbal do acontecimento. Tal concepção parece fundamentar a maioria das línguas indígenas – e foram diversas as tentativas de explicá-la psicologicamente a partir dos elementos estruturais do espírito dos índios[206]. Entretanto, como quer que nos posicionemos perante estas tentativas, o fato é que já o *modo de ser* (*Bestand*) destas línguas apresenta um *método* de configuração lingüística inteiramente próprio. Foi Humboldt quem traçou com maior clareza os contornos gerais deste método, na sua descrição do processo de incorporação, característico da língua mexicana. Como é sabido, no cerne deste processo as relações que outras línguas expressam na oração e na articulação analítica da mesma aqui são sintetizadas em uma única estrutura lingüística, ou seja, em uma

---

[206]. Cf. as observações de G. v. d. Gabelentz, *Die Sprachwissenschaft*, pp. 402 s.

"palavra-frase" complexa. O ponto central desta palavra-frase é constituído pela expressão da ação verbal, à qual, porém, se acrescenta uma grande quantidade das mais variadas determinações modais. As partes regentes e regidas do verbo, sobretudo as designações utilizadas para o seu objeto mais próximo ou mais distante, são incorporadas à expressão verbal como complemento necessário. "De acordo com a sua forma" – observa Humboldt – "a frase deve apresentar-se completa e concluída já no verbo, sendo determinada com maior precisão apenas posteriormente, através de uma espécie de aposição. Consoante o modo de representação dos mexicanos, o verbo não pode ser concebido sem estas determinações complementares. Por isso, quando não existe um objeto definido, a língua associa ao verbo um pronome indefinido próprio, utilizado de forma dupla para pessoas e coisas:

1 2   3   1   3   2   1 2 3   4   1   4   2   3
ni-tla-qua, eu como algo, *ni-te-tla-maca*, eu dou algo a alguém..." Portanto, o método da incorporação comprime todo o conteúdo do enunciado em uma única expressão verbal, ou então, quando isto não é possível devido à demasiada complexidade do enunciado, emite, a partir do centro verbal da frase, "sinais que, à guisa de ponteiros, indicam a direção onde devem ser procuradas as diversas partes, de acordo com a sua relação com a frase". Por isso, mesmo nos casos em que o verbo não compreende o *conteúdo* completo do enunciado, ele, ainda assim, contém sempre o *esquema* geral da construção fraseológica: a frase não deve ser construída, estruturada gradativamente a partir dos seus diversos elementos, e sim articulada de uma só vez, como uma forma unificada. A língua apresenta, em um primeiro momento, um todo coeso, que do ponto de vista formal é completo e satisfatório: através de um pronome ela designa expressamente como algo indeterminado aquilo que ainda não foi determinado

individualmente; em seguida, porém, minudencia e particulariza o que permaneceu indeterminado[207].

Investigações posteriores modificaram parcialmente o quadro geral traçado por Humboldt com relação a este processo de incorporação; elas demonstraram que este procedimento, no que diz respeito ao modo, ao grau e à sua extensão, pode assumir formas muito variadas nas diversas línguas[208] – mas a característica geral do *modo de pensar* que lhe é peculiar e no qual se fundamenta este processo não se altera em sua essência em função destas constatações. Poder-se-ia, através de uma imagem matemática, comparar o método aqui empregado pela língua com a enunciação de uma fórmula na qual as relações gerais entre as grandezas são indicadas, mas as grandezas variáveis e particulares permanecem indeterminadas. Em um primeiro momento, a fórmula apenas reproduz, por meio de uma expressão unitária concisa, o modo geral da conexão, a relação funcional existente entre determinados tipos de grandezas: mas para a sua aplicação em cada caso faz-se necessário que as grandezas indeterminadas x, y, z que nela aparecem sejam substituídas por grandezas determinadas. De modo similar também aqui, na palavra-frase verbal, a forma do enunciado é inteiramente delineada e antecipada desde o início – e ela somente recebe uma complementação material na medida em que o significado dos pronomes indefinidos, incorporados à palavra-frase, é determinado com

---

[207]. Cf. Humboldt, "Einleitung zum Kawi-Werk" (*Werke*, VII, pp. 1, 144 s.).

[208]. Cf. especialmente as pesquisas de Lucien Adam sobre o "polissintetismo" nas línguas *náhuatl* e quichua, quiché e maia (*Etudes sur six langues américaines*, Paris, 1878). Vide, além disso, Brinton, *On Polysynthesis and Incorporation as Characteristics of American Languages*. Transact. of the Americ. Philos. Soc. of Philadelphia XXIII (1885), bem como o *Handbook* de Boas, I, 573, 646 ss. (*chinook*), 1002 ss. (esquimó).

maior precisão através de determinações lingüísticas acrescentadas posteriormente. O verbo, enquanto designação de uma ocorrência, procura reunir e concentrar em si mesmo a totalidade viva do sentido expresso na frase; mas, quanto mais ele progride neste processo, tanto maior risco ele corre de ser subjugado pelo afluxo abundante e sempre renovado do material que precisa controlar, e de nele submergir, por assim dizer. Ao redor do núcleo verbal do enunciado forma-se agora uma rede tão densa de determinações modais, indicativas do modo da ação, as suas circunstâncias locais e temporais, o seu objeto mais próximo ou mais afastado, que se torna difícil extrair o efetivo conteúdo do enunciado deste emaranhado e apreendê-lo como um conteúdo significativo independente. Aqui, a expressão da ação nunca aparece com feição genérica, e sim como expressão individualmente determinada, caracterizada por partículas específicas às quais está ligada de maneira indissolúvel[209]. Se, por um lado, a abundância destas partículas permite apreender a ação ou o processo como um todo concreto e intuitivo, por outro lado esta mesma abundância impede que a *unidade* do acontecimento e, sobretudo, a unidade do *sujeito* se distingam e sobressaiam lingüisticamente com nitidez[210]. A luz plena da língua somente incide, por assim dizer, sobre o conteúdo do acontecimento – não sobre o eu que dele participa ativamente. Isto também se evidencia no fato de que na maioria das línguas

---

209. Cf. a respeito, por exemplo, as observações características de K. v. d. Steinen sobre a língua bacairi. *Unter den Naturvölkern Zentral-Brasiliens*, pp. 78 ss., *Bakairi-Sprache*, pp. IX s.

210. Com relação ao verbo na língua klamath, Gatschet (*op. cit.*, pp. 572 ss.) ressalta que ele somente expressa o ato ou estado verbal na forma impessoal e indefinida, de maneira comparável ao nosso infinitivo. Por isso, em uma construção do tipo tu-quebrar-bastão a expressão verbal apenas designa o ato de quebrar como tal, sem levar em conta o seu sujeito. Analogamente as línguas maias

indígenas, por exemplo, a flexão do verbo não é dominada pelo sujeito, e sim pelo objeto da ação. O número do verbo transitivo é determinado pelo objeto direto, e não pelo sujeito: é necessário que ele se encontre na forma plural quando se refere a uma pluralidade de objetos sobre os quais atua. Assim sendo, o objeto gramatical da oração torna-se o seu sujeito lógico que rege o verbo[211]. A configuração da frase, bem como a configuração da língua como um todo tem o seu ponto de partida no verbo, mas este permanece na esfera da intuição objetiva: o que a língua ressalta e apresenta como momento essencial é o início e o decurso do acontecimento, e não a energia do sujeito.

Uma modificação desta intuição básica somente se verifica naquelas línguas que passaram a desenvolver uma configuração puramente pessoal da ação verbal, nas quais, portanto, a forma básica da conjugação não consiste na ligação do nome verbal com sufixos possessivos, e sim em uma união sintética da expressão verbal com a expressão utilizada para os pronomes pessoais. O que diferencia esta síntese dos procedimentos das línguas ditas "polissintéticas" é o fato de que

---

não possuem verbos ativos transitivos no nosso sentido: elas conhecem tãosomente nomes e verbos absolutos que indicam um estado do ser, um atributo ou uma atividade, que são construídos como predicados de um pronome pessoal ou de uma terceira pessoa que funciona como sujeito, mas não podem ser complementados por um objeto direto. As palavras que servem para representar uma ação transitiva são nomes radicais (*wurzelhafte*) ou derivados que, como tais, são vinculados ao prefixo possessivo. Por esta razão, uma oração maia como, por exemplo, "tu mataste o meu pai" ou "tu escreveste o livro", significa realmente: "teu morto o meu pai" e "teu escrito é o livro". (Informações mais detalhadas vide Ed. Seler, *Das Konjugationssystem der Maya-Sprache*, Berlim, 1887, pp. 9, 17 ss.) Estas formulações "impessoais" também são freqüentes na expressão verbal das línguas malaias; diz-se "meu ver (foi) a estrela", no lugar de eu vi a estrela", e assim por diante, cf. Humboldt, II, 80, 350 s., 397.

211. Cf. Gatschet, *op. cit.*, p. 434 e, principalmente, Ed. Seler, *op. cit.*

ela se baseia em uma análise prévia. A união que aqui se realiza não constitui uma simples fusão, uma interpenetração dos opostos: ao contrário, ela pressupõe estes opostos, bem como a sua rigorosa diferenciação e separação. Com o desenvolvimento dos pronomes pessoais, o campo do ser subjetivo separou-se claramente do ser objetivo na expressão lingüística – apesar disso, na flexão do verbo estas mesmas expressões para o ser subjetivo e as utilizadas para o acontecimento objetivo voltam a juntar-se, formando uma nova unidade. Onde quer que encontremos expressa nesta junção a natureza essencial e específica do verbo, deveremos necessariamente concluir que esta natureza somente se completa na união do elemento verbal com as expressões do ser pessoal. "Porque o ser atuante que caracteriza o verbo na representação gramatical", diz Humboldt[212], "não se deixa expressar facilmente por si mesmo; ao contrário, ele somente se manifesta na medida em que se trata de um ser de uma determinada maneira, em determinado tempo e em determinada *pessoa*, e sob a condição de que a expressão destas características esteja indissoluvelmente entrançada no radical, numa indicação clara de que o mesmo somente pode ser concebido juntamente com as mencionadas características, e que para elas deve ser, por assim dizer, transposto. A natureza do verbo consiste, precisamente, nesta mobilidade, na necessidade imperiosa de ser fixado em um caso específico." Não obstante, nem a determinação temporal nem a pessoal, como tampouco a fixação temporal e pessoal da expressão verbal fazem parte da sua essência original, designando, ao invés, uma meta somente alcançada relativamente tarde no desenvolvimento lingüístico. Já tivemos oportunidade de examinar este fato no que diz respeito à determinação temporal[213] – quanto à rela-

---

212. Humboldt, *Kawi-Werk*, II, 79 s.
213. Cf. acima p. 244.

ção do verbo com o eu, podemos demonstrar as progressivas transições que aqui se realizam, se observarmos a maneira pela qual determinadas línguas distinguem a expressão verbal "transitiva" da "intransitiva", recorrendo, inclusive, a meios puramente fonéticos. Assim, por exemplo, em várias línguas semíticas o verbo intransitivo ou semipassivo, que não expressa uma ação pura, e sim um estado e uma ação recebida pelo sujeito, é designado por uma pronúncia vocálica diferente. De acordo com Dillmann, esta distinção dos verbos intransitivos através da pronúncia conserva toda a sua vitalidade no etíope: todos os verbos que designam atributos, determinações do corpo ou do espírito, paixões ou atividades não intencionais são pronunciados de modo diferente daqueles que indicam uma atividade pura e autônoma do eu[214]. Aqui, o simbolismo fonético serve para expressar aquele processo espiritual fundamental que se evidencia com crescente nitidez na formação da linguagem – ele mostra como o eu se apreende a si mesmo na contraparte da ação verbal, e como, na elaboração e diferenciação cada vez mais rigorosas da mesma, este eu vem a encontrar-se verdadeiramente e a conscientizar-se da sua posição especial.

---

214. Dillmann, pp. 116 s.

CAPÍTULO IV
A LINGUAGEM COMO EXPRESSÃO DA REFLEXÃO CONCEITUAL. A FORMA DA CRIAÇÃO DE CLASSES E DE CONCEITOS LINGÜÍSTICOS

I. A construção de conceitos qualificativos

O problema da construção de conceitos designa aquele instante no qual a lógica e a filosofia da linguagem se tocam intimamente, no qual parecem mesmo fundir-se numa unidade inseparável. Qualquer análise lógica do conceito parece, em última análise, levar a um ponto no qual a verificação dos conceitos se transfere para aquela das palavras e dos nomes. O nominalismo coerente reduz ambos os problemas a um só: o conteúdo do conceito resulta no teor e na práxis da palavra. Assim, a própria verdade vem a tornar-se uma realidade não tanto lógica quanto lingüística: *"veritas in dicto, non in re consistit"*. Refere-se a uma concordância que não se encontra nem nas coisas mesmas nem nas idéias, mas que diz respeito exclusivamente à concatenação dos sinais, especialmente dos sinais fonéticos. A reflexão realmente "pura", afastada de qualquer linguagem, não conceberia a oposição de verdadeiro e falso, que se origina apenas no e através do falar. Assim, a questão do valor e da origem do conceito tem de reportar-se aqui necessariamente à questão da origem da palavra: a verificação da gênese dos significados e das classes de palavras vem a constituir o único meio a tornar compreensível para nós o sentido imanente dos conceitos e a sua função no desenvolvimento gradual do conhecimento[1].

A observação mais concentrada, porém, demonstra que esta solução, oferecida pelo nominalismo para o problema do conceito, é nada além de solução aparente, de apresentação circular. Pois, se por um lado a linguagem oferece aqui a derradeira, e em certo sentido única, "explicação" da função conceitual, ela não pode abdicar da mesma, por outro, na sua própria formulação. E o círculo que aqui é inteiramente percorrido retorna também isoladamente. Pela doutrina lógica tradicional o conceito se origina "através de abstração"; ela impõe-nos constituí-lo através da comparação de coisas ou idéias concordantes, extractando-lhes as "características em comum". Em geral se admite como pressuposto óbvio, a prescindir mesmo de menção especial, o fato de que os conteúdos por nós comparados já sejam portadores de "características" definidas, ostentando determinações qualitativas, de acordo com as quais podem ser classificadas em classes e círculos de semelhanças, em espécies e tipos. E, apesar disto, encontra-se exatamente nesta aparente evidência um dos mais complicados problemas que a formação conceitual vem a apresentar. Pois é aqui que se renova a indagação sobre se conhecemos as "características" de acordo com as quais dividimos os objetos em classes, já antes da constituição da linguagem, ou se talvez apenas através dela chegamos ao seu conhecimento. Sigwart observa com toda a razão que "a teoria da abstração esquece que são necessárias opiniões formadas para diluir um objeto apresentado nas suas características individuais, e o atributo necessário dessas opiniões

---

1. Cf. pp. 111 ss.

compõe-se de idéias gerais (de conceitos, segundo o linguajar comum) e que a esses conceitos se chegou, ao fim e ao cabo, de alguma outra maneira do que através de tal abstração, já que o processo dessa abstração só é possível graças a si mesmo. E também esquece que uma das hipóteses deste processo é que o conjunto dos objetos comparáveis seja de alguma forma determinado e pressupõe tacitamente um motivo a levar exatamente a ele próprio, bem como a encontrar traços em comum. E, a menos que reine absoluta arbitrariedade, este motivo pode finalmente ser apenas o da semelhança previamente denotada daqueles objetos, por terem em comum um conteúdo determinado, o que aponta para a existência de uma idéia genérica, graças à qual tais objetos são segregados da associação de todos os demais. Toda a doutrina da formação conceitual através de comparação e abstração faz sentido apenas quando, tal como acontece com freqüência, existir a contingência de indicar as propriedades comuns dos objetos, realmente marcados pelo emprego lingüístico generalizado de uma mesma palavra, a fim de chegar assim ao seu significado factual. Sendo solicitada a definição do conceito de animal, gás, roubo, por exemplo, podemos ver-nos tentados a proceder a fim de procurar pelas características comuns aos objetos concordantemente chamados de animais, aos corpos indicados como gases, aos atos apelidados de roubo. Se este procedimento consegue chegar a bom termo, se esta indicação para uma formação conceitual é realmente executável já é outro problema, que se imporia se pudéssemos pressupor que em parte nenhuma existem dúvidas sobre aquilo que possa ser chamado de animal, gás e roubo – isto é, quando já se dispõe na realidade do conceito que se diz procurar. Querer, assim, formar um conceito através de abstração é o mesmo que procurar os óculos que se encontram sobre o próprio nariz, e com a ajuda desses mesmos óculos[2]. E, de fato, a teoria da abstração só consegue solucionar a questão da forma conceitual, recorrendo consciente ou tacitamente à forma lingüística, com o que o problema não foi resolvido, mas apenas transferido para outro campo. O processo de abstração pode realizar-se apenas em tais conteúdos, que em si mesmos já estão definidos e designados, que estão organizados lingüística e mentalmente. Mas de que maneira – impõe-se perguntar agora – chega-se a essa organização? Quais as condições daquela formação inicial, que se verifica dentro da própria língua e que constitui o fundamento de todas as demais e mais complexas sínteses da reflexão lógica? De que modo consegue a linguagem subtrair-se à corrente heraclitiana do devir, na qual não existe retorno idêntico de conteúdo nenhum – enfrentando-o, por assim dizer, e dele derivando certezas firmes? É aqui que reside o segredo em si da "predicação" como problema ao mesmo tempo lógico e lingüístico. O início do raciocinar e falar não reside no fato de determinadas diferenças, existentes no sentimento ou na contemplação, serem simplesmente percebidas e designadas, mas sim na criação autônoma de linhas limítrofes, na execução de divisões e concatenações, graças às quais venham a surgir figuras individuais claramente delineadas de permeio à corrente de consciência sempre uniforme. A lógica costuma encontrar o verdadeiro local de origem do conceito apenas onde possa ser alcançada uma delimitação precisa do significado conteudístico da palavra, assim como sua inequívoca fixação, através de determinadas operações intelectuais e especialmente graças ao procedimento da "definição" de acordo com *genus proximum* e *differentia specifica*.

---

2. Sigwart, *Logik* (Lógica), 2ª ed., I, 320 ss.

Entretanto, para alcançar a origem primeira do conceito, o raciocínio tem de penetrar numa camada ainda mais profunda, precisa buscar os motivos do encadeamento e da separação, que se mostram ativos no processo da formação léxica, sendo decisivos na subordinação da totalidade do material de representação a determinados conceitos de classes lingüísticas.

Tarefa primeira da formação conceitual não é, ao contrário do que geralmente supôs a lógica, pressionada por tradição secular, elevar a imaginação a uma generalidade cada vez mais ampla, mas sim alçá-la a uma determinação sempre crescente. Quando é exigida "generalidade" do conceito, não se trata de um fim em si mesmo, mas ela passa a servir de veículo para alcançar a meta verdadeira do conceito, o alvo da determinação. Antes que quaisquer conteúdos possam ser comparados e, de acordo com a sua semelhança, ordenados em classes, cada uma das quais envolvendo a outra, devem eles próprios ser determinados como conteúdos. Para tanto, exige-se um ato lógico de posicionamento e diferenciação, através do qual são provocadas certas intersecções no constante fluxo de consciência, capazes de estancar o constante ir e vir das sensações dos sentidos, conquistando certos momentos de repouso. Por isso a realização inicial e decisiva do conceito vem a ser a transformação de impressões em representações e não a comparação destas e a sua reunião de acordo com tipos e categorias. Entre os modernos filósofos lógicos é principalmente Lotze aquele que melhor compreendeu esta relação existente na sua interpretação e apresentação, se bem que sem conseguir libertar-se inteiramente dos grilhões impostos pela tradição lógica. Sua doutrina do conceito pressupõe que o ato mais primitivo da reflexão não pode ser o do entrelaçamento de duas imagens existentes, mas que a teoria lógica tem aqui que retroceder mais um passo. Para que concepções possam ser combinadas na forma de uma reflexão, elas não prescindem da formação anterior, que lhes permite a transformação em elementos construtivos lógicos. Esta primeira realização da razão seria em geral desprezada pelo mero fato de que, no momento da formação do idioma herdado, já se encontrava superada, pertencendo na aparência aos pressupostos evidentes e não à tarefa legítima do pensar. Em verdade, porém, exatamente a criação das palavras da língua, uma vez desprezadas meras interjeições ou sons de irritação, revela a forma fundamental do raciocínio, a forma da objetivação em si. Esta ainda não se destina, nesse estágio, a combinar características múltiplas, subordinadas a uma regra de legitimidade geral, mas soluciona a tarefa preliminar de emprestar a cada impressão individual o significado de um valor em si. Esse tipo de objetivação nada sabe, portanto, a respeito de uma transferência do conteúdo numa realidade totalmente independente do conhecimento – interessa-se exclusivamente em fixar o conteúdo para o conhecimento e em designá-lo como algo idêntico em si mesmo, além de sempre recorrente, na sucessão e transformação das impressões sobre a consciência. "O conteúdo designado não é, portanto, deslocado para um mundo exterior pela objetivação lógica, que se revela através da criação do nome; o mundo em comum, em que outros devem reencontrar aquele aqui por nós indicado, é em geral apenas o mundo concebível; é-lhe atribuído o vestígio inicial de uma existência própria e de uma legitimidade interior, igual para todos os seres pensantes e deles independente."

E a esta primeira fixação de quaisquer qualidades, assimiláveis pelo raciocínio e a língua, ligam-se novas determinações através das quais estabelecem determinadas relações umas com as outras, agregando-se em ordens e fileiras. A qualidade individual não só possui em si mesma um "quê" idêntico, uma existência singular, mas relaciona-se com outros graças a ele – e também este relacionamento não é arbitrário, mas destaca-se por uma forma estranhamente objetiva. Mas nem esta podemos apresentar como algo de independente e separável perante os conteúdos individuais, embora dela tomemos conhecimento e a reconheçamos como tal, apenas nos resta exibi-los neles e através deles. Caso vários conteúdos, uma vez fixados e denominados como tais, venham a adquirir a forma de fila, parecerá estabelecido *também* um traço comum, especificado nos membros individuais da fileira, que caracteriza todos eles, mas em cada um deles modificado por uma diferença individual. Esta primeira generalidade, porém, afigura-se, conforme acentua Lotze, bem distante dos outros conceitos comuns de espécie da lógica. "O conceito geral de um animal ou de uma figura geométrica transmitimos a outrem ao prescrever a execução de uma série exatamente definível de momentos de realizar pensamentos de associação, separação ou relacionamento num número de imagens individuais; no encerramento deste trabalho lógico surge diante de sua consciência o mesmo conteúdo que lhe desejamos infundir. Mas, por outro lado, não se pode esclarecer da mesma maneira o que distingue o azul genérico, que podemos dividir em azul-claro e azul-escuro, e nem o que distingue a cor comum, que imaginamos como sendo vermelha ou amarela... Os pontos de concordância entre o vermelho e o amarelo, exatamente aquilo que faz de ambos cores, não é separável daquilo que faz com que vermelho seja vermelho e amarelo seja amarelo; não é separável pelo menos no sentido de que essas propriedades em comum estabelecem o conteúdo de um terceiro pressuposto, equiparável em gênero e ordem aos mencionados. Conforme sabemos é sempre percebido apenas um matiz de uma cor, um som só, de altura e intensidade singular. Quem procurar agarrar-se a uma generalidade, apresentada pela cor ou pelo som, perceberá sempre que tem em mente ou uma cor e um som definidos, acompanhados da idéia subjacente de que toda cor ou som teriam o mesmo direito de servir como exemplo explícito de uma generalidade, ela própria implícita. Ou então perceberá como a sua memória lhe apresenta, umas após outras, muitas cores e sons com a mesma intenção subjacente de que não está sendo enfocado o fenômeno individual, mas aquilo que lhes é comum e que nenhuma observação peculiar é capaz de acolher... Palavras do tipo *cor* ou *som* representam em verdade nada mais que designações breves de tarefas lógicas, incapazes de ser solucionadas na forma de uma idéia fechada. Através delas transmitimos à nossa consciência a ordem de projetar e comparar sons e cores individualmente imagináveis, retendo nesta comparação as características em comum existentes, que ali se encontram, documentadas por nosso sentimento, mas que por nenhum esforço da razão podem ser separadas daquilo que as distingue, para torná-las o conteúdo de uma nova projeção, igualmente plástica."[3]

Aqui reproduzimos essa doutrina de Lotze da "primeira generalidade" pormenorizadamente, por ela ser capaz de vir a ser, desde que corretamente entendida e interpretada, a chave para a compreensão da forma original daquela formação conceitual encontrada na linguagem. Justamente as exposições de Lotze demonstram que a tradição lógica se encontra num estranho dilema, quando defrontada com este problema. Para ela não existe dúvida de que a projeção do conceito deve destinar-se à universalidade, e que o seu esforço deve traduzir-se, ao fim e ao cabo, na conquista de idéias genéricas. Comprova-se agora, entretanto, que este esforço em si idêntico onde quer que seja não produz, em toda parte, resultados idênticos. Por isso é preciso distinguir entre dois modos: um,

---

3. Lotze, *Logik*, 2ª ed., Leipzig, 1880, pp. 14 ss.; 29 ss.

em que a generalidade existe, por assim dizer, apenas implicitamente, na forma de uma relação, comprovada pelos conteúdos individuais, e outro, em que ela se projeta também explicitamente, na maneira de uma idéia autônoma e óbvia. Partindo daqui será necessário outro passo para inverter a relação, para encarar a existência da relação como o conteúdo de fato e o fundamento em si lógico do conceito, as tais "idéias genéricas", como mero atributo psicológico, nem sempre necessário ou alcançável. Lotze não deu este passo; em vez de separar a exigência da destinação, imposta pelo conceito, por princípio, nitidamente da exigência de generalização, considera as certezas primárias para as quais o conceito leva como sendo generalidades primárias, de tal forma que para ele passam a existir, em vez de duas realizações características do conceito, duas formas de generalidades: uma generalidade "primeira" e outra, "segunda". Sua própria apresentação do tema, entretanto, comprova que essas duas espécies não têm mais em comum do que o nome, sendo totalmente divergentes no que se refere à sua estrutura lógica individual. Pois a relação da subsunção, que a lógica tradicional encara como relacionamento constitutivo, através da qual o genérico se liga ao específico, a espécie aos tipos e indivíduos, não pode ser aplicada aos conceitos, chamados de "primeira generalidade" por Lotze. O azul e o amarelo não se apresentam como especificidades, subordinados à espécie "cores em geral", mas "a" cor não se encontra senão neles, assim como na totalidade de todos os outros eventuais matizes, e só pode ser pensada de acordo com tal totalidade, ordenadamente enfileirada. Desta maneira, a nossa atenção é chamada, pela própria lógica geral, para uma distinção, que perpassa toda a formação dos conceitos lingüísticos. Antes que a linguagem possa passar para a forma generalizante e subsumante do conceito, necessita de outro modo, puramente qualificativo da formação conceitual. Nela, a denominação não procede da espécie, à qual pertence um objeto qualquer, mas liga-se a alguma condição individual, derivada de um conteúdo geral claro. O trabalho da mente não consiste em subordinar o conteúdo a outro qualquer, mas em proporcionar à totalidade concreta, porém indiferenciada, uma especificidade peculiar, ao ressaltar determinada feição característica, tornada centro da observação. A possibilidade da "denominação" reside nesta concentração do olhar mental: a nova cunhagem intelectual, recebida pelo conteúdo, é condição necessária para sua designação lingüística.

A filosofia da linguagem criou para a totalidade destas questões um conceito característico, que porém provou ser tão ambíguo e discrepante em seu uso que, em vez de oferecer soluções definidas, parece fazer parte de seus problemas mais complicados e duvidosos. Para mencionar a lei específica, através da qual cada idioma se distingue na sua formação conceitual de todos os demais, é costume falar, desde Humboldt, da "forma interna" das línguas individuais. Humboldt entende esse princípio como designando o caráter constante e uniforme no trabalho do espírito, no sentido de elevar o fonema articulado à expressão de pensamento, na medida da compreensão mais plena possível e de sua representação sistemática em determinado contexto. Mas já nele próprio esta determinação deixa de ser inequívoca, pois às vezes cabe à forma exprimir-se e apresentar-se de acordo com as leis da associação lingüística, e outras vezes deve constituir ela própria a terminologia essencial. Assim, conforme por vezes se polemizou contra Humboldt, e com razão, ela é concebida ora morfológica e ora semasiologicamente; atinge num lado a relação em que se encontram determinadas categorias fundamentais da gramática, tais como as categorias do substantivo e do verbo na formação da língua, enquanto, por outro, provém da própria origem dos significados das palavras[4]. Se, entretanto, for examinado o conjunto das determinações conceituais de Humboldt, torna-se imediatamente aparente que para ele é preponderante e decisivo este último aspecto. O fato de cada idioma em si comportar uma forma íntima específica significa principalmente para ele que o mesmo jamais expressa na sua escolha das designações simplesmente a feição das coisas observadas, mas que esta escolha é determinada em primeiro lugar pela posição espiritual, pelo sentido dado à opinião subjetiva acerca dos objetos. Pois a palavra não é cópia do objeto em si, mas da imagem que este provocou sobre o espírito[5]. Neste sentido, as palavras de línguas diversas não podem jamais ser sinônimas, e nem pode seu sentido, quando estudado com exatidão, ser abrangido por uma definição simples, que nada faz além de enumerar as marcas objetivas do objeto por elas designado. Sempre se trata de uma maneira específica de atribuição de sentido, que se externa nas sínteses e acoplações sobre as quais se fundamenta a formação dos conceitos lingüísticos. Se a lua é designada no idioma grego como aquela que "mede" (μήν) e no latino como a que "brilha" (*luna, luc-na*), então é porque uma mesma observação sensual foi interpretada por diferentes conceituações, tendo sido por elas determinada. Por outro lado, a maneira em que esta determinação se processa nos idiomas individuais já não parece passível de descrição genérica, exatamente por se tratar de processo espiritual bastante complexo, específico de cada caso. Aqui só resta transportar-se ao centro da contemplação direta das línguas indivi-

---

4. Humboldt, Kawi-Werk (W., VII, pp. 1, 47 ss.); cf. as observações de B. Delbrück, *Vergleichende Syntax*, I, 42.

5. Cf. Kawi-Werk (W. VII, 1, 59 ss., 89 ss., 190 ss.) a partir de pp. 102 ss.

duais, procurando captar pelos sentidos os procedimentos próprios imediatamente nos fenômenos específicos, em vez de descrevê-los com formulações abstratas[6]. Embora a análise filosófica não possa jamais arrogar-se a captar a subjetividade específica, expressa através de cada um dos idiomas, não deixa de ser problema seu a subjetividade genérica da linguagem. Pois, assim como as línguas se distinguem uma da outra por específica "concepção do mundo", existe por outro lado uma concepção da linguagem graças à qual ela ocupa posição saliente no universo das formas do espírito e através da qual em parte se une e em parte se resguarda da universalidade do conhecimento científico, da arte e do mito.

A formação de conceitos da linguagem distingue-se, antes de mais nada, do modo lógico, em sentido mais estrito, da formação conceitual, pelo fato de para ela jamais ser essencial a verificação e comparação dos conteúdos, mas que a forma pura da "reflexão" aparece aqui entremeada de motivos determinados e dinâmicos – e que ela não recebe seus impulsos essenciais só do mundo do ser, mas sempre também do mundo do agir. Os conceitos lingüísticos situam-se todos na divisa entre ação e reflexão, entre o fazer e o contemplar. Não existe aqui um mero classificar e ordenar de noções, de acordo com determinados sinais objetivos, mas sempre se exprime, justamente através dessa captação objetiva, ao mesmo tempo um interesse ativo no mundo e sua constituição. Herder disse que para o ser humano a língua significava originalmente a mesma coisa que a natureza: um panteão, um território de seres vivos em atividade. Realmen-

---

6. Baseado em material empírico, extraordinariamente rico, Byrne empreendeu uma tentativa muito interessante e instrutiva no sentido de realizar esta tarefa; cf. *General Principles of the Structure of Language* (Princípios gerais da estrutura da linguagem), 2 vols., Londres, 1885.

te é o reflexo não de um meio ambiente objetivo, mas do próprio viver e fazer, que determina a visão do mundo da língua, tal como a primitiva imagem mítica da natureza, em seus traços essenciais e fundamentais. Na medida em que a vontade e a ação do homem se dirigem a um ponto determinado, aplicando-se e concentrando-se nele a própria consciência, ele amadurece, por assim dizer, para o processo de sua designação. No fluxo de consciência, em geral aparentemente uniforme, surgem agora cristas e côncavos de ondas; formam-se conteúdos específicos, acentuadamente dinâmicos, e em torno deles agrupam-se os demais. Assim está apenas preparado o campo para aqueles agrupamentos, nos quais se fundamenta a conquista de quaisquer "sinais" lógico-lingüísticos, bem como a reunião em determinados grupos de sinais; está apenas criada a base sobre a qual se constrói a formação conceitual lingüística qualificadora.

Manifesta-se esta tendência geral da formação da linguagem já na passagem dos meros sons de irritação sensual para a exclamação. A exclamação pode pertencer por inteiro ao grupo da simples interjeição, por exemplo quando transmite medo ou dor, mas já significa mais do que isso, tão logo se manifeste antes como expressão de uma vontade determinada e conscientemente direcionada, do que como reflexo de simples impressão sensual recebida. Pois, neste caso, a consciência não está a serviço da mera reprodução, mas antes da antecipação; não se restringe às condições dadas no presente, mas se apercebe da noção de alguma coisa futura. Assim sendo, o som não acompanha apenas um estado de sentimento e comoção, mas age como próprio motivo a intervir num dado evento, cujas transformações não são simplesmente designadas, mas – no verdadeiro sentido da palavra – "provocadas". O som, agindo desta maneira como órgão da vontade, ultrapassa de uma vez por todas o estágio da mera "imitação". No desenvolvimento da criança pode observar-se, em época anterior à real formação da linguagem, de que maneira o caráter do grito infantil passa mais e mais para a exclamação. Ao adquirir matizes diferentes em si, ao criar expressões sonoras específicas, se bem que ainda inarticuladas, para sensações distintas e variadas direções da vontade, o grito do bebê se dirige para determinados conteúdos, distintos de outros, preparando assim a primeira forma de sua "objetivação". A humanidade como um todo teria progredido na sua evolução para a linguagem essencialmente no mesmo caminho, se tivesse sido confirmada a teoria apresentada por Lazarus Geiger, desenvolvida por Ludwig Noiré, de que todos os fonemas primitivos se teriam originado não da visão objetiva da existência, mas sim da subjetiva da ação. De acordo com esta teoria, o fonema capacitou-se para a representação do mundo objetivo apenas na medida em que este lentamente se projetou para fora da esfera do produzir e do agir. Para Noiré foi especialmente a forma social do produzir que permitiu à linguagem adquirir função social como meio de comunicação. Se o fonema não expressasse nada mais do que uma impressão individual, originada pela consciência pessoal, ele seria limitado por esta consciência, sem dispor de força para ultrapassá-la. Jamais seria possível construir uma ponte, nessas condições, do mundo de imagens e sons de um indivíduo ao outro. Mas uma vez que o som não se produz no agir dos homens em isolamento, e sim em sociedade, corresponde-lhe desde o início um sentido realmente comunitário, "geral". Só foi possível surgir o idioma, na forma de *sensorium commune*, graças à simpatia do trabalho em comum. "Foi o agir coletivo, dirigido a uma finalidade em comum, o mais primitivo trabalho de nossos antepassados mais antigos, que fez brotar a língua e a vida racional... O fonema é, na sua origem, a expressão do sentimento comunitário mais elevado, a acompanhar o trabalho conjunto... Todo o resto, sol, lua, árvore e animal, indivíduo adulto e criança, dor e alegria, comida e bebida, carecia de qualquer possibilidade de uma compreensão conjunta, e portanto também de uma designação em comum; somente aquilo, o agir em comum, não individual, foi o solo firme e constante do qual pôde surgir o entendimento coletivo... Todas as coisas apresentam-se à percepção humana, isto é, tornam-se coisas na medida em que venham a sentir a ação humana, e a seguir recebem as suas designações, seus nomes."[7]

A prova empírica, sobre a qual Noiré procurou fundamentar esta sua tese especulativa, pode hoje ser considerada definitivamente malograda; o que ele afirmou acerca das formas iniciais das raízes lingüísticas e das palavras primitivas dos homens continua sendo tão hipotético e duvidoso, quanto a alegação genérica de um "período enraizado" da linguagem. Mas mesmo que não se desfrute da esperança de poder contemplar a partir deste ponto mesmo o derradeiro segredo metafísico da origem das línguas, revela já, de *per se*, a observação das suas formas empíricas a profundeza da sua enraização no terreno do agir e produzir, como sendo o seu solo materno e nutritivo. Esta relação manifesta-se com especial destaque nos idiomas dos povos naturais[8] – e as línguas culturais demonstram-no tanto mais

---

7. Cf. Lazarus Geiger, *Ursprung und Entwicklung der menschlichen Sprache und Vernunft* (Origem e evolução da língua e razão humanas), 2 vols., Frankfurt am Main, 1868 ss.; Ludwig Noiré, *Der Ursprung der Sprache*, Mainz, 1877 (em especial pp. 323 ss.); *Logos – Ursprung und Wesen der Begriffe*, Leipzig, 1885 (em especial pp. 296 ss.).

8. Cf. especialmente um artigo de Meinhof, "Über die Einwirkung der Beschäftigung auf die Sprache bei den Bantustämmen Afrikas" (Acerca da influência da ocupação sobre o idioma entre as tribos bantu da África) (Globus, vol. 75 [1899], pp. 361 ss.).

claramente quanto mais for focalizado o desenvolvimento para além do círculo estreito de seus termos conceituais gerais, na categoria de "línguas profissionais" nos diversos campos da atividade humana. Usener já remeteu ao fato de que se encontra estabelecida, na estrutura peculiar, uma circunstância comum, característica tanto da direção assumida pela formação conceptual lingüística, quanto mítico-religiosa. De acordo com ele, o círculo dos "deuses específicos" míticos, tais como dos "nomes específicos" individuais e particulares, é vencido vagarosamente na medida em que o ser humano progrida de atividades restritas a mais genéricas, tomando ao longo desta generalização crescente consciência cada vez mais generalizada de suas atividades; somente a ampliação do fazer teria levado à elevação para conceitos lingüísticos e religiosos realmente universais[9].

O conteúdo destes conceitos e o princípio a determinar o seu estabelecimento tornam-se transparentes apenas quando, ao lado e abaixo do seu sentido abstratamente lógico, é compreendido seu sentido *teleológico*. As palavras da língua ultrapassam a reprodução de certezas absolutas da natureza e do mundo das manifestações, definindo principalmente direções e diretrizes da própria designação. Aqui a consciência das totalidades não se revela passiva às impressões sensuais, mas pelo contrário as perpassa, imbuindo-as de sua própria vida interior. Só merecerá também lingüisticamente o cunho de importância aquilo que sensibilizar de alguma maneira a atividade íntima, parecendo-lhe ponderável. Se, portanto, se afirmou dos conceitos em geral que o princípio de sua formação deveria ser designado como sele-

---

9. Usener, *Götternamen* (Nomes dos deuses), Bonn, 1896, especialmente pp. 317 ss.

tivo, em vez de abstrato, é isto verdade especialmente para o processo da formação conceitual lingüística. Aqui não se fixam simplesmente algumas diferenças da consciência, existentes no sentir ou imaginar, providas de algum fonema, quase como distintivo, mas se traçam linhas fronteiriças dentro do todo da consciência. É só graças à determinação, sentida pelo agir dentro de sua própria estrutura, que surgem as determinanças e dominâncias da expressão lingüística. A luz não se derrama simplesmente dos objetos em direção à esfera do espírito, mas se espraia progressivamente, partindo do centro do agir[10] e transformando assim o mundo da sensação imediatamente sensual num universo iluminado desde o íntimo, claro e lingüisticamente constituído. Neste processo, a formação da linguagem prova ser análoga à reflexão e imaginação míticas, mas, por outro lado, conserva perante as mesmas uma tendência autônoma. Tal como acontece com o mito, parte também a linguagem da experiência fundamental e da forma básica da ação pessoal; mas ela, ao contrário daquele, não acaba por girar o mundo, de infinitas e multifárias maneiras, até chegar a seu centro uno, emprestando-lhe, muito pelo contrário, forma nova, na qual se confronta com a mera subjetividade do suportar e sentir. Desta maneira, unem-se continuamente os processos da vivificação e da des-

---

10. Como exemplo deste processo cita-se aqui o que Brugsch afirma em seu livro *Religion und Mythologie der alten Ägypter* (Religião e mitologia dos velhos egípcios), p. 53 a respeito do egípcio antigo: "No egípcio antigo a palavra *kod* designa uma seqüência de conceitos diferentes: fazer potes, ser um oleiro, criar, fazer, construir, trabalhar, desenhar, navegar, viajar, dormir e, além disso, substantivadamente: retrato, quadro, símile, semelhança, círculo, anel. Todos esses derivados, e outros semelhantes, baseiam-se na idéia primitiva: 'virar, girar no círculo'. O girar da forma de barro do oleiro provocou a idéia da ação plástica do oleiro, que deu origem ao sentido geral de 'construir, trabalhar, construir, trabalhar'."

tinação, tornando-se uma unidade espiritual[11]. Nesta duplicidade de direção, do interior para o exterior e deste novamente para aquele, neste fluir e refluir do espírito configura-se-lhe tanto o aspecto quanto a limitação da realidade interna e externa.

Assim só se construiu até agora um esquema abstrato da formação conceitual lingüística, tendo sido estabelecido, por assim dizer, o contorno, sem que os traços individuais do quadro tivessem surgido. Para captar-se com exatidão esses traços individuais, é necessário seguir a maneira na qual a linguagem se desenvolve lentamente de uma acepção puramente "qualificativa" para uma "generalizadora", na qual procede do concreto-sensual para o genérico-comum. Caso se queira comparar a formação lingüística dos conceitos em nossos idiomas culturais desenvolvidos com a mesma nas línguas dos povos naturais, manifesta-se claramente o contras-

---

11. Talvez seja apropriado esclarecer este caminho duplo na constituição da expressão lingüística do agir, tal como surge no verbo nas línguas flexionadas. Aqui se unem e interpenetram duas funções aparentemente distintas uma da outra, manifestando-se no verbo, por um lado, a força da objetivação e, no outro, a força da personificação. Já Humboldt indica o primeiro aspecto, ao verificar no verbo a expressão lingüística imediata do "ato da colocação sintética" espiritual. "Através de um ato sintético único liga através do ser o predicado ao sujeito, mas de tal forma, que o ser, ao passar com um predicado enérgico para uma ação, seja apenas agregado ao próprio sujeito, tornando-se a idéia associativa para o que existe ou se processa na realidade. Não se pensa no raio que abate a árvore, mas no próprio raio que cai... O pensamento, se for possível expressar isto de forma tão sensitiva, abandona, através do verbo, sua residência íntima e passa para a realidade." ("Einleitung zum Kawi-Werk", VII, 1, 214.) Por outro lado enfatiza H. Paul que a forma lingüística do verbo enfeixa um momento de vivificação da natureza, aparentada com a "espiritualização" do universo: no emprego do verbo existe, de acordo com ele, "um certo grau de personificação do sujeito" (*Prinzipien der Sprachgeschichte*, p. 89).

te na concepção fundamental. Estas caracterizam-se pelo fato de que apresentam qualquer coisa, qualquer processo, qualquer ação na mais explícita certeza, que procuram externar o mais obviamente todas as qualidades distintivas dos objetos, todas as concretas especificidades do processo, todas as modificações e gradações do agir. Nesse sentido, dispõem de uma plenitude de expressão, que as nossas línguas culturais não atingem nem aproximadamente. Em especial são as condições espaciais que aqui, conforme ficou demonstrado, encontram seu cunho mais responsável[12]. Mas ao lado da particularização espacial das expressões verbais, manifesta-se ainda a particularização de acordo com outros pontos de vista. Qualquer circunstância modificadora de uma ação, quer se relacione com o seu sujeito ou objeto, com a sua meta ou a ferramenta com que é executada, influi diretamente na escolha da expressão. Em alguns idiomas norte-americanos, a ação da lavagem é expressa por treze verbos diferentes, de acordo com o tipo realizado. Tratando-se do lavar das mãos ou do rosto, do lavar de tigelas, de roupas, de carne etc.[13]. Uma equivalência para a nossa expressão genérica de "comer" não existe – de acordo com a afirmação de Trumbull – em nenhuma língua dos indígenas americanos; por outro lado existe uma plenitude de verbos distintos, usados um na ingestão de comida animal, outro, quando se trata de comida vegetal, ou sendo um expresso para a refeição de um só indivíduo e outro para uma refeição em comum. Quando se trata de bater é necessário verificar se se trata de um golpe com o punho ou com a palma da mão, com uma vara ou um açoite; no verbo relativo a quebrar são empregadas designações diversas, de acordo com a maneira de quebrar e do ins-

---

12. Cf. acima, p. 208 ss.
13. Sayce, *Introduction to the Science of Language*, I, 120.

trumento utilizado para tanto[14]. E a mesma diferenciação, quase ilimitada, tem valor tanto para conceitos de predicado como também para conceitos de coisas. Também aqui a linguagem visa, antes de alcançar determinadas designações de classe e "conceitos de gênero", principalmente classificar as "variedades". Os habitantes primitivos da Tasmânia não conheciam palavra para a expressão do conceito "árvore", por outro lado possuíam nomes específicos para cada tipo de acácia, da seringueira azul etc.[15]. Tratando dos bacairis, K. v. d. Steinen informa que cada espécie de papagaio e de palmeira era por eles distinguida com exatidão, recebendo nome específico, mas que os conceitos gerais, designativos dos papagaios e das palmeiras, não possuíam equivalentes lingüísticos[16]. Manifestação idêntica encontra-se, aliás, também em idiomas altamente desenvolvidos. O árabe, por exemplo, desenvolveu para determinadas variedades de animais ou plantas uma tão espantosa quantidade de nomenclaturas, que se tornou possível aduzi-las como comprovante de que, através da filologia e da lexicologia, era legítimo fomentar diretamente o estudo da história natural e da fisiologia. Hammer apresentou num estudo próprio nada menos que 5.744 nomes para o camelo na língua árabe, que variam de acordo com o sexo, a idade ou quaisquer traços individuais do animal. Existem denominações peculiares não apenas para o camelo mas-

---

14. Trumbull, *Transactions of the Americ. Philol. Assoc.* (Documentos da Assoc. de Filol. Americana 1869/70; cf. Powell, *Introduction to the Study of Indian Languages*, Washington, 1880, p. 61.) Para explicações minuciosas cf. exemplos das línguas algonkin e dos idiomas dos índios Sioux no *Handbook* I, pp. 807 e ss., 902 ss. e outros.

15. Cf. Sayce, in *idem*, II, p. 5.

16. K. v. d. Steinen, *Unter den Naturvölkern Zentral-Brasiliens*, Berlim, 1897, p. 84.

culino e o feminino, para o camelo potro e o camelo adulto, mas existem gradações as mais matizadas dentro de cada uma das classificações. O potro sem dentes laterais; o potro que começa a andar; o camelo do primeiro ao décimo ano de vida, cada um tem uma designação particular. Outras diferenciações procedem do acasalamento, da prenhez, do nascimento e outras ainda de especificidades físicas do animal; uma palavra especial serve, por exemplo, para designar um camelo com orelhas grandes ou pequenas, com orelha cortada ou orelha de lóbulo pendente, com queixada grande ou queixo forte e penso[17].

Em todos esses casos não se trata evidentemente da excrescência casual de um impulso lingüístico isolado, mas revelam-se aqui uma forma primitiva e uma tendência básica da formação conceitual da linguagem, muitas vezes nitidamente distinguível em alguns efeitos tardios ainda depois de a língua, genericamente aceita, tê-la ultrapassado. Como efeitos tardios eram geralmente interpretadas aquelas manifestações da história da língua, designadas, desde Osthoff, como fenômenos supletivos. Especialmente no sistema de flexões e da formação de palavras das línguas indo-germânicas é conhecido o fato de determinadas palavras e formas de palavras, unidas para constituírem um sistema de flexão, como acontece por exemplo nos casos isolados de um substantivo, nos vários tempos de um verbo e nas formas aumentativas de um adjetivo, não se construírem baseadas numa raiz idêntica, e sim em duas ou mais raízes. Lado a lado com a formação "regular" da flexão verbal e a comparação adjetiva existem casos tais como aparecem em *fero, tuli, latum*, φέρω, οἴσω, ἤνεγκον, à primeira vista simples "exceções",

---

17. Vide Hammer-Purgstall, *Das Kamel* (O camelo), Memoriais da Academia Imperial das Ciências de Viena. Philos.-histor. Kl. vols. VI e VII (pp. 1855 ss.).

o que significa desvios arbitrários do princípio de que a união formal e significativa deve ser expressa também por palavras de raiz semelhante. A regra a determinar esta exceção foi produzida por Osthoff através da sua indicação de uma camada mais antiga da formação lingüística, na qual a concepção "individualizante" teria ainda exercido predomínio sobre a "agrupante". De acordo com ele, impôs-se durante tanto mais tempo este predomínio quanto mais próximos se situavam os conjuntos de conceitos e significação, conservados do âmbito da imaginação natural do ser humano e da sua imediata esfera de ação e interesse. "Tal como o homem observa com sua visão própria em primeiro lugar sempre aquilo que lhe está mais próximo, também a visão do espírito, cujo espelho é a linguagem, concebe tanto mais nítida e individualmente os objetos do mundo imaginado quanto mais próximos se apresentarem ao sentir e pensar do falante, quanto mais intensiva e vivamente, portanto, comovem a alma, despertam o interesse psíquico do indivíduo, a índole de determinados povos." Sob este ponto de vista parece realmente significativo o fato de os círculos conceituais, para os quais existe a maior variedade e multiplicidade nas línguas dos povos naturais, serem aqueles nos quais, dentro do âmbito dos idiomas indo-germânicos, mais se desenvolveram os fenômenos supletivos e em que por mais tempo se conservam. Entre os verbos são especialmente os de movimento, o "andar" e "vir", o "ir" e "correr", bem como os verbos que designem o comer, o bater, o ver, o falar etc. aqueles que existem em feições as mais variadas. G. Curtius comprovou minuciosamente que no idioma primitivo indo-germânico, por exemplo, as variedades do "andar" eram distinguidas antes de ter sido encontrado o seu conceito lingüístico geral. Expôs também que as projeções do olhar e do espreitar, do contemplar, do verificar e do perceber devem ter existido distintamente no indo-germânico, anteriormente à designação das várias atividades sensuais isoladas, do ver, ouvir e sentir. E a um desenvolvimento mais tardio pertencem verbos que, tais como o pós-homérico αἰσθάνεσθαι, *sentire*, *empfinden*, designam a percepção sensual em si[18]. Considerando que às manifestações da essência supletiva no indo-germânico correspondem formações análogas em outros conjuntos de idiomas, por exemplo nas línguas semíticas, verifica-se que o modo da formação da linguagem reflete, no caso, realmente uma tendência geral da constituição conceitual lingüística. Dentro de uma acepção severa não se poderá falar, entretanto, de uma tendência "individualizante" primitiva, pois qualquer denominação, por mais concreta, de uma figuração singular ultrapassa seu entendimento puramente individual e, de certa maneira, se opõe à mesma. De fato é um universo de dimensões diversas que se utiliza apropriadamente dos conceitos lingüísticos. Imaginando o conjunto do mundo das idéias como uma planície sempre uniforme, da qual apenas pelo ato da denominação são extraídas determinadas figuras individuais e segregadas do resto do ambiente, verifica-se que este processo da denominação compreende inicialmente apenas uma parte bem limitada da planície. Apesar disto pode formar-se progressivamente nesse caminho a totalidade da planície, na medida em que todos esses círculos concêntricos sejam justapostos e, por assim dizer, cobertos de uma rede cada vez mais espessa de nomenclaturas. Entretanto, por mais finas que forem as malhas desta rede, a sua estrutura própria é, por enquanto, bastante frouxa. Pois cada palavra dispõe ainda de apenas seu raio de ação, relativamente limitado, além do qual

---

18. G. Curtius, *Grundz. der griech. Etymologie*, 5ª ed., pp. 98 s.; cf. também Osthoff, *Vom Suppletivwesen der indogerman, Sprachen*, Discurso Acadêmico, Heidelberg, 1899.

a sua força se perde. Não existe a possibilidade de reunir uma maioria multiforme de círculos de significação numa entidade lingüística, definida por uma composição unânime. A força da constituição e separação, contida em cada palavra individual, manifesta-se assim, mas logo chega ao fim, tornando necessário que num reinício independente seja criado novo circuito de conceitos. Pela somatória de todos esses impulsos individuais, com conseqüências sempre próprias, independentes umas das outras, chega-se no melhor dos casos a unidades coletivas, mas não a unidades verdadeiramente genéricas. Aqui, a totalidade da expressão lingüística, quando de fato alcançada, constitui apenas um sistema agregado, não dividido em si mesmo; a força da divisão esgotou-se na denominação individual, não chegando a formar unidades que superem esses limites.

Outro passo é dado no caminho para a universalidade genérica, quando o idioma, longe de limitar-se a criar determinadas nomenclaturas para círculos definidos de concepções, passa a entrelaçar as mesmas de tal maneira que a confluência objetiva de conteúdos adquira reflexo evidente também na forma lingüística. Tal esforço de relacionar mais intimamente fonema e sentido, através da justaposição de determinados conjuntos significativos com definidos agrupamentos sonoros, define o progresso de formação conceitual da língua, de meramente qualificativa para classificadora. Existe na sua forma mais simples quando grupos de palavras diferentes são definidos como unitários através da conformidade da marcação lingüística através de um sufixo ou um prefixo em comum. O significado especial, atribuído a cada palavra em si, é completado por um elemento geral de determinação, que torne claro o seu relacionamento com outras formas lingüísticas. Tal grupo, limitado por determinado sufixo classificatório, encontra-se por exemplo nos nomes de parentesco indo-germânicos; nos termos que designem pai e mãe, irmão, irmã e filha. A desinência em comum, -*tar* (*ter*), típica (*pitár, matár, bhrătar, svásar, duhitár* πατὴρ, μήτηρ, φράτωρ, θυγάτηρ etc.) liga esses substantivos num grupo fechado, marcando-os assim como formações de um mesmo "conceito" – que entretanto não existe como unidade independente e substituível fora do grupo, mas cujo significado se resume nesta função de agregação dos elementos. Entretanto, seria erro não admitir por este motivo a realização do idioma neste exemplo como ato de reflexão lógica. Pois a teoria lógica do conceito indica claramente que o "conceito de conjunto" não é inferior ao "conceito de gênero" nem em força, nem em significância, vindo a ser até mesmo parte essencial e integrante do próprio conceito de gênero[19]. Tendo isto em mente, há de se compreender imediatamente o princípio a dominar essas formações lingüísticas em toda a sua significação e suas conseqüências. Não se fará justiça integral ao conteúdo espiritual deste princípio, caso se julgue possível explicar essas formações com a lei psicológica da mera associação de semelhanças. O processo casual de associações, diverso de caso a caso e de indivíduo para indivíduo, não basta para tornar compreensível o fundamento e a origem tanto dos conceitos lingüísticos quanto dos puramente lógicos. "A única maneira psicologicamente possível de se imaginar o processo de formação dos nomes de parentesco indo-germânicos", assim se manifesta Wundt, "consiste em estabelecer, a partir da formação de um nome de parentesco para outro, uma associação entre ambas as projeções e dos sentimentos, causadores da identificação dos elementos sonoros da palavra, sem que estes tivessem de servir à expressão do conteúdo específico da idéia em si. Um fone-

---

19. Outras informações a este respeito na minha obra, *Substanzbegriff und Funktionsbegriff*, em especial nos capítulos 1 e 4.

ma determinante, comum a uma classe de concepções, só pode ter surgido no caminho da adaptação sucessiva e associativa, e não pela formação simultânea de sinais correspondentes de sentido, e, por isso mesmo, o conceito da conjunção dos objetos não se antecipou à formação desses elementos determinantes, mas se desenvolveu ao mesmo tempo que eles. Pois ele é nitidamente a expressão, diretamente observável na passagem de um para outro objeto, da solidariedade, que se fundamentava antes em determinados sentimentos acompanhantes de colorido semelhante, do que numa verdadeira comparação."[20] Contrariamente pode argumentar-se que, qualquer que tenha sido o motivo psicológico original, visando à reunião de determinado grupo de nomes, esta reunião corresponde a um ato independente e lógico, executado na sua própria forma lógica. Uma determinação, exclusivamente restrita à esfera dos sentimentos, não conseguiria criar nova determinação objetiva. Pois quaisquer associações sentimentais podem, afinal, existir entre todos os conteúdos da consciência, mesmo os mais heterogêneos, de sorte que daqui não surge nenhum caminho para aquele tipo de "homogeneidade", produzido ou pelo menos requerido no conceito lógico e lingüístico. O sentimento pode ligar tudo com tudo e por isso não comporta uma explicação suficiente para o fato de determinados conteúdos se juntarem em unidades determinadas. Para isto, o que se exige é um ponto de vista racional acerca da comparação, claramente notado nas formações em conjunto também onde é expresso somente na forma de um sufixo classificatório, não na de uma palavra autônoma de conceito e matéria[21]. Se a língua observa a circunstância de que con-

---

20. Wundt, *Völkerpsychologie*, 2ª ed., II, pp. 15 ss.
21. É evidente que muitos desses "sufixos classificatórios", como também outros sufixos, procedem de palavras concretas de conceito e matéria (cf.

teúdos diversos se agrupam genericamente, já faz assim as vezes de veículo do progresso intelectual, quer consiga ou não determinar e designar no que consiste este agrupamento. Também aqui se comprova na antecipação de uma tarefa, que pode ser solucionada apenas através do conhecimento científico; torna-se, por assim dizer, a presunção do conceito lógico. Este não se satisfaz em simplesmente asseverar um agrupamento e uma conjunção de conteúdos, mas quer saber o "porquê" da agregação, pretende compreender a lei que a determina, bem como sua "razão". A análise das relações conceituais leva aqui de volta à sua "definição genética", à revelação de um princípio do qual emanam e do qual podem ser separados, na sua qualidade de especificidades. A tal reflexão a linguagem não se eleva nem nos seus conceitos qualificativos e "classificatórios", nem, num sentido mais estreito, nos "genéricos". Mas em toda parte prepara o campo para isto, conseguindo realizar o primeiro esquema da agregação. Por menos que este esquema contenha da relação objetiva, existente entre os conteúdos, fixa-se nele, por assim dizer, o lado subjetivo do conceito, apresentando aquilo que significa como questão. De fato, também historicamente a descoberta do problema do conceito consistiu em que as designações lingüísticas, em vez de serem simplesmente aceitas, fossem apreciadas e entendidas como questões lógicas. O termo socrático do conceito, o τί ἔστι, tem aqui o seu começo; a indução, graças à qual Sócrates conduz "para" o conceito, fundamenta-se no fato de que se parte da unidade passageira e presuntiva da forma léxica, para obter a configuração determinada e definitiva dos conceitos lógicos[22]. Nesse sentido,

---

Cap. V). É bem verdade que no campo das línguas indo-germânicas tal conexão, aparentemente, não pode mais ser comprovada etimologicamente; cf. as observações de Brugmann, II, pp. 184, 582 ss.

22. Cf. acima, pp. 89 ss.

as agregações e classificações da língua reúnem na subjetividade, que inevitavelmente lhes é própria, também determinada idealidade, uma tendência à unidade objetiva da "idéia" em si.

II. Tendências fundamentais da formação de classes na linguagem

Descrever os diversos tipos de formação de conceitos e classes que atuam nas diferentes línguas e compreendê-los em seus derradeiros motivos espirituais constitui uma tarefa que transcende o campo e as possibilidades metodológicas da filosofia da linguagem. Dado que seja de fato exeqüível, este trabalho somente poderá ser empreendido pela lingüística geral e pelas ciências especiais da linguagem. Os caminhos pelos quais aqui enverada a língua são de tal modo intrincados e obscuros, que somente um entranhar-se profundo nos detalhes de cada língua e uma sensibilidade apuradíssima centrada na sua compreensão poderão elucidá-los progressivamente. Porque o tipo de formação de classes constitui um fator essencial naquela "forma interior" através da qual as línguas se distinguem umas das outras de maneira específica. Mas, embora a conformação espiritual, rica e multifacetada, aqui realizada pela língua, não possa ser encerrada de uma vez por todas em um esquema abstrato e acabado que a designe – ainda assim também aqui, na comparação dos fenômenos particulares, ressaltam determinados pontos de vista gerais que norteiam a linguagem nas suas classificações e coordenações. Pode-se tentar organizar estes pontos de vista a fim de utilizar como princípio condutor o constante progresso do "concreto" para o "abstrato", que em geral determina a direção do desenvolvimento lingüístico: mas, ao fazê-lo, sempre será necessário ter em mente que esta estratificação não é cronológica, e sim metodológica, e que, conseqüentemente, em uma dada configuração histórica da língua, os estratos, que aqui procuramos distinguir através do pensamento, podem coexistir lado a lado e sobrepor-se das mais diversas maneiras.

Aparentemente nos encontramos no mais baixo degrau da escala espiritual quando a comparação e a coordenação dos objetos partem unicamente de uma semelhança qualquer da impressão sensorial que evocam. As línguas dos povos primitivos oferecem inúmeros exemplos deste procedimento que resulta em agrupamentos inteiramente dominados por fatores sensoriais. Aqui, os mais diversos conteúdos podem ser agrupados em uma "classe", tão logo revelem alguma analogia na sua forma sensorialmente perceptível. Nas línguas melanésias, assim como em muitas línguas aborígines americanas, existe a tendência de empregar prefixos específicos para os objetos que se caracterizam por uma forma alongada ou arredondada. Devido a esta tendência, por exemplo, as expressões utilizadas para nomear o sol e a lua são incluídas no mesmo grupo lingüístico daquelas que designam a orelha humana, peixes de determinada forma, canoas etc., enquanto, por outro lado, nomes indicativos do nariz e da língua, por exemplo, aparecem como designações de objetos alongados[23]. A um estrato completamente diferente parecem pertencer aquelas diferenciações de classes que, em vez de partir de uma mera semelhança no *conteúdo* dos objetos da percepção, se baseiam na determinação de alguma relação, que, por-

---

23. Codrington, *The Melanesian Languages*, pp. 146 s. No que se refere às línguas americanas, as línguas dos baidas, por exemplo, decompõem todos os nomes em grupos distintos que se diferenciam por características sensoriais e espaciais, estabelecendo, portanto, distinções rigorosas entre os grupos dos objetos "compridos", "delgados", "redondos", "planos", "angulosos", "filiformes". Vide Swanton, "Haida" in *Handbook* I, Boas, pp. 216, 227 ss.

tanto, distinguem os objetos de acordo com o seu tamanho, o seu número, a sua posição e a sua situação. No primeiro caso, as línguas dos bantos, por exemplo, utilizam um prefixo específico para designar objetos particularmente grandes, enquanto outros prefixos servem para designar um tamanho menor. Também os objetos que aparecem regularmente como elementos de uma pluralidade coletiva, como "um entre muitos outros", são distinguidos daqueles que, como os olhos, as orelhas e as mãos do ser humano, se apresentam aos pares, como "coisas que existem duplamente"[24]. No que respeita à situação e à posição, em muitas línguas ameríndias o que determina a classe a que pertence uma palavra é o fato de o objeto por ela designado ser imaginado como estando de pé, sentado ou deitado[25]. Se aqui se realiza uma classificação dos objetos de acordo com características diretas, perceptíveis intuitivamente, por outro lado existe ainda uma classificação que utiliza um curioso princípio *mediato* de subdivisão, que consiste em associar a totalidade das coisas aos membros do corpo humano, e em enfeixá-la em diversos grupos lingüísticos segundo a sua correspondência a um ou outro destes membros. Reconhecemos aqui o mesmo motivo que já havíamos notado na estruturação da intuição espacial através da linguagem e na formação de determinados termos pri-

---

24. Vide a apresentação dos prefixos de classe realizada por Meinhof, em sua *Vergleichende Grammatik der Bantusprachen*, pp. 8 ss., 16 ss.

25. Cf. Powell, *Introduction to the Study of Indian Languages*, p. 48. Na língua ponca (*Ponca-Sprache*), que faz uma distinção entre objetos animados e inanimados, no primeiro grupo há um prefixo específico para designar um objeto que se encontra em repouso, e um outro para indicar um objeto em movimento; um prefixo determinado é utilizado para um ser animado quando se encontra em pé, outro é usado para seres sentados etc.; cf. Boas e Swanton, "Siouan", in *Handbook* I, 940.

mários referentes ao espaço: o corpo humano e a diferenciação de suas diversas partes constituem um dos primeiros fundamentos essenciais para a "orientação" lingüística de um modo geral[26]. Deste modo, em algumas línguas a divisão das partes do corpo é utilizada como um esquema geral para orientar a concepção do mundo todo e a sua estrutura, na medida em que aqui cada objeto nomeado pela linguagem é primeiramente associado a determinada parte do corpo, por exemplo, à boca, às pernas, à cabeça, ao coração, ao peito etc. e, consoante esta relação fundamental, os objetos individuais são divididos em determinadas classes, em "gêneros" fixos[27]. Tais classificações tornam claro que as primeiras distinções conceptuais da linguagem ainda estão inteiramente vinculadas a substratos materiais; que a relação entre os membros de uma mesma classe, para que se torne *pensável*, também deve, de alguma maneira, *materializar-se* em uma imagem. É bem verdade que os sistemas de classificação mais ricamente desenvolvidos e mais sutilmente estruturados,

---

26. Vide acima, pp. 221 ss.

27. Um exemplo característico é a classificação particularmente curiosa das línguas do sul das ilhas Andamã, descritas de maneira detalhada por E. H. Man (*On the Aboriginal Inhabitants of the Andaman Islands, with Report of Researches into the Language of the South Andaman Island by J. Ellis*, Londres, 1883). Complementações deste estudo de E. H. Man foram realizadas por M. V. Portman, *Notes on the Languages of South Andaman Group of Tribes*, Calcutá, 1898. No sistema de classes do andamã, os seres humanos constituem inicialmente uma classe especial, diferenciada dos outros substantivos; a seguir, as partes isoladas do corpo assim como os nomes de parentesco são divididos em grupos que, do ponto de vista lingüístico, são rigorosamente diferenciados uns dos outros, de modo que, por exemplo, para cada grupo individual são empregados pronomes possessivos específicos e expressões especiais, designando o meu, teu, seu etc. Além disso, existe ainda uma série de atribuições e de "identidades" analógicas entre as diversas partes do corpo e os grupos de parentesco. (Cf. acima Man, *op. cit.*, pp. 51 s., e Portman, *op. cit.*, pp. 37 ss.).

tais como os encontramos nas línguas dos bantos, parecem ter adquirido uma intuição da totalidade que ultrapassa claramente esta primeira esfera de distinções meramente sensíveis. A linguagem já revela aqui o poder que a torna capaz de apreender o todo do ser – na medida em que esta é tomada como um todo espacial – como um complexo de *relações* e de fazer com que a partir delas se desenvolva, por assim dizer, esta totalidade. Quando o sistema rigorosamente graduado dos "prefixos locativos", utilizado nas línguas dos bantos, apresenta, por um lado, uma indicação precisa das diversas distâncias que medeiam entre os objetos e o falante, e, por outro, assinala as suas múltiplas relações espaciais, isto é, a sua interpenetração, a sua justaposição e a sua separação, o que se verifica é que a forma imediata da intuição espacial começa, por assim dizer, a assumir uma figura (*gestalt*) *sistemática*. É como se o espaço, na qualidade de uma multiplicidade determinada de várias maneiras, fosse aqui formalmente construído pela linguagem como se fosse estruturado em uma unidade fechada em si mas, ao mesmo tempo, diferenciada, a partir das diferenças de lugar e de direção[28]. Tais classificações parecem já confirmar uma vigorosa tendência à *organização* que, de acordo com os seus princípios, e mesmo onde o próprio *objeto* ainda permanece inteiramente na esfera do ser intuitivo, ultrapassa estes limites e aponta para formas novas e específicas da "síntese do múltiplo" de que a linguagem dispõe.

Sem dúvida, é na própria natureza da linguagem que se encontra a razão pela qual cada uma destas sínteses não é governada exclusivamente por pontos de vista teóricos, mas também imaginativos e que, conseqüentemente, a "formação

---

28. Cf. a descrição do sistema dos "prefixos locativos" nas línguas dos bantos em Meinhof, *Grammatik*, pp. 19 ss.

de conceitos" lingüísticos, em grande parte, também parece ser menos um produto da comparação lógica e da associação dos conteúdos de percepção, que da *imaginação* lingüística. A forma da construção de séries jamais é determinada apenas pela "similaridade" objetiva dos conteúdos particulares, mas pelo curso da imaginação subjetiva. É por isso que os motivos que dirigem a linguagem em suas classificações, tanto quanto nos é permitido desvendá-los, parecem, via de regra, estar ainda intimamente relacionados com as primitivas formas *míticas* de conceitos e de classificações[29]. Também aqui se comprova que a linguagem, enquanto forma total do espírito, se situa na fronteira entre o mito e o logos, e que ela, por outro lado, representa a intermediação entre a visão teórica e a estética do mundo. O fato de que a forma de classificação lingüística que nos é mais próxima e familiar, ou seja, a divisão dos substantivos em três "gêneros", o masculino, o feminino e o neutro, se encontra impregnada destes motivos meio míticos, meio estéticos, ainda se evidencia freqüentemente de maneira inequívoca nas aplicações específicas e individuais deste princípio. É por este motivo que os pesquisadores da linguagem que combinaram a profundeza e a sutileza da intuição artística com o poder e o rigor da análise lógico-gramatical acreditaram apreender aqui, em sua genuína origem, o princípio da formação dos conceitos lingüísticos e, por assim dizer, poder auscultá-lo diretamente. Jakob Grimm deriva a diferença de gêneros nas línguas indo-germânicas de uma transposição do gênero natural, que já teria ocorrido nos primeiros estágios da língua. Ele atribui tal "início natural" não apenas ao masculino e ao feminino,

---

29. Informações mais detalhadas em meu ensaio "Die Begriffsform im mythischen Denken". *Studien der Bibliothek Warburg*, I, Leipzig, 1922.

como também ao neutro, na medida em que busca a sua verdadeira origem no "conceito de *foetus* ou de *proles* dos seres vivos". Ao tentar mostrar ainda que, em geral, o masculino designa o mais antigo, o de maior envergadura, o mais sólido, o mais resistente, o mais rápido, o ativo, o móvel, o produtivo, enquanto o feminino, contrariamente, indica o que vem em segundo plano, o inferior, o mais sensível, o mais brando, o que é passivo e receptivo-acolhedor, e o neutro, por sua vez, assinala o que é produzido e realizado, o que é material, genérico, coletivo, não desenvolvido, Grimm, neste aspecto, certamente alcançou pouca ressonância na pesquisa lingüística moderna. Já no âmbito da lingüística indo-germânica, a teoria estética de Grimm opunha-se à austera e prosaica teoria de Brugmann, que atribui a expansão da distinção sexual sobre a totalidade dos substantivos não a alguma tendência geral da imaginação lingüística, mas a determinadas analogias formais e, em certo sentido, casuais. Na formação e fixação desta diferença, a linguagem não se guiou por uma intuição animista das coisas, e sim por semelhanças, na realidade insignificantes, da forma fonética: assim, por exemplo, ainda segundo Brugmann, pelo fato de certos "femininos naturais", isto é, certas designações para seres femininos, possuírem a terminação -*a*, progressivamente e por via puramente associativa, todas as palavras que apresentavam esta terminação foram incluídas na mesma classe dos "femininos"[30]. Teorias mediadoras que atribuem a formação do gênero gramatical em parte a fatores intuitivo-semânticos e, em parte, a fatores formais, buscando circuns-

---

30. Vide Brugmann, *Das grammatische Geschlecht in den indogermanischen Sprachen* (O gênero gramatical nas línguas indo-germânicas). *In*: Techmer, *Zeitschrift für Allgemeine Sprachwissenschaft* (Revista de Lingüística Geral), IV, pp. 100 ss.; vide também *Kurze vergleichende Grammatik*, pp. 361 ss.

crever o alcance da influência destes dois momentos, também foram elaboradas por diversas vezes[31]. Mas o problema que envolve esta questão só pôde ser apreendido em toda a sua magnitude e dimensão quando a pesquisa lingüística se estendeu ao âmbito indo-germânico e semítico, tornando mais e mais evidente que a diferença de gênero, tal como ocorre no indo-germânico e no semítico, é apenas um caso especial, um resíduo talvez de classificações elaboradas de modo muito mais rico e rigoroso. Se tomarmos como ponto de partida estratificações do tipo encontrado particularmente nas línguas dos bantos, verificaremos, indubitavelmente, que a distinção do gênero, no sentido do "sexo", não ocupa senão um espaço relativamente restrito entre todos os meios utilizados pela linguagem para expressar as diferenças "genéricas" e que, conseqüentemente, aqui deparamos apenas com uma tendência isolada da imaginação lingüística, e não com o seu princípio geral e sistemático. De fato, um grande número de línguas desconhece a separação dos nomes segundo o gênero natural ou qualquer tipo de analogia nele baseada. Nestas línguas, os seres inanimados não são distinguidos de acordo com o gênero masculino e feminino, e, no caso dos animais, o sexo dos mesmos é expresso ou por meio de palavras específicas ou pelo acréscimo de uma palavra ao nome genérico da espécie animal, que indique o gênero ao qual pertence. Esta mesma designação é empregada para os seres humanos quando, por meio de adições dessa espécie, um termo geral como, por exemplo, criança ou criado transforma-se em uma expressão que significa filho e filha, criado e criada etc.[32].

---

31. Cf., por exemplo, Wilmans, *Deutsche Grammatik* (Gramática alemã), III, pp. 725 ss.
32. Este procedimento, típico das línguas fino-úgricas e altaicas, embora nenhuma possua uma designação de gênero no sentido das indo-germânicas, é

Humboldt que, tal qual Jakob Grimm, considera a origem da divisão lingüística em classes uma função básica da "faculdade de imaginação" da linguagem, conseqüentemente interpreta, desde o início, esta faculdade em um sentido mais amplo, partindo não da diferença entre os gêneros naturais, mas da diferença geral entre aquilo que é animado e o que é inanimado. Apóia-se essencialmente nas observações que realiza no âmbito das línguas ameríndias, as quais, na sua maioria, nem sequer designam – ou apenas o fazem ocasionalmente e de forma imperfeita – a diferença entre os gêneros naturais, mas que, por outro lado, manifestam extrema sensibilidade para a oposição entre objetos animados e inanimados. Toda a estrutura das línguas algonquinas é governada por esta oposição. Um sufixo especial (-*a*) designa aqui um objeto que reúne em si mesmo as propriedades da vida e do movimento independente; um outro (-*i*) indica os objetos carentes destas características. Todo verbo ou substantivo deve obrigatoriamente enquadrar-se em uma destas duas categorias; contudo, tal classificação não é determinada apenas pelas características oferecidas pela observação puramente empírica; decisiva é igualmente a orientação resultante da imaginação e da vivificação míticas da natureza. Assim, por exemplo, nestas línguas, um grande número de plantas, dentre as quais as mais importantes espécies como o trigo e o tabaco, é incluído na classe dos objetos animados[33]. Se, em outras

---

muito difundido em outros grupos lingüísticos. Em relação às línguas altaicas, conferir, por exemplo, B. Boethlingk, *Die Sprache der Jakuten*, p. 343 e J. J. Schmidt, *Grammatik der mongolischen Sprache*, pp. 22 ss.; para outros grupos lingüísticos, vide H. C. v. d. Gabelentz, *Die melanesischen Sprachen*, p. 88; Westermann, *Die Sudansprachen*, pp. 39 ss.; Matthews, *Languages of Some Native Tribes of Queensland*, J. and Proc. of the Royal Soc. of N. S. Wales XXXVI, 1902, pp. 148 e 168.

33. Para a classificação das línguas algonquinas, cf. W. Jones, "Algonquian" (Fox). *In*: Boas, *Handbook*, I, pp. 760 ss.

línguas, os corpos celestes são gramaticalmente inseridos na mesma classe dos homens e dos animais, Humboldt considera este fato como a melhor prova de que no pensamento dos povos que realizam esta equiparação eles são contemplados como seres que se movimentam por meio de sua própria força e que, dotados de personalidade, provavelmente, guiam lá do alto os destinos humanos[34]. Se esta dedução for correta, estaria provado que a linguagem, em uma classificação deste tipo, ainda está intimamente entrelaçada com o pensamento e a representação míticos, mas que, por outro lado, ela já começa a ultrapassar o primeiro estrato elementar e primitivo deste pensamento. Porque enquanto neste estrato ainda predomina uma forma de "pan-animismo" que abrange e penetra uniformemente o todo do mundo e todos os seres específicos nele contidos, já na distinção lingüística entre classe de pessoas e classe de coisas, gradualmente emerge da esfera geral da "vida" a existência pessoal e consciente de si, como um ser de significação e valor próprios. Assim, por exemplo, nas línguas dos drávidas, todos os nomes dividem-se em duas classes: uma abrange os seres "racionais", a outra, os "irracionais" – à primeira pertencem, além dos homens, também os deuses e os semideuses, à segunda, além dos objetos inanimados, também os animais[35]. O corte aqui efetuado no todo do mundo obedece, portanto, a um princípio muito diferente daquele que norteava a vivificação mítica simples e praticamente indiferenciada do universo. As línguas dos bantos, em seu sistema de classificação, fazem igualmente uma distinção rigorosa entre o ser humano enquanto personalidade que age de modo independente, e

---

34. Humboldt, "Einleitung zum Kawi-Werk", *Werke* VII, pp. 1, 172 ss.
35. Fr. Müller, *Grundriss der Sprachwissenschaft*, III, I, p. 173; *Reise der Fregatte Novara*, p. 83.

todas as outras espécies de seres que, embora animados, não são pessoais. Conseqüentemente, para os espíritos não considerados como personalidades independentes, mas como algo que anima ou que acomete um ser humano, é empregado um prefixo especial, utilizado particularmente para as denominadas *forças da natureza* como as doenças, além da fumaça, do fogo, dos rios, da lua[36]. Assim, a concepção da existência e da atividade pessoal e espiritual em um sentido mais restrito criou uma expressão própria na linguagem, graças à qual pôde distinguir-se da representação da vida e da alma próprias ao mero animismo, que compreende a alma como uma força mítica geral, a qual, exatamente em virtude desta generalidade é, de início, inteiramente indeterminada.

É bem verdade que também neste ponto se confirma novamente que a divisão em uma classe especial de pessoas e de coisas, assim como a inserção dos objetos individuais em uma ou em outra destas duas classes, não obedece a critérios exclusivamente "objetivos", e que, ao invés, aqui a estrutura lógico-conceitual da realidade, tal qual representada na linguagem, se realiza e se encontra ainda totalmente impregnada de distinções puramente subjetivas, que somente podem ser apreendidas pelo sentimento imediato. Esta classificação jamais é determinada por simples atos do julgar ou da percepção, mas sempre e simultaneamente por atos da emoção e da vontade, por atos que implicam uma tomada de posição interior. Logo, é comum que o nome de um objeto, em princípio pertencente à classe das coisas, passe para a de pessoas, realçando-se, assim, o seu valor e a sua importância, e caracterizando-o como particularmente significativo[37]. Mesmo as línguas que, na forma por nós hoje conhecida, dividiram os

---

36. Cf. os exemplos em Meinhof, *Bantugrammatik*, pp. 6 ss.
37. Na língua gola, falada na Libéria, segundo aponta Westermann em sua obra *Die Gola-Sprache*, p. 27, um nome, ao qual na verdade caberia um outro

substantivos de acordo com o gênero natural, ainda deixam transparecer com muita freqüência, na maneira como empregam esta distinção, que ela remonta a uma diferenciação mais antiga entre a classe de pessoas e a de objetos que, ao mesmo tempo, era percebida como um julgamento de valor[38]. Por mais estranhos que estes fenômenos possam parecer à primeira vista, eles apenas revelam o princípio fundamental que, de modo geral, comanda a formação dos conceitos na linguagem. A linguagem nunca segue simplesmente a tendência das impressões e representações; ao contrário, opõe-se a ela mediante uma ação independente, ou seja, distingue, elege, jul-

---

prefixo, recebe freqüentemente o prefixo *o-*, característico da classe dos homens e dos animais, quando se deseja realçá-lo como um objeto particularmente grande, excelente e valioso, e que, em razão destas propriedades, é transposto para a classe dos seres animados: "assim, ao lado de *kesie*, palmeira oleaginosa, diz-se *osie*, para caracterizar esta palmeira como uma das mais importantes árvores; *kekul* significa árvore, mas *okul* é uma árvore particularmente grande e bela; *ebu* representa campo, mas *obuo* é o grande campo viçoso. A mesma transferência para a classe *-o* ocorre também em árvores ou outros objetos que, falando ou agindo, aparecem nos contos de fada. Nas línguas algonquinas é freqüente a inclusão de pequenos animais na classe dos objetos "inanimados" e, inversamente, certas espécies de plantas particularmente importantes são incluídas na classe dos objetos "animados". Cf. acima p. 381 e Boas, *Handbook*, I, p. 36.

38. Meinhof e Reinisch citam exemplos bastante característicos sobre esta questão na língua beja*, em que *ša'* por exemplo, a vaca, sustentáculo principal de toda a economia doméstica, é *masculini generis*; inversamente, šaʼ, a carne, é feminina, já que é menos importante (cf. Meinhof, *Die Sprachen der Hamiten*, p. 139). Também nas línguas semíticas, segundo Brockelmann, *Grundriss*, I, pp. 404 ss., a distinção dos nomes em gêneros masculino e feminino provavelmente não tem, em sua origem, nenhuma relação com o sexo natural; também aqui ocorre muito mais uma diferenciação primitiva entre categorias e valores, cujos vestígios ainda são discerníveis no emprego do feminino como forma diminutiva e pejorativa. Cf., em especial, Brockelmann, *Grundriss*, II, pp. 418 ss., e *Kurzgefasste vergleichende Grammatik*, pp. 198 ss.

* "língua beja" = língua cachítica setentrional, utilizada ao NE do Sudão. Fonte: *Grande Enciclopédia Larousse Cultural*. (N. da T.)

ga, e é somente graças a esta tomada de posição que ela cria determinados centros, certos pontos nodais da própria intuição objetiva. Esta interpenetração do mundo das impressões sensíveis e dos critérios subjetivos do julgamento e da valoração tem por conseqüência que as nuanças teóricas do significado e as nuanças afetivas de valor, de início, se mesclem continuamente. Apesar disso, no entanto, a *lógica* interna da linguagem revela-se no fato de que as distinções por ela criadas não desaparecem ou se volatizam de imediato, mas possuem uma espécie de tendência à perseverança, uma necessidade e coerência lógica próprias, que lhes permite não só se preservarem como também, por outro lado, partindo mais e mais de esferas particulares da formação lingüística, se expandirem progressivamente pela totalidade da mesma. Graças às regras da *congruência* que comandam a estrutura gramatical da língua e que estão rigorosa e claramente desenvolvidas, principalmente nas línguas baseadas no sistema de prefixos e de diferenças de classes, as distinções conceituais que se operam nos substantivos são transferidas para a totalidade de todas as formas lingüísticas. Na língua banto, cada palavra que se relacione a um substantivo de forma atributiva ou predicativa, todo numeral, adjetivo ou pronome que contribua para defini-lo com maior precisão, devem assumir necessariamente o prefixo de classe caracterizador do termo. De modo similar, aqui todo verbo relaciona-se com o seu nominativo-sujeito e seu acusativo-objeto, mediante um prefixo específico[39]. Assim, o princípio de classificação, uma vez descoberto, não apenas domina a formação dos substantivos, como também, a partir daqui, propaga-se por toda a estrutura sintática da língua, tornando-se a efetiva expressão

---

39. Compare-se aqui a descrição da sintaxe das línguas dos bantos em Meinhof, pp. 83 ss. Fenômeno similar ocorre na sintaxe de grande parte das línguas indígenas; cf. Powell, *Introduction to the Study of Indian Languages*, pp. 48 s.

da sua coerência, da sua "articulação" espiritual. Assim, a atuação da imaginação da língua parece estar aqui intimamente vinculada a uma metodologia específica do *pensamento* lingüístico. Mais uma vez a linguagem, apesar de todo o seu envolvimento e entrelaçamento com o mundo sensível e imagístico, revela aqui a sua tendência e capacidade para a generalização lógica, por meio das quais ela se liberta progressivamente em direção a uma espiritualidade cada vez mais pura e independente de sua forma.

CAPÍTULO V
A LINGUAGEM E A EXPRESSÃO DAS FORMAS PURAS DE RELAÇÃO. A ESFERA DO JUÍZO E OS CONCEITOS DE RELAÇÃO

Para a reflexão epistemológica, existe um caminho ininterrupto que conduz da esfera da sensibilidade à da intuição, desta ao pensamento conceitual e deste novamente ao juízo lógico. Ao percorrê-lo, a epistemologia está consciente de que as diversas fases do mesmo, embora devam ser distinguidas umas das outras de modo rigoroso na reflexão, nunca devem ser consideradas como dados da consciência independentes entre si e existindo separadamente uns dos outros. Pelo contrário, aqui não só cada momento mais complexo inclui o mais simples, e cada momento "posterior" engloba o "anterior", como também, inversamente, aquele está preparado e pré-moldado neste. Todos os componentes que constituem o conceito do conhecimento estão relacionados uns com os outros e com a meta comum do conhecimento, que é o "objeto": eis por que uma análise mais precisa é capaz de descobrir em cada um deles os indícios que remetem a todos os outros. A função da sensação e da percepção brutas "associa-se" aqui não apenas às funções intelectuais básicas do entendimento de formular juízos e deduções, mas já constitui, ela própria, uma função fundamental, que contém de maneira implícita o que nas outras se manifesta em uma estruturação consciente e em uma configuração independente. É de supor que também na língua se confirme a mesma correlação indissolúvel dos agentes espirituais, com os quais ela constrói o seu universo, assim como se espera que também aqui cada um dos seus motivos específicos já encerre em si a generalidade de sua forma e o *todo* específico desta forma. E esta expectativa, na realidade, confirma-se no fato de que o elemento genuíno e primordial de toda formação lingüística não é a palavra, e sim a frase. A compreensão desta realidade faz parte, igualmente, de uma das apercepções fundamentais formuladas cabalmente por Humboldt, no que concerne à reflexão filosófica sobre a linguagem. "É impossível conceber", afirma ele, "a origem da linguagem como um processo que se inicia com a designação dos objetos por meio de palavras para, então, proceder à sua organização. Na realidade, o discurso não é composto por palavras que o precedem mas, ao contrário, as palavras é que nascem do todo do discurso."[1] Esta conclusão, que Humboldt extraiu de um conceito especulativo básico do sistema da sua filosofia da linguagem – do conceito da "síntese", entendida como origem de todo o pensar e falar[2] –, foi, a seguir, inteiramente confirmada pela análise empírico-psicológica. Esta também considera a "primazia da frase sobre a palavra" como um dos seus mais seguros e importantes resultados[3]. À mesma conclusão

---

1. "Einleitung zum Kawi-Werk", *Werke*, VII, pp. 1, 72 s.; cf. particularmente p. 143.
2. Cf. acima p. 148-9.
3. Esta primazia, além de Wundt, também é defendida em especial por Ottmar Dittrich, *Grundzüge der Sprachpsychologie I* (Elementos básicos da psicologia da linguagem), 1903, e *Die Probleme der Sprachpsychologie* (Os problemas da psicologia da linguagem), 1913.

conduz a história da linguagem que, em toda parte, parece mostrar que o destaque de palavras isoladas no todo da frase e a delimitação entre as diferentes partes do discurso somente se processaram de modo gradual, inexistindo praticamente nas configurações lingüísticas primordiais[4]. Aqui a linguagem também revela ser um organismo no qual, de acordo com a célebre definição de Aristóteles, o todo precede as partes. A linguagem tem início como uma expressão global complexa que somente pouco a pouco se decompõe em elementos, em subunidades relativamente independentes. Por mais que recuemos no tempo, buscando acompanhar sua evolução desde as suas origens, verificaremos que ela se nos apresenta sempre como uma unidade já constituída. Nenhuma de suas manifestações pode ser entendida como uma simples justaposição de diversos sons materiais significativos. Em cada uma, ao invés, deparamos simultaneamente com determinações que servem unicamente para expressar a *relação* entre os diversos elementos, estruturando e graduando esta mesma relação de múltiplas maneiras.

---

4. Conferir, por exemplo, as observações de Sayce, *Introduction to the Science of Language* I, pp. 111 ss., assim como B. Delbrück, *Vergleichenden Syntax der indogermanischen Sprachen*, III, p. 5. Nas assim denominadas línguas "polissintéticas" é conhecida a impossibilidade de estabelecer-se uma fronteira rigorosa entre a palavra isolada e a totalidade da oração; cf. especialmente a observação de Boas, *Handbook of American Indian Languages I*, pp. 27 ss., 762 ss., 1002 ss. etc., sobre as línguas indígenas americanas. Em relação às línguas altaicas, H. Winkler afirma que somente de modo deficitário chegaram ao desenvolvimento da palavra que, em geral, quase sempre só atinge este *status* por meio da sua incorporação à frase. (*Das Ural-altaische und seine Gruppen*, pp. 9 e 43 etc.) E mesmo nas *línguas flexivas* encontram-se comumente em toda a parte vestígios de um estágio arcaico da língua em que as fronteiras entre frase e palavra ainda eram completamente fluidas; cf., por exemplo, para as línguas semíticas as observações de Brockelmann, em sua obra *Grundriss*, II, pp. 1 ss.

Tal expectativa entretanto parece não se realizar ao considerarmos a estrutura das assim denominadas "línguas isolantes" que muitas vezes foram citadas como prova evidente da possibilidade e da existência efetiva de línguas totalmente "desprovidas de forma". Aqui a relação acima descrita entre a frase e a palavra não apenas parece não se confirmar, como aparentemente até mesmo se converte em seu contrário. A palavra parece possuir aquela independência, aquela "substancialidade" genuína, graças à qual ela "é" em si mesma, e deve ser compreendida tão-somente a partir dela própria. As diversas palavras encontram-se simplesmente justapostas na frase, na qualidade de portadoras materiais de determinadas significações, sem que a sua relação gramatical receba qualquer espécie de destaque explícito. Na língua chinesa, que constitui a principal referência para este tipo de línguas isolantes, uma mesma palavra pode ser empregada ora como um substantivo, ora como um adjetivo, um advérbio ou verbo, sem que esta diferença da categoria gramatical possa de alguma forma ser identificada na própria palavra. Da mesma forma, o fato de um substantivo ser utilizado neste ou naquele caso ou número, um verbo nesta ou naquela voz, em determinado tempo ou modo, não se expressa de maneira alguma na forma fonética da palavra. Em razão desta característica da língua chinesa, durante muito tempo a filosofia da linguagem acreditou que poderia obter um vislumbre daquele período primordial da formação da linguagem, no qual todo o discurso humano ainda consistia na justaposição de "raízes" simples e monossilábicas: uma crença que, é bem verdade, foi desfeita progressivamente pelas pesquisas históricas, as quais demonstraram que o isolamento rigoroso, tal como atualmente prevalece no chinês, não constitui um estado genuinamente original, e sim uma conseqüência indireta resultante de um processo de derivação. A hipótese de que as palavras no chinês nunca sofreram nenhuma modificação, e a suposição de que a língua nunca chegue a possuir qualquer espécie de morfologia são, como aponta G. v. d. Gabelentz, insustentáveis quando se compara o chinês com as línguas que lhe estão mais próximas e o analisa no âmbito geral destas últimas. De imediato – ainda segundo Gabelentz – evidencia-se aqui que o chinês ainda contém numerosos vestígios de formas aglutinantes mais antigas, e até mesmo de formas autenticamente flexionais. Neste sentido, freqüentemente se acredita hoje poder comparar a evolução do chinês à do inglês moderno, no qual parece igualmente efetuar-se a passagem de um estágio marcado pela flexão para um de relativa ausência de flexão[5]. Mais significativo, entretanto, do que estas transições históricas é o fato de que também nos casos em que o isolamento puro se impôs de maneira definitiva, tal circunstância não significa, de modo algum, uma evolução rumo à "amorfia": ao contrário, é precisamente aqui, em um material aparentemente resistente, que o poder da forma ainda pode manifestar-se com a máxima nitidez e o máximo vigor. Isto porque o isolamento das palavras não suprime de modo algum o conteúdo e o sentido ideal da forma da oração – desde que os diversos nexos lógico-gramaticais entre as palavras individuais sejam indicados de maneira marcante e incisiva na *sintaxe*, mesmo que não se utilizem sons específicos para expressá-los. Este recurso da disposição das palavras, desenvolvido pela língua chinesa ao mais alto grau de precisão, até mesmo poderia ser considerado, do ponto de vista lógico, como o meio efetivamente adequado de exprimir os nexos gramaticais. Porque exatamente na qualidade de nexos que, por assim dizer, não mais possuem em si

---

5. G. v. d. Gabelentz, *Die Sprachwissenschaft*, pp. 252 s.; *Die Chinesische Grammatik*, pp. 90 ss.; cf. igualmente B. Delbrück, *Grundfragen*, pp. 118 s.

mesmos um substrato de representação próprio, mas se dissolvem em relações puras, eles aparentemente podem ser indicados de maneira mais precisa e clara através do simples relacionamento de palavras e fonemas, manifesto na sua disposição, sem o subsídio de construções específicas dos mesmos. Neste sentido já Humboldt que, aliás, considerava as línguas flexivas como expressão da forma perfeita, "verdadeiramente legítima" da língua, ressaltou que a superioridade essencial do chinês reside na coerência com que aqui foi seguido o princípio da ausência de flexão. Ainda de acordo com Humboldt, foi precisamente a aparente inexistência de toda e qualquer gramática que sutilizou no espírito daquela nação a percepção da coerência formal do discurso – como enfatiza Humboldt, quanto menos gramática exterior existe na língua chinesa, tanto maior é a presença de uma gramática interior[6]. De fato, o rigor desta estrutura interna é tão abrangente, que da sintaxe chinesa já se disse que, em todas as suas partes essenciais, ela não é senão o desenvolvimento lógico e coerente de algumas poucas leis fundamentais, das quais, pela pura via da *dedução* lógica, se podem derivar todas as suas aplicações particulares[7]. Se a esta sutileza da articulação contrapusermos outras línguas isolantes de caráter primitivo – como, dentre as línguas africanas, por exemplo, o ewe[8], que constitui um modelo de língua puramente isolante –, perceberemos de imediato como, no interior de um mesmo "tipo lingüístico", são possíveis as mais variadas gradações formais e os mais extremos contrastes. Por isso, a tentativa de Schleicher no sentido de determinar a essência de uma língua

---

6. Humboldt, "Einleitung zum Kawi-Werk", *Werke*, VII, 1, pp. 271 ss., pp. 304 s.
7. G. v. d. Gabelentz, *Chinesische Grammatik*, p. 19.
8. Informações mais detalhadas em Westermann, pp. 4 ss., 30 ss.

de acordo com a conexão nela existente entre significação e relação para, a seguir, construir uma série dialética simplesmente progressiva, na qual as línguas isolantes, aglutinantes e flexivas haveriam de relacionar-se entre si como tese, antítese e síntese[9], pecou, dentre outras coisas, também por ter deslocado o princípio da classificação na medida em que não levou em consideração as configurações extremamente diversas que esta conexão entre "relação" e "significação" pode assumir no interior de um mesmo tipo. Além disso, a separação rígida entre as línguas flexivas e as aglutinantes defendida pela pesquisa empírico-histórica dissolveu-se progressivamente[10]. Aqui se confirma também, para a linguagem, o nexo entre "essência" e "forma", expresso na antiga afirmação da escolástica: *forma dat esse rei*. Assim como a epistemologia é incapaz de dissociar a matéria do conhecimento da sua forma, de tal maneira que ambas se apresentem como conteúdos independentes, inter-relacionados apenas externamente, e assim como aqui os dois fatores somente podem ser definidos e pensados um em relação ao outro, o mesmo ocorre também no âmbito lingüístico, em que a simples matéria nada mais é do que uma abstração, um conceito-limite do método, ao qual não corresponde nenhuma "realidade" imediata, nenhuma existência real e factual.

Até mesmo nas línguas flexivas que desenvolvem com máxima acuidade a oposição entre a expressão material da significação e a expressão formal da relação, constata-se que o equilíbrio aqui alcançado entre os dois momentos distintos da expressão é, na verdade, um equilíbrio de certo modo ins-

---

9. *Sprachvergleichende Untersuchungen*, I, 1848, pp. 6 ss.; II, pp. 5 ss.; cf. também acima p. 153.

10. Cf. a este respeito Boethlingk, *Die Sprache der Jakuten*, p. XXIV, 1851; cf., a seguir, nota de rodapé n.º 15, p. 400.

tável. Isto porque por mais clara que, de modo geral, seja aqui a distinção entre conceitos de categoria e conceitos de matéria e de coisas, entre ambas as esferas ocorre, no entanto, um fluxo constante, já que são os próprios conceitos materiais que servem de base para a representação das relações. Esta questão torna-se mais evidente ao remontarmos à origem etimológica dos *sufixos* utilizados nas línguas flexivas como expressão da qualidade e da propriedade, da espécie e da natureza etc. A significação material, da qual se origina um grande número destes sufixos, é diretamente demonstrada e provada pela análise histórico-lingüística. Em princípio, existe sempre como base uma expressão concreta, sensível e objetiva, que, no entanto, perde progressivamente este caráter inicial, transformando-se na expressão geral de uma relação[11]. É somente por intermédio desta utilização

---

11. No alemão a evolução dos sufixos *-heit*, *-schaft*, *-tum*, *-bar*, *-lich*, *-sam*, *-haft* oferece, neste caso, um bom exemplo. O sufixo *-lich*, que é um dos principais instrumentos de formação de conceitos adjetivos, remete diretamente a um substantivo lika (= *Leib*, corpo). "O tipo de uma palavra como *weiblich* (feminino)", aponta H. Paul em sua obra *Prinzipien der Sprachgeschichte*, 3ª ed., na página 322, "remonta a um antigo composto bahuvrihi, *wibolikis* no germânico arcaico, literalmente 'forma de mulher' para, posteriormente, por meio de um processo metafórico, significar 'tendo a forma de mulher'. Entre um composto deste tipo e a palavra simples *-lich* do médio alto-alemão e o *Leiche* (= cadáver) do alto-alemão moderno, desenvolveu-se uma tal discrepância quanto às significações e, a seguir, quanto à forma fonética, que toda relação entre estes elementos desaparece. Mas é sobretudo com base na significação sensível da palavra simples '*forma, aspecto exterior*' que se desenvolveu o termo mais abstrato 'natureza'. No sufixo *-heit*, a raiz substantiva da qual se origina, era ainda empregada como palavra independente tanto no gótico e no antigo alto-alemão quanto no saxão e nórdico antigos. Sua significação fundamental parece ser aqui a da pessoa ou a da posição e do *status*, mas paralelamente dela derivou-se bem cedo a significação geral no sentido de natureza, modo (gótico *haidus*) que, na transformação em sufixo, podia ser utilizado para qualquer espécie de designação abstrata de determinada

dos sufixos que se prepara o terreno para a designação lingüística dos conceitos puros de relação. Aquilo que inicialmente servia como designação específica de um objeto, transforma-se agora na expressão de uma forma que determina uma categoria como, por exemplo, na expressão do conceito de atributo em sua acepção pura[12]. Mas, se esta transição, do ponto de vista psicológico, contém, por assim dizer, um prenúncio negativo, é nesta mesma negação, precisamente, que se expressa um ato eminentemente positivo da formação da linguagem. Num primeiro momento, poderia parecer que a evolução dos sufixos repousa essencialmente no fato de que a significação original e substancial da palavra da qual eles derivam recua progressivamente para um segundo plano para, finalmente, cair totalmente no esquecimento. Este pode, muitas vezes, desencadear novas formações de sufixos que não devem mais a sua origem a algum tipo de intuição concreta, mas, por assim dizer, a uma pulsão mal conduzida da formação analógica e formal lingüística. Assim, no alemão o

---

qualidade. (Maiores informações em Jakob Grimm, *Deutsches Wörterbuch*, IV, n. 2, pp. 919 ss.). De um outro ponto de vista, mas obedecendo à mesma tendência e ao mesmo princípio, as línguas românicas formularam as suas expressões adverbiais, indicativas da maneira de ser e de fazer, utilizando não o conceito de um ser e de uma forma corporal, mas a expressão do espiritual ainda concebida concretamente que, pouco a pouco, adquire o caráter puro de sufixo e de relação (*fièrement* = *fera mente* etc.).

12. Assim no sânscrito, por exemplo, o sufixo -*maya* origina-se de um substantivo (*maya* = substância, material) e, segundo a sua própria significação, é empregado inicialmente para formar adjetivos que designam a matéria de um objeto – posteriormente, ao transformar-se o nome em um sufixo, é que a partir do conceito específico da natureza material se desenvolve a significação geral de natureza e de "qualidade" (*mrn-maya* = feito de barro, mas *mōha-maya* = baseado em ilusão etc.). Informações mais detalhadas em Brugmann, *Grundriss*, II, p. 13, e em Thumb, *Handbuch des Sanskrit*, p. 441.

sufixo -*keit* resulta de um destes "mal-entendidos" lingüísticos: na medida em que em formações como *êwic-heit* o som final *c* da raiz da palavra fundia-se com o som inicial *h* do sufixo, originou-se, por esta via, um novo sufixo que, por analogia, propagou-se progressivamente[13]. Mas também em processos desta natureza, que, do ponto de vista meramente formal e gramatical, habitualmente são considerados "deslizes" do sentido lingüístico, não se manifesta apenas um desencaminhamento da linguagem mas, muito mais, evidencia-se a *evolução* para uma nova concepção de forma, a transição da expressão substancial para a expressão de pura relação. O obscurecimento psicológico do primeiro torna-se o instrumento lógico e o veículo para o desenvolvimento progressivo do último.

A conscientização desta evolução não pode, evidentemente, ater-se aos simples fenômenos de formação da palavra. Pelo contrário, a tendência básica deste desenvolvimento e a sua lei somente podem ser apreendidas através das relações da formação da oração – pois, se a frase, como um todo, é o veículo propriamente dito do "sentido" lingüístico, será também através dela, somente, que as nuanças lógicas deste sentido poderão mostrar-se com clareza. Toda frase, até mesmo a formada de uma só palavra, já apresenta em sua forma a possibilidade ao menos de uma articulação interna, e encerra em si mesma a exigência de tal articulação. Esta, porém, somente poderá efetuar-se em etapas e graus muito distintos. Ora é o poder de síntese que prepondera sobre o da análise, ora, inversamente, é o poder analítico da separação

---

13. O material relacionado com esta questão encontra-se compilado na obra de Jakob Grimm, *Deutsches Wörterbuch*, V, col. 500 ss. (cf. tópico *keit*). Processos semelhantes de formação de sufixos decorrente de "mal-entendidos" também se encontram em outros grupos lingüísticos. Cf., por exemplo, Simonyi, *Die ungarische Sprache*, pp. 276 ss.

que alcança um grau relativamente elevado de elaboração, sem que lhe corresponda uma faculdade de síntese igualmente forte. Da interação dinâmica e da oposição entre ambas as forças resulta aquilo que se denomina a "forma" de cada língua específica. Ao observar-se, por exemplo, a forma das assim chamadas línguas "polissintéticas", parece que a tendência à função é predominante: uma pulsão que se expressa sobretudo no empenho de representar a unidade funcional do *sentido* lingüístico, também material e exteriormente, por meio de uma *estrutura fonética* que, embora muito complexa, é congruente. O sentido inteiro é comprimido em uma única palavra-frase, na qual se apresenta como que encapsulado e envolvido por um invólucro rígido. No entanto, esta mesma unidade da expressão lingüística não constitui ainda uma verdadeira unidade de pensamento, já que só pode ser alcançada à custa da *generalidade* lógica desta mesma expressão. Quanto mais a palavra-frase absorve determinações modificadoras por meio da incorporação de palavras inteiras ou de partículas individuais, melhor se presta à designação de uma situação concreta especial, que busca explorar em todos os seus pormenores, sem, entretanto, poder estabelecer uma conexão com outras situações similares para formar um contexto geral abrangente[14]. Em contrapartida, as línguas flexivas, por exemplo, apresentam uma relação totalmente diferente entre as duas forças fundamentais de análise e síntese, de separação e unificação. Aqui, já a própria palavra contém em si mesma uma espécie de tensão interior, que ela concilia e supera. A palavra é construída a partir de dois momentos distintos que, porém, estão ao mesmo tempo interligados e inter-relacionados de modo indissolúvel. Um elemento que

---

14. Cf. a este respeito o exposto acima (p. 365) referente à "formação de conceitos" nas línguas dos índios americanos; cf. também pp. 242 ss.

serve meramente à designação objetiva do conceito confronta-se com um outro que exerce apenas a função de deslocar a palavra para uma categoria específica do pensamento, isto é, definindo-a como "substantivo", "adjetivo", "verbo", ou como um "sujeito" ou objeto, mais próximo ou mais distanciado. Agora, o índice de referência, pelo qual a palavra individual é ligada à totalidade da frase, não entra mais externamente em contato com a palavra, mas funde-se com ela, tornando-se um de seus elementos constitutivos[15]. A diferenciação da palavra e a sua integração na frase constituem métodos correlativos que se fundem em uma única ação rigorosamente uniforme. Humboldt e a antiga filosofia da linguagem viram neste fato a prova de que as verdadeiras línguas flexivas representam o ápice da formação da linguagem e que nelas, e somente nelas, se expressa, em perfeição ideal, a "forma genuinamente legal" da linguagem. Mas, mesmo se nos posicionarmos com certa reserva e cepticismo em relação ao estabelecimento deste tipo de valores absolutos, não resta dúvida de que, para a formação do *pensamento puramente relacional*, as línguas flexivas constituem, efetivamen-

---

15. Em sua obra sobre a língua dos iacutos (1851), Boethlingk já apontara que este processo admite graus e etapas muito diferentes e que, nesse sentido, não existe uma demarcação rigorosa e absoluta entre as línguas flexivas e as assim chamadas aglutinantes. Ele destaca que, em geral, a "matéria" e a "forma" estão vinculadas muito mais intimamente nas línguas indo-germânicas do que nas denominadas aglutinantes, mas que em alguns segmentos das línguas uralo-altaicas, notadamente no finês e no iacuto, ambas não se fundem exteriormente naquela medida que se supõe muitas vezes. Ao contrário, também aqui ocorre muito mais uma evolução contínua em direção à "formação" que se apresenta em fases totalmente distintas, manifestando-se em diferentes línguas como, por exemplo, no mongol, no turco-tártaro e no finês. (*Die Sprache der Jakuten*, p. XXIV; cf. especialmente H. Winkler, *Das ural-altaische und seine Gruppen*, pp. 44 ss., sobre a "morfologia" das línguas uralo-altaicas).

te, um instrumento extremamente importante e eficaz. Quanto mais este pensamento se desenvolve, tanto mais ele necessariamente molda a organização da linguagem de acordo com a sua natureza – como, por outro lado, esta mesma organização influi de maneira decisiva sobre a forma do pensamento.

Este mesmo desenvolvimento em direção à organização cada vez mais precisa e a mesma evolução da unidade de um simples agregado para a unidade de uma "forma" sistemática manifestam-se quando, em vez de observarmos a relação da palavra com a frase, atentamos para a concatenação lingüística das diversas frases. Nas primeiras etapas da formação da linguagem, que podemos reconstituir de um ponto de vista psicológico, a simples *parataxe* constitui a regra básica para a construção da frase. A linguagem infantil é inteiramente dominada por este princípio[16]. Um termo da frase agrega-se ao outro através de uma simples justaposição e, mesmo onde ocorrem várias frases, estas apresentam apenas um encadeamento livre, geralmente assindético. As diversas frases, como que enfileiradas em um cordão, podem suceder-se umas às outras, mas ainda não estão interiormente interligadas e articuladas entre si, uma vez que não há, inicialmente, nenhum instrumento lingüístico para designar e diferenciar com precisão a subordinação e coordenação dos seus elementos. Assim, se os gramáticos e oradores gregos consideravam que a marca característica do estilo no discurso reside no desenvolvimento do período, no qual as orações não se sucedem em seqüência indeterminada, mas, ao invés, se apóiam e sustentam mutuamente tal qual as pedras de uma abóbada[17], conclui-se que este "estilo" da língua é, na reali-

---

16. Cf. Clara e William Stern, *Die Kindersprache*, pp. 182 ss.
17. Demetrius, "De elocutione", §§ 11-3; citado *in* Humboldt, *Werke*, VII, p. 223.

dade, o seu último e mais perfeito produto. Ele não só inexiste nas línguas dos povos primitivos[18], como parece ter sido adquirido somente de modo gradativo nas línguas de culturas altamente desenvolvidas. Também aqui muitas vezes é necessário reproduzir uma relação conceitual complexa do tipo causal ou teleológico – uma relação de causa e efeito, de condição e condicionado, fim e meio etc. – por meio de uma simples coordenação. Freqüentemente, uma construção frasal absoluta, comparável ao *ablativus absolutus* do latim ou ao *genitivus absolutus* do grego, serve para indicar relações complexas tais como as encabeçadas por termos como "na medida em que", "depois de", "porque", "por essa razão", "se bem que" e "a fim de que". As diversas idéias que constituem o discurso aqui ainda se encontram, por assim dizer, em um mesmo nível lingüístico: ainda não existe uma diferenciação de perspectiva entre o primeiro e o segundo plano no próprio discurso[19]. A língua prova a força da diferenciação e da or-

---

18. Exemplos do predomínio da parataxe nas línguas dos povos primitivos podem ser extraídos dos estudos de praticamente todas as línguas africanas e dos aborígines americanos. Em relação às primeiras, conferir, por exemplo, Steinthal, *Die Mande-Negersprachen*, pp. 120 ss., pp. 247 ss., e Roehl, *Schambalasprache*, p. 27; para as últimas, conferir Gatschet, *Klamath Language*, pp. 656 ss. Segundo Westermann, p. 106, no ewe todas as orações subordinadas, quando se encontram diante da oração principal, encerram-se por meio do artigo *lá*; assim, portanto, elas são na realidade consideradas como termos de uma frase, e não propriamente como frases. Na língua dos núbios, as orações subordinadas são tratadas como nomes e, por isso, surgem com a mesma designação de caso dos nomes próprios (Reinisch, *Nuba-Sprache*, p. 142).

19. Exemplos extremamente característicos a este respeito podem ser encontrados no âmbito dos grupos lingüísticos ugro-finês e altaico. A estrutura frasal destas línguas, como aponta H. Winkler, caracteriza-se pelo fato de que, originalmente, nela não há espaço para orações subordinadas de nenhum tipo, já que todo o período é um complexo do tipo adnominal, coerente, homogêneo,

ganização através da "reunião" dos termos da frase; contudo ela não consegue reportar esta relação puramente estática a uma relação dinâmica de dependência lógica recíproca, e expressá-la explicitamente como tal. No lugar da estratificação e da gradação precisa em frases subordinadas, uma única construção na forma do gerúndio, por exemplo, presta-se a concatenar um grande número das mais diversas determinações e modificações da ação, sem abandonar a lei geral da justaposição, e a abrangê-las todas em uma estrutura sólida, mas também singularmente rígida[20].

---

ou então representa apenas a ligação contínua de uma parte com características de termo tipo sujeito com outra de tipo predicativo. Em ambos os casos, tudo que consideramos secundário, como as especificações temporais e locais, as causais e condicionais, é inserido entre os dois únicos termos essenciais da frase ou palavra-frase. "Isto não é uma ficção, mas é de um modo quase inconfundível a verdadeira essência da frase em grande parte dos ramos do uraloaltaico como, por exemplo, no mongol, tungue, turco e japonês [...] O tungue [...] deixa a impressão de que neste idioma, curiosamente formado, não há lugar para tudo aquilo que lembra qualquer ligação relativa ou do tipo relativo. No votyak, a nossa oração subordinada conjuntiva indo-germânica aparece constante e regularmente na forma de complemento secundário incorporado na frase à maneira do genitivo, ablativo, acusativo absolutos do indo-germânico (*Der ural-altaische Sprachstamm*, pp. 85 ss., 107 ss.). Segundo G. v. d. Gabelentz, *Chinesische Grammatik*, pp. 168 s., também no chinês é freqüente frases inteiras serem simplesmente justapostas, sendo que somente o contexto permite deduzir se se trata de uma relação temporal ou causal, relativa ou concessiva.

20. Exemplos extremamente característicos deste tipo de estrutura de frase são citados, por exemplo, por J. J. Schmidt em sua *Grammatik der mongolischen Sprache*, em especial, nas pp. 62 ss., 124 ss. Uma frase em alemão como esta: "Depois de eu ter solicitado o cavalo ao meu irmão mais velho e tê-lo entregue ao meu irmão mais novo, este recebeu-o de mim, montou-o, enquanto eu entrei na casa para buscar uma corda, e afastou-se sem dizer nada a ninguém", transcreve-se literalmente no mongol da seguinte maneira: "Eu tomando solicitando o cavalo do meu irmão mais velho, tendo dado ao meu irmão mais novo, este o mesmo aceitando de mim, eu na casa entrei

Esta forma de pensar e falar que aqui se manifesta encontra a sua expressão negativa, embora não menos característica, na ausência daquela classe de palavras que, como já sugere a designação para ela criada pelos gramáticos, deve ser considerada um dos recursos fundamentais do pensamento relacional e da expressão lingüística das relações. Em toda parte, se considerarmos a totalidade das línguas e a sua evolução, o *pronome relativo* parece constituir uma formação tardia e relativamente rara. Antes que a língua tivesse alcançado esta formação, as circunstâncias que expressamos por meio de frases relativas eram substituídas e parafraseadas por períodos mais ou menos complexos. Humboldt ilustrou diversos métodos desta paráfrase através do exemplo das línguas aborígines americanas, recorrendo, em especial, ao exemplo do peruano e do mexicano[21]. Também as línguas melanésias, em vez da subordinação por meio de frases relativas e pronomes relativos, apresentam uma simples justaposição de determinações[22]. No que diz respeito ao uralo-altaico, H. Winkler ressalta que, de acordo com o seu caráter básico que não admite unidades subordinadas independentes, este grupo lingüístico desconhece, em suas origens – ou então ape-

---

(enquanto) buscar uma corda, o irmão mais novo, nada sem dizer a ninguém, montando-o, se afastou." (Como aponta H. Winkler, *op. cit.*, p. 112, nesta tradução ainda se insere uma relação conjuntiva por meio da palavra "enquanto", enquanto o trecho correspondente do texto não apresenta nenhuma conjunção.) A língua tibetana oferece exemplos semelhantes e igualmente característicos de construção de frases por meio do emprego do gerúndio, do supino e de formações semelhantes ao particípio. Cf. J. J. Schmidt, *Tibetanische Grammatik*, p. 197.

21. Cf. *Einleitung zum Kawi-Werk*. Onde nós empregamos frases relativas intercaladas, a língua klamath também utiliza uma expressão verbal ou um particípio. Cf. Gatschet, *Klamath-language*, p. 657.

22. Exemplos, em especial, em H. C. v. d. Gabelentz, *Die melanesischen Sprachen*, I, pp. 202 ss., II, 28; Codrington, *The Melanesian Languages*, p. 136.

nas sob forma incipiente –, qualquer conjunção de tipo relativo que possa servir à ligação de frases. Ainda segundo H. Winkler, estas conjunções em que foram posteriormente empregadas, derivavam geralmente, se não sempre, dos pronomes interrogativos puros. Em especial, é o grupo ocidental do uralo-altaico, isto é, o grupo das línguas fino-úgricas, que desenvolveu estes pronomes relativos derivados dos interrogativos; trata-se, porém, de uma evolução na qual se notam numerosas influências do indo-germânico[23]. Em outras línguas, por sua vez, as frases relativas independentes formam-se a partir de partículas especiais, mas elas são a tal ponto percebidas como nomes substantivos, que ou vêm precedidas por um artigo definido ou, até mesmo, podem ser empregadas como sujeito ou objeto de uma frase, como genitivo, após uma preposição etc.[24] Todos estes fenômenos parecem evidenciar claramente como a língua somente acolhe a categoria pura de relação de modo hesitante, e que esta somente se lhe torna racionalmente apreensível indiretamente, por meio de outras categorias, em especial, pelas da substância e do atributo[25]. E isto é válido até mesmo para aquelas línguas que, em sua estrutura geral, elaboraram com extrema precisão e detalhes o "estilo" propriamente dito do discurso, a arte da organização da oração através da hipotaxe. E mesmo as línguas indo-germânicas, consideradas as verdadeiras línguas do idealismo

---

23. S. Winkler, *Der Ural-altaische Sprachstamm*, pp. 86 ss., 98 s., 110 ss.; cf. também Simonyi, *Die ungarische Sprache*, pp. 257 e 423.

24. Cf. Steindorff, *Koptische Grammatik*, pp. 227 ss.; da mesma forma, também nas línguas semíticas é freqüente a "substantivação de frases relativas assindéticas"; cf. Brockelmann, *Grundriss*, II, pp. 561 ss.

25. Assim, por exemplo, o japonês (segundo Hoffmann, *Japanische Sprachlehre*, p. 99) não possui frases relativas, e precisa transformá-las em frases adjetivas; o mesmo ocorre com o mongol; cf. J. J. Schmidt, *Grammatik der mongolischen Sprache*, pp. 47 s. e 127 s.

filosófico, graças à sua admirável capacidade de diferenciar a expressão da relação, somente desenvolveram esta aptidão pouco a pouco[26]. Uma comparação por exemplo entre a estrutura do grego e a do sânscrito, revela que os diferentes membros deste grupo se encontram em níveis inteiramente diferentes no que concerne à força e à liberdade do pensamento que se desenvolve através de relações e da expressão pura destas relações. Nos tempos arcaicos, a forma da oração principal também parece ter claramente uma predominância sobre a forma subordinada, a ligação paratática prevalecendo sobre a hipotática. Se esta época arcaica já possuía orações relativas, elas ainda careciam, segundo as conclusões da lingüística comparada, da existência de conjunções rigorosamente delimitadas umas em relação às outras para expressar a causa, a conseqüência, a coordenação, a oposição etc.[27]. As conjunções, enquanto classe de palavras solidamente constituída, praticamente inexistem, no sânscrito: aquilo que outras línguas, particularmente o latim e o grego, expressam por in-

---

26. "Les langues de cette famille semblent créées pour l'abstraction et la métaphisique. Elles ont une souplesse merveilleuse pour exprimer les relations les plus intimes des choses par les flexions de leurs noms, par les temps et les modes si variés de leurs verbes, par leurs mots composés, par la délicatesse de leurs particules. Possédant seules l'admirable secret de la période elles savent relier dans un tout les membres divers de la phrase... Tout devient pour elles abstraction et catégorie. Elles sont les langues de l'idéalisme." Renan, *De l'origine du langage* (Sobre a origem da língua), 8ª ed., p. 194.

27. "As relativas", aponta Meillet, *Introduction à l'étude comparative des langues indo-européennes* (Introdução ao estudo comparado das línguas indo-européias), edição alemã de Printz, p. 231, "são as únicas orações subordinadas que, com razão, podem ser vistas como indo-germânicas. Os outros tipos, particularmente as orações condicionais, em cada dialeto indo-germânico possuem uma forma diferente." Esta questão é abordada de modo diferente por Brugmann, que explica a ausência de concordância pelo fato de que as partículas conjuntivas já existiam nos tempos primitivos, mas possuíam um âmbito de utilização muito mais amplo e não haviam ainda se fixado para expressar

termédio de conjunções subordinativas, é aqui substituído pelo uso quase ilimitado da composição nominal e pela ampliação da oração principal por meio de particípios e gerúndios[28]. Mas no próprio grego a evolução da estrutura assindética da linguagem de Homero para a estrutura da prosa literária ática baseada nos princípios da hipotaxe ocorreu somente de modo gradual[29]. Nisto tudo, confirma-se que aquilo que Humboldt denominou o ato do posicionar autônomo e sintético nas línguas, e que ele, à exceção do verbo, via expresso particularmente no emprego das conjunções e dos pronomes relativos, constitui um dos objetivos ideais últimos da formação da língua, alcançado somente mediante múltiplas mediações.

Este fenômeno apresenta-se com especial nitidez e precisão na elaboração daquela forma lingüística que, por princípio, se distingue de maneira radical de toda expressão referente ao objeto material, servindo unicamente à expressão da síntese como tal, à expressão da pura concatenação. Não é senão na utilização da *cópula* que a síntese lógica, que se processa no juízo, encontra a sua designação e determinação lingüísticas adequadas. Em sua análise da função pura do juízo, já a *Crítica da razão pura* reportou-se a essa correlação. Para Kant, o juízo significa a "unidade da ação" através da qual o predicado é relacionado com o sujeito e com ele enlaçado, para formar um todo significativo, a unidade de um nexo objetivamente existente e fundamentado. É esta unida-

---

uma relação determinada e isolada do pensamento (*Kurze vergleichende Grammatik*, p. 653).

28. Vide exemplos em Whitney, *Indische Grammatik* (Gramática do sânscrito), pp. 394 s., e em Thumb, *Handbuch des Sanskrit*, pp. 434 e 475 ss.

29. Maiores informações em Brugmann, *Griechische Grammatik*, 3ª ed., pp. 555 s.

de intelectual de ação que encontra a sua apresentação e sua contraparte no emprego da *cópula* pela linguagem. "Se examino mais minuciosamente a relação que existe entre os conhecimentos dados em cada juízo", escreve Kant no capítulo sobre a dedução transcendental dos conceitos da razão pura, "e, enquanto pertencente ao entendimento, a distingo da relação produzida segundo as leis da imaginação reprodutiva (que só tem validade subjetiva), então penso que um juízo nada mais é senão a maneira de trazer conhecimentos dados à unidade *objetiva* da apercepção. A cópula desempenha nestes conhecimentos o papel de fazer uma distinção entre a unidade objetiva e a subjetiva das representações, porque esta cópula indica a relação destas representações com a apercepção original e com a sua *necessária* unidade." Quando digo: "o corpo é pesado", isto significa que a corporalidade e o peso estão ligados entre si no objeto, e não que eles simplesmente sempre coexistem na percepção subjetiva[30]. Até mesmo para Kant, o lógico puro, o *sentido* objetivo do juízo está intimamente relacionado com a forma lingüística da enunciação predicativa. Contudo, torna-se claro que a língua, em sua evolução, só pôde avançar gradualmente em direção à abstração deste ser puro, expresso na cópula. Para a língua, que em sua origem está totalmente voltada para a intuição da *existência* objetiva e a ela permanece vinculada, a expressão do "ser" como uma forma de relação puramente transcendental é, sempre, um produto tardio, obtido através de mediações as mais diversas. Assim, constata-se que um grande número de línguas desconhece a *cópula*, no nosso sentido lógico-gramatical, nem sequer tendo necessidade da mesma. Uma expressão uniforme e geral daquilo que é designado por nosso "pequeno termo de relação *é*" falta não

---

30. Cf. *Kritik der reinen Vernunft*, 2ª ed., pp. 141 ss.

só nas línguas dos povos primitivos – como em grande parte das línguas africanas, das línguas ameríndias etc. – como também não é detectável em outras línguas extremamente desenvolvidas. Mesmo onde existe uma diferenciação entre a relação predicativa e a relação simplesmente atributiva, a primeira não precisa necessariamente apresentar uma indicação lingüística específica. Assim, por exemplo, no âmbito do grupo uralo-altaico, a ligação da expressão do sujeito com a do predicado efetua-se quase sempre pela simples justaposição de ambos, de modo que uma expressão como "a cidade grande" significa "a cidade é grande", ou "eu homem" equivale a "eu sou um homem" etc.[31]. Em outras línguas encontram-se freqüentemente expressões que, à primeira vista, parecem corresponder inteiramente ao nosso emprego da *cópula*, mas que, na realidade, permanecem muito aquém do caráter geral de sua função. Aqui, uma análise mais detalhada comprova que o "é" da cópula não tem o sentido de uma expressão universal que serve para exprimir a relação *como tal*, mas possui uma significação acessória particular e concreta, geralmente de ordem espacial ou temporal. Em vez de um ser que exprime a pura relação, tem-se um termo que designa a existência neste ou naquele lugar, um estar-aqui ou estar-ali, ou também a existência neste ou naquele momento. Conseqüentemente, há aqui uma diferenciação no emprego da aparente cópula, de acordo com a posição espacial particular do sujeito ou em consonância com outras modificações intuitivas por meio das quais este sujeito é dado – assim, uma determinada "cópula" é empregada quando o sujeito do qual se fala está em pé, outra quando está sentado ou deitado,

---

31. Compare-se H. Winkler, *Der ural-altaische Sprachstamm*, pp. 68 s.; para as línguas fino-úgricas conferir, por exemplo, B. Simonyi, *Die ungarische Sprache*, pp. 403 s.

uma outra, diferente, quando acordado, outra, ainda, quando está dormindo etc.[32]. Portanto, o ser formal e o sentido formal da concatenação são aqui sempre substituídos por termos mais ou menos materialmente concebidos que, de algum modo, ainda trazem em si a marca de uma realidade particular, dada através da sensibilidade[33].

---

32. Encontram-se exemplos particularmente nas línguas americanas: assim, por exemplo, nas línguas algonquinas não há um verbo geral que designe o "ser", embora haja um grande número de termos que descrevem o ser neste ou naquele lugar, neste ou naquele período, ou sob esta ou aquela condição especial. Na língua klamath o verbo (*gi*) utilizado como expressão do ser copulativo é, na verdade, uma partícula demonstrativa que expressa um estar-aqui ou estar-lá. (Maiores informações em Gatschet, *Klamath language*, pp. 430 ss., 674 s., e em Trumbull, *Transactions of the American Philological Association*. 1869/70.) Também as línguas indígenas do grupo maia empregam no enunciado predicativo partículas demonstrativas específicas que, por exemplo, podem ser vinculadas a indícios temporais e então adquirem a aparência de um verdadeiro *verbum substantivum*. Nenhuma destas partículas, no entanto, corresponde à expressão geral do ser e tampouco indica uma relação: algumas, ao invés, exprimem o conceito nominal: "dado, colocado, existente", enquanto outras sugerem a posição em um determinado lugar ou o acontecimento em um determinado momento. (Cf. Seler, *Das Konjugationssystem der Maya-Sprachen*, pp. 8 e 14.) Uma particularidade análoga encontra-se nas línguas melanésias e em muitas línguas africanas. "Um *verbum substantivum* propriamente dito", assim diz, por exemplo, H. C. v. d. Gabelentz, "não existe na língua fidji; às vezes ele pode ser expresso por *yaco*, 'acontecer', 'vir a ser'; *tu*, 'estar aí', 'estar presente'; *tiko*, 'estar aí', 'demorar' etc., mas sempre com uma significação secundária correspondente ao conceito próprio deste verbo" (*Die melanesischen Sprachen*, p. 40 e, em especial, p. 106). Para as línguas africanas conferir, por exemplo, as diversas expressões usadas para o *verbum substantivum*, citadas por Migeod (*The Mende Language*, pp. 75 ss.) em relação às línguas africanas mandingo e por Westermann, p. 75), em relação ao ewe.

33. No nicobarês, por exemplo, o ser da relação meramente copulativa não é expresso: aqui o *verbum substantivum* tem sempre o sentido do "estar-aí", do "existir" e "estar presente", em especial, do "estar-aí" em um determinado lugar. Cf. Roepstorff, *A Dictionary of the Nancowry Dialect of the Nicobarese Language*, Calcutá, 1884, pp. XVII, XXIV s.

E mesmo nos casos em que a língua evoluiu no sentido de reunir todas estas determinações especiais da existência em uma expressão geral do ser, permanece ainda perceptível a distância que subsiste entre toda expressão, por mais abrangente que seja, da simples *existência* e o "ser" como expressão da "síntese" predicativa pura. Aqui a evolução da língua reflete um problema que transcende o seu domínio propriamente dito, e que desempenhou um papel decisivo até mesmo na história do pensamento lógico e filosófico. Neste ponto, de modo muito mais claro que em qualquer outro, é possível reconhecer como este pensamento se desenvolveu *com* a linguagem mas, ao mesmo tempo, também sempre *em oposição a* ela. A partir dos eleáticos é possível acompanhar a luta que o idealismo filosófico travou com a linguagem e com a ambigüidade do seu conceito do ser. Resolver esta controvérsia em torno do ser verdadeiro por intermédio da razão pura foi a tarefa precisa e bem determinada que Parmênides se propôs. Mas está este ser verdadeiro dos filósofos eleáticos fundado no sentido do juízo lógico? Corresponde ele apenas ao ἔστι da cópula, entendida como forma básica de todo enunciado válido? Ou também ele conserva ainda um outro significado primevo e mais concreto, em virtude do qual ele se torna comparável à intuição de uma "esfera perfeitamente redonda"? Parmênides procura libertar-se tanto dos grilhões da habitual visão sensível do mundo quanto dos da língua. "É por isso que", proclama ele, "tudo aquilo que os mortais definiram, acreditando que fosse verdadeiro, não passa de mero nome: ou seja, vir a ser e desaparecer, ser e, ao mesmo tempo, não ser, assim como a mudança de lugar e as variações da cor brilhante." No entanto, ao expressar o seu supremo princípio, também ele sucumbe mais uma vez ao poder da língua e à multiplicidade iridescentes do seu conceito do ser. Na fórmula fundamental dos eleáticos, na frase ἔστι τὸ εἶναι amalgamam-se as significações verbal e substantiva, predicativa e absoluta do ser. Foi somente depois de longas disputas intelectuais que se refletem com toda nitidez no diálogo intitulado *Parmênides* que também Platão chegou a uma distinção mais rigorosa. Nos *Sofistas*, que encerra estas disputas, pela primeira vez na história da filosofia é claramente desenvolvida a natureza lógica dos conceitos puros de relação e é determinado o "ser" peculiar e específico que lhes corresponde. Esta nova perspectiva permite a Platão opor-se a toda a filosofia que o precedeu, e objetar que esta, ao procurar o princípio do ser, em vez da sua *origem* verdadeira e radical, sempre mostra apenas algumas das suas modalidades, determinadas formas do *existente*, nelas fundamentando as suas interpretações. Mas nem mesmo esta formulação precisa desfaz a antítese inerente ao conceito do ser, ao contrário, define-a com precisão inaudita. Desde então, esta antítese determina a história de todo o pensamento medieval. A questão de saber como distinguir a "essência" da "existência", e como, apesar desta delimitação, estas duas modalidades fundamentais do ser podem ser unificadas, torna-se um problema central da filosofia medieval. Esta questão atinge a sua forma mais aguda com a prova ontológica de Deus, que vem a constituir o centro especulativo da teologia e da metafísica medievais. Mas mesmo a moderna forma crítica do idealismo que renuncia ao "orgulhoso nome de uma ontologia", para se contentar modestamente com o de uma "analítica do entendimento puro", vê-se constantemente envolvida com a ambivalência do conceito de ser. Mesmo após a crítica da prova ontológica, efetuada por Kant, Fichte considera necessário apontar explicitamente a diferença entre o ser predicativo e o ser absoluto. Na sua obra *Os princípios fundamentais da teoria da ciência* postula a proposição *A* é *A* como o primeiro, o princípio absoluto de toda filosofia, e acrescenta que neste enunciado o "é" possui apenas a significação de uma cópula lógica, e que o mesmo não comporta a menor afirmação sobre a existência ou não-existência de *A*. O ser sem um predicado, segundo Fichte, exprime algo inteiramente distinto do ser com um predicado: a proposição *A* é *A* somente afirma que *se A* é, então *A* é; mas nela não se trata absolutamente de saber se *A* é ou não é[34].

Deste modo, se até mesmo o próprio pensamento filosófico tem de lutar constantemente para diferenciar dois conceitos de ser, compreende-se que, desde a origem, ambos somente surjam intimamente entrelaçados no pensamento lingüístico, e que o sentido puro da cópula não se liberta deste entrelaçamento senão progressivamente. O fato de a língua utilizar uma mesma palavra para designar o conceito da existência e o da relação predicativa constitui um fenômeno muito disseminado, não restrito a grupos lingüísticos individuais. Considerando-se no momento apenas o indo-germânico, constata-se em toda a sua extensão que as múltiplas designações utilizadas para a apresentação do ser predicativo remontam a uma significação primeva de "existência": seja esta última entendida no sentido mais geral como simples presença, seja em um sentido concreto e específico entendida como vida e respiração, como crescer e tornar-se, como perdurar e persistir. "A cópula", afirma Brugmann a esse respeito, "foi originalmente um verbo com significação intuitiva (a significação fundamental de *es-mi*, 'eu sou', é desconhecida; a mais antiga, passível de comprovação, é 'eu existo'), e o substantivo ou adjetivo era aposto ao sujeito, em íntima conexão com o verbo predicativo (*A terra é uma esfera* = *a terra existe como esfera*). A assim denominada degeneração do verbo e a sua transformação em cópula ocorreu quando a ênfase se deslocou para o nome predicativo, de modo que o conteúdo de representação do verbo perdeu sua importância e se volatizou.

---

34. Cf. Fichte, *Werke* (Obras), I, pp. 92 s.

O verbo tornou-se, assim, uma mera forma... No início do período indo-germânico *es-* 'ser' funcionava certamente como cópula e, além disso, possivelmente também as formas de *bheu-* 'crescer, tornar-se', que naquela época se vinculavam com *es* em uma relação supletiva."[35] Aparentemente a diferenciação no uso das duas raízes ocorreu de tal modo que *es* (*as*) foi compreendida como expressão da continuidade e uniformidade da existência, e empregada para a construção das formas durativas do tempo presente, enquanto a raiz *bheu*, como expressão do tornar-se, foi usada preferencialmente nas formas temporais que, como o aoristo e o perfeito, descrevem uma ação incipiente ou concluída (cf. ἔ-φυ-ν, πέ-φῦ-κα, *fui*). A significação sensível e primordial subjacente a esta última raiz é claramente perceptível em palavras gregas como φύω "eu testemunho", ou φύομαι "eu cresço" etc. Nas línguas germânicas, ao lado da raiz *bheu*, que entra na formação do tempo presente (em alemão, *ich bin*, *du bist*; eu sou, tu és etc.), figura a raiz suplementar *ues* (gótico *wisan*; no alemão, *ich war*; eu era etc.), que na sua origem significava habitar e permanecer, durar e "persistir" (em alemão *währen*; no antigo alto-alemão *wërên*). O desenvolvimento nas línguas românicas deu-se de modo diferente, na medida em que a expressão do conceito de ser surge vinculada à significação intuitiva do *estar em pé*[36]. E assim como aqui a expressão do ser se apóia na representação da permanência espacial e da ausência de movimento; inversamente, a expressão do "tornar-se" apóia-se na representação do movimento: a intuição·

---

35. Cf. Brugmann, *Kurze vergleichende Grammatik*, p. 627; Curtius, *Grundzüge der griechischen Etymologie*, 5ª ed., pp. 304 e 375.

36. Compare-se: no italiano *stato*, no francês *été* (do latim *stare*) como formas de particípio de *essere* e *être*. Segundo Osthoff (*Vom Suppletivwesen der indogermanischen Sprachen*, p. 15) este uso auxiliar de *sta* – "estar em pé" – era também conhecido na língua celta antiga.

do "tornar-se" desenvolve-se a partir da intuição do movimento giratório, do ato de voltar-se[37]. Da significação concreta do ir e vir também pode desenvolver-se a significação geral do tornar-se[38]. Verifica-se, assim, que, mesmo aquelas línguas nas quais o senso da peculiaridade lógica da cópula está rigorosamente desenvolvido, não se diferenciam muito, no que concerne à *designação* da mesma, de outras línguas nas quais este senso ou inexiste totalmente, ou nem mesmo chegaram a desenvolver uma expressão abrangente e genérica do *verbum substantivum*. Também aqui a forma espiritual da expressão de uma relação pode manifestar-se tão-somente através de um determinado invólucro material que, no entanto, por fim é de tal modo impregnado e dominado por esta forma, que ele não se apresenta mais como um simples obstáculo, e sim como o detentor sensível de um conteúdo de significação puramente ideal.

Verifica-se, assim, na expressão geral da relação que se manifesta na cópula, a mesma tendência fundamental da linguagem que pudemos observar em todas as configurações lingüísticas dos conceitos *especiais* de relação. Reencontramos também aqui a mesma determinação recíproca do sensível pelo espiritual, do espiritual pelo sensível que antes detectamos na representação lingüística da relação de espaço, tempo, número e da relação do eu. Parece lícito interpretar em sentido sensualista o entrelaçamento íntimo que se realiza

---

37. Assim o gótico *wair pan* (no alemão *werden*, tornar-se) vincula-se etimologicamente ao *vertere* latino; do mesmo modo, por exemplo, o grego πέλω remonta a uma raiz que no sânscrito significa "mover-se, movimentar, vagar, viajar, caminhar". Maiores informações em Brugmann, *Kurze vergleichende Grammatik*, p. 628, e em B. Delbrück, *Vergleichende Syntax*, III, pp. 12 ss.

38. Cf., por exemplo, nas línguas modernas: *diventare, divenire, devenir*; no inglês, *to become*. Vide também Humboldt, "Einleitung zum Kawi-Werk", *Werke*, VII, pp. 218 s.

entre estes dois momentos na linguagem – e já Locke, com base em tal interpretação, recorreu à língua como testemunha principal de sua visão empirista do conhecimento[39]. Mas também no que concerne ao pensamento lingüístico, e em oposição a tais interpretações, podemos invocar a distinção precisa que Kant, no domínio da sua crítica do conhecimento, estabelece entre "começar" e "originar-se". Se na origem da linguagem o sensível e o espiritual parecem estar indissoluvelmente entrelaçados, esta *correlação*, como tal, não pode fundar entre ambos uma relação de dependência apenas *unilateral*. Porque a expressão intelectual não seria capaz de se desenvolver na expressão sensível e a partir dela se, originalmente, aquela já não estivesse contida nesta; se, lembrando as palavras de Herder, a designação sensível já não implicasse um ato da "reflexão", um ato fundamental da conscientização: "deliberação". Por isso, a máxima πάντα θεῖα καὶ ἀνθρώπινα πάντα talvez não encontre em lugar algum uma confirmação tão clara quanto na teoria da significação e das formas de determinadas línguas altamente evoluídas: a oposição entre ambos os extremos, o sensível e o intelectual, não abarca o conteúdo próprio, característico da língua, pois esta, em todas as suas manifestações e em cada etapa da sua evolução, constitui uma forma de expressão simultaneamente sensível e intelectual.

---

39. Cf. acima pp. 73 s.

IMPRESSÃO E ACABAMENTO:
YANGRAF Fone/Fax: 2095-7722
e-mail:santana@yangraf.com.br